한국의 다문화와 다문화가족 담론

Multiculturalism and Multicultural Family
Discourse in Korea

이 저서는 2019년 대한민국 교육부와 한국학중앙연구원(한국학 진흥사업단)의
한국학 총서사업지원을 받아 수행된 연구임(AKS-2019-KSS-1230004).

한국학중앙연구원
한국학총서 ②

한국의 다문화와
다문화가족 담론

Multiculturalism and Multicultural
Family Discourse in Korea

유두련 지음

서문

　한국사회에서는 전통적으로 단일민족을 강조하였으나 1980년대 외국 노동자의 유입이 시작되면서 빠르게 다문화사회로 접어들게 되었으며, '다문화'에 대한 본격적인 관심은 국제결혼의 증가와 함께 시작되었다. 결혼이주여성은 단순 취업을 위한 외국인 노동자나 교육을 목적으로 한국에 입국하는 유학생과는 다르게 취급되며 다문화담론의 중심에 위치하게 되었다. 새로운 사회에 도착하면서부터 국제결혼 이주여성들은 자연환경의 차이, 의사소통의 어려움, 생활방식과 사고방식 차이, 새로운 인간관계 등의 영역에서 미처 경험하지 못한 상황에 직면하게 된다. 다문화가족이 한국사회의 사회문화적 맥락 속에서 새로운 문화적 공존방식을 모색하기 위하여서는 다음과 같은 논의가 체계적으로 이루어져야 할 것이다. 첫째, 한국사회에서 다문화가족이 급증하게 된 사회구조적 요인에는 어떠한 것이 있는가, 둘째, 한국사회에서 다문화가족의 형성과정은 어떠한가, 셋째, 한국사회에서 다문화가족은 시간에 지남에 따라 어떠한 갈등에 직면하게 되는가, 넷째, 이러한 갈등들에 대하여 어떠한 방법으로 대응해나가고 있는가 등을 살펴볼 필요가 있다.

　본서의 제1부에서는 연구배경, 연구방법에 대하여 서술하고 있다. 본 연구에서 한국 다문화가족 담론의 형성과정에 대하여 통시적으로 살펴보고자 한다. 다문화담론에서 시기에 따라 명확하게 구분하는 것이 매우 어렵다. 그럼에도 불구하고 다문화가족과 관련된 사회적인 문제와 그로 인한 사회·경제·문화적 특성에 따라 분석시기를 구분하고자 한다. 첫째, 다문화가족에 대한 인식이 사회적으로 형성되기 이전의 시기이다. 둘째, 다문화가족 공론화 시기로서 국적법이 전면 개정된 1997년 이후부터 「다문화가족지원법」이 제정되기 이전인 2007년까지이다. 셋째, 다문화가족 지원의 확대시기이다. 다문화가족의 해체와 그로 인한 다문화가정의 자녀문제가 심각한 사회문제로 대두되면서, 사회통합을 위한 노력의 일환으로 정부에서는 다문화가족 구성원이 안정적인 가족생활을 영위하는데 기여하게 되는 법적인 근거로서 「다문화가족지원법」을 제정하고 다문화가족 지원을 확대하기 시작한 2008년부터 현재까지의 시기이다.

제2부에서는 한국 다문화와 다문화가족 담론 관련 선행연구와 언론 자료에서 쟁점이 된 개념들을 유형화하여 다루어봄으로써 한국 다문화가족 담론의 특징을 살펴본다. 한국의 다문화와 다문화가족 담론의 형성과 변천 과정에서 쟁점으로 등장하는 주요개념 중에서 다문화가정, 사회 및 출신국과의 관계를 아우르는 가장 대표적인 20개의 주요개념을 선별하고, 그에 대한 쟁점분석을 제시하고 있다.

제3부에서는 서구 이민 국가들에 있어서 다문화가족 담론을 살펴본다. 서구 대다수의 이민국들은 이주민의 증가에 대응하기 위하여 오랜 기간 동안에 이주자의 사회적응과 사회통합을 위하여 다양한 지원정책들을 추진해왔다. 각국의 사회지원 정책들은 각 나라의 역사적, 문화적, 민족적 배경에 따라 서로 상이한 법과 제도가 추진되어 왔으므로 이들을 객관화하기에는 어렵고 한계가 있으며, 단순하게 비교하여 어느 특정국가 제도의 우수성을 평가할 수는 없다. 그러나 이주민과 선주민과의 사회적응 및 문화의 공존을 위하여 추진하는 각국의 다문화 관련 지원정책은 상당한 유사점을 가지고 있다. 따라서 이민 선진국들의 다문화사회 대응전략을 살펴봄으로써 한국 다문화사회에서 겪게 되는 사회문화적 갈등에 대한 정책방향을 설정함에 있어서 시사점을 도출해보고자 한다. 이를 기초로 하여 한국 다문화가족 담론의 특징과 다문화사회에서 현실적 문제점을 개선해나가는데 필요한 정책적 과제에 대하여 논의하고 있다.

한국에서 다문화사회와 관련된 연구는 다수 축적되어 있다. 그러나 한국 다문화가족 담론 속에서 관련 개념들은 연구자마다 학문분야마다 혼란스럽게 사용되고 있어서 개념의 정리가 시급히 요청되고 있으며, 따라서 본 연구는 한국 다문화가족 담론을 '개념의 형성 · 변천사'라는 관점에서 통합적으로 살펴보았다는 점에서 연구의 의를 찾아볼 수 있다. 또한 본 연구는 한국 다문화가족정책에 대한 시사점을 제공할 수 있다. 제4차 다문화가족정책 기본계획이 시행되고 있는 현 시점에서 어느 때보다 균형 잡힌 다문화가족정책이 필요하며, 다문화가족정책의 방향에 비판적 시사점을 제기한다는 점에서 정책적 제고에 기여할 수 있을 것이다.

다문화 관련 교양교재는 비교적 많이 있으나 전공 교재는 많지 않다. 본서는 다문화가족 담론에 대한 연구주제를 중점적으로 살피고 있으므로 전공교재로써 활용될 수 있을 것으로 기대할 수 있다.

2024년 4월

목차

제1부

한국 다문화가족 담론의
이론적 토대

제1장

한국 다문화가족 담론의 연구배경

1. 연구의 배경

 단일민족사회를 지켜오던 한국사회는 외국인 수의 증가에 따른 다인종·다문화시대로 전환을 맞고 있다. 다민족이나 다인종 사회에서 다양한 문화가 존재함을 의미하는 다문화(multiculture)가 처음으로 나타난 것은 제2차 세계대전 이후이다(이화선, 2015a: 35). 다문화사회란 한 국가 혹은 사회 속에 존재하는 여러 인종, 민족, 문화의 측면에서 다양성을 나타내는 사회공동체를 의미하며, '다문화주의'가 정치적 이념으로 채택되어 정부가 이를 공공정책 수립 시에 기본이념의 하나로 반영할 경우 다문화국가 혹은 다문화사회로 통칭한다.

 이에 비하여 다문화주의(multiculturalism)의 개념은 태도, 가치판단, 정책을 포괄하며 다양한 문화의 공존에 대한 논의들을 수반하는 개념이다. 서구사회에서의 다문화주의는 1960년 이후 이민자들의 유입이 증가되어 인구학적으로 영향을 미치는 상황에 직면하자 기존의 사회구조에 이민자들을 통합시키려는 노력의 일환으로 나타났다. 다문화주의 이념은 1980년대 초반부터 국내 언론을 통해 대중에게 소개되기 시작했다. 1983년 3월 17일 동아일보는 미국의 이민문화를 소개하는 기사에서 다문화주의를 "다양한 인종이 고유의

문화와 전통을 보존한 채 공존하는 사회"라고 정의하였다(동아일보, 1983.3.17.).

한국사회에서도 다문화주의의 채택은 유입되는 이민자의 증가라는 인구통계학적 사실과 밀접히 관련되어 있다. 전통적으로 단일민족과 순혈주의를 강조하던 한국사회에서는 1980년대 산업의 발달로 인해 노동력의 부족 현상을 해소하기 위한 방법으로 외국 노동자의 유입이 시작되었는데 이로부터 우리나라는 다문화사회로 빠르게 접어들었으며(이성은, 최경철, 2019), 소위 '다문화'가 확산되기 시작한 것은 2005년 이후로 매우 단기간에 발생한 현상이다(이화선, 2015a: 40). 그러나 전통적으로 단일민족과 순혈주의를 강조하던 한국사회에서의 '다문화'에 대한 관심은 국제결혼의 증가와 함께 시작되었다. 결혼이주여성은 단순 취업을 위한 외국인 노동자나 교육을 목적으로 한국에 입국하는 유학생과는 다르게 취급되며 다문화 담론의 중심에 위치하게 되었다(이삼식, 최효진, 박성재, 2009).

국제결혼은 2000년대 초반 급격히 증가하였으나 2005년 이후 증가세는 점차 둔화되고, 국제결혼 건수는 전체 결혼 10건 중 1건 정도의 비율로 유지되고 있으며, 반면에 10년 이상 장기 정착비율은 2012년에 34%에서 2015년 48%로 점차 증가하고 있는 것으로 나타나고 있다. 다문화가족 규모를 살펴보면, 2012년 기준 약 70만 명에서 매년 지속적으로 증가하였으며, 2021년에는 109만 명으로 전체 인구의 약 2.1%로 나타났다. 동년에 다문화가구수에 있어서는 총 34만 6,017가구 중에서 결혼이민자 가구가 82.4%로 대부분을 차지하는 것으로 나타났다(통계청, http://www.kosis.go.kr).

국제결혼을 통한 가족의 형성은 한국전쟁 이후부터 이루어지기 시작하였으며, 1990년대 이전까지 국제결혼은 드문 현상이었다(한건수, 2006). 그러나 1990년대 이후 국제결혼은 점차 증가하기 시작하였으며, 1990년에는 총 결혼 건수의 1.2%로 나타났으며, 주로 외국인 남편(1.0%)으로 이루어졌다. 1992년의 통계를 살펴보면, 국제결혼 건수는 총 결혼 건수의 약 1.3%로 약간 증가하였으나 외국인 아내로 이루어지는 결혼 건수는 0.2%에서 0.5%로 같은 기간 동안에 거의 2.5배 증가하였다. 1995년 국제결혼 건수는 총 결혼 건수의 3.4%를 차지하였고, 외국인 아내로 이루어지는 국제결혼은 총 건수의 2.6%로 나타났으며, 외국인 남편으로 이루어지는 결혼 건수(0.8%)보다 3배 이상 더 많은 것으로 나타났다. 국제결혼 건수는 계속 증가하였으며, 2005년에는 총 결혼 건수의 13.6%로 가장 높은 비율로 나타났으며, 그 이후로는 점차 감소하여 2018년에는 8.8%, 2021년에는 6.8%로 나타났다(통계청, http://www.kosis.go.kr).

국제결혼의 양적 팽창뿐만 아니라 국제결혼 이주여성의 국적도 다양해진 것으로 나타났다. 1990년대 초반에는 조선족 여성들과의 국제결혼으로 나타났으며(홍기혜, 2000), 점차 안정적으로 가정을 유지하고 '순종하는' 이미지로 표상된 베트남, 필리핀, 태국 등 동남아시아의 저개발국 여성들과의 국제결혼이 급증하게 되는 것으로 나타났다(박경동, 2007).

국제결혼을 통해서 형성된 다문화가족들이 우리 사회에 정착하면서 겪게 되는 언어문제 및 문화적 차이로 인한 사회부적응과 가족구성원 간 갈등, 자녀교육문제 등이 사회적 이슈로 부상하기 시작하였다. 특히 피부색과 생김새가 다른 이주여성과 그 자녀에 대한 사회 일반의 태도는 매우 배타적으로 나타나고 있다. 그러나 한국인이 외국인 배우자를 구하는 것은 사회구조적 요인에 기인한 것으로 일시적인 현상이라고 볼 수 없다. 필연적으로 증가할 수밖에 없는 다문화가족을 우리 사회의 진정한 구성원으로 받아들여야 하는 현실이다.

국제결혼 이주여성들은 국제결혼과 국제이주라는 것을 동시에 경험하게 된다. 새로운 사회에 도착하면서부터 그들은 자연환경의 차이, 의사소통의 어려움, 생활방식과 사고방식 차이, 새로운 인간관계 등의 영역에서 미처 경험하지 못한 상황에 직면하게 된다. 우리는 인종적·문화적 다양성에서 기인하는 '차이'를 어떤 시각에서 보고 어떻게 대처할 것인가에 관해 진지하게 고민해야 할 것이다.

이주여성에 대한 해외연구는 주로 노동이주여성에 초점을 맞추어 왔으나, 2000년대 중반 이후부터 한국, 타이완, 일본 등 동아시아 국가들의 결혼이주여성이 증가하면서 결혼이주여성에 대한 연구가 주목을 받기 시작하였다(이화선, 2015a). 국내에서는 1990년대 이후 결혼이주여성이 수적으로 증가하고, 국가도 다양하게 늘어나면서 다문화에 대한 사회적 관심이 커짐에 따라 다양한 연구 분야에서 결혼이주와 관련된 많은 연구가 나타나기 시작하였다.

먼저, 결혼이주여성들의 한국 생활 적응에 관한 연구들이 다수 등장하였다(구차순, 2007; 최운선, 2007). 한편 불합리한 국제결혼으로 인한 가정폭력, 정신건강, 이혼 등의 여러 가지 문제들이 드러나면서 결혼이주여성의 인권침해 실태 및 현 다문화정책의 문제점을 지적하는 연구들이 나타나게 되었다(고기숙, 2010; 손영기, 2011; 이영주, 2008). 결혼이주여성과 밀접하게 관련된 또 다른 연구주제는 이들이 구성한 가족, 즉 다문화가족에 대한 지원과 관련되어 있다. 한국의 다문화가족과 다문화정책에 있어 결혼이주여성은 핵심적인 위치를 차지하기 때문이다(이지영, 2012; 김재원, 2014). 기존의 연구들이 결혼이주여성과 다문화가족의 어려움을 알리고 공감을 이끌어냈으며 실질적으로 다문화정책을 위해서도 기여한 바가 크다는 점을 부인할 수는 없다. 그러나 결혼이주여성과 관련된 대다수의 선행연구에서 특징적인 주제는 결혼이주여성의 한국 적응과 관련된 부분들이다. 결혼이주여성들은 전통적인 젠더 역할을 수행하는 한국사회에 '적응' 내지 '동화'해야 하는 외부자로서 간주되고 있다(이화선, 2015a).

이러한 경향은 현재까지 진행된 결혼이주여성 정책과 프로그램들에서도 나타나고 있음을 찾아볼 수 있다. 결혼이주여성 정책과 프로그램들을 살펴보면 살아온 문화적 환경이 너무도 다른 그들에게 한국 실정에 맞는 일방적 동화를 요구하고 있음을 알 수 있다. 더구나 그들은 저개발국 여성이면서 현실적으로 높은 계급적 위치에 있는 사람과 맺어진 것이 아니므로 인종적 · 계급적 불평등이 혼재된 상황 속에서 일방적으로 한국의 문화를 수용할 수밖에 없는 처지에 놓이게 되는 것이다. 그러나 현실적으로 다문화사회가 도래한 상황에서 그들에게 동화를 강요하며 우리에게 익숙한 문화를 지속해나가고자 하는 방식은 갈등을 양산할 수밖에 없다. 결국 다문화가족이라는 새로운 환경에 적응하는 데 있어 한국의 사회구조와 문화는 그들의 삶에 어떤 영향을 미치고 그들은 이러한 현실과 조건 속에서 결혼이주여성들은 어떤 전략을 구사하고 대응해나가고 있는가를 살펴보는 것은 중요하다. 그러한 갈등과 대응을 통하여 한국사회는 어떠한 새로운 문화적 공존의 방식을 찾아나가게 될 것이며, 이를 통하여 한국 다문화가족 담론이 어떻게 형성되며, 그 특징이 어떠한가를 살펴볼 수 있을 것이다.

다문화가족이 한국사회의 사회문화적 맥락 속에서 새로운 문화적 공존방식을 모색하기 위하여서는 다음과 같은 논의가 체계적으로 이루어져야 할 것이다. 첫째, 한국사회에서 다문화가족이 급증하게 된 사회구조적 요인에는 어떠한 것이 있는가에 관한 것이다. 둘째, 한국사회에서 다문화가족의 형성과정은 어떠한가를 살펴보는 것이다. 셋째, 한국사회에서 다문화가족은 시간이 지남에 따라 어떠한 갈등에 직면하게 되는가에 관한 것이며, 넷째, 이러한 갈등들에 대하여 어떠한 방법으로 대응해나가고 있는가를 살펴볼 필요가 있다.

다문화가족에 대한 정의는 정부 정책이나 연구자의 연구목적에 따라 광의와 협의 개념이 혼용되어 적용되고 있다. 광의 개념은 자국 내에 거주하는 모든 외국인 가족을 포함하며 협의 개념은 가족 중 한 명이 우리나라 국적을 취득하여 구성된 가정을 말한다. 한국의 다문화와 다문화가족 담론에 관한 본 연구에서는 「다문화가족지원법」에서 정의하는 다문화가족을 중심으로 논의하고자 한다. 「다문화가족지원법」이 제정되기 전의 다문화가족의 개념은 한국 남성과 결혼한 이주여성가족, 한국 여성과 결혼한 이주남성가족, 이주민가족(이주노동자, 유학생, 북한이탈주민 등)을 포함하여 그 범위를 확대하여 적용하였다(오경석, 2007; 황정미, 김이선, 이명진, 최현, 이동주, 2007). 2008년에 「다문화가족지원법」이 제정되면서 동법에 근거한 다문화가족이란 결혼이민자 또는 귀화자와 출생에 의한 한국인으로 이루어진 좁은 의미의 국제결혼가족만을 의미하며, 이는 최소한 한 사람의 가족구성원이 대한민국 국민인 경우로 한정되었다. 가장 최근에 개정된 동법(2011년 개정)에 근거하면 다문화가족은 결혼이민자 또는 귀화자와 출생·인지·귀화에 의한 한국인으로 구성된 가족으로 다문화가족 범위가 확대되었다.

본 연구에서는 「다문화가족지원법」에 의한 다문화가족의 개념 정의에 따라 결혼이민자, 국적취득자, 국적을 취득한 자로 이루어진

〈표 1〉 다문화가족에 대한 법적 정의(시행 2020. 5. 19.)

정의	다문화가족
법률 규정	다문화가족지원법 제2조(정의)
개념	1. "다문화가족"이란 다음 각 목의 어느 하나에 해당하는 가족을 말한다. 　가. 「재한외국인 처우 기본법」 제2조 제3호의 결혼이민자와 「국적법」 제2조부터 제4조까지의 규정에 따라 대한민국 국적을 취득한 자로 이루어진 가족 　나. 「국적법」 제3조 및 제4조에 따라 대한민국 국적을 취득한 자와 같은 법 제2조부터 제4조까지의 규정에 따라 대한민국 국적을 취득한 자로 이루어진 가족 2. "결혼이민자 등"이란 다문화가족의 구성원으로서 다음 각 목의 어느 하나에 해당하는 자를 말한다. 　가. 「재한외국인 처우 기본법」 제2조 제3호의 결혼이민자 　나. 「국적법」 제4조에 따라 귀화 허가를 받은 자
소관 부처	여성가족부(다문화가족과)

가족으로 규정하며 가족형태는 한국인 배우자와 결혼이민자로 결합된 가족으로 한정하고자 한다.

2. 선행연구

한국에서 '다문화'는 2000년대의 시대상을 보여주는 새로운 용어로 등장하였으며(이화숙, 2013), 이와 관련한 논의들은 국제결혼을 통해 한국으로 이주해온 결혼이주여성에 관한 내용이 상당 부분을 차지하였다(김혜순, 2008). 여성 결혼이주민은 한국으로의 이주와 동시에 한국 가정 안에서 한국인 가족과 함께 생활하면서, 이로 인해 그들이 경험하는 문화적 갈등과 더불어 이들의 가족 갈등 또는 여성 결혼이주민의 사회 부적응 문제는 이주민 개인적 차원의 문제로만 인식할 수 없으며, 이주민의 가족에게 부정적인 영향을 미칠 수 있다. 그럼에도 불구하고 다문화가족 담론은 주로 결혼이주민의 사회 적응을 지원하기 위한 방안들을 논의하는 것으로 이루어졌다. 결혼이주민의 성공적인 사회 정착을 지원하는 것은 장기적으로 볼 때 한국사회의 가족 안정화와 결부된 것이기 때문이다(신유진, 2016).

한국사회에 새로운 가족 유형으로 자리매김한 다문화가족은 가족 담론의 결과 만들어진 사회적 산물이라 할 수 있다. 새로운 가족 개념은 그 가족을 둘러싼 다양한 담화 실천들이 하나의 담론으로 특징지어지고 가족의 가치가 재해석된 것이다. 가족 담론 연구는 그 가족의 정체성과 가족을 만들어가는 과정을 이론화시킬 수 있는 요소들과 그것의 함의를 밝히는 작업으로 정의된다(McCarthy & Edwards, 2011). 특히 다문화가족 담론은 2000년대 들어 국제결혼이 급증함에 따라 가족의 기존 가치와 새로운 가치들을 조정해나가는 과정을 압축적으로 보여준다. 국제결혼 가정의 증가는 사회문화적으로 오랜 기간 당연시해 온 한국인의 단일민족주의와 순혈주의 의식을 비판적으로 성찰하게 하고, 기존의 역사를 비판적으로 고찰하려는 노력들을 가져오는 데 결정적으로 작용했다고 본다(신유진, 2016).

한국 다문화가족에 대한 연구는 다양한 주제를 중심으로 지금까지 많이 이루어져 왔다. 그러나 한국 다문화가족 담론을 통시적으로 담고 있는 저서는 찾아보기가 매우 어렵다. 다문화가족 담론에 대한 저서라고 하더라도 대부분은 다문화현상에 대한 이해, 다문화가족복지의 기초, 다문화가족복지의 실천 분야 등을 중심으로 교과서적으로 다루고 있다고 할 수 있다.

정부에서는 결혼이민자로 인한 다문화가족이 증가하면서, 다문화가족 구성원이 안정적인 가족생활을 영위할 수 있도록 함으로써 이들의 삶의 질 향상과 사회통합에 이바지함을 목적으로 「다문화가족지원법」(2008년 3월 12일)을 제정하였다. 또한 다문화가족정책 기본계획을 5년마다 재정비하도록 함으로써 저출산 · 고령화 · 세계화 및 결혼연령인구의 성비 불균형 등으로 인한 지속적인 다문화가족의 증가에 체계적으로 대비하도록 하고 있다. 제1차(2010~2012) 다문화가족정책 기본계획 수립에 이어서, 현재 제4차(2023~2027) 다문화가족정책 기본계획 기간 중에 있다. 이러한 관련 법의 제정과 기본계획 수립을 전후하여 한국 다문화가족에 대한 논의가 매우 활발하게 이루어졌다.

대부분의 다문화가족 관련 선행연구는 시대에 따른 사회적 이슈들을 중심으로 다루어져 왔다. 연구자들이 가장 먼저 관심을 가지게 된 주제는 다문화가족의 출현 배경 및 형성과정을 중심으로 이루어졌다. 다문화가족이 증가하면서 연구주제는 여성 결혼이민자의 특성 및 가족생활 적응, 경제생활 및 취업실태, 사회적 차별, 정체성, 정책수요 등을 중심으로 하는 것이었다(구차순, 2007; 최운선, 2007; 김유경, 2011). 연구대상 및 지역에 대하여서도 초기에는 주로 여성 결혼이민자 중심으로 다루어지다가 점차적으로 결혼이주여성이 소속된 가족 단위가 연구대상으로 범위가 확대되면서 다문화가족의 가족관계, 자녀양육, 자녀의 학교 및 사회부적응 등에 대하여서도 다루어지게 되었다. 또한 농촌에서 전국 단위로 연구범위가 확대되어 전국 단위의 결혼이민자가족 실태 파악에 대한 연구가 수행되었다(구차순, 2007; 최운선, 2007; 김유경, 2011; 김승권 등, 2010; 서광석, 2011).

국제결혼 가정의 증가 현상이 점차 신문, TV 등의 미디어를 통하여 보도되면서 이들 가족의 존재에 대한 사회적 인식이 대중적 차원으로 확대되었다. 2000년대 중반 이후부터 미디어의 다문화가족 재현에 관한 연구가 시작되면서, 미디어에서 이주민을 어떤 방식으로 소개하고, 재현하는지를 주목하는 연구가 활발히 이루어졌다.

가족 재현에 관한 미디어 연구는 텔레비전 드라마가 분석텍스트로 가장 많이 인용되었으며(류찬열, 2009; 황영미, 2010), 공익광고 속에서도 이주민의 재현방식에 관한 연구가 나타나기 시작하였다(마정미, 2010; 김정우, 2012). 다큐멘터리(김인영 외, 2009; 황라경, 2009; 반명진, 2010), 예능과 오락 분야에서도 다문화가족이 등장하였으며(이명현, 2009), 주로 다문화가족 재현방식에서 문화적 특징을 밝히는 연구가 가장 활발히 이루어지고 있는 것으로 나타났다(신유진, 2016).

결혼이주여성들의 문화적 특성과 한국 생활 적응에 초점을 맞춘 초기의 연구들은 이들이 이주자로서 경험하는 어려움의 유형 및 차원들을 파악하고, 적응을 돕기 위한 방안들을 제시한다는 의의를 가지고 있다. 그러나 대부분의 연구들이 결혼이주여성들을 한국사회에 '적응' 내지 '동화'해야 하는 외부자로서 가정하고 있을 뿐만 아니라 가족 내부의 갈등과 문제들에 초점을 맞춤으로써 전통적인 젠더 역할을 강조하고 있다는 한계를 보이고 있다.

국제결혼은 1990년대부터 사회문제로 대두되기 시작한 지방의 노총각 결혼문제와 출산율 감소, 인구 고령화에 따른 가족부양문제 등 가족 상황이 변화하는 과정에서 하나의 대응 방안으로 주목받기 시작하였다. 그러나 조선족 여성의 위장결혼이 사회적 문제로 등장하고, 상업주의적인 결혼중개업자에 의한 국제결혼이 인권침해를 야기하는 결과를 초래하게 되었으며, 이로 인하여 2000년대 들어 이혼, 만혼, 저출산, 기러기 가족의 증가 등 전통적 가족 질서의 틀이 깨지는 일련의 변화로 나타나게 되었다.

다문화가족 해체와 함께 그들이 겪게 되는 가족 내외의 갈등 관련 연구들이 나타나게 되었으며(한국보건사회연구원, 2012), 더 나아가 한국 다문화가정 여성이 경험하는 배우자에 의한 가정폭력 피해 실태를 살펴보고 그 근본 원인을 분석해보고자 하는 연구가 이어졌다(조윤오, 2010; 황정미, 2015). 또한 결혼이주여성의 인권침해 실태를 국제결혼 준비 단계에서의 인권침해 실태와 결혼생활 단계에서 이주여성의 인권침해 실태로 구분하여 고찰하였다(손영기, 2011). 김상찬, 김유정(2011)은 결혼이주여성의 인권침해 실태를 살펴봄에 있어서 개인적 차원, 사회적 차원, 제도적 차원으로 구분하여 살펴보고 국제결혼 이주여성을 보호하기 위한 법적 과제와 정책적 과제를 모색해봄으로써 이들의 인권 보호에 기여하고자 하였다. 이러한 결혼이주여성의 인권침해를 다룬 대부분의 연구들을 통하여 이들의 인권 보호를 위한 정책들이 마련되는 등의 성과를 가져왔다. 한국의 가부장적 사회에서 여성과 외국인이라는 이중의 어려움에 직면한 이주여성들의 문제를 사회문제화 시키고, 우리 사회의 심각한 차별과 인권침해 상황들을 보여줌으로써 결혼이주여성의 인권과 복지에 관심을 불러일으켰다는 점에서 긍정적으로 평가할 수 있다. 그러나 결혼이주여성의 인권침해에 초점을 맞춘 연구들은 결혼이주여성의 '취약성'을 강조함으로써 이들을 수동적인 지원 대상이나 복지의 수혜자로 당연시하는 등의 편향적인 시각을 조장할 수도 있다는 평가도 있다(이화선, 2015b: 18-20).

결혼이주여성과 밀접하게 관련된 또 다른 연구 분야는 이들이 구성하고 있는 가족, 즉 다문화가족에 대한 지원과 관련된 것이다. 특히, 연구자들의 주요 관심사는 다문화가족의 자녀들에 대하여 집중되었다. 이주여성 자체에 대한 연구와 마찬가지로 다문화가정 자녀들의 여러 문제점에 대한 실태조사가 이루어지게 되었으며, 더불어 다양한 다문화정책적 해결방안들이 제시되었다(김민정, 2008; 공은숙, 2009; 고은주, 김고은, 박연주, 2014; 이지영, 2012). 이러한 연구들은 다문화가족의 어려움에 공감하고 실질적으로 다문화정책의 도입을 이끌어내는 데 기여한 바는 긍정적으로 평가할 수 있다. 다른 한편으로는 다문화가족의 자녀는 가족 구성의 특수성으로 인해 부모와 갈등을 겪고 가족의 일원으로서 자신의 정체성을 발달시키는 데 어려움에 직면할 가능성이 높다는 것을 전망하고, 이는 다문화가족을 열등하게 바라보는 관점이 기저에 깔려 있음을 의미하는 것이기도 하다. 학습 부진과 학교 부적응 등은 다문화가족 아동의 어려움이 결혼이주여성의 적응문제와 관련되어 있다는 전제와 다문화가족과 아동역시 도움이 필요한 대상이라는 일방성이 전달된다는 한계에서 벗어나지 못하고 있다.

이와 같이 기존에 이루어진 연구들은 결혼이주여성과 다문화가족에 대하여 수동적인 '동화자' 내지는 한국 생활에 '적응자'로서 초점이 맞추어져 왔다. 따라서 다문화가족 담론에서 결혼이주여성들은 각종의 가정폭력과 인권침해의 피해자로 재현되고, 경제적인 이유로 국제결혼을 하게 됨으로 인하여 기회주의자로 재현되며, 한국가족을 형성하고 유지하는 수동적인 재생산의 도구로서 재현되어왔다. 이러한 담론은 다른 한편으로는 2000년대에 나타난 가족 현실과 결부되어 나타나고 있음을 알 수 있다(신유진, 2016).

결혼이주여성에 대하여 자신의 주체적인 행위자로서의 분석은 상대적으로 소홀히 되어 왔다. 이주 연구에서 결혼이주여성을 수동적인 피해자 또는 정책대상으로 간주하는 연구들이 큰 비중을 차지하면서, 이를 비판하고 결혼이주여성의 주체적인 행위를 포착해내려는 연구자들의 시도가 나타나기 시작하였다. 결혼이주여성들을 피동적인 존재로 부각시켰던 기존의 접근방식에서 벗어나 이들 여성이 이주국의 여러 가지 조건이나 상황에 부딪히면서도 주체적으로 행동하는 모습을 보여주려고 시도하였으며 이들이 처한 현실적 상황과 맥락에 대하여 그들의 에이전시를 발휘하는가를 보여주고자 하는 목적으로 연구가 이루어지게 되었다(이화선, 2015a). 이를 통하여 결혼이주여성의 잠재력과 가능성을 드러내고, 한국의 다문화정책이 나아갈 방향을 제시하고자 하였다.

본 연구에서는 이러한 연구들을 토대로 하여 다문화가족의 형성과정이라는 관점에서 통시적으로 접근한다는 점에서 기존의 연구들과 차별화된다. 한국 다문화가족 담론의 지식체계와 언술체계를 중심으로 나타나는 다문화가족의 특징과 변화 양상을 통시적으로 살펴보고, 그 변화의 담론에 대한 함의를 도출하는 데 연구목적이 있다. 한국 다문화가족 담론을 구성하고 있는 내용들을 개념의 형성 및 변천사라는 연대기적 서술관점에서 다룬 후, 담론에서 쟁점이 된 개념들을 개념의 분석이라는 관점에서 다시 유형화하여 다루어봄으로써 한국 다문화가족 담론의 특징을 도출해보고자 한다. 그리고 마지막으로 한국 다문화가족 담론에서 다루어지고 있지 않은 영역을 도출하여, 향후 한국 다문화가족 담론을 예측하거나 후속 연구주제들을 제시해보고자 한다. 따라서 '한국의 다문화와 다문화가족 담론'의 구성은 다음과 같다.

제1부에서는 한국의 다문화와 다문화가족 담론 연구의 의미와 연구 배경에 대하여 서술하고, 다문화와 다문화가족 담론 관련 선행 연구와 언론 자료의 개괄적인 동향을 설명한다. 또한 다문화가족 담론에 대한 연대기적 서술을 위하여 먼저, 다문화가족 개념의 형성 이전 시기로서 1990년대 중기까지 시기, 다음으로는 1990년대 후기부터 2007년 이전 시기, 2007년 이후 시기로 구분하고, 다문화가족 담론에서 결혼이주민여성, 한국인 배우자, 다문화가정의 자녀들은 어떻게 재현되고 있으며, 이러한 기존의 다문화가족 담론에 대한 비판 담론 등을 중심으로 분석한다.

제2부에서는 한국의 다문화와 다문화가족 담론의 형성과 변천과정에서 쟁점으로 등장하는 주요 개념 중에서 가장 대표적인 20개의 주요 개념을 선별하고, 그에 대한 쟁점 분석을 고찰한다. 주요 개념과 쟁점 연구는 지식체계와 언술체계의 담론에 관한 분석과 쟁점의 검토를 통해 진행된다.

제3부에서는 한국의 다문화와 다문화가족 담론의 전망과 과제를 제시한다. 한국과 서구의 다문화와 다문화가족 담론의 비교와 한국의 다문화와 다문화가족 담론의 특징을 도출해내고, 이를 통하여 향후 한국사회의 다문화와 다문화가족 담론을 전망하고 과제를 제시한다.

3. 연구방법

본서에서는 한국 다문화가족 담론의 형성 및 변천과정에 관하여 '언술체계'와 '지식체계'에 대한 분석을 통하여 살펴보고자 한다. 한국 다문화가족에 대한 담론을 형성하고 있는 다양한 행위자들의 언표와 학문 분야별 선행연구들을 개념의 형성 및 변천사의 관점에서 고찰하고, 주요 쟁점들과 개념을 도출해보고자 한다. 언술체계와 관련된 연구 자료는 신문 기사, 텔레비전 등을 비롯한 대중매체와 정책자료 등이다. 한국의 다문화가족 담론은 2000년대 중반에 국제결혼 가정의 증가 현상이 공론화되면서 대중적 차원으로 빠르게 확산되었다. 이러한 다문화가족 담론의 진행과정에서 대중매체는 다문화가족에 대한 쟁점을 형성시키는 데 결정적인 역할을 하였다고 본다. 특히 다문화와 다문화가족에 관한 텔레비전 다큐멘터리, 예능, 오락프로그램 등은 2000년대 초반에 시작된 이래 현재에 이르기까지 다문화가족 담론을 이어오고 있다는 점에서 주목된다. 이에 따라 언술체계에 나타난 다문화가족의 특징과 변화 양상을 통시적으로 살펴보는 것은 한국 다문화가족 변화의 쟁점과 개념에 대한 담론적 함의를 이해하는 데 매우 유용하다.

한국 다문화가족의 형성에 관한 시대적 배경에 기인한 담론을 위하여 우리 사회에서 대표적인 담론 중의 하나인 미디어에서 다문화가족을 어떤 모습으로 설명하고 있는가 하는 것은 매우 의미가 크다. 독자들은 미디어가 전달하는 "생산된 현실"을 통하여 사회를 바라보고, 이를 통하여 사회는 다시 재생산되는 순환구조를 가지기 때문이다(조상진, 2015). 이러한 기능과 효과를 가진 미디어 가운데 신문의 사설과 칼럼은 언론사의 시각을 드러내는 담론이라는 점에서 분석적 가치가 높은 것으로 인정되고 있다. 사설은 사회 전반에 걸쳐 신문사의 의견과 주장을 뚜렷하게 제시하게 되며, 일반인뿐만 아니라 여론 주도층의 여론 형성에 영향을 미치게 된다는 점에서 의미가 크다(백선기, 2004).

신문의 칼럼은 집필진들이 자신의 의견을 여론화하고 이것이 정부의 정책결정에 영향을 미치기 때문에 사설과 마찬가지로 중요하다고 할 수 있다. 본 연구에서는 신문사의 사설과 칼럼이 가장 중요하다고 판단하는 사안에 대하여 신문사의 주장을 논리적으로 풀어내고, 이러한 기사들을 우리 사회의 오피니언 지도자들이 읽고, 정부정책에도 영향을 미치게 된다는 점에서 한국 다문화가족의 형성과정에 대한 담론을 시대적 배경에 따른 사회문화적 차원에서 풀어나가는 분석대상으로 활용하고자 한다.

분석대상 미디어로는 유료 구독 부수가 많은 6대 종합일간지의 사설과 칼럼을 선정하고자 한다. 검색 키워드는 '한국 다문화가족'으로 하여 언론사 홈페이지와 함께 한국언론진흥재단(www.kpf.or.kr)이 구축한 뉴스서비스 DB를 활용하고자 한다.

지식체계와 관련한 연구 자료는 학제 간 연구로서 학문 분야별 영역에서 생산된 저서와 연구논문 등이다. 다문화가족 분야에서 다문화 담론을 구성하고 있는 내용들을 개념의 형성 및 변천사라는 연대기적 서술관점에서 살펴보고자 한다. 한국 다문화가족은 사회문화적 배경의 시대적 소산물이기 때문이며, 시대적 변화의 맥락 속에서 한국 다문화가족 현상을 파악할 때 보다 분명한 한국적 특징이 부각될 수 있으며, 다문화가족이 한국사회의 사회문화적 맥락 속에서 새로운 문화적 공존방식을 모색해나갈 수 있기 때문이다.

본 연구에서 지식체계를 살펴보기 위한 분석 자료는 학술연구정보서비스(www.riss.or.kr)에서 "한국 다문화가족" 키워드를 입력하여 검색되는 국내 학위논문, 국내 학술지논문, 단행본, 연구보고서 등이다. 지금까지 생산된 한국 다문화가족에 관한 학위논문, 학술지논문, 단행본 및 연구보고서를 살펴본 결과는 ⟨표 2⟩와 같다. 학위논문 1,568편, 국내학술지 1,994편, 단행본 1,191권, 한국연구재단의 지원으로 이루어진 연구보고서 290편 등 약 5,000여 건에 이르는 것으로 나타나고 있다.

⟨표 2⟩ 한국 다문화가족 관련 연구 시기별 추이*

시기 구분		학위 논문	국내 학술지	단행본	연구 보고서	소계
I. 1990년 중기까지		.	.	2	1	3
II. 1990년 후기~2007년		37	43	82	20	182
III. 2008년 이후	2008~2012년	599	672	545	116	1,932
	2013~2017년	702	965	472	147	2,286
	2018~2020.03.	230	264	90	9	590
총계		1,568	1,994	1,191	290	4,993

* 출처: 학술연구정보서비스(www.riss.or.kr) 2020.03.07. 기준

⟨표 2⟩에서와 같이, 대부분의 연구는 2008년도 이후의 시기에 이루어진 것으로 나타났으며, 그중에서도 2013~2017년에 학위논문

702건, 국내학술지 965건, 단행본 472건, 연구보고서 147건 등이 발표되었으며 총 2,286건으로 전체 연구의 약 45.8%를 차지하는 것으로 나타났다.

관련 연구들의 연구주제 측면에서도 다양하게 나타나고 있다. 한국 다문화가족의 출현배경, 국제결혼 이주, 여성 결혼이민자의 특성, 다문화가족의 생활적응, 경제생활 및 취업실태, 여성결혼이민자의 취업욕구, 다문화 결혼이주여성의 한국 생활 문화 경험, 사회적 차별, 정체성, 농촌총각, 이주의 젠더화, 국제결혼중개업, 대중문화 속 다문화가족, 미디어 재현, 다문화 재현, 다문화사회, 다문화수용성, 다문화가족정책, 결혼이주여성의 인권, 새로운 삶을 위한 선택, 한국 남성 배우자 특성, 고부갈등, 아내-남편 갈등, 갈등 대응전략, 정책 수요 분석, 한국인 남편의 갈등, 한국인 남편의 문화적응 스트레스 또는 이중문화 스트레스, 다문화가족 갈등, 다문화가족 내 가정폭력, 다문화부부의 결혼만족도, 다문화가족지원서비스, 한국인 남편의 성격특성, 결혼이주여성의 지위, 다문화가정 자녀양육, 다문화가정자녀의 학교부적응, 중도입국자녀, 초국적 가족, 다문화가족 부부의 가족치료, 가족해체, 다문화가족지원센터 등 다양한 영역으로 연구가 이루어지고 있음을 찾아볼 수 있다.

연구방법은 담론분석 방법을 적용하고자 한다. 담론(discourse)이라는 용어는 오늘날 학문 영역은 물론 언론 등의 현실 영역에까지 다양하게 사용된다(조상진, 2015). 사전적 의미로 살펴보면, 담론은 "담화(談話) 또는 언술(言述), 언설(言說)이라고도 한다. 일반적으로 말로 하는 언어에서는 한마디의 말보다 큰 일련의 말들을 가리키고, 글로 쓰는 언어에서는 한 문장보다 큰 일련의 문장들을 가리키는 언어학적 용어이다"라고 정의하고 있다(한국문학평론가협회, 2006). 즉, 담론은 실제에 대하여 사고하고 말하는 방식으로, 그것이 말하는 대상을 체계적으로 형성하는 실천이라고 할 수 있다(이화선, 2015). 따라서 담론분석은 언어가 맥락에 따라 어떻게 인식되며 해석되는가 또는 경험되는가를 고찰하는 유용한 도구라고 할 수 있다(홍정화, 2013). 이러한 담론분석은 전통적 담론분석에서 주로 특정의 텍스트를 분석하는 것뿐만 아니라 비판적 담론분석(Critical Discourse Analysis: CDA)에서는 언어 속에 표현되는 지배적 담론과 비지배적 담론 간의 권력관계가 담론과 담론효과를 어떻게 형성시키는가에 더 강조한다. 또한 비판적 담론분석은 담론사건의 상황적·제도적·역사적 맥락에 대한 연구를 텍스트 구조 및 언어사용 맥락과 언어에 내재된 권력, 지배, 차별, 통제 등의 구조적 관계성을 분석하고자 한다(홍정화, 2013: 226; 신진욱, 2011).

CDA는 기본적으로 언어 분석을 통해 사회를 분석한다는 시각을 견지하며 사회 내에서 어떻게 담론이 형성되고 그것이 어떤 사회적 기능을 수행하는지를 주목하고자 한다(van Dijk, T. A., 1993; 조상진, 2015 재인용). CDA학파가 텍스트를 분석함에 있어서 추구하는 점은 다음과 같다(신진욱, 2011). 첫째, CDA는 구체적인 사회문제에 대한 관심에서 출발하며, 특히 담론과 권력 불평등 간의 쌍방적 관계를 규명하는 데 특별히 비중을 둔다. 둘째, 담론은 지배와 권력효과를 낳으면서 동시에 지배-저항 집단 간의 투쟁의 장으로서의 담론이라고 강조하고 있다. 셋째, CDA는 텍스트의 형식적 특성과 언어적 기교를 분석하는 데 머무르지 않고, 구체적인 맥락 안에서 그것이 어떤 권력 효과를 낳는지를 주목하고자 한다. 이와 같은 맥락에서 CDA는 사회 내에서 어떻게 담론이 형성되고 그것이 어떤 사회적 기능을 수행하는지를 주목하게 된다. 특히 그것은 담론의 주체들이 언어활동을 통해 어떤 권력관계에 놓이며, 지배 권력층들이 자신의 위치를 유지하고 권력을 강화해나가기 위해 어떤 논리를 펼치는지 그 과정에 주목한다. 텍스트-담화 상호작용 활동은 CDA에서 사회적 관계를 재생산하는 중요한 요소다(신유진, 2016).

비판적 담론분석은 한국 다문화와 그로 인한 다문화가족 담론분석에서 유용하게 적용될 수 있을 것이다. 한국 다문화가족은 지속적인 세계화 현상, 산업화, 인적·사회적 네트워크의 국제화 등으로 급속하게 양적으로 증가하면서, 상이한 인종과 문화집단 간에 차별과 가족집단의 갈등, 가정폭력 등의 사회적 문제를 수반하고 있다. 이주현상으로 인한 불평등 관계, 그로 인한 이주민과 선주민 또는 지배집단과 저항집단 간의 투쟁, 이는 어떤 권력효과를 낳고 있는가 등에 관한 것이다. 이러한 문제 해결을 위하여 학계와 정책입안자 모두에게 선주민과 이주민 간의 사회통합의 문제가 중요한 해결과제로 대두되고 있는 현상을 분석해보고자 하는 것이다.

본 연구에서 한국 다문화가족 담론의 형성과정에 대하여 통시적으로 살펴보고자 한다. 일반적으로 다문화 담론의 발전 경향을 설명하고자 할 때에 연대기별로 서술하는 방법을 사용한다. 본 절에서는 다문화 담론에서 다문화가족과 관련된 사회적인 문제와 그로 인한 사회 · 경제 · 문화적 특성에 따라 분석 시기를 구분하고자 한다. 첫째, 다문화가족에 대한 인식이 사회적으로 형성되기 이전의 시기이다. 한국인 남성과 조선족 여성과의 결혼이 활발해지기 시작하는 시기부터 위장결혼이 사회문제가 되면서 국적법이 개정되기 이전인 1990년대 중기까지이다. 둘째, 국적법이 전면 개정된 1997년 이후부터 2007년까지이다. 국적법의 개정은 국적취득을 목적으로 하는 위장혼인을 방지하기 위하여 대한민국 국민의 처가 된 외국인에게 우리 국적을 부여하던 종전의 제도를 폐지하고, 대한민국 국민과 혼인한 외국인은 남녀 모두에게 일정 요건을 갖추면 국적을 취득하도록 하는 부모양계혈통주의로 전환되었다는 것에서 의미를 찾아볼 수 있다. 다문화가족이 증가하면서 결혼이주여성에 대한 인권침해문제가 심각한 사회문제로 제기되었으며, 이로 인하여 결혼중개업의 관리에 관한 법률과 「재한외국인처우기본법」이 제정된 2007년까지의 시기로 구분하고자 한다. 셋째, 다문화가족의 해체와 그로 인한 다문화가정의 자녀문제가 심각한 사회문제로 대두되면서, 사회통합을 위한 노력의 일환으로 정부에서는 다문화가족 구성원이 안정적인 가족생활을 영위하는 데 기여하게 되는 법적인 근거로서 「다문화가족지원법」을 제정한 2008년부터 현재까지의 시기이다. 한국 다문화가족 문제와 관련된 담론에서 문제는 시기에 따라 명확하게 구분하는 것이 매우 어렵다. 예를 들면, 결혼이주여성의 인권침해에 대한 문제는 이주가 시작되면서부터 현재까지도 지속적으로 논의되는 부분이다. 그럼에도 불구하고 시기에 따라서 더욱 심각한 문제로 대두되면서 사회구성원 간에 불평등한 관계가 발생되고, 그로 인한 정부의 정책적 대응에 어떠한 변화가 나타나게 되었는가 하는 것은 시기에 따라 서로 상이하게 나타나고 있다는 것에 주목하여 분석해보고자 한다.

제2장

한국 다문화가족 담론의
형성과 변천과정

본 장에서는 다문화가족 담론에서 비판적 담론분석(CDA)을 참고하여 분석해보고자 한다. CDA는 사회 내에서 어떻게 담론이 형성되고 그것이 어떤 사회적 기능을 수행하는지를 주목하게 된다. 특히 그것은 담론의 주체들이 언어활동을 통해 어떤 권력관계에 놓이며, 지배 권력층들이 자신의 위치를 유지하고 권력을 강화해나가기 위해 어떤 논리를 펼치는지 그 과정에 주목한다. 텍스트-담화 상호작용 활동은 CDA에서 사회적 관계를 재생산하는 중요한 요소다. 다문화가족은 그들의 결혼이주로 인하여 한국에서 어떠한 불평등 관계를 형성하게 되며(예: 사회이슈 등장), 그로 인하여 이주민과 선주민 또는 지배집단과 저항집단 간의 투쟁(예: 갈등과 대응)은 어떠한 현상으로 나타나게 되며, 결과적으로(문제화의 효과로서) 어떤 권력효과(예: 특히 사회통합을 위한 정책결정, 또는 관련 시민단체 등의 노력 등)를 가져오게 되는가를 중심으로 살펴보고자 한다.

1. 다문화가족 인식 형성 이전 시기 (1990년대 중기까지)

여성들의 결혼이주의 역사는 1990년보다 훨씬 일찍부터 시작되었다. 1900년대 초반에 한국이나 일본의 여성들이 이주노동자로 하와이에 파견되어 있는 남성들과 결혼하기 위해 몇 장의 한국 여성 사진 가운데 한 사람을 선택하여 자신의 배우자로 초청하게 되며, 이를 '사진신부(picture bride)'라 하였다. 제2차 세계대전 직후에는 세계 곳곳에 주둔하였던 미군 병사들과 결혼하여 미국으로 이주하였으며, 이들에게 '전쟁신부(war brides)'라고 하였다(Gothard, 2001). 1970년대 이후부터는 결혼중개업소가 상업화되면서, 제3세계의 여성들이 경제적인 동기나 이주를 목적으로 중개업소를 통하여 선진국 남성과의 신속한 결혼을 하게 된 '우편주문신부(mail-order bride)'도 있었다(이혜경, 2005: 75-76; 김연희, 2019: 8).

1980년대 말까지 국내에서 수행된 연구는 미군의 아내인 한인 여성에 대한 것으로, 미국으로 이주 후에 미국 생활 적응의 어려움에 대한 연구가 있다(송성자, 1974; 박종삼, 1982; 이혜경, 2005: 77). 또한 한국연구재단이 지원한 조재현(1981)의 연구를 찾아볼 수 있다. 조재현의 연구는 고전소설에 나타나는 다문화가정의 존재 양상과 등장인물의 역할 및 가족구성원의 특성에 대하여 알아보고자 하였다. 그다음으로는 李良枝全集(1995)이 있다. 李良枝全集에서는 이주민으로서의 삶의 형태와 주변인이자 소수자로서의 고민을 다룬 재일 한국인들의 삶과 애환을 살피고, 문화적 · 사회적 · 역사적 맥락에서의 특징을 분석하고자 하였다.

1990년대에 이르러 국제결혼 건수가 총 결혼 건수 대비하여 급격하게 증가하고, 동시에 외국인 아내의 비율이 외국인 남편의 수를 추월하기 시작하였다. 〈표 3〉에서 살펴보면, 국제결혼을 한 건수 중에서 1994년까지는 외국인 남편의 비율이 외국인 아내보다 높게 나타났으나, 1995년도부터는 외국인 아내의 비율이 더 높게 나타나기 시작하였으며, 이러한 추세는 2005년도에 이르러 9.9%로 가장 높았고, 그 이후로는 다소 감소하였다.

〈표 3〉 총 결혼 건수 대비 국제결혼 건수와 비율: 1990~2021년

연도	총 결혼 건수	국제결혼		외국인 아내		외국인 남편	
		건수	%	건수	%	건수	%
1990	399,312	4,710	1.2	619	0.2	4,091	1.0
1991	416,872	5,012	1.2	663	0.2	4,349	1.0
1992	419,774	5,534	1.3	2,057	0.5	3,477	0.8
1993	402,593	6,545	1.6	3,109	0.8	3,436	0.9
1994	393,121	6,616	1.7	3,072	0.8	3,544	0.9
1995	398,484	13,494	3.4	10,365	2.6	3,129	0.8
1996	434,911	15,946	3.7	12,647	2.9	3,299	0.8
1997	388,591	12,448	3.2	9,266	2.4	3,182	0.8
1998	375,616	12,188	3.2	8,054	2.1	4,134	1.1
1999	362,673	10,570	2.9	5,775	1.6	4,795	1.3
2000	334,030	12,319	3.7	7,304	2.2	5,015	1.5
2001	320,063	15,234	4.8	10,006	3.1	5,228	1.6
2002	306,573	15,913	5.2	11,017	3.6	4,896	1.6
2003	304,932	25,658	8.4	19,214	6.3	6,444	2.1
2004	310,944	35,447	11.4	25,594	8.2	9,853	3.2
2005	316,375	43,121	13.6	31,180	9.9	11,941	3.8
2006	332,752	39,690	11.9	30,208	9.1	9,482	2.8
2008	327,715	36,204	11.0	28,163	8.6	8,041	2.5
2010	326,104	34,235	10.4	26,274	8.0	7,961	2.4
2015	302,828	21,274	7.0	14,677	4.8	6,597	2.2
2018	257,622	22,698	8.8	16,608	6.4	6,090	2.4
2019	239,159	23,643	9.9	17,687	7.4	5,956	2.5
2021	192,507	13,102	6.8	8,985	4.7	4,117	2.1

출처: 통계청, http://www.kosis.kr

1995년도에 국제결혼 건수는 2배 이상으로 증가하였으며, 이는 1992년 한중수교 이후 조선족 여성의 국제결혼이 증가한 것에 기인한다고 볼 수 있다. 또한 국제결혼 건수는 2003년도에 급증하는 것으로 나타나고 있으며, 이는 한중 결혼절차가 간소화된 것과 점차 베트남 여성과의 결혼이 증가한 것에서도 원인을 찾아볼 수 있다.

국제결혼 증가의 국내 원인으로는 결혼적령기 인구의 성비 불균형에서 찾아볼 수 있다. 한국사회에서의 남아선호사상은 의료기술의 발달에 힘입어 남아의 선별출산을 가능하게 하였으며, 그 결과 혼인적령기의 남자 인구가 여자 인구를 초과하게 되었다.[1] 혼인적령기의 남자 인구가 여자 인구를 현저하게 초과하는 상태가 지속되면, 배우자 선택과정에서 과부족현상이 나타나 초혼 연령을 상승시키고 미혼율을 높이는 결과를 초래한다. 성비 불균형에 따른 결혼시장의 교란이 발생하면 결혼시장에서 취약한 위치에 있는 사람들은 그 배우자를 찾기가 힘들어지며, 독신으로 지내거나 아니면 외부시장에서 배우자를 충원할 수밖에 없다. 이러한 결혼시장의 교란현상은 결혼 조건이 상대적으로 열악한 농촌지역에서 명백히 드러난다. 이는 도시와 농촌지역의 결혼적령기 연령대별 성비를 통해서 확인할 수 있다.

---

1 성비는 여성 대 남성의 비율로서 여성 100명당 남성의 숫자로 표시한다. 따라서 100 이상의 성비는 남성 인구의 과잉을, 그리고 100 이하의 성비는 남성 인구의 부족을 의미한다. 자연적인 성비의 균형이 종종 전쟁이나 인위적인 출산행위로 깨지기도 하며, 이런 성비의 불균형은 일부일처제 사회에서 결혼에 장애를 주는 결혼압박(marriage squeeze)을 초래한다(조정문 등, 2001: 169).

〈표 4〉에서 1960~2015년까지 결혼적령기 연령대별·도농별 성비를 살펴보면, 전국의 경우 1960년대 이후부터 지속적으로 여성 인구에 비하여 남성 인구 비율이 높게 나타나고 있음을 알 수 있다. 20~24세 연령에서 도시에 비하여 농촌의 남성 인구 비율의 불균형은 1970년대부터 심해지기 시작하여 1990년에 이르러 면부의 경우 187.70, 읍부에서는 124.37로 심각한 불균형이 초래된 것을 알 수 있다. 도시와 농촌지역 간의 성비 불균형은 35~39세의 경우에도 1980년대 이후부터 나타나기 시작한 것을 알 수 있다. 농촌총각은 결혼배우자를 만나기가 어려워졌으며, 그에 따라 농촌총각들은 결혼적령기에 도시로 이주하여 결혼 후 농촌으로 다시 귀환하거나, 여성 결혼이민자를 아내로 맞아들일 수밖에 없는 상황이 전개되었다. 1990년대부터 '농촌총각 장가보내기 운동'이 일어난 것은 이러한 결혼시장 상황을 반영한 것이라 볼 수 있다.[2] 그 뒤에 이어진 외국인 신부의 농촌 유입 역시 이러한 성비 불균형에 의하여 촉발된 것이라 볼 수 있다.

1992년 중국과의 수교 이후 국제결혼은 공신력 있는 민간단체들이 조선족 여성들과의 결혼을 주도했고, 이후에는 도시 간 협정 체결을 통해 '농촌총각 장가보내기' 사업이 추진되었다(이혜경, 2005). 농촌총각들의 국제결혼은 지역의 경제활동인구를 늘리고 정주권의 활성화를 가져오고 선거 시에는 중요한 지지기반이 될 수 있다. 또

---

2 1990년 농촌총각과 연변처녀의 국제결혼 1호가 나왔다. 경기도 파주의 이 모 군(27세)은 중국 연변 정 양(21세)과 1990년 12월 22일 서울에서 결혼식을 하였다(조선일보, 1990.12.16.).

한 인구수는 지방정부의 예산과 인사에 절대적 영향을 주고 그 자체가 경쟁력이 된다. 따라서 중앙정부의 일괄적인 업무지침에 상관없이, 지방정부 스스로 노총각 장가보내기 운동을 전개하며 그들을 지원하고 있다.

〈표 4〉 결혼적령기 연령대별 · 도농별 성비*: 1960~2015년

연령대	연도	전국	도시	농촌	
				읍부	면부
20-24세	1960	106.50	100.49	101.63	110.23
	1970	106.06	92.81	104.94	125.80
	1980	104.12	89.49	109.72	151.61
	1990	109.15	96.55	124.37	187.70
	2000	111.44	105.84	122.66	161.82
	2005	109.70	105.00	130.10	157.40
	2010	93.30	·	103.9	93.5
	2015	113.40	·	132.80	150.80
25-29세	1960	92.00	83.10	87.46	97.31
	1970	99.04	99.63	93.04	99.57
	1980	99.98	98.00	97.87	108.05
	1990	99.46	96.49	99.23	123.15
	2000	100.87	98.46	98.61	130.72
	2005	102.50	100.30	101.90	136.10
	2010	119.90	·	120.1	121.7
	2015	115.20	·	134.8	170.9
30-34세	1960	87.68	85.96	85.12	89.05
	1970	102.25	109.05	100.82	95.70
	1980	105.53	105.79	106.15	104.44
	1990	103.77	102.70	107.09	109.43
	2000	102.13	100.61	102.80	117.60
	2005	101.20	99.60	105.00	124.20
	2010	130.10	·	121.3	131.5
	2015	110.90	·	120.1	159.5

연령대	연도	전국	도시	농촌	
				읍부	면부
35~39세	1960	94.29	99.54	93.50	91.72
	1970	97.44	103.77	98.59	91.86
	1980	102.83	107.34	103.66	92.40
	1990	106.13	105.72	111.55	105.60
	2000	102.32	100.16	112.65	114.21
	2005	100.90	98.70	110.10	118.30
	2010	120.50	·	107.3	135.5
	2015	106.80	·	111.8	143.6

* 성비는 각 연령대 여성 인구를 100으로 한 값에 대한 비율

출처: 통계청, http://www.kosis.kr

이러한 국제결혼시장의 교란 결과는 국제결혼을 한 가족의 결혼 연령 차이를 통해서도 확인할 수 있다. 한국에서 혼기를 놓치고 상대적으로 결혼시장에서 취약한 위치에 놓인 사람들에게 국제결혼은 현실적으로 선택할 수 있는 거의 유일한 대안이 되었던 것으로 짐작할 수 있다. 결국 성비 불균형 심화와 도·농 간의 격차 그리고 초혼 연령의 상승 등으로 특징지어진 결혼시장의 교란현상은 여성 배우자를 외부에서 수급하게 했고 결과적으로 국제결혼을 가중시킨 내적 요인이 되었다.

이주의 여성화는 제3세계에서의 여성 빈곤이 심화되면서 가속되었고, 또한 노동 유입국에서 간병인, 가정부 등 대표적인 여성 직종을 내국인 여성들이 꺼리게 되면서 이러한 직종으로의 이주여성에 대한 수요가 급증하기 때문이기도 하다(이혜경, 2005). 하지만 무엇보다 현재의 '이주의 여성화'는 혼인이주여성의 급격한 증가에서 기인하는 것으로 볼 수 있다. 특히 극심한 빈곤과 실업에 시달리는 저개

발국의 아시아 여성들은 남성에 비해 교육의 기회와 전문적인 기술을 습득하지 못할 가능성이 높으며 결과적으로 저임금과 불안정하고 열악한 노동환경으로 내몰릴 수밖에 없다. 따라서 여성들의 이주는 매우 제한적인 조건에서만 허락된다. 자본이 없는 여성들은 상대적으로 거래비용이 적게 드는 분야로 이주를 할 수밖에 없으며, 이들은 초기의 거래비용 모두를 남성들이 지불하는 '결혼'으로 이주하는 경향이 높다. 일본, 한국, 대만 등과 같은 동아시아 국가처럼 이주에 대한 법적 규제가 심하고 비자 취득이 까다로운 나라로 이주하기 위해서 여성들은 상대적으로 경제적·법적 안전망을 부여해주는 '결혼'을 선택하는 경우가 많다(김현미, 2006). 이처럼 초기 이주비용 부담이 적은 국제결혼은 이주의 여성화의 대표적인 사례이다. 빈곤과 실업에 시달리는 아시아의 저개발국 여성들에게 국제결혼은 자신의 삶을 개척하는 하나의 전환점이며, 한국의 결혼시장에서 경쟁력을 상실한 남성들에게는 유일한 돌파구가 된 것이다. 결과적으로 이러한 구조적인 조건은 한국사회 국제결혼 급증의 요인이 되었다. 따라서 국제결혼은 한 개인의 문제가 아니라, 전 지구화 및 이주현상으로부터 영향을 받는 다층적인 사회구조적 문제로 접근해야 한다.

한국 남성과 결혼하는 이주여성들은 대부분 한국보다 경제적으로 열등한 국가 출신으로 한국인 아내를 구하기 어려운 농촌 남성이나 경제적 하위계급 또는 재혼 남성들과 결혼한다. 이러한 국제결혼에서 결혼의 주된 목적은 사랑이 아닌 돈으로 간주되어 왔다. 이는 한국보다 상대적으로 저개발된 국가 출신이라는 점과 원가족을 경제적으로 부양해야 한다는 점 등에서 기인하는 것이며, 이러한 현실은 결혼이주여성의 부정적인 재현에도 영향을 미친다(홍지아, 김훈순, 2010). 결혼이주여성은 돈을 목적으로 순진한 한국 남성을 이용하고 불법행위를 하는 기회주의자로 재현되기도 하고, 가부장적 자본주의사회에서 돈에 의해 팔려온 수동적인 피해자로 간주되기도 한다. 결혼이주여성은 배우자를 구하지 못한 농어촌 총각들과 결혼하여 출산을 함으로써 산업화에 따른 농어촌 붕괴와 심각한 저출산문제를 동시에 해결해줄 수 있는 대상으로서 한국 다문화 담론에서 중요한 위치를 차지한다(이화선, 2015). 한국의 다문화 담론에서 결혼이주여성은 가부장적인 질서 내에서 재생산과 가족 유지의 역할을 담당하는 도구로서 간주되며 강력한 동화주의의 대상이 되었다.

이주여성들은 친정의 생계를 책임지면서, 아내 그리고 양육을 책임지는 어머니라는 가족 내의 지위를 가짐에도 불구하고 자립적이지 못하고 열등한 모습으로 재현되고 있다. 아울러 두 나라의 시민(citizens) 자격이 교차하는 복합적인 지대에 위치하게 되는 것이다(Piper, 2003; 보건복지부, 2006).

2. 다문화가족 공론화 시기 (1990년대 후기~2007년까지)

1995년을 기점으로 국제결혼 건수와 외국인 남편보다 외국인 아내의 비율이 급격히 증가하기 시작했다. 학술연구정보서비스(RISS)

자료에 의하면 관련 주제에 관하여 학위논문에서는 2003년부터 다루어지기 시작하였으며, 국내학술지 논문도 비슷한 시기부터 찾아볼 수 있다. 국적법이 개정된 1997년부터 「다문화가족지원법」이 제정되기 이전인 2007년까지 발간된 연구는 총 182건이며, 이 중에서 학위논문 37건, 국내학술지 43건, 단행본 82건, 한국연구재단의 지원으로 이루어진 연구보고서는 20건에 이른다(〈표 2〉 참조).

본 절에서는 학계, 미디어, 언론 등의 영역에서 다문화와 다문화가족 담론이 본격적으로 증가하기 시작하는 시점인 1990년대 후반부터 2007년까지의 담론을 고찰하고자 한다. 결혼이주여성의 위장결혼, 국제결혼중개업 등장과 업체의 상업주의적인 운영으로 인한 결혼이주여성의 인권침해, 다문화가족정책의 필요성 등이 주요 내용으로 다루어지고 있다.

1) 다문화와 다문화가족 담론

한국인 남성과 조선족 여성 간의 국제결혼이 증가하면서 위장결혼과 한국 국적취득 후 결혼이주여성의 가출 등이 사회문제로 나타났다. 조선족 여성들은 그들의 한국어 능력과 외모 등으로 서비스산업에서의 노동수요가 높았으며, 국제결혼은 조선족 여성이 한국 국적을 취득할 수 있는 가장 쉬운 방법이었다.

〈조선일보〉에는 '중국 교포여성 위장 결혼 성행'이라는 기사(1996.1.9.)에서 중국 거주 조선족 여성들이 국내 취업을 위해 브로커 등을 통해 위장결혼을 한 후에 한국 국적을 취득하고 잠적하는 사례가 급증하고 있다는 소식을 전한다. 또한 위장결혼을 한 조선족 여성들이 각종 범죄와 연계될 가능성이 높다는 것을 강조하며, 위장결혼의 심각성을 전하고 있다. 또한 '경찰, 조선족 위장결혼 브로커 14명 구속, 가짜 신랑 행세도 해'라는 기사(조선일보, 1997.6.25.)에서는 위장결혼 수법으로 국내에 입국한 조선족을 구속한 사건을 신고 있다. 위장결혼으로 인한 한국 남성의 피해사례가 보고되면서 조선족 결혼이주여성은 한국 국적 취득을 위해 순진한 농촌총각을 이용하는 물질주의자로 재현된다. 외국인 부인 또는 며느리가 도망갈지도 모른다는 가족들의 두려움은 결혼이주여성에 대한 부정적인 편견을 낳는다. 이러한 편견들은 결혼이주여성의 가족들이 그들의 부인 또는 며느리를 주의 깊게 감시하고 여권 등을 압수하게끔 한다(Belanger, 2007)는 현실도 나타나게 된다.

1990년대 후반 조선족 여성의 위장결혼이 사회문제로 인식되면서 동남아, 중앙아시아, 러시아 등 다른 지역의 여성들이 국제결혼의 대상으로 등장하기 시작하였다. 이들은 조선족 여성과 달리 의사소통이 어렵고 인종이 달랐지만, 가출 등의 문제를 일으키지는 않을 것이라고 여겨졌다(윤형숙, 2005).

그러나 다양한 출신국의 여성과 국제결혼이 증가하면서 결혼이주에 수반된 많은 문제점이 표출되기 시작하였다. 한국 남성과 결혼하는 이주여성들은 대부분 한국보다 경제적으로 열등한 국가 출신이다(홍지아, 김훈순, 2010). 실제로 설동훈 등 7인(2005)의 연구에 의하면, 결혼이민여성이 한국인과 결혼하는 가장 큰 이유는 '경제적인 이유'이며, 특히 결혼중개업체를 통한 국제결혼의 73%가 '경제적인 이유' 때문이라고 응답하였다.

　한국사회에서 한국 남성과 제3세계 여성들 간의 국제결혼은 가
족, 친구 등 지인의 소개, 종교단체를 중심으로 이루어지기도 하고,
국제결혼이 증가하면서 결혼중개업체가 등장하기 시작하였다. 국제
결혼중개업체는 결혼시장에서 배우자를 찾기 힘든 한국 남성에게
는 결혼을 할 수 있는 대안이 되고, 이주여성에게는 현재보다 더 나
은 삶을 위해 부유한 국가로 이주할 수 있는 통로가 된다. 이들은 모
집책을 통해 각국의 신부를 확보하고, 중개업체는 비용을 지불하는
한국 남성 고객을 유치하기 위해 그들의 구미에 맞게 여성을 홍보한
다. 집단맞선을 통해 배우자를 선별하게 되는데, 결혼중개업체들은
많은 이윤을 남기기 위해 짧은 기간 동안 집단맞선을 통해 성사율을
높이는 방식으로 진행한다.

　이러한 과정에서 결혼중개업체는 왜곡된 사전 정보를 제공해 부
실한 결혼을 양산하기도 했으며, 여성의 변심을 예방하기 위하여 결
혼중개업체가 합방을 강요하였다. 또한 통역서비스의 미비로 인해
결혼당사자들이 결혼과정에서 결혼이주여성은 예비배우자에 대한
명확한 신상정보, 입국절차에 필요한 정보, 결혼성립 이후 국적취득
에 관한 정보, 한국사회에 대한 생활정보 등에 대하여 충분한 정보
를 제공받지 못한 사례들이 발생하였다(손영기, 2011). 특히 중개과정
이 비용지급자인 한국 남성의 입장에서 이루어지기 때문에 여성의
경우 자신을 배우자로 선택하고 있는 남성이 한국인인지 대만인인
지도 모르는 채 맞선에 참여하는 경우도 발생하였다(소라미, 2009).

이러한 현상은 비용을 지불하는 주체가 남성이기 때문에 결혼과정에서 여성에게 제공되는 정보는 남성에 비해 훨씬 적고, 선택권역시 남성에게 있었으며, 여성의 입장은 신중히 고려하지 않았음을 보여준다. 하지만 여성의 경우 자신의 미래를 담보로 국제결혼을 선택하였기에 자신의 기대에 어긋난 경우엔 실망하게 되고 이는 잠재적 갈등의 요인이 되기도 하는 것이다. 결과적으로 국제결혼 중개시스템의 발달은 국내에서 배우자를 찾지 못한 사람들을 결혼시장으로 유인해내었고 이는 한국사회에서 1990년대 중반 이후부터 국제결혼 급증으로 인한 한국 다문화가족의 증가요인이 되었다.

결혼중개업에 의한 국제결혼 과정에서 이러한 현실적인 문제가 증가하면서 결혼이주여성의 인권에 영향을 미치는 중대한 요소로 지적되었다(안진, 2013). 1998년에 결혼중개업이 신고제에서 자유업으로 전환된 시기와 국제결혼이 급속하게 증가되는 시기가 맞물리면서, 결혼중개업자들의 경쟁과 결혼이주자 증가가 매매혼 형태로까지 나타나는 등 인권침해적 피해사례가 급증하였다. 결혼중개업에 의한 결혼에서 결혼이주여성은 한국인 배우자와 충분한 교제 시간을 갖지 못하고 결혼중개업자들이 제공하는 정보에 의존하여 결혼을 결정하는 것이 대부분이다.

결혼이민자 가족지원정책방안 연구(여성가족부, 2006)에서는 결혼중개과정에 발생하는 결혼이주여성의 인권침해 실태에 대하여 보고하고 있다. 우선 남성을 모집하는 국제결혼 광고물에 결혼이주여성을 비하하고 인권을 침해하는 문구가 있음을 지적하였다. 예를 들면, '연령제한 없이 누구나 가능', '만남에서 결혼까지 7일', '베트남 절대 도망가지 않습니다' 등이다. 또한 대량 및 속성의 결혼중개절차에서 일방적이고 부정확한 정보 제공 등 자율적인 배우자 결정권이 침해된다고 강조하였다(이화선, 2015).

결혼이주여성에 대한 각종의 인권침해 사례가 드러나면서 국제사회로부터도 비난을 받게 되었다. 2007년 6월, 미국 국무부는 국제인신매매보고서에서 한국의 국제결혼을 '인신매매(trafficking)'라고 표현하며 비판하였다. 결혼이주여성들의 인권침해 사례들이 여러 연구와 대중매체들을 통해서 알려지면서 국제결혼에 내재되어 있는 문제가 표출되기 시작하였다. 국제결혼 과정에서의 인권침해와 함께 가족 내에서 전처 아들이나 시아버지의 성추행과 희롱을 경험하거나, 시댁 식구들에 의해 낙태를 강요받기도 하는 등 가정에서 패륜적 성폭력을 경험하기도 하고 심지어 죽음에 이르는 경우까지 나타났다(고기숙, 2010). 한국에서 이주여성들의 인권침해 사건들이 알려지면서 정부는 결혼이주여성의 인권 보호를 위한 관련 법제를 정비하고 기본정책을 수립하는 등 대안을 마련하기 시작하였다.

2) 한국의 다문화가족정책 담론

한국 남성과 아시아 여성들과의 국제결혼은 1990년대 '농촌총각 장가보내기' 사업으로부터 시작되었으며 2000년 이후부터 급성장하게 되었다. 국제결혼 급증에 대한 원인으로는 먼저, 결혼적령기 인구의 성비 불균형에서 찾아볼 수 있다. 한국사회에서 남아선호사상에 의한 성비 불균형으로 결혼적령기의 남자 인구가 여자 인구를 지속적으로 초과하게 되었으며, 그 결과 상대적으로 열악한 농촌지역에서 성비 불균형이 심각하게 초래되었다. 농촌총각은 결혼 배우자를 만나기가 어려웠으며 외부시장에서 여성결혼이민자를 아내로 맞이해야 하는 상황으로 나타나게 되었다. 다른 한편으로는 이주의 여성화 측면에서 국제결혼 증가 원인을 살펴볼 수 있다. 아시아 등 저개발국에서 여성 빈곤이 심화되었으며 국내 노동시장에서는 간병인, 가정부 등 이주여성의 노동수요가 증가하였으며, 그 결과 제3세계 여성들의 노동이주가 증가하게 되었다는 것이다. 또한 빈곤과 실업에 처한 저개발국 아시아 여성들이 상대적으로 거래비용이 적게 드는 혼인이주를 선택하게 되면서 한국 결혼시장에서 경쟁력을 상실한 남성들과의 국제결혼이 급증하는 요인이 되었다. 이러한 현상은 한국에서 저출산·고령화 문제와 함께 국제결혼을 증가시키는 원인으로 설명된다.

결혼이주자 수가 증가하고 이에 대한 사회적 관심이 커지게 됨에 따라 정부는 결혼이민자의 사회통합을 위한 다양한 지원정책을 추진하게 되었다. 그러나 한국 정부의 이주정책은 이주자들을 농촌 남성들의 결혼문제와 한국의 저출산 위기를 해결하고자 하는 목적으로 추진되었으며(김현미, 김민정, 김정선, 2008: 123), 이에 따라 국제결혼으로 야기되는 문제들을 이해하고 해결하려는 노력은 부족한 편이었다고 하겠다.

국제결혼이 위장결혼, 이주자의 인권문제 등의 사회문제로 대두됨에 따라, 정부는 다양한 변화에 대한 대응책이 필요하게 되었다. 「국적법」 개정, 「재한외국인처우기본법」, 「결혼중개업관리에 관한 법률」 등의 개정을 통하여 위장결혼을 예방하고자 하였다. 1997년 12월 13일 전면 개정된 「국적법」은 대한민국 국민의 처가 된 외국인에게 우리 국적을 부여하던 종전의 제도는 폐지되고, 5년 이상 계속하여 대한민국에 주소가 있을 것이라는 일반귀화요건(제5조 제1호)으로 강화하였다. 또는 제5조 제1호를 충족하지 아니하여도 간이귀화 요건을 두어 국적을 취득할 수 있도록 하였다. 간이귀화의 경우(법 제6조 제2항), 대한민국 국민과 혼인한 외국인은 남녀 모두 혼인 후 국내에 2년 이상 계속하여 주소가 있는 자 또는 그 배우자와 혼인한 후 3년이 경과하고 혼인한 상태로 대한민국에 1년 이상 계속하여 주소가 있는 자 등 일정 요건을 강화하여 법무부 장관의 귀화 허가를 받아야만 우리 국적을 취득할 수 있도록 하였다.

또한 범정부 차원에서 '여성결혼이민자 가족의 사회통합 지원대책'(2006.04.26.)을 마련하였다. 본 보고서에서는 국제결혼 과정에서의 인권침해적인 대규모·속성 결혼 중개시스템 때문에 외국 여성과 한국 남성의 피해가 다수 발생하여 양 국가에서 사회문제로 대두된다고 지적하고 여성결혼이민자 가족 및 혼혈인·이주자 사회통합 지원대책을 마련하고자 하였다. 그 결과 결혼중개업에 대한 적절한 법적 규제를 위한 관련 법과 제도를 마련하고 이들의 안정적인 한국사회 정착을 위한 기본적인 틀을 마련해야 한다는 필요성이 제기되었다(김현미, 김민정, 김정선, 2008: 121-122).

법무부에서는 「재한외국인처우기본법」(2007.5.17.)을 제정하여 재한외국인이 대한민국 사회에 적응하여 개인의 능력을 충분히 발휘할 수 있도록 하고, 대한민국 국민과 재한외국인이 서로를 이해하고 존중하는 사회환경을 만들어 대한민국의 발전과 사회통합에 기여하고자 하였다. 「재한외국인처우기본법」(2007)은 외국인 근로자를 위한 인권 보호와 함께 결혼이주여성에 대한 가정폭력 및 학대 등의 인권침해를 예방하기 위한 의도가 담긴 입법으로 볼 수 있다(김영란, 2013). 동법 제12조 제1항은 "국가 및 지방자치단체는 결혼이민자에 대한 국어교육, 대한민국의 제도문화에 대한 교육, 결혼이민자의 자녀에 대한 보육 및 교육지원, 의료지원 등을 통하여 결혼이민자 및 그 자녀가 대한민국 사회에 빨리 적응하도록 지원할 수 있다"라고 규정하여 중앙정부 및 지방자치단체의 지원근거를 마련하였다. 그럼에도 불구하고 외국인근로자와 결혼이주여성에 대한 근본적인 권리 보호의 방법이 구체적으로 명시되지 않았다는 점에서 동법의 제정 취지에 대한 효과성에 대한 문제 제기가 대두되었다. 또한 한국에 거주하는 외국인들의 인권보다 한국사회 적응이 더 강조된다는 점에서도 문제를 제기하였다.

　여성가족부 다문화가족지원과에서는 결혼중개업의 건전한 지도, 육성과 이용자 보호를 통한 건전한 결혼문화 형성을 목적으로 「결혼중개업의 관리에 관한 법률」(2007.12.14.)을 제정하였다. 한국사회의 다문화가족에 대한 지원 방향이 인권침해적 문제를 양산해온 국제결혼중개업체에 의한 국제결혼 절차를 국가적으로 재정비하고 여성 결혼이민자에 대한 안정적인 신분보장 및 부부관계를 평등하게 이끌어나가는 방향으로 개선하고자 하였다. 이 법은 결혼중개업에 대하여 허가제 및 신고제를 도입하여 국가 및 지방자치단체의 관리 · 감독을 받도록 하고(동법 제3조 및 4조), 신상정보를 제공하며(제10조의2), 부적절한 방식으로 상대자를 소개하는 것을 금지하고(동법 제12조의2), 중개업체가 현지법령을 준수해야 하며(동법 제11조), 결혼에 대한 허위 · 과장광고를 할 수 없고(동법 제12조), 중개업체가 손해배상 책임을 지는 것(동법 제25조) 등을 주요 내용으로 하고 있다. 이와 같이 국내외적으로 큰 비난을 받았던 매매혼적 성격의 여러 관행을 금지하였으며, 그 결과 여러 가지 문제를 야기했던 결혼과정에서의 관행들을 어느 정도까지는 통제할 수 있다는 평가를 받을 수 있었다. 또한 이 법은 신상정보와 관련하여 결혼중개업자는 이용자와 상대방으로부터 혼인경력, 건강상태, 직업, 범죄경력 등에 대한 증빙서류를 제출받아 국제결혼 개인신상정보확인서를 작성한 후 양 당사자가 이해할 수 있는 언어로 번역하여 제공하고, 양 당사자가 신

〈표 5〉 다문화가족 관련 법률

관련법제	소관부처	제정 (최근개정)	목적
국적법	법무부/ 국적난민과	1948.12.20. (2020.1.1.)	대한민국의 국민이 되는 요건을 정함
재한외국인 처우기본법	법무부/ 외국인정책과	2007.5.17. (2012.2.10.)	재한외국인이 대한민국 사회에 적응하여 개인의 능력을 충분히 발휘할 수 있도록 하고, 대한민국 국민과 재한외국인이 서로를 이해하고 존중하는 사회환경을 만들어 대한민국의 발전과 사회 통합에 이바지함
결혼중개업 의관리에관 한법률	여성가족부/ 다문화가족과	2007.12.14. (2012.6.1.)	결혼중개업의 건전한 지도, 육성과 이용자 보호를 통한 건전한 결혼문화 형성

상정보 확인서를 확인한 후 쌍방이 모두 만남에 서면 동의한 경우에
만 만남을 주선하도록 규정하고 있다(이화선, 2015).

이러한 제도적 노력에도 불구하고, 관련 법의 운영과정에서 현실
적인 문제들이 제기되었다. 현행 「국적법」에 따르면 결혼이주자는
간이귀화 요건에 의해 기본적으로 국내 거주 2년이라는 거주요건을
충족해야만 귀화신청자격이 부여되고 귀화신청 후 귀화허가 통지를
받기까지의 기간을 포함하면 결혼이주여성이 한국 국적을 취득하기
까지는 대개 4년 정도의 기간이 필요하게 된다. 결혼이주여성은 한
국 국적을 취득하기 전까지는 이처럼 외국인의 신분으로 체류를 연
장해가며 국내에 체류하기 때문에 국적을 취득하기 전에 이혼을 하
면 본국으로 귀국해야 하거나 불법체류자가 될 수 있으며, 이들의
법적 지위는 매우 불안정하게 된다(안진, 2013). 위장결혼이나 국적
취득 후 가출을 방지하기 위해 혼인에 의한 국적취득제도를 폐지한
것은 소수를 규제하기 위해 다수의 결혼이주여성의 인권과 삶을 제
약할 수 있으며 결혼이주여성이 결혼을 경제적인 이익을 위해서 이
용한다는 부정적인 이미지를 갖게 할 수 있으며, 이러한 「국적법」의
개정은 또한 그 취지에서부터 잘못되었다는 비판을 받게 되었다(박
승용, 2014).
국제결혼 이주여성의 안정적 신분보장을 위한 국내거주기간 요
건 폐지와 실질적인 법률지원 구조, 배우자 동행 요구 및 신원보증
철회, 사실혼 관계 보호 등에 관한 사회적인 관심이 고조되었다. 또
한 사회통합정책의 차원에서 이주민에 대한 복지권 보장은 등록된

이주민에 한한 시민권적 자격에서 점차 적극적 조치를 통하여 고용, 교육, 제도 등에서 차별받는 집단을 우대하는 성격으로 관련 법의 제·개정이 필요하다는 사회적 요구가 나타나기 시작하였다(한국보건사회연구원, 2012).

3. 다문화가족 지원 확대 시기(2008년 이후)

정부는 국제결혼으로 인한 다문화가족의 증가에 적극적으로 대응하기 위한 일환으로 다문화가족지원을 위한 정책추진체계를 구축하기에 이르렀다. 「다문화가족지원법」은 2008년에 제정되었으며, 2010년에는 동법을 개정하여 다문화가족의 범위를 확대하고 다문화가족정책위원회, 기본계획 및 시행계획의 근거가 마련되었다. 학술연구정보서비스(RISS) 자료에 의하면 거의 모든 관련 연구는 2008년 이후 기간 동안에 이루어졌다고 하겠다. 동 시기에 총 4,800여 건의 자료들을 찾아볼 수 있으며, 이 중에서 학위논문 1,500여 건, 국내학술지 1,900여 건, 단행본 1,100여 건, 한국연구재단의 지원으로 이루어진 연구보고서는 270여 건에 이르고 있다(〈표 2〉 참조).

본 절에서는 학계, 미디어, 언론 등의 영역에서 다문화가족에 대한 정책적 지원이 체계적으로 이루어지면서 다문화가족 담론이 본격적으로 이루어지는 2008년 이후부터 현재까지의 담론을 고찰하고자 한다. 다문화가족의 이혼과 가정폭력이 증가하는 등 가족해체와 갈등, 다문화가족 자녀양육, 재혼으로 이루어지는 결혼이주여성이 증가하면서 사회적 이슈로 대두되는 중도입국청소년, 다문화가족정책 등의 주요 내용과 다문화가족 담론에 대한 비판적 담론에 대하여서도 살펴보고자 한다.

1) 다문화와 다문화가족 담론

다문화가정에서는 언어적 문제와 함께 문화적으로 서로 다른 남편과 아내에 대한 성역할 기대를 가지고 있다. 남성 배우자가 자신의 욕구가 상대방을 통해 충족되지 않거나 자신의 권위 또는 통제감이 상실되었다고 느끼게 되면, 전통적·보수적 가부장적 가치를 갖고 있는 남성일수록 그에 대한 분노를 폭력을 통해 표출하고 그 폭력을 정당화시킬 가능성이 크다(Montgomery, 2009). 또한 여성 폭력 피해자 입장에서 언어소통의 한계와 경제적 어려움, 그리고 국적 취득과정의 문제, 자녀양육 곤란 등으로 법적·사회적·경제적 취약계층에 속하는 다문화가정 이주여성들은 다른 일반 가정의 여성 배우자보다 가정폭력의 피해자가 될 가능성이 더욱 크다(Abraham, 2000).

가정폭력의 원인으로는 국제결혼이 결혼중개업체를 통하여 성사되는 속성과 관련된 것으로서, 남편 및 한국 가족의 타문화에 대한 이해 부족, 부부간 적응의 어려움, 한국어 소통의 어려움 등으로 분석되고 있다(황정미, 2015). 결혼이주여성의 폭력으로 인한 피해는 가정 내에서 아내 구타뿐만 아니라 출신 국가 문화에 대한 비하와 무시, 인종차별적 대우, 경제적 갈등, 무관심과 방임 등 다양한 형태로 나타나고 있다.

　다문화가정 여성을 대상으로 가정폭력 피해 경험에 관한 연구(조 윤오, 2010)를 살펴보면, 전체 응답자의 33%가 결혼 후 남편으로부터 물건을 던지고 때리고 괴롭힘을 당한 적이 있는 것으로 나타났다. 신체적 폭력을 경험했다고 자기보고(self-report) 한 여성이 전체 대상 자의 30% 이상이었고 언어적·정서적 폭력을 측정하는 네 문항에서 모두 그렇다고 응답한 여성이 전체의 27%에 해당하는 것으로 나타나 신체적 폭력과 언어적·정서적 폭력이 비슷한 비율로 중복해서 발생하는 것으로 볼 수 있다. 다문화가정 여성이 신체적 폭력피해 경험 이후에 보이는 대응전략을 살펴보면, 대다수가 폭력에 침묵하거나 헤어질 준비를 하는 것으로 나타나 매우 수동적으로 신체폭력에 대처하고 있는 것으로 보고하였다.

　한국의 국제결혼은 2000년대 들어 급속히 증가하여 2005년에는 전체 결혼 건수의 13.6%(43,121건)로 가장 높게 나타났으며, 2006 년도 이후부터는 점차 감소하는 것으로 나타났다. 특히 한국 남성과 외국인 여성 간의 결혼은 1995년부터 한국 여성과 외국인 남성 간의 결혼 건수를 초과하였다. 한국 남성과 외국인 여성 간의 결혼은 2005년 이후부터는 전체 국제결혼의 70% 이상을 차지하는 것으로 나타났다(〈표 3〉 참조). 2008년 한 해 혼인한 총 327,715건 중에서 국제결혼 건수가 36,204건으로 우리나라 전체 결혼의 11.07%가 외국인과 맺어진 혼인인 것으로 나타났고, 특히 농어업 종사자인 한국 남성들의 외국여성결혼 비율이 38%(2,472건)인 것으로 나타났다

(통계청, http://www.kosis.kr; 신재근, 2009). 저출산·고령화 사회로 접어든 한국사회에서 여성 결혼이주자는 특히 재생산 위기가 심각한 지방과 농어촌지역의 중하층 가족을 유지하는 역할을 담당하게 된 것이다(김민정, 2007). 가족해체와 그에 따른 자녀양육의 문제가 사회적 문제로 등장하게 됨에 따라 다문화가족의 이혼과 가족해체에 대한 정책적 대처로서 「다문화가족지원법」이 제정되었으며, 이는 결혼이주여성 가족을 정책 대상으로 설정함으로써 가족정책을 강화하려는 입장이 반영된 것이라고 하겠다.

2006년 이후부터는 국제결혼이 감소하는 반면에 다음의 〈표 6〉에 의하면, 외국인과의 이혼 건수는 매년 급증하여 2011년에는 10.1%로 가장 높았으며, 그 이후부터는 최근까지 점차 감소하고 있으며, 2021년에는 약 6.2% 정도로 나타나고 있다(통계청, http://www.

〈표 6〉 국제결혼의 이혼 건수와 비율

(단위: 건, %)

구분		2000	2004	2006	2009	2011	2013	2019	2021
총 이혼 건수		119,455	138,935	124,524	123,999	114,284	115,292	110,831	101,673
외국인과이혼	총 이혼 건수	1,498	3,300	6,136	11,473	11,495	10,480	6,899	6,336
	(비율)	(1.3)	(2.4)	(4.9)	(9.3)	(10.1)	(9.1)	(6.2)	(6.2)
	한국 남편	247	1,567	3,933	8,246	8,349	7,588	4,917	4,315
	한국 아내	1,251	1,733	2,203	3,227	3,146	2,892	1,982	2,021

출처: 통계청, http://www.kosis.kr

kosis.kr). 총 이혼 중 외국인과의 이혼 건수가 증가하는 것은 시사하는 바가 크다. 다문화가정의 이혼 건수는 한국 남편과 결혼한 이주여성의 경우에 더 높게 나타나고 있으며, 이들 결혼이주여성의 경우에 경제적 자립의 가능성이 낮고, 따라서 내국인 가정의 이혼에 비해 추가적인 사회적 비용을 수반하게 되는 것이다(홍성효, 하헌주, 김종수, 2012: 169).

결과적으로 한국 남성과 주로 아시아 출신인 외국인 여성의 결혼으로 생긴 다문화가족은 인구, 가족관계, 건강복지, 출입국관리, 노동, 교육, 농촌 등 제반 영역에서 새로운 정책 대상으로 부상하였다. 2006년 4월 26일 정부가 발표한 '여성결혼이민자 가족의 사회통합 지원대책'과 '혼혈인 및 이주자의 사회통합 기본방향'의 내용은 중하층의 한국 남성과 결혼이주를 한 아시아 여성 가족과 자녀, 그리고 주둔지 혼혈인 및 이주노동자 가족과 자녀를 염두에 둔 것이었다. 이러한 상황에서 2006년 5월 교육인적자원부가 '다문화가정자녀[3] 교육지원 대책'을 마련하였다. 관련 자료에 의하면 2006년 현재 재학 중인 국제결혼가정의 자녀 수는 모두 7,998명이며, 이 중에서 초등학생이 85%로 대부분을 차지하였으며, 또한 외국인 어머니 경우도 83.7%로 거의 대부분을 차지하였다(교육인적자원부, 2006: 4). 국제결혼 비중이 높은 2005년부터 2008년에 입국한 여성의 자녀들이 성장함에 따라 영·유아(6세 이하) 자녀 비율은 낮아지고 학령기

---

3 교육부가 2006년 4월에 '다문화가정자녀'라는 말을 공식적으로 사용하기 시작하였다.

(7~18세) 자녀 비율이 높아지고 있으며, 학령기 자녀 비율은 2012년 38%, 2014년 41%, 2017년에는 48%를 차지하는 것으로 나타났다. 전체 학생 대비 다문화 학생 비중도 지속적으로 증가하는 추세이며, 2010년에는 0.44%에서 2019년에는 2.5%를 차지하였다(여성가족부, 2020.6.: 4).

다문화가족의 가정문제는 경제적인 문제, 의사소통의 어려움, 남편의 상습적인 폭행과 학대, 사회적 편견 등으로 지적되고 있으며 이로 인한 부부관계 및 고부관계의 갈등과 자녀문제 등으로 이어지는 것으로 나타난다. 다문화가족은 경제적으로 어려운 국가의 여성들과 결혼한 경우에 국가 간 경제 차이는 계급자원으로서 부부관계에 영향을 미치게 되고, 이로 인하여 부부관계에 사적 계급화가 형성되고 있음을 지적하고 있다(이혜경, 2005). 그 결과 가부장제의 경향이 더 강화되고 경제 환경이 열악한 국가에서 온 아내를 함부로 대하는 경향이 있는 것으로 나타난다. 남편의 가부장적 태도와 시부모의 며느리에 대한 통제는 결혼이주여성과 시댁과의 갈등으로 나타난다. 또한 결혼이주여성들에게는 결혼 안에서 남성에게 부과된 역할을 수행하고 있지 않다는 것이 커다란 문제로 인식되어 불신을 조장하게 된다. 결혼이주여성들은 이들이 새로운 환경에 도전하는 과정 속에서 남성에 대한 실망은 좌절과 불안을 경험하는 원인으로 영향을 미치는 것이다(김오남, 2006a).

반복되는 가족 내에서의 갈등은 가정폭력과 성적 학대, 인격 모독으로 이어지는 심각한 현상으로 나타나게 된다. 결혼이주여성의 폭력피해는 물리적인 신체적 아내 구타와 폭언 이외에도 출신국 문화에 대한 비하, 인종차별적 대우, 무관심과 방임 등의 정서적 학대에 대한 경험도 보고되고 있다(조윤오, 2010; 황정미, 2015). 여성가족부에서 실시한 '2007년 전국 가정폭력실태조사' 결과를 살펴보면, 다문화가정의 경우에 신체적·정서적·경제적 폭력과 성폭력·방임·통제행위 등을 포함하는 광의의 가정폭력 발생은 전체 응답자의 43.2%로 나타났다(여성가족부, 2008: 684-686). 이러한 결과는 한국 전체 응답자의 결과(50.4%)와 비교할 때, 가정폭력 발생률 차이가 있음을 알 수 있다. 그러나 다문화가정의 경제적 폭력(7.7%)은 한국 전체(3.5%)보다 2배 이상 높았으며, 이는 다문화가정의 경제적 어려움을 짐작하게 하는 것이다. 또한 2007년부터 2013년까지 '이주여성긴급지원센터'를 이용한 상담실적을 살펴보면, 이주여성들은 가정 내 폭력이나 부부갈등 문제뿐만 아니라 체류문제, 법률문제와 관련된 제도와 법에 대한 정보와 생활문제(해외송금, 자녀양육정보, 한국어교육, 사회경제시스템 등)와 노동문제 또는 경제생활 등 다양한 내용으로 상담한 것으로 나타나고 있다.

여성결혼이민자의 부부갈등 및 학대에 대하여 사회문화적 요인을 중심으로 살펴본 김오남(2006c)의 연구에서는 부부갈등 영역에 대하여 부부관계 영역, 개인 영역(남편과의 성격, 생활습관, 사고방식, 가치관 등), 공동생활 영역(가정경제, 주거, 여가활동 등 가족생활 유지 영역), 제삼자 영역(시댁 식구, 자녀문제 및 양육문제, 사회활동 참여 등) 등으로 구분하여 살펴보았다. 연구결과 제삼자 갈등 영역에서 가장 높게 나타났으며(평균 3.075, 5점 만점), 이는 부부갈등을 일으키는 내용이 단순히 부부간의 상호작용만이 아니라 가족생활 내에서 여러 가지 요인들에 의하여 기인된다는 것으로 해석된다. 또한 학대 점수는 심리적 학대에서 가장 높았으며(평균 2.066, 4점 만점), 신체적 학대(평균 1.922, 4점 만점)와 성적 학대(평균 1.782, 4점 만점) 순으로 나타났다. 부부갈등과 학대에 대하여 거주지역별로 알아본 결과 도시보다는 농촌지역의 결혼이주여성들의 부부 갈등 점수와 학대 점수가 더 높게 나타났다. 출신 국가별 조사에서는 일본이나 필리핀 출신 국가보다 베트남, 태국 등 기타 지역의 출신 국가에서 더 높은 점수로 나타났으며, 그 차이는 학대의 경우에 더 크게 나타났다. 연구자는 부부갈등과 학대에 대한 중요한 원인으로 한국어 능숙도와 문화적응 스트레스를 들고 있으며, 언어 차이를 극복하고 한국문화에 적응될수록 갈등과 학대는 감소하고 있는 것으로 나타났음을 설명하고 있다.

다문화가족 내에서 스트레스는 결혼이주여성에게뿐만 아니라 다문화가정 시어머니에게 있어서도 찾아볼 수 있다. 시어머니들은 외국인 며느리를 맞은 후 타문화를 바라보는 부정적인 외부의 시선과 외국인 며느리의 생소한 문화적 특성, 결혼이주여성을 며느리로 맞이한 것에 대한 열등감, 며느리의 도주에 대한 불안감, 그리고 결혼이주여성에게 무조건 잘해주라는 사회적 요구 등으로 인해 일상생활 속에서 스트레스를 경험한다. 다문화가정 시어머니는 외국인 며느리에게 한국문화를 전수하기 위해 생활 전반에 관여함으로써 일반 가정 시어머니에 비해 높은 수준의 고부갈등을 경험할 수 있다는 것이다.

다문화가족의 고부갈등에 관한 공은숙(2009)의 연구에서는 한국인 시어머니를 대상으로 하여 갈등의 원인을 분석해보고자 하였으며, 연구자는 의사소통의 어려움, 문화나 관습의 차이뿐만 아니라 특히 고부간에 가지고 있는 상대방에 대한 기대감에 대한 차이가 갈등의 원인이라고 강조하고 있다. 시어머니는 며느리가 외국인이지만 한국인 며느리처럼 해주기를 기대하고 있으며, 외국인 며느리에게 여러 측면에서 한국인 며느리처럼 역할 수행을 요구하고 있다. 일단 시어머니는 며느리에게 각종 역할 수행이나 태도, 예절을 요구하지만, 며느리가 그 기대에 충족하지 못하기 때문에 끊임없이 이를 주지시키면서 훈육하는 과정에서 며느리의 말이나 행동 하나하나를 간섭하고 수정을 요구하는 맥락의 갈등이 지속되는 것이라고 설명하고 있다. 성은영, 권지은, 황승택(2012)의 연구에서도 농촌지역에 거주하는 다문화가족 시어머니의 고부갈등 원인에 대하여 어긋난 기대, 도주 불안, 경제문제, 상전 모시기, 냉가슴, 사회적 편견과 차별, 중간역할의 어려움 등으로 분석하고 있다. 특히 농촌에서 아들을 결혼시키지 못한 애타는 마음으로 결혼을 시켰는데, 자신의 기대와 다른 며느리를 보게 됨으로써 실망감과 좌절감 등의 부정적인 감정을 느끼게 되는 것으로 분석하고 있다.

　　김동희 등(2015)의 연구에서 다문화가정 시어머니 문화적응 스트레스 평균은 2.4±0.75(만점 5점) 정도의 수준이었으며, 하위영역별로는 '일상생활의 불편'에서 2.4±0.79(만점 5점)로 가장 높았으며, '문화적 가치관 차이로 인한 갈등' 등의 문화적응 스트레스 수준은 경제 수준에 대한 인식, 며느리의 한국어 수준, 며느리와의 관계 만족 정도, 자문화 중심적 태도에 따라 유의한 차이가 있었다. 경제 수준을 높게 인식한 경우, 며느리의 한국어 실력이 좋은 경우, 며느리와의 관계 만족 정도가 좋은 경우, 자문화중심 태도가 약한 경우 문화적응 스트레스가 낮았다.

다문화가정에서 고부관계는 대부분 부정적인 것으로 설명하고 있으며, 시어머니는 갈등의 원인 제공자로 설명되고 있다. 홍달아기, 채옥희(2006)의 연구에서는 시어머니가 결혼이민여성들의 한국 생활 적응에 기여하는 중요한 사회적 지지원이 되고 있다는 긍정적인 면과 매사에 간섭이 심하다는 부정적인 측면을 설명하고 있으며, 이를 통하여 고부관계에 있어 이원적인 모습 또한 존재함을 알 수 있다.

국제결혼 증가로 인하여 급격하게 다문화사회로 진입하게 됨에 따라 다문화가정의 학생 수도 증가하고 있다. 2015년도 다문화가족의 학생 수는 67,806명이며, 이들 중 초등학생이 60,162명(73.2%), 중학생이 13,827명(16.8%), 고등학생이 8,146명(9.9%)이며, 이는 지속적으로 증가할 것으로 예상된다(교육과학기술부, 2015). 이에 따라 다문화 2세대인 청소년 자녀들의 정서나 학교생활에 관한 연구가 점차 주요 주제로 등장하게 된다. 국제결혼 중 외국인 아내가 차지하는 비율이 70% 중반대를 차지하고 있다. 이들 중에는 재혼을 하는 경우도 많으며(이상림, 2012), 특히 청소년기 자녀가 있는 재혼가족은 가족관계와 부모 자녀의 상호작용에 어려움이 더 많으며, 따라서 가족관계에서 오는 갈등과 심리적 스트레스가 증가할 수 있다. 재혼가족은 초혼 때와는 다른 부부관계를 발전시켜 나가야 함과 동시에, 전혼배우자와 재혼가족 자녀들 사이의 관계를 유지해야 하는 어려움에 직면하게 되는 것이다(임춘희, 2013). 중도입국청소년은 본 국에서 부모의 이혼, 사별, 또는 별거 등의 가족해체를 경험하고, 어머니의 한국행으로 인한 이별을 경험한다. 한국 입국 후에는 낯선 사회제도에 대한 적응과 언어소통에 있어 어려움을 겪고, 새로운 가족의 구성원으로 합류해야 하는 어려움에 처하게 된다(엄명용, 2013; 류방란, 오성배, 2012; 양미진, 고홍월, 김영화, 이동훈, 2012). 중도입국청소 년들은 새아버지 나라의 낯선 사회 속에서 적응하는 문제, 그리고 재혼가족 내 새아버지와의 관계 설정, 학업 적응이라는 과업에 직면 하게 되고, 따라서 청소년기의 자아정체성 혼란이라는 문제에 더하 여 스트레스와 갈등을 경험하게 되는 것이다.

중도입국청소년의 적응과 관련된 연구들은 주로 이들의 학교적 응과 일반적인 사회적응상의 문제들을 다루고 있다. 학교적응상의 측면에서 살펴보면, 중도입국청소년은 한국어의 미숙으로 인해 입 국 초기에 일반 학교로 바로 진학하는 것이 거의 불가능하여 많은 경우 대안학교나 민간기관에서 한국어를 익힌 후 일반 학교로 진입 한다(엄명용, 2013; 류방란, 오성배, 2012). 일반 학교에서 아이들과 나이 차, 학력 차이를 겪을 수 있으며, 학교 시스템 등이 출신 국가와 비 교할 때 서로 내용이 다름으로 인해 어려움을 겪게 된다. 또한 한국 학생들이 중도입국청소년 등 다문화가정 자녀들에게 심리적 거리감 을 두게 될 가능성이 높아서 이로 인한 어려움에 직면하게 되며, 이 러한 상황들로 인하여 진로에 대해 진지하게 고민하는 것을 미루거 나 방향을 찾지 못하는 경우도 적지 않다(류방란, 오성배, 2012).

중도입국청소년의 한국 입국은 가족구성원 모두에게 변화를 요구하게 된다. 많은 재혼가족의 부모들은 재혼가족이 출발하는 즉시 가족원 모두가 함께 사랑하고 잘 지내야 한다는 비현실적 기대를 갖기도 한다(엄명용, 2013). 재혼가족이 내부적으로 융화를 이루는 데는 시간이 필요함에도 불구하고 가족이 화합과 온정을 나누는 상태가 즉시 이뤄져야 한다는 강박감을 가질 때 가족구성원들은 실망, 긴장, 분노 등의 감정을 가질 수 있게 되는 것이다.

다문화가정에서의 중도입국청소년에 대한 대부분의 연구에서 공통적으로 제시하고 있는 사회적응상의 문제로는 중도입국청소년 자녀들이 한국말에 능숙하지 못한 어머니 또는 아버지로 인하여 언어적인 소통에 대한 문제를 가장 많이 지적하고 있다(김혜련, 2013). 또한 자신의 외모가 다르기 때문에 느끼는 차별이나 자격지심으로 우울한 정서와 학교생활 적응에 많은 어려움이 있음을 보고하고 있다(한상철, 2012). 이러한 맥락에서 부모와의 관계에서 오는 정서적인 안정감을 찾는 것은 매우 중요한 적응요소이다. 특히 청소년기는 사회적 발달과 사회적인 적응에 있어서 매우 중요한 시기이다. 청소년 시기에 가정, 학교, 사회로부터 소외되거나 부적응하게 되면 개인적인 문제뿐만 아니라, 사회적인 문제로까지 비화될 가능성을 항시 내포하고 있다(Coleman, Ganong, Fine, 2002).

엄명용(2013)은 중도입국청소년이 사회적응 과정에서 겪는 스트레스와 대응 현상에 대한 연구에서 중도입국청소년의 스트레스는 그들이 경험한 위기, 그들을 한국으로 데려온 결혼이민여성이 경험한 위기, 본국 가족의 위기, 그리고 한국에서 형성한 가족의 위기가 중첩되어 발생하는 현상으로 설명하고 있다. 연구결과를 살펴보면, 중도입국청소년의 출신국 가족자원과 새로 형성한 국내 가족자원이 비교적 충실할 때, 그리고 청소년 자신들이 상황을 긍정적으로 인식하면서 적극적으로 대응할 때 중도입국청소년들이 국내 가족의 안과 밖에서 비교적 잘 적응하고 있음을 설명하고 있다. 한국 입국 후 중도입국청소년들은 본국에 친아버지가 생존해 있어도 한국 아버지를 더 많이 의지하는 것으로 나타났다. 한국 새아버지는 아이들의 마음속에 '두 번째'가 아닌 '첫 번째' 아버지로 자리 잡고 있었으며, 가족자원 중에서도 한국 아버지의 정서적 지지가 중도입국청소년의 적응에 아주 큰 영향을 미치는 것으로 나타났음을 알 수 있다.

이종찬(2019)은 다문화가정 청소년의 부모와의 관계만족도가 우울, 자아존중감, 학교적응도에 미치는 영향에 대하여 알아보고자 하였다. 동 연구에서는 2015년에 실시된 전국다문화가족실태조사(여성가족부) 대상자 중에서 만 9~24세 아동 · 청소년 5,298명을 대상으로 실증분석을 실시하였다. 분석결과, 첫째, 부모와의 관계만족도는 우울에 부정적인 영향을 미치는 것으로 나타났다. 둘째, 부모와의 관계만족도는 청소년의 자아존중감에 긍정적인 영향을 미치는 것으로 확인되었다. 셋째, 부모와의 관계만족도는 학교적응도에 긍정적인 영향을 미치는 것으로 나타났다. 넷째, 아버지보다는 어머니와의 관계만족도가 청소년의 우울, 자아존중감, 학교적응도에 미치는 영향력이 큰 것으로 나타났다. 이러한 연구결과를 통하여 한국 다문화가족에서 중도입국청소년들의 국내정착을 지원하기 위한 실질적인 제도적 뒷받침이 있어야 한다는 의견이 높아지고 있다. 전혼

에서 자녀를 가진 외국인 여성과 결혼하려는 한국 남성을 대상으로
아내인 결혼이민여성은 물론 그 자녀의 국내정착 및 적응에 대한 책
임의식, 포용력, 아량이 필요함을 인식시키고, 이러한 것들을 가족
안과 밖에서 실천에 옮길 수 있는 구체적 가족관계 기술 및 사회생
활 지도기술을 제공할 수 있는 사전 프로그램을 실시할 필요가 있다
고 강조하고 있다(엄명용, 2013).

　중도입국청소년들에 대한 사회적 문제를 논의함에 있어서, 이들
은 지역사회 및 시민들의 미성숙된 다문화 인식으로 인한 사회적 편
견과 차별을 받고 있으며, 따라서 인권 개선에 대한 문제도 지적되
고 있다. 중도입국청소년들의 인권을 설명함에 있어서 손영화, 박봉
수(2015)는 생활문화적 현실에서 생기는 인권문제와 제도적 현실에
서 생기는 인권문제가 존재하는 것으로 설명하고 있다. 생활문화적
현실에 존재하는 인권문제에는 상호작용 부재에서 오는 문제, 상호
문화의 불이해로 인한 문제, 경제적 결핍으로 인한 문제, 사회적 차
별과 편견으로 인한 문제 등이 있으며 시간이 갈수록 심화되는 것으
로 나타났다. 또한 제도적 현실에서 생기는 인권문제에는 학제 차이
에 의한 인권문제, 체류 신분상에 의한 인권문제, 부모와 분리에 의
한 인권문제 등이 존재하는 것으로 설명되고 있다. 중도입국청소년
에 대한 인권 개선방안으로서 특히, 다문화가정 자녀들의 한국사회
적응을 위한 교육이 오히려 이들을 뭔가 다른 특별한 집단이라는 이
미지를 심어주는 역할을 할 수 있기 때문에 이들을 위한 교육은 일
상생활 속에서 자연스럽게 스며들 수 있는 교육 프로그램이어야 함
을 강조하고 있다. 인권이 다양한 문화적 상황 속에서 실제로 실현

되기 위해서는 그때마다 상황의 특수성을 고려해야 함을 강조하고 있다(손영화, 박봉수, 2015).

2) 한국의 다문화가족정책 담론

1980년대 산업의 발달로 인해 노동력 부족 현상을 해소하기 위한 방법으로 외국 노동자의 유입이 시작되었고, 이로부터 사회 · 경제적 배경으로 인하여 우리나라는 다문화사회로 빠르게 접어들었다. 우리나라의 인구 고령화와 저출산율은 국제결혼을 통한 외국인 여성이 우리나라로 들어오게 하는 또 하나의 통로가 되었다. 우리나라의 국제결혼율은 1990년대 이후부터 꾸준히 증가하였으며(통계청, http://www.kosis.kr), 국제결혼율의 증가로 인해 다양한 다문화가족의 형태가 증가되었으나 짧은 시간 내에 이루어진 다문화사회로의 변화는 다양한 사회문제들을 야기하게 되었다. 이러한 현실에서, 한편으로는 우리나라의 사회문화적 측면에서 사회구성원들과의 충분한 논의를 하지 못하였다는 비판적 문제 제기가 나타나게 되었다. 다른 한편으로는 사회구성원들의 다문화사회에 대한 인식 개선을 위한 대안 마련의 필요성이 제기되었다.

다문화사회에서 공통적으로 제시되고 있는 사회적 문제는 다문화가정에 대한 인식 편견, 언어로부터 오는 의사소통의 문제, 각 나라의 문화에 대한 인식 및 이해의 부족, 다문화가정 자녀들의 교육 문제, 가정적 소외와 문화 부재로 발생되는 다양한 문제들이 있으며, 다문화가족의 구성원들은 일상생활에서 상당한 어려움을 겪고 있는 실정이다. 또한 2000년대 초반부터 새로운 정책 대상으로 부상한 결혼이민자의 경우 성적·인종차별적인 사회문제들에 지속적으로 노출되어 왔다(유승무, 이태정, 2006; 최혜지, 2012; 이종열, 2013; 김초희, 김도연, 2018). 특히 이들 대상에 대한 차별문제는 결혼이민자의 자녀에 대한 차별로 이어질 수 있다는 점에서 심각성이 있다. 다문화사회에서는 다문화 인식 교육을 통하여 다른 문화의 관점에서 자신의 문화를 바라보게 함으로써 다문화사회에서 요구되는 지식과 기능, 태도를 습득하고 다문화에 대한 이해를 증진시켜 나가는 것이 무엇보다 중요하다고 하겠다. 이러한 현실은 다문화가족을 위한 체계적인 정책과 실질적 제도지원이 필요하다는 것을 보여주는 것이다.

우리나라에서 비교적 짧은 기간에 다문화가족지원정책의 토대를 구축하였다고 할 수 있다. 2010년 정부의 관계부처 합동으로 발표한 자료(국무총리실, 관계부처 합동, 2010.5.7.)에 의하면 2006년부터 다문화가족지원정책이 추진되었으며, 그 결과 '여성·결혼이민자 가족 및 혼혈인·이주자 사회통합지원방안'(관계부처 합동, 2006.4.26.), '다문화가족지원 개선 종합대책'(국무총리실 보도자료, 2009.6.19.) 등이 마련되었다. 또한 다문화가족지원정책 수행의 법적·제도적 기반 구축의 일환으로 「재한외국인 처우기본법」(2007.5.), 「결혼중개업의 관리에 관한 법률」(2007.12.), 「다문화가족지원법」(2008.3.) 등이 제정되었다. 교육과학기술부에서는 '다문화학생 교육지원 방안'(2008.10.)과 보건복지부에서는 '다문화가족 생애주기별 맞춤형 지원 강화대책'(2008.11.) 등을 마련하였다. 더 나아가 다문화가족지원정책을 안정적으로 수행하기 위한 추진체계를 마련하기 위하여 이를 총괄·조정하는 '다문화가족정책위원회'(2009.12.)를 구성하였으며, 다문화가족지원센터를 전국적으로 확대 설치하여 지역별로 통합서비스 전달체계를 확립하기에 이르렀다. 2011년에는 「다문화가족지원법」 개정을 통해 다문화가족정책 기본계획의 법적 기반을 마련하였다. 다문화가족정책 기본계획은 동법 제3조의2에 따라 다문화가족 지원을 위하여 5년마다 수립되는 법정계획이다.

「재한외국인처우기본법」에서는 외국인 정책의 수립 및 추진체계, 재한 외국인 등의 처우 및 국민과 재한 외국인이 더불어 살아가는 환경을 조성하자는 내용이 담겨 있다. 「다문화가족지원법」에서는 다문화가족 지원을 시행하는 지원정책들에 대한 내용으로 우리 사회의 다문화가족이 사회구성원으로서 통합되고 안정적인 생활을 할 수 있도록 하기 위한 지원정책의 제도적 틀을 마련하였다고 볼 수 있다.

지역의 다문화가족지원센터에서는 다문화가족의 한국사회 적응을 위하여 가족관계 증진을 위한 집합교육, 한국어교육, 방문교육, 상담, 정보 안내, 결혼이민자 통·번역서비스, 자녀 언어발달 지원서비스 등을 제공하고 있다. 다문화가족지원센터는 2006년에 21개소를 시작으로 2019년 현재 전국에 217개소가 설치·운영되고 있으며, 다문화가족들의 한국사회에서 안정적인 정착을 지원하고 있다. 다문화가족지원센터는 다문화정책의 추진에 있어 전국적인 다문화정책 서비스 공급체계를 갖춘 실질적인 집행기관으로, 다문화정책의 주요한 접촉지점에 위치하면서, 지역의 실정에 적합한 다문화사업 및 관련 프로그램을 추진하는 역할을 수행한다는 점에서 의의가 있다.

　그럼에도 불구하고 우리나라 국민들의 다문화수용성은 서구사회
와 비교할 때, 상대적으로 미흡한 것으로 지적되고 있다(이명진, 2019:
67, 90). 염미경(2012)은 대학생들의 다문화 인식에 대한 다문화교육
의 효과를 알아보고자 하는 연구에서 다문화가정에 대한 인식은 학
기초 평균 3.55(만점 5점)로 다소 미흡한 수준이었으나, 한 학기 동안
다문화교육을 실시한 후에 측정한 결과는 평균 3.65로 다소 향상된
것으로 나타났음을 설명하고 있다. 향상 정도가 가장 높은 항목은
"한국이 다문화사회로 변화하는 현상은 바람직한 일이라고 생각한
다"로 학기초 3.69에서 학기말 4.21로 교과목 수강 이후 한국이 다
문화사회로 변화하고 있는 현상을 바람직한 일로 바라보고 있는 정
도가 높아진 결과를 통하여 다문화교육의 필요성을 강조하고 있다.
　문정희(2019)는 다문화가족지원센터 종사자의 다문화 인식에 대
하여 살펴본 결과에서 종사자의 사회지배태도가 다소 높게 나타나
는 것으로 보고하였다. 사회지배태도란 규범적 행동, 편견 등을 강
화하여 내그룹에 대한 응집성과 협력, 이타주의 등을 강화시키는 반
면, 외그룹에 대한 부정적 · 배타적 태도가 강화되어 이들을 덜 선호
하게 되는 경향성을 의미한다. 그러므로 이러한 결과는 다문화가족
지원센터 종사자가 다문화현장에서 결혼이주민과 가장 가까운 곳에
위치하고 있음에도 불구하고 소수집단에 대한 고정관념이 영향을
미치고 있다는 의미로 설명할 수 있다. 이는 종사자의 대다수가 한
국인이라는 점에서 같은 아시아인이지만 결혼이민자에 대한 차별적

시선이 존재하며, 같은 공간 속에서 근무하고 있지만 자신보다 낮은 집단으로 인식하는 경향이 있음을 의미한다. 반면에 다문화가족지원센터 종사자의 다문화 인식은 높은 수준으로 나타나 결혼이민자에 대한 차별 태도를 보이는 이중적 잣대가 작용하고 있음을 보여주는 결과이다(문정희, 2019: 53-55).

이성은, 최경철(2019)은 다문화 지원서비스에 대한 다문화가족들의 인식과 문제점들을 고찰해봄으로써 이들을 위한 실질적인 지원과 제도적 지원방안을 제안해보고자 하였다. 국내 다문화정책은 초기 다문화가정에 대한 언어적 지원이 있으나 이에 대한 지속적인 교육이 이루어지지 않고 있으며, 따라서 한국사회로의 통합에 어려움이 있다는 현실적인 문제 제기를 하였다. 그러므로 현재 시행되고 있는 다문화 지원서비스에 대한 질적 평가가 필요하며, 더 나아가 다문화가족 및 외국인들의 수요와 질적 서비스에 관한 지원체계 및 국내의 인구문제를 반영한 실질적 지원으로의 서비스 개선이 필요하다는 것이다. 다문화가족지원정책에 있어서는 초기 적응을 위한 일시적인 다문화가족 지원이 아니라 계속적으로 지원될 수 있는 질적 서비스로의 개선이 필요하며 다문화가족에 대한 인식 개선과 함께 국내의 인구문제를 반영한 다문화사회로서의 질적 제고의 계기가 필요함을 강조하고 있다.

2011년 「다문화가족지원법」 개정을 통해 마련된 정부의 다문화가족정책 기본계획에서는 변화하는 다문화사회의 요구를 반영하고자 하였다. 제1차 다문화가족지원정책 기본계획(2010~2012)은 결혼이민자 등이 한국 생활에 안정적으로 정착 · 생활할 수 있도록 다문화가족 지원을 위한 정책추진체계를 구축하고자 관계부처 합동 기본계획으로 수립 · 추진되었다. 제1차 기본계획은 첫째, 다문화가족의 삶의 질 향상 및 안정적인 정착 지원과 둘째, 다문화가족 자녀에 대한 지원 강화 및 글로벌 인재 육성 등 추진목표를 설정하였다. 이에 따라 결혼이주민 예정자 대상으로 입국 전에 사전정보를 제공하는 등 사전교육을 실시하며, 국제결혼중개에 대한 관리를 강화하는 한편, 입국 후에는 한국어 교육, 통 · 번역 지원과 자녀 출산을 위한 보육료 지원, 맞춤형 언어발달 교육, 자녀교육 역량 강화를 위한 생활 지원 등을 중심으로 추진되었다.

제2차 다문화가족지원정책 기본계획(2013~2017)은 제1차 다문화가족지원정책 기본계획의 추진성과와 한계분석을 통하여 수립되었다. 가장 시급한 해결과제로는 첫째, 다문화가족 내에 불평등한 관계 조성, 결혼이민자의 자존감 저하 및 의사소통의 어려움이 있으며, 한국인 배우자, 자녀 등을 대상으로 한 결혼이민자의 문화 등에 대한 이해가 미흡하다는 것이었다. 둘째, 상대방에 대한 이해 부족, 가족 갈등, 폭력 피해 및 경제적 문제 등의 어려움을 겪으며 이혼에 이르는 부부가 증가하고 있음에도 불구하고 가족해체 등에 대한 예방정책 및 해체된 다문화가족에 대한 지원정책이 미흡하며, 셋째, 결혼이민자의 초기 적응지원은 대폭 증가했으나, 결혼이민자의 역량 강화 및 취업 지원 요구에는 대응이 부족하였다는 것이다. 넷째, 결혼이민자를 지원 대상으로만 바라보는 기존의 시각에서 벗어나 다양한 의사결정 과정에 적극적으로 참여하는 주체 활동이 적극적으로 필요하다는 것이다. 다섯째, 다문화가족에 대한 사회적 관심이 증대하였으나, 역차별 논란, 외국인혐오증 등으로 다문화가족에 대한 부정적 인식이 야기되고 있다는 것이다.

이러한 분석을 토대로 하여 제2차 다문화가족지원정책 기본계획의 목표는 첫째, 사회발전 동력으로서의 다문화가족 역량 강화와 둘째, 다양성이 존중되는 다문화사회 구현에 두고 추진되었다. 정책과제로는 다양한 문화가 있는 다문화가족 구현, 다문화가족 자녀의 성장과 발달 지원, 결혼이민자의 사회경제적 진출 확대 등이다. 제2차 다문화가족지원정책 기본계획 수립의 사회문화적 배경으로는 먼저, 시간이 지남에 따라 결혼이민자, 한국인 배우자 및 자녀 등 가족구성원의 연령이 상승되며, 이로 인한 정책수요 변화가 예측된다는 것이다. 먼저, 결혼이민자의 연령이 지속적으로 상승하여 최다수 집단이 20대에서 30대로 변경되고, 40대 이상도 크게 증가할 것이라는 전망이다. 다문화가족의 자녀는 현재 대부분 미취학 아동이나, 학령기 자녀가 대폭 늘어나 학습부진, 학교 부적응 등 새로운 정책수요가 예상된다는 것이다. 둘째, 청소년기에 접어든 다문화가족의 자녀가 늘어나면서 가족 구성의 특수성으로 인해 부모와 갈등을 겪고 가족의 일원으로서 자신의 정체성을 발달시키는 데 어려움에 직면할 가능성이 증가되고, 한국인과 재혼한 결혼이민자가 전혼결혼에서 낳은 본국 거주 자녀의 입국이 증가하게 될 것이며, 또한 개별 가족은 이혼·사별 등으로 다양한 형태로의 변화가 예측된다는 것이다.

제3차 다문화가족지원정책 기본계획(2018~2022)은 제2차 다문화가족지원정책 기본계획의 추진성과 분석을 토대로 추진되었다. 제2차 다문화가족지원정책 기본계획의 추진과정에서 도출된 현실적 문제로는 그동안의 다문화정책 추진에도 불구하고 일부 한국인들은 결혼이민자 등 외국인과 거리감을 가지고 있으며, 외국인에 대한 인식, 감정, 태도가 선진국과 개발도상국을 구분하는 이중적 태도를 보이고 있다는 것이다. 우리나라 일반 국민들의 다문화수용성은 일반 국민의 경우에 52.81점(2018년)으로 여전히 주요 선진국에 비해 낮은 편으로 나타나고 있다는 것이다(여성가족부, 2019). 다문화가족에 대한 태도 변화에는 상당한 시간이 필요하고, 다양한 참여 활동 등을 통해 다문화수용성 향상을 도모해야 한다는 것이다. 다문화사회로의 성공적 정착을 위해서는 긍정적 영향을 확대하고, 부정적 영향을 완화할 수 있는 정책적 개입이 필요하며, 환경 변화 및 정책 수요를 고려하여 중점 추진과제를 도출하고자 하였다.

이에 따라, 제3차 다문화가족지원정책 기본계획(2018~2022)의 비전은 참여와 공존의 열린 다문화사회에 두고, 이를 달성하기 위한 정책목표는 첫째, 모두가 존중받는 차별 없는 다문화사회 구현, 둘째, 다문화가족의 사회·경제적 참여 확대, 셋째, 다문화가족 자녀의 건강한 성장 도모에 두고 추진되고 있다. 이에 따라 정책의 추진 방향은 첫째, 가족구성원 간 상대방의 문화를 존중하는 평등한 가족문화 구축 및 가족서비스 강화, 둘째, 다문화가족 자녀 취학 및 학교생활 지원과 군대 및 사회의 다문화 이해 제고를 위한 중점 추진, 셋째, 신규 입국 결혼이민자에 대하여는 사회통합적 차원의 서비스를 제공하며, 일정 기간 경과 시부터는 취업 강화 등으로 하여 정책목표를 달성하고자 하였다.

대표적인 정책과제를 살펴보면 다음과 같다. 다문화가족의 장기 정착 지원을 위한 정책과제로서는 결혼이주여성 인권 보호 강화(가정폭력 예방 및 대응체계 구축), 국제결혼 피해 예방 지원, 안정된 가족 생활 지원, 서비스 연계 활성화 등이 있다. 결혼이민자의 다양한 사회참여 확대를 위한 정책과제로는 자립역량 강화, 취·창업 지원서비스 내실화, 사회참여 기회 확대 등이 있다. 다문화가족 자녀의 안정적 성장 지원과 역량 강화를 위한 정책과제로는 안정적 성장을 위한 환경 조성, 학업 및 글로벌 역량 강화, 진로준비 및 사회진출 지원, 중도입국자녀 맞춤형 지원 등을 수립하여 추진 중에 있다.

3) 한국의 다문화가족 담론에 대한 비판 담론

다문화가족 담론에서 결혼이주여성들은 자국 남성에 대한 실망, 그들의 계층상승에 대한 열망과 이상 실현을 위하여 위장결혼을 하는 부정적인 주체로 재현되고 있다. 순진한 한국 남성을 이용하고 불법행위를 하는 기회주의자로 재현되기도 하고, 가부장적 자본주의사회에서 돈에 의해 팔려온 수동적인 피해자로 간주되기도 한다. 결혼과정에서 인권침해를 당하며, 결혼 후에는 가정폭력과 가족 갈등 등으로 어려움에 처하는 피해자로 재현될 뿐만 아니라 한국의 가부장적 가족의 가문을 존속시키는 수단으로서의 지위를 가지는 역할을 수행하는 열등한 모습으로 간주된다.

2004년 전후 국제결혼 알선 업체들이 급격히 증가함에 따라 대규모 상업적 속성의 결혼중개시스템이 형성되고 인권침해적인 광고 게재, 일방적이고 부정확한 정보 제공으로 인한 사기성 혼인, 여성 결혼이주민의 한국 생활 부적응 등 국제결혼 관련 문제가 언론을 통해 알려지면서 이러한 결혼방식에 대해 부정적 인식이 생겨나기 시작했다(신유진, 2016: 84). 결혼이주여성은 돈을 목적으로 순진한 한국 남성을 이용하고 불법행위를 하는 기회주의자로 재현되기도 하고, 가부장적 자본주의사회에서 돈에 의해 팔려온 수동적인 피해자로 간주되기도 한다. 또한 한국의 가부장적 가족을 유지하는 수단으로서의 위치에 있는 이등시민으로 재현되기도 한다(이화선, 2015: 85). 물질주의적인 조선족 여성에게 위장결혼의 피해자인 한국인 남성은 회복할 수 없는 가슴의 상처를 받고 재정적인 파산에 직면한 순박한 모습으로 재현되고 있다.

그러나 결혼이주여성은 열악한 환경 속에서도 주체적으로 결혼을 결정하고 억압적인 구조와 제도에 저항하기도 하며, 자신 삶의 조건을 변화시키기 위해 적극적으로 노력하는 주체적인 행위자로서 자신의 잠재력을 발휘하고 있음을 보여주기도 한다. 한국에서의 결혼생활에 적응하기 위해서 진정으로 노력하는 조선족 여성도 여러 가지 요인으로 인해 떠날 수도 있고, 결혼이주여성의 위장결혼에 대한 이러한 부정적인 재현에서 결혼이주여성이 행위주체자로서 모습도 찾아볼 수 있음을 지적하고 있다. 결혼이주여성이 국제결혼을 결정하는 과정에서 본국의 경제적인 어려움이나 부모 부양의 의무 등은 중요한 요인이 되는 것은 사실이다. 실제로 결혼이 이루어지기까지는 배우자에 대한 사랑과 결혼에 대한 기대와 환상, 종교적인 요인과 우연성 등이 복합적으로 작용하고 있음을 강조하고 있다(이화선. 2015: 86, 125).

이화선(2015)은 결혼이주여성을 대상으로 진행된 인터뷰에서 예비남편과 첫 만남의 경험에 대하여 알아본 결과 참여자들은 의사소통이 어려운 상황에서도 남편에게서 이성적인 호감을 가지거나, 편안함을 느꼈다는 응답도 찾아볼 수 있다. 대부분의 결혼과 마찬가지로 연구 참여자들의 결혼에도 '돈'보다는 친밀감과 사랑, 열정, 호감 등이 주요한 의미가 있음을 설명하고 있다. 남편과의 만남이 짧았음에도 불구하고, 남편에 대한 자신의 느낌을 중요시하고 결혼을 결정하였다거나, 또는 가족의 결혼 반대를 무릅쓰고 자신의 결정을 관철시키는 모습을 찾아볼 수 있었다고 보고하고 있다.

한국의 다문화가족 담론은 저출산 문제의 개선을 위한 인구정책과 밀접한 연장선에 있다. 결혼이주여성은 배우자를 구하지 못한 농어촌 총각들과 결혼하여 출산을 함으로써 산업화에 따른 농어촌 붕괴와 심각한 저출산문제를 동시에 해결해줄 수 있는 대상으로 재현되고 있다. 결혼이주여성은 가부장적인 질서 내에서 재생산과 가족 유지의 역할을 담당하는 도구로서 간주되며 강력한 동화주의의 대상이 된다. 결혼이주여성은 결과적으로 한국의 '가족 만들기'의 도구로서 다문화정책의 주요 수혜자가 된다. 한국의 다문화정책과 서비스는 '제3차 다문화가족정책 기본계획'의 추진정책과제에서 명시적으로 제시된 바와 같이 자녀양육자와 돌봄 부양자로서의 결혼이주여성을 중점적으로 지원한다. 결혼이주여성들의 한국 내 지위는 이들이 출산과 양육 등의 역할을 얼마나 성취했느냐에 의존한다. 자립적이지 못하고 열등한 모습으로 간주되는 결혼이주여성은 다문화 담론에서 한국사회의 교육과 지원의 대상으로 재현된다.

이러한 재현은 결혼이주여성을 주어진 상황 속에서 그들에게 기대되는 역할을 따르는 수동적이고 무기력한 존재로 보이게 한다. 신유진(2016: 104-105)은 한국 미디어에 나타난 다문화가족 담론 연구에서 한국인에 의한 이상적 역할 모델 재현은 자문화 중심주의적 사고방식을 반영하고 있다고 지적하였다. 미디어는 한국의 기존 가족 형태에 부합하는 관념화된 '정상 가족'을 기준으로 이주민과 혼혈인, 관련자들의 역할을 제시하는 것이다. 실상 방송에서 제시된 다양한 가족 사연들을 예시하면서 미디어는 다문화가족 자녀, 여성 결혼이주민, 시어머니 및 이웃 공동체 등 관련 주체들과 집단에 특정한 책임과 의무를 부과한다는 것이다.

그러나 결혼이주여성은 취약한 위치에서도 자신이 원하는 것을 얻기 위해서 상대방을 회유하거나 타협하기도 하며, 본국과 한국의 양쪽 자원을 전략적으로 활용하기도 한다. 또한 자신을 둘러싼 환경에 긍정적이고 적극적인 자세로 대처하면서 에이전시를 발현하기도 한다는 것이다. 결혼이주여성 대부분은 한국 및 한국어에 대한 정보와 이해가 부족한 상황에서 국내 생활을 시작하게 된다. 참여자들은 이러한 언어적 장벽과 문화적 차이로 인해 발생하는 장벽을 극복하기 위해서 다양한 방법을 활용하면서 노력한다는 것이다. 남편을 비롯하여 가족과 대화할 때는 손짓과 몸짓으로 표현하기도 하고, 한자 등으로 의사소통을 하기도 한다. 또는 경찰공무원이 되면 결혼이주여성들을 위해 더 많은 일들을 할 수 있을 것이라는 목표를 가지고 공무원 시험을 열심히 준비하기도 한다. 한국의 언어와 문화에 적응하기 위해서 노력하고 실력을 쌓으면서 한국사회에서의 또 다른 역할과 지위를 기대하는 모습도 찾아볼 수 있다(이화선, 2015: 88).

황경아, 이인희(2018: 105)는 2012년부터 2015년까지 조선일보와 한겨레신문에 실린 다문화 관련 기사를 대상으로 216건의 기사를 분석하였다. 분석대상 기사 텍스트에서 결혼이주여성에 대한 주요 비유와 수식어를 살펴본 결과, 사회적 차별로 인한 고통을 다룬 기사도 등장하고 있으며, 동시에 다문화교육 강사와 같이 이주여성이 가진 고유한 문화적 · 언어적 자원을 활용해 경제적 주체로서 사회 진출에 성공한 존재로 그려지는 기사도 있는 것으로 보고하고 있다.

기존의 이주연구가 동화와 통합이라는 이념적인 틀에 기반을 두는 한계에서 벗어나 결혼이주여성의 삶을 바라보는 새로운 이주연구의 패러다임으로 초국가주의 개념과 관점이 등장하였다. 초국가주의는 이주자들이 모국과 정착지 양쪽을 연결하는 다양한 사회적 관계를 형성하고 유지하는 과정들로 정의할 수 있다(관위, 2016: 3).

초국가주의는 현대사회에서 국가 간의 경제 · 사회 · 심리적 경계가 갖는 중요성은 점차 감소하고, 국가의 경계를 넘어 사람들 간의 상호연결성(interconnecting)이 증대하는 사회적 현상에 주목하는 관점이다. 이주자들은 국가 경계를 넘어 본국과 정착 국가 간에 동시적으로 가족, 경제, 사회, 조직, 종교, 정치 등 다층적 관계로 구성된 사회적 장 안에서 초국적 연결성을 형성하고 있다는 것이다(김연희, 2019: 13). 이주여성의 초국가적 실천은 가족 단위를 중심으로 이루어지며 공적 영역보다 사적인 영역에서 더 많은 변화를 도모하고 있다(관위, 2016: 9). 결혼이주여성들은 저렴한 국제전화로 다른 나라에 분산되어 있는 가족과 연결하면서 하나의 가족공동체에 대한 귀속감을 유지하는 것이 매우 보편화된 현상이 되고 있다는 것이다. 국경을 넘어 한국으로 시집온 결혼이주여성도 유무선 통신수단을 통해 모국에 남아 있는 가족이나 친구와의 연락을 끊지 않는다. 또는 이주여성들은 중요 명절인 추석이나 설날에 맞춰 온 가족이 모국방문을 하기도 하며 모국가족(주로 친정 부모)이 한국으로 오기도 한다.

초국가적 실천의 다른 부분은 결혼이주여성의 자녀 언어교육에서 찾아볼 수 있다. 중국이주여성들은 중국이 경제발전과 함께 중국어가 글로벌 언어로 부상될 것이라는 예측을 하면서 자녀가 더 나은 삶을 열어갈 수 있는 기회를 열어주기 위한 일환으로 인적자본으로서 중국어 교육을 적극적으로 시키고 있는 것이다. 중국이주여성들은 자녀들의 중국어 교육에 적극적이고 열정적이며, 자녀들을 중국으로 보내는 초국가주의적 실천을 하고 있다(관위, 2016: 69).

제2부에서는 한국 다문화와 다문화가족 담론 관련 선행연구와 언론 자료에서 쟁점이 된 개념들을 유형화하여 다루어봄으로써 한국 다문화가족 담론의 특징을 도출해보고자 한다. 한국의 다문화와 다문화가족 담론의 형성과 변천과정에서 쟁점으로 등장하는 주요 개념 중에서 다문화가정, 사회 및 출신국과의 관계를 아우르는 가장 대표적인 20개의 주요 개념을 선별하고, 그에 대한 쟁점 분석을 도출해보고자 한다. 더 나아가 다문화가족 담론에서 다루어지지 않고 있는 영역과 다문화가족 담론에서의 향후 연구주제들을 제시해보고자 한다.

제 2 부

한국의 다문화가족 담론의
주요 개념과 쟁점

제3장

한국 다문화가족 담론의
주요 개념 분석

1. 가정폭력

가정폭력(domestic violence)은 가정구성원 사이의 신체적 · 정신적 또는 재산상 피해를 수반하는 행위(가정폭력처벌법 제2조)를 말한다. 가정폭력은 가정 내 구성원들 사이에서 의도적으로 물리적인 힘(force)을 사용하는 것과 정신적인 학대를 통해 고통을 주는 행위로서(전명길, 2017: 253), '가정 내에서의 폭력' 또는 '가족구성원 간 폭력'이라는 특징이 있다. 가정구성원이라 함은 배우자 또는 배우자였던 사람, 자기 또는 배우자와 직계존비속 관계에 있거나 있었던 사람, 계부모와 자녀의 관계 또는 적모와 서자의 관계에 있거나 있었던 사람, 동거하는 친족관계에 있는 사람을 말한다(동법 제2조 제2항). 우리나라에서는 가정폭력, 부부폭력, 아내학대 등의 용어와 혼용되고 있으며, 용어들 간에 유사하게 쓰이고 있다(전명길, 2017: 253). 가정폭력에는 남편이 아내에게 또는 아내가 남편에게 폭력을 행사하는 배우자 폭력, 부모가 자녀에게 폭력을 행사하는 자녀폭력, 자녀가 부모에게 폭력을 행사하는 부모폭력 등으로 구분하기도 한다(박애란 등, 2018: 85). 본 담론에서 다문화가정 가정폭력이라 함은 한국 남편이 국제결혼 이주여성 아내에게 행사하는 배우자 학대와 폭력 관련 내용을 의미한다. 본 담론에서는 관련 선행연구 고찰을 통하여 결혼이주여성의 가정폭력 경험에 대한 추이, 가정폭력의 발생원인, 가정폭력의 유형, 가정폭력 경험으로 인하여 야기되는 문제 등을 중심으로 살펴보고자 한다.

가정폭력은 개인과 가정의 문제로서뿐만 아니라 사회문제를 야기하게 되므로 범죄로 인식되어 1998년 7월 1일부터 특별법을 시행하여 관리되고 있다. 일반적으로 가정에서 아내에게 행해지는 폭력은 인간에게 행해지는 인권침해를 예방하는 차원에서 논의의 필요성이 커지고 있다. 특히 한국 남성과 결혼이주여성과의 국제결혼은 결혼 성사 때부터 경제적인 거래, 언어장벽으로 인한 의사소통의 어려움 등 많은 문제점을 안고 출발한다(김성진, 2016). 결혼생활에서는 가난한 나라에서 왔다는 주위의 부정적인 시선과 함께 가정과 사회에서 많은 문화적 차이와 충돌을 겪게 된다(오현선, 2007: 231-260). 무엇보다 문제는 결혼과정에서부터 남성들은 여성들을 삶의 동반자이며 반려자로 보지 않고, 관리·통제가 가능한 '소유물'로 인식하는 경향이 짙고(고기숙, 2010: 230), 이런 남성들의 의식이 결혼생활 전반에 스며들어, 가정 내에서 이주여성들의 위치는 더욱 작아지고 쉽게 폭력을 당하는 상황에 처하게 되는 수가 많다(고기숙, 2010: 229-230). 결혼이주여성이 처해 있는 특수한 상황과 한국의 가부장적인 사회에서 나타나는 가정 내 권력관계의 불평등 구조로 인해 부부 및 가족 갈등의 가능성이 높아지고, 이러한 갈등은 이주여성에 대한 학대로 이어지게 되는 것이다(김희숙, 2011: 85). 다문화가정의 폭력은 이혼, 모국으로의 귀국 등으로 이어지게 되므로 국내의 일반 가정에서 가정폭력문제보다 더 심각하다고 할 수 있다(고기숙, 정미경, 2012: 257-258).

다문화가정에서의 가정폭력에 대한 심각성을 살펴보기 위한 실태조사에서 가정폭력의 현황, 특성, 주요 원인 등에 대하여 차이 분석, 회귀분석 매개효과 분석 등의 양적 연구결과를 살펴볼 수 있다(김민경, 2009a; 김오남, 2006a; 조윤오, 2010). 실태조사 차원의 정량적 연구에서는 가정폭력 피해 경험에 대하여 구체적이고 의미 있는 내용을 파악하는 데 제한점이 있으며, 이를 보완하기 위하여 연구대상자 경험의 본질과 의미를 파악해보고자 현상학적 연구, 심층면접, 근거이론 등의 다양한 정성적 연구방법들에 의한 연구를 찾아볼 수 있다(고기숙, 2010; 고기숙, 정미경, 2012; 장온정, 박정윤, 2010).

국제결혼 이주여성에 대한 연구는 여러 학문 영역의 연구자들이 관심을 가지고 연구하고 있다. 그 가운데서 가정폭력에 관한 연구를 종합해보면, 가족학과 사회복지학의 측면에서는 결혼이주여성의 전반적인 생활 적응의 어려움의 일환으로 가정폭력문제를 다루면서 가정폭력 발생의 주요 원인과 가정폭력의 피해로 발생되는 부정적인 결과와 이에 대한 지원방안 등에 대하여 분석하고 있으며(고기숙, 2010; 김민경, 2009a; 김오남, 2006a, 2006c; 박애란 등, 2018; 박지선, 류한수, 2014; 장온정, 박정윤, 2010; 전세환, 2016), 가정폭력에 대한 보호 및 피해구제를 위한 법률적 지원방안 등에 대하여서는 법학 또는 경찰행정학 전공 분야에서 다루어지고 있다(김희숙, 2011; 곽병선, 2011; 전명길, 2017; 정현미, 2009). 국어학 전공에서는 다문화가정에서 나타나는 언어적 폭력의 대화유형 분석을 통하여 개선을 위한 대응방안을 제시하고 있다(정민주, 2017).

다문화가정에서 가정폭력으로 인하여 야기되는 문제점에 대한 연구에서는 가정폭력이 결혼이주여성의 정신건강에 미치는 영향(박을순, 2011)과 자녀양육(이재경, 박명숙, 2014) 또는 가정 내에서 학대를 경험한 자녀들의 학교적응(이영분, 김나예, 2012), 다문화가정 청소년의 비행실태 등에 미치는 영향(전대성, 김동욱, 2020) 등이 있다. 관련 연구에서 다문화가정의 폭력이 한국의 다문화사회에 미치게 되는 심각성을 중요하게 다루고 있다. 또한 결혼이주여성에 대한 가정폭력은 이주여성의 인권침해 차원에서 중요하게 다루어져야 할 필요성에 대한 논의도 살펴볼 수 있다(박애란 등, 2018).

국내 이주여성을 대상으로 하는 초창기 가정폭력에 대한 실태조사는 2002년 광주·전남지역의 국제결혼을 한 여성 100명을 대상으로 이루어졌으며, 조사결과 응답자의 30%가 남편의 폭력에 노출되어 있는 것으로 나타났다(광주여성발전센터, 2002). 보건복지부(2006)에서 전국 945명의 결혼이민자를 대상으로 실시한 조사에서는 지난 1년간 남편으로부터 폭력 경험이 있다고 응답한 비율은 22.3%로 나타났다. 이주여성인권센터(2008)의 조사결과에서는 배우자로부터 폭력을 당한 경험이 있다고 한 응답률은 22.2%로 나타났다. 2007년 여성가족부의 실태조사에 따르면 최근 1년간 배우자로부터 폭력을 당한 다문화가정의 부부가 47.7%로 매우 높게 나타났으며, 이는 한국 전체 부부폭력발생률 40.3%보다 높았다(여성가족부, 2008). 2007년 여성가족부의 실태조사에서는 폭력의 유형을 신체적 폭력, 언어적 폭력뿐만 아니라 생활비나 용돈을 주지 않거나 송금통제 등의 경제적 통제 등으로 구분하고 있다. 폭력을 당한 다문화가정의 부부폭력 중에서도 심각한 행위로 판단되는 중한 신체적 폭력과 성 학대의 경우 매우 높게 나타났다. 중한 신체적 폭력은 한국 전체에서 4.7%, 다문화가정이 16.9%, 성 학대는 한국 전체가 10.5%, 다문화가정에서 15.7%로 훨씬 상회하였다. 특히 다문화가정의 남편에 의한 아내 폭력에서 생명에 영향을 줄 수도 있고 중한 상해를 입힐 수도 있는 폭력유형인 '혁대, 몽둥이, 칼 등으로 때리는 행위'와 '사정없이 마구 때리는 행위'가 10.6% 차지할 정도로 높은 것은 심각한 현실이며, 그에 대한 강력한 대처가 필요하다. 정서적 폭력, 신체적 폭력, 방임, 성 학대 등의 폭력발생률에 있어서도 다문화가정에서 한국 전체보다 높았고, 특히 경제적 폭력은 한국 전체 (4.1%)보다 다문화가정(12.2%)의 경우에 3배 이상 높게 나타났으며, 이는 다문화가정의 경제적 어려움을 짐작게 하는 결과로 볼 수 있다.

정현미(2009)의 연구에서는 다문화가정의 폭력행위를 정서적 폭력, 신체적 폭력, 경제적 폭력, 성적 폭력과 함께 무관심하거나 냉담하게 대하는 경우로서 방임 및 유기의 폭력유형을 포함시켜서 분석하고 있다. 박지선, 류한수(2014)의 연구에서는 한국 남편의 결혼이주여성 아내에 대하여 언어적 폭력과 아내와의 관계에 대해서 무시 및 차단 등의 심리적 학대를 중심으로 분석해보고자 하였다. 김근안 (2018)의 연구에서는 신체적 폭력, 경제적 폭력, 정서적 폭력으로 분석하고 있다. 신체적 폭력이란 아내를 믿지 못하거나 결혼생활을 유지하기 위한 통제방법으로 외부출입 통제를 심하게 하는 등의 폭력을 의미한다. 경제적 폭력이란 많은 결혼이주여성들이 남편으로부터 생활비나 용돈을 받지 못하고, 모든 사소한 지출을 남편이나 시어머니의 감독하에 해야 하는 경우 등을 의미한다. 이주여성들은 시장을 보는 간단한 결정도 스스로 할 수 없다는 무력감과 자신이 불신을 받고 있다는 느낌을 갖게 되며, 이와 같은 상황에서 이주여성들은 더 위축되는 것이다. 정서적 폭력이란 지시적이고 억압적인 태도, 방치와 무관심, 낙태 강요 등 반복되는 폭언이나 위협으로 사람의 행동을 위축시키고 자존감을 훼손하게 되는 것이다.

김오남(2006a), 김민경(2009a&b)의 연구에서는 아내 학대를 측정하기 위한 도구로 스트라우스 등(Straus et al., 1996)이 개발한 The Revised Conflict Tactics Scales(CTS2)를 번안하여 사용하였다. CTS2 중에서 아내 학대 유형과 관련하는 세 가지 하위척도, 즉 심리적 학대, 신체적 학대, 성적 학대 등의 문항을 사용하여 아내 학대 행동을 측정하였다. 심리적 학대란 남편이 아내에게 모욕적인 말이나 행동, 욕을 한 적이 있는가, 아내의 약점을 잡아서 괴롭히는 말을 한 적이 있는가 등에 관한 내용이다. 신체적 학대한 남편이 아내를 잡아당기거나 밀친 적이 있는가, 아내를 물건으로 때린 적이 있는가 등이다. 성적 학대란 남편이 성관계를 강요한 적이 있는가 등의 내용이다(김오남, 2006a: 14-15; 김오남, 2006b: 47). 고기숙(2010)의 연구에서는 결혼이주여성의 가정폭력과 피해 경험에 대한 분석 결과, 6개의 범주로 도출되었다. 6개의 범주에는 '환영받지 못한 이방인', '믿고 의지할 수 없는 남편', '다양한 가정폭력과 그 실상', '취약한 대처', '폭력이 남기고 간 상흔들', '막막한 앞날' 등이다. 이 중에서 '다양한 가정폭력과 그 실상'에 대한 주제를 살펴보면, 언어 및 정서적 폭력, 신체적 폭력, 시부모에 의한 폭력 등으로 구분하여 분석하고 있다.

가족 갈등이나 폭력을 당하는 여성결혼이민자들에 대한 실태조사에서는 여성들의 생활 체험을 파악하는 데 한계점이 있다는 지적과 함께 그들의 삶의 모습을 통해 가족 내의 갈등과 폭력 경험을 조명해보고자 하는 질적 연구가 이루어지게 되었다(장온정, 박정윤, 2010: 223-224). 질적 연구를 통하여 여성결혼이민자들의 폭력 경험으로부터 가정폭력의 특징과 발생 원인에 대하여 구체적으로 살펴볼 수 있다(고기숙, 2010; 고기숙, 정미경, 2012; 김근안, 2018).

다문화가정에서 가정폭력에 대한 영향요인을 종합해보면, 가정 내에서 구성원 간의 상호작용을 중심으로 하는 생태체계적 관점에서 원인을 분석하고자 하였다. 즉 개인적 특성과 경험 차원, 부부가 공동으로 지니고 있는 특성과 상호작용, 한국사회와 가족 내에 존재하는 사회문화적 특성 등이 영향을 미치게 될 것이라는 가정하에 개인적 변수, 부부 관계적 변수 및 사회문화적 변수들을 설정하였다(김민경, 2009a; 김오남, 2006a: 7-8). 개인적 변수에는 출신 국가, 교육수준, 소득수준, 남편의 음주와 가정폭력노출 경험 등이 포함되며, 남편의 우울증 등 정신적 장애 등이 의미 있는 변인으로 설명되고 있다(김오남, 2006a; 장온정, 박정윤, 2010). 부부관계적 변수에는 결혼기간, 배우자의 직업, 의사소통의 효율성, 부부 갈등 등이 포함된다. 또한 결혼 동기, 연령 등의 영향요인도 반영된다(조윤오, 2010: 169). 사회문화적 변수에는 성역할 태도, 한국어 구사력, 사회적 지지, 사회활동 참여, 문화적 정체감 등이다. 결혼이민자 여성들이 폭력을 당할 때 시어머니 등 시댁 가족이 폭력을 조장하는 분위기를 만든다는 사례도 찾아볼 수 있다(장온정, 박정윤, 2010: 228).

가정폭력에 대하여 일반적으로 폭력피해 결혼이주여성들은 신분상의 불안정성과 자녀문제로 인해 폭력 상황 속에서도 남편의 변화를 기대하며 참고 지내는 경우가 많았다고 보고하고 있다(장온정, 박정윤, 2010: 229). 결혼이주여성들은 폭력 발생 초기에 적극적으로 대처하지 못할 경우에 계속 피해를 입은 채 결혼생활을 유지하고 지내는 것으로 나타났다. 하지만 일부 피해 이주여성들은 쉼터에 도움을 청하는 매우 적극적인 대처 행동을 하거나, 폭력상담소에서 남편과 가족 모두 상담을 받고, 갈등의 원인을 찾아내면서 서로의 오해를 풀어나가는 모습으로도 나타나고 있다(장온정, 박정윤, 2010: 229). 고기숙, 정미경(2012)의 연구에서는 배우자로부터 가정폭력을 당한 다문화가정 부부는 47.7%로 나타났으며, 가정폭력 대처과정의 유형을 현실지탱형, 회귀형, 미래모색형으로 분류하였다.

현실지탱형은 자신이 처한 현실을 최대한 감내하며 가정을 유지하려고 애쓰는 유형이다. 회귀형은 '사람 사는 것이 아닌' 생활을 이제 끝내고 아이를 데리고 본국으로 돌아가기를 원하는 유형이다. 미래모색형 참여자는 좌절감과 무력감에 젖어 있기보다 당당히 일어서서 현실을 마주하여 자신의 삶을 다시 한번 개척하고자 하는 유형으로 그 특징을 설명하고 있다.

가정폭력 경험 여부에 따라 정신적 건강문제에 대한 연구가 보고

되고 있다. 결혼이주여성을 대상으로 하는 가정폭력 피해 여성들의
경우에도 피해 경험이 없는 여성에 비하여 우울과 스트레스 수준이
높은 것으로 나타났으며(박을순, 2011; 양선화, 2004; 이한동, 2008), 가
정폭력과 우울은 높은 상관이 있는 것으로 나타났다. 가정폭력 피해
여성들은 폭력 상황을 통제할 수 없다고 믿게 되는 학습된 무기력
현상을 겪게 되며, 학습된 무기력 현상은 폭력에 반응하려는 동기가
감소되어 어떠한 노력을 하더라도 상황을 변화시킬 수 없다는 것을
경험하면서 우울증을 겪게 되며, 따라서 가정폭력은 결혼이주여성
의 우울증에 대한 중요한 설명 변인이라고 하겠다(박을순, 2011: 7-8).
고은주(2009)는 결혼이주여성의 외상 후 스트레스의 장애를 설명하
기 위한 요인으로 가정폭력 변인의 영향력을 살펴본 결과 62%의 설
명력이 있는 것으로 나타났으며, 따라서 가정폭력 변인은 외상 후 스
트레스 장애의 중요한 영향 변인임을 보고하고 있다. 이성진, 조용래
(2009)의 연구에서는 심리적 폭력과 성적 폭력의 경우에 외상 후 스
트레스와 정적으로 유의한 상관관계가 있고, 신체적 폭력은 유의한
정적 상관이 나타나지 않았다고 보고하고 있다. 그러므로 결혼이주
여성들의 정신건강문제를 개선하기 위하여 특히 심리적 폭력으로 인
한 피해를 고려한 프로그램 개발의 필요성이 있다고 할 수 있다.

부부폭력과 부모가 자녀에게 행사하는 아동폭력은 매우 밀접한
관련이 있음을 보고하는 연구가 있다. 특히 결혼이주여성에게 있
어서 자녀는 한국사회에서 삶을 이어가는 원동력으로서 존재의 의
미가 큼에도 불구하고, 지속적으로 학대에 노출된 결혼이주여성들

은 자녀양육과 돌봄에 능동적으로 임하기가 어렵고, 실제로 자녀와 갈등을 겪고, 학대적 양육을 취할 확률이 높다고 보고하고 있다(이현, 김재엽, 2019: 113). 결혼이주여성의 자녀 학대 발생위험을 알아보고자 하는 이현, 김재엽(2019)의 연구에서 자녀에 대하여 최소한 한 번 이상 정서적 학대, 신체적 학대, 방임을 행한 자녀 학대 발생률은 36.9%로 나타났고, 그중에서도 정서적 학대가 32.8%로 가장 높게 나타났다. 또한 한국 남편에 의한 심리적·정서적 통제행위는 결혼이주여성의 한국의 사회문화에 적응하는 것을 방해하고, 결혼생활의 만족도를 하락시키며, 결과적으로 자녀 학대에 간접적인 영향이 있는 것으로 보고하고 있다(이현, 김재엽, 2019: 121). 이재경, 박명숙(2014: 249-250)의 연구에서도 결혼이주여성의 폭력 경험은 양육 스트레스와 정적으로 상관관계가 있으며, 아내 폭력은 양육 스트레스와 아동학대에 직접적인 효과가 있을 뿐만 아니라 양육 스트레스를 매개로 하여 아동학대에 간접효과도 있는 것으로 나타났다.

다문화가정에서의 가정폭력 문제는 매우 심각한 수준으로 인식되고 있으며, 이는 다문화가족의 안정적인 정착과 밀접한 관련이 있다. 그러므로 결혼이주여성의 인권 보호와 복지 차원에서 개선방안 마련은 필수적이라고 하겠다. 지속적으로 발생되고 있는 다문화가정의 가정폭력 실태를 개선하고, 예방하기 위한 정책적 제언을 종합해보면 다음과 같다(박애란 등, 2018: 101-106; 진세환, 2016: 62). 첫째, 여성결혼이민자에게만 국한되었던 교육과 상담 프로그램은 다문화가족 모든 구성원을 대상으로 확대 실시하여, 결혼 후 다문화가족의 해체를 예방할 수 있도록 해야 할 것이다. 둘째, 정부는 국제결혼의 피해를 줄이고 가정폭력을 예방하기 위해 국제결혼중개업체에 대한 관리·감독을 강화해야 한다. 셋째, 자조모임을 활성화하여, 결혼이 민자로 하여금 긍정적인 사회관계를 형성할 수 있도록 지원하여야 한다. 넷째, 한국사회 정착 프로그램을 개발함에 있어서 부부가 함께하는 부부교육 및 부모교육을 통하여 문화적 차이, 연령 차이, 성 역할에 대한 교육을 지원하고 부모 역할을 잘할 수 있도록 지원할 필요가 있다. 다섯째, 지역별로 운영되고 있는 다문화가족지원센터 의 접근성을 활용하여 다문화가족지원센터 내에 심리치료 전문가를 의무적으로 배치하거나 지역별 민간단체와 협력하여 운영하여야 한 다. 여섯째, 다문화가족 대상별(자녀, 노부모, 장애인, 결혼이민자) 가정 폭력예방교육, 가정폭력 관련 법의 구체적 사항에 대한 교육과 홍보 를 통하여 가정폭력은 사회적 범죄라는 인식으로의 적극적 전환이 필요하며 사회적 공감대를 형성할 필요가 있다. 일곱째, 거주지는 피해 회복에 중요한 역할을 할 수 있다. 그러므로 다문화가족의 가 정폭력피해자가 정신적·심리적으로 안정한 상태를 유지할 수 있도 록 주거 지원이 필요하다.

2. 가족관계

다문화사회의 성공 여부는 내국인과 이주민의 관계 지향에 달려 있으며 새로운 관계를 창조할 수 있는 사회적 분위기 조성에 많은 노력을 기울여야 한다. 그 출발점은 이주민의 일상생활에서 대부분을 차지하는 가정 내에서 가족구성원들과의 상호 관계라고 하겠다. 우리 사회에서 여성결혼이민자의 경우에는 한국 생활이 대개 한국 가족과 관계를 맺는 새로운 가족관계의 형성으로부터 시작되고 다른 새로운 문화적 환경에 적응해가는 과정으로 이어지게 되는 것이다. 이주민들이 가족관계에서 자존감을 가지고 살아갈 수 있다는 것은 그들이 새로운 환경에 정착하는 데 중요한 요인이다(윤희중, 2013: 46). 결혼이민자가 증가하는 다문화사회 환경에서 내국인과 이주민 사이의 문화적 갈등 유발은 삶에서 이주민의 이주사회에 대한 적응력이 쇠퇴하고 자신의 정체성에 대한 혼란이 심화되어 스트레스를 발생시키는 원인이 되기도 한다.

따라서 여성결혼이민자 집단이 지니고 있는 이와 같은 가족관계적 특성을 알아보는 것은 이들이 한국사회에서 만족스러운 삶을 영위하고 있는지, 보다 만족스러운 삶을 위하여 어떤 요인들과 관련이 있는지 등을 파악하는 데 중요한 자료가 될 것이며, 이들이 한국에서의 삶에 대한 적응과 만족도를 향상시킬 수 있도록 지원하는 데 도움을 줄 수 있는 지표가 될 수 있을 것이다(김연수, 2012: 231).

한국인 남성과 결혼한 여성결혼이민자의 수는 1995년부터 급증하기 시작하였으며, 2005년에는 31,180건으로 총 결혼 건수의 9.9%로 가장 높은 비율로 나타났고, 그 이후부터는 점차 감소하였다. 2021년에는 8,985건으로 국내 총 결혼 건수의 4.7% 정도로 급감한 것으로 나타나고 있으며, 이는 코로나19의 영향으로 분석되고 있다(〈표 3〉 참조).

다문화가정에서는 문화적 차이와 생활습관의 차이, 언어적 소통의 어려움 등으로 인한 가족생활에서의 어려움, 경제적 어려움, 한국인 시부모와 친인척 등 관계에서의 어려움 등으로 인하여 결혼생활에 적응하는 데 어려움을 겪고 있다(김연수, 2007: 4). 통계청 인구동향조사에 의하면 국제결혼 부부의 이혼 건수 중에서 한국인 남편과 외국인 아내와의 이혼율은 2000년에 247건(0.21%)으로 나타났으며, 2004년에는 1,567건(1.13%)으로 가파른 증가세를 보여주고 있다. 그 이후 지속적으로 증가하고 있음을 찾아볼 수 있으며, 2011년 8,349건(7.31%)으로 가장 높게 나타난 이후로는 점차 감소하였고, 2021년에는 4.2% 정도로 나타나고 있다(통계청, http://www.kosis.kr).

다문화가정의 가족관계에 대한 연구는 2000년대에 동남아시아 지역 출신 여성들과의 국제결혼이 급격히 증가하고, 2000년대 후반에 진입하면서 다문화가족 자녀의 성장으로 자녀의 사회화에 관한 관심이 증가하면서 활발하게 진행되었다고 할 수 있다(김미진, 2010: 3). 다문화가정에서 국제결혼으로 형성된 새로운 가족관계는 부부관계, 부모자녀관계, 고부관계 및 시댁의 형제와 친척 관계 등을 중심으로 나누어볼 수 있다(김미진, 2010: 27-44). 결혼이주여성은 한국에서 새로운 가족관계와 더불어 모국의 친정 가족과의 관계도 지속적으로 유지하게 된다.

한국사회는 전통적으로 부계가족 중심의 성(性) 역할과 정체성이 강조되어 왔으며(염미경, 2011: 124), 여성결혼이민자 가족의 경우에 가족관계에서 부부관계는 어떠한 양상을 보이는지에 대한 연구를 찾아볼 수 있다. 가족관계적 특성 중에서 부부관계를 중심으로 분석한 결과를 종합해보면, 여성결혼이민자들은 문화적 차이 중에서도 남녀불평등과 가부장적 문화에 대하여 혼란을 겪고 있는 것으로 나타나고 있다. 한국 남편은 아내를 신뢰하지 않고 있으며, 따라서 생활비 관리도 남편에 의해 이루어지는 것으로 나타나고 있다(염미경, 2011: 139).

현대사회에서 부부 권력은 주로 당사자의 개인적 요인에 의해 결정된다고 할 수 있으며, 이는 다른 한편으로는 사회구조적 요인의 영향이 크게 작용하는 것으로 볼 수 있다. 국제결혼에서 부부관계에서도 일차적으로는 사회구조적 요인에 의해 결정되며, 국제결혼에 의한 부부관계의 불평등 구조는 국가 위계에 따른 한국식의 젠더 위계나 성별 분업이 지지되는 방식으로 구축되는 것으로 나타나고 있다. 또한 부부 권력은 한 사회의 전반적 문화에 의해서도 영향을 받는데 남성 중심의 가부장적 문화가 대표적인 것이다. 이러한 문화 속에서는 여성의 경제적 기여나 가정생활 기여도에 관계없이 남편이 권력을 갖게 된다는 것이다(조정문, 장상희, 2002: 23).

다음으로 자녀와의 관계에 관한 연구를 찾아볼 수 있다. 김연수(2008)는 가족관계의 효과성을 알아보고자 하는 연구에서 '탄력적 부모 되기 프로그램'이 다문화가정 어머니들로 하여금 자녀양육에서 자신감을 얻고 탄력적 부모로서 역량을 강화하는 데 긍정적인 효과가 있음을 보여주고 있다. 안정적인 가족관계를 형성함에 있어서 자녀와의 의사소통은 정적인 상관관계가 있으며(김연수, 2010: 3), 나아가 부모-자녀와의 의사소통은 자녀들의 교우관계에도 정적인 상관관계가 있음을 설명하고 있다(윤향희, 2014: 35). 또한 아동이 지각한 가족관계가 아동의 자아존중감에 미치는 영향을 파악하는 연구에서 긍정적인 가족관계는 아동의 성장과 발달에 매우 중요한 요인임을 설명하고 있다(박명숙, 2010: 196).

더 나아가 다문화가정에서 가족관계는 다문화가정 청소년들의 심리·사회적 적응과도 밀접한 관련이 있는 것으로 나타나고 있다. 다문화가정에서 부부 갈등은 청소년의 우울 및 공격성과 정적 상관이 있으며, 반대로 부모-자녀 관계와는 부적 상관이 있는 것으로 나타났으며, 부모-자녀 관계가 나쁠수록 청소년의 우울과 공격성이 모두 증가하는 것으로 나타났다(지앙, 2013). 이는 다문화가정에서 부부 갈등은 부부관계로만 그치는 것이 아니고 청소년들에게도 우울, 공격성을 야기할 수 있는 것으로 설명되는 것이다.

가족관계 만족도를 설명함에 있어서 한국 출신 아버지의 영향력을 살펴보고자 하는 소수의 연구가 있다(허청아, 2014: 43). 한국 출신 아버지가 가족 내에서 이중언어 사용에 대하여 지지적인 태도를 가지고 격려할수록 다문화가족 청소년 자녀가 어머니와 어머니 나라 문화에 대하여 긍정적인 태도를 가지게 되며, 어머니와의 관계 만족도에도 정적인 영향을 미치게 된다는 것이다. 문화적으로 지위가 낮은 국가 출신의 어머니와 자녀에게 있어서 친밀한 관계는 다문화가족 청소년의 자아존중감을 높이고(Schlabach, 2013), 위기 상황을 잘 극복할 수 있게 한다는 선행연구(Crosnoe, 2005)들을 고려해보았을 때 어머니와의 관계 만족도 향상을 위한 한국 출신 아버지의 역할은 매우 중요하다는 것을 시사하는 결과이다(허청아, 2014: 45). 다문화 가정 자녀의 다문화 배경에 대한 자긍심은 부모와의 관계 만족도와 자녀의 자아존중감과 유의미한 상관관계가 있으며, 특히 다문화가 정 자녀의 적응을 촉진하는 자원으로서 중요한 의미가 있음을 설명 하고 있다(류원, 2018; Anderson, 1997; Cross, 1991; Phinney, 1990).

여성결혼이민자들이 가장 힘들어하는 가족구성원은 시댁 식구이 며, 그중에서도 시어머니와의 관계라고 하겠다. 시부모가 생존해 있 는 경우에는 대부분 확대가족을 이루게 되며, 결혼이민여성은 시집 살이를 시작하게 되는데, 남편과 시어머니의 밀착된 관계로 인하여 아내는 소외감을 느끼게 된다는 것이다. 한국 문화권에서 고부갈등 은 항상 존재하고 있으며, 갈등의 원인에 따라 역할구조형, 애정구 조형, 생활구조형, 권력구조형 등 4가지 유형으로 분류하고 있다(염 미경, 2011: 141, 143-144). 염미경(2011)은 제주지역의 여성결혼이민 자를 대상으로 하는 심층연구에서 여성결혼이민자의 경우에는 며느 리와 시어머니의 역할에 대한 상호 기대와 수행의 불일치로 파생되 는 역할구조형 갈등으로서, 주로 며느리가 시부모 부양에 관한 전통 적인 역할을 다하지 못할 때 빚어지는 것으로 설명하고 있다(박현옥, 1989; 염미경, 2011: 144). 이러한 경우에는 갈등의 원인이 주로 의사소 통의 어려움, 문화의 차이로 인한 상호 이해의 부족 등에서 기인하게 되는 것이라고 분석하고 있다.

　인간의 자아 형성과 그 발달과정에서 "관계의 개념"에 기초를 두고 있는 대상관계이론을 적용하여 가족관계 회복을 목표로 하는 가족치료 프로그램 개발에 관한 연구를 찾아볼 수 있다. 김송실(2010: 110)의 연구에서는 대상관계이론을 기초로 하여 가족과의 언어장벽을 예술을 통하여 해소함으로써 다문화가족이 바람직한 가족관계를 이루며 살아가는 데 기여할 수 있음을 제시하고 있다.

　결혼이민여성들은 새로운 주류사회의 가치, 관습, 사회적 기준과 고유문화의 전통적인 가치, 관습, 사회적 기준의 영향에서 갈등을 경험하게 되고, 적응과정에서 심리적 문화적응 스트레스가 발생하게 된다(김기순, 2012: 68; 윤순정, 2017: 83). 이러한 이중 문화로 인한 스트레스는 부부, 시부모, 자녀 등 가족구성원들과의 관계에서 나타나는 스트레스 등과 함께 이주사회에서 결혼이민여성의 적응력이 저하되고 정체성에 대한 혼란과 가정불화의 원인이 되기도 한다(권명희, 2012; 윤희중, 2013: 49). 결혼이민여성의 가족관계 스트레스와 자존감 인식에 관한 연구에서는 가족관계 스트레스가 높을수록 이주여성들의 자존감 인식은 높게 나타났으며, 특히 시부모와 관련한 스트레스가 가장 중요한 변인으로 나타났다(윤희중, 2013: 63-64). 가족관계 스트레스와 결혼이주여성의 양육행동과의 관련성을 밝혀보고자 하는 연구에서는 자녀관련 스트레스가 높을수록 제재적 양육행동이 많이 나타나고, 시부모 관련 스트레스가 높을수록 허용적 양육행동이 많이 나타나는 것으로 보고하고 있다(윤희중, 2014: 57). 이러한 결과는 결혼이민여성들이 가족관계 스트레스를 최소화함으로써 자녀들을 수용적으로 양육할 수 있다는 사실을 뒷받침한다고 해석된다.

삶의 만족은 각기 비중을 달리하는 다양한 측면에서 일어나는 구체적 생활 사건들 속에서 느끼는 만족의 합이라고 할 수 있다 (Cummins, 1996; 김연수, 2012: 235). 그러므로 여성결혼이민자의 한국에서 삶의 만족도는 가족과의 상호작용의 결과라 할 수 있다(이창식, 2010: 724). 여성결혼이민자의 삶의 만족에 대하여 배우자, 배우자 부모, 배우자 형제자매 등과의 가족관계 변인과의 관계를 파악해보고자 하는 연구를 찾아볼 수 있다(이창식, 2010; 김연수, 2012). 결혼이민여성의 삶의 만족 정도에 대한 관련 변인의 영향력을 살펴본 결과에서 가족구성원들과 형성하는 가족관계의 질이 가장 큰 영향력이 큰 것으로 나타났다. 특히, 가족원 상호 간의 친밀한 관계 형성과 서로의 차이를 수용하고 의견을 존중하는 가족원 간의 긍정적인 관계는 여성결혼이민자의 삶에 대한 만족도에 일차적인 영향요인으로 나타나고 있다(김연수, 2012: 249).

결혼이민여성에 대한 연구는 이들이 한국사회에서 생활해나가는 데 어떠한 어려움이 있으며, 따라서 어떤 지원이 필요한가에 대한 주제가 대부분이다. 다른 한편으로는, 결혼이민여성들은 수동적 주체로서만 연구대상이 아니고, 주도적으로 스스로의 삶을 이끌어가는 능동적 주체의 관점에서 연구가 이루어져야 한다는 인식이 등장하게 되었다. 결혼이민여성들은 다양한 배경과 다양한 자원을 보유하고 있으며, 따라서 이들은 보호와 지원의 대상자로만 보는 것이 아니라 스스로 삶을 주도적으로 이끌어가는 사회구성원으로서 자리매김할 수 있다는 것이다. 김미숙, 김안나(2012)는 결혼이민여성이 보유한 자원을 계층자원, 거주국자원, 모국자원, 시민자원으로 유형화하고 개인이 보유한 다양한 자원이 가족관계 만족도에 미치는 영향력과 가족관계 만족도를 매개로 하여 삶의 만족도에 미치는 영향력을 보고자 하였다. 연구결과를 살펴보면, 가족관계는 다른 어떠한 요인보다 삶의 만족도에 가장 영향력이 큰 요인으로 나타났다. 즉, 결혼이주여성이 보유한 자원은 그들의 삶의 만족에 대하여 직접적인 영향력도 있으며, 이러한 자원들이 가족관계 만족을 매개로 하여, 삶의 만족을 높인다는 것이다(김미숙, 김안나, 2012: 65). 또한 남상권(2014)의 연구에서도 아동을 양육하는 다문화가정에서 삶의 만족도에 가장 큰 영향력 있는 변인은 가족관계 만족도로 나타나고 있다. 이러한 결과는 결혼이주여성의 삶의 만족도 향상을 위한 다문화정책 수립에 있어서 중요한 기초자료로서 의의가 크다.

여성에게 있어서 임신과 출산은 자신의 정체성을 찾는 과정 또는 새로운 가족의 안으로 정착하는 계기로서 매우 중요한 의미가 있다. 남부현, 오정아(2013)는 여성결혼이민자가 임신과 출산의 과정에서 한국인 남편과 가족들과의 관계에서 경험에 대하여 현상학적 관점에서 살펴보고자 하였다. 연구 참여자들은 임신기간 동안 가족의 관심과 위로를 받는다는 것은 가정 내 안정적인 정착을 위한 주요 요인이라고 인식하고 있었다. 그러나 출산준비와 자녀양육에 있어서는 주변 사람들의 배려와 지원이 없었으며, 매우 힘든 시기였음을 설명하였다. 출산 후에도 가족으로부터 '이방인'임을 실감했던 경험을 피력하였으며, 참여자들은 재출산에 대한 계획보다는 취업을 희망하는 것으로 나타나고 있음을 설명하였다. 다문화가정에서 아내의 임신과 출산과정에서 남편과 가족들의 지원과 배려는 가족관계 발전에 중요한 계기가 될 수 있으며, 이러한 것을 인식하는 계기를 마련할 필요가 있음을 시사하는 결과이다(남부현, 오정아, 2013: 151).

다문화가정의 가족관계에 관한 연구는 가족관계에서 문제점 중심으로도 이루어지고 있으며, 이러한 연구결과는 문제개선을 위한 사회적·정책적 관점에서 방안을 마련하는 근거로서 의미가 크다. 다문화가정을 대상으로 하는 건강한 가족관계 향상 프로그램은 건강한 가족 기능을 증진하는 데 도움을 주는 도구로서 이용되고 있으며, 따라서 다양한 가족관계 증진 프로그램 개발에 관한 연구를 찾아볼 수 있다. 곽서정, 전효경(2019)은 국내에서 2008년부터 2019년까지 다문화가족을 위한 가족관계 증진 프로그램의 효과를 보고한 연구를 대상으로 메타분석을 실시하였다. 분석 결과, 특히 부모의 양육효능감, 가족구성원의 자아존중감, 가족 내 의사소통, 결혼만족도 등과 같은 변인이 가족관계 증진에 대한 긍정적인 변인으로 보고하고 있다. 또한 프로그램 회기가 많을수록 효과가 크게 나타났으며, 교육보다는 상담 및 치료 프로그램의 효과가 더 높게 나타났다. 또한 가족의 참여 여부에서는 가족이 함께 참여할 경우 효과가 높게 나타나는 경향성이 있었다고 보고하고 있다. 따라서 앞으로 다문화 가정의 가족관계 향상을 위한 프로그램에 대한 적극적 지원이 필요 하며, 보다 효과적인 중재를 위하여서는 중장기적인 프로그램 운영 의 필요성을 강조하고 있다. 또한 가족의 개별문제를 중재하기 위하 여서는 가족이 함께 참여할 수 있는 상담 및 치료 프로그램을 제공 하는 것이 필요하다고 제언하고 있다(곽서정, 전효경, 2019: 166).

3. 가족해체

가족해체는 넓은 의미에서 '가족단위의 정상적인 기능의 붕괴와 같은 가족결속의 파괴'를 의미하며, 협의로는 '별거, 이혼, 유기, 사 망으로 혼인관계가 파괴되거나 또는 부부 가운데 한 사람이 부재함 으로써 가족이 구조적으로 불완전 상태에 놓여 있는 것을 의미한 다'(김승권, 2002). 가족해체는 당사자를 비롯하여 가족구성원에게 예 상하지 못한 부정적인 영향을 미칠 뿐만 아니라 사회적으로 심각 한 문제를 야기하게 되므로 사회구성의 핵심단위로서 가족의 해체 는 심각한 사회문제로 인식된다(박재규, 2011: 105). 다문화가족의 증 가와 함께 다문화가족의 해체는 이혼 후에 여성결혼이민자는 대부 분 불법체류자로 국내에 거주하게 되는 경우가 많으므로 더 심각한 사회문제가 된다(박미정, 엄명용, 2015: 34). 다른 한편으로는, 국제결혼 부부의 경우에 언어소통의 어려움, 가부장적 가족생활에서 가족구 성원 간의 갈등과 여성이민자에 대한 인권문제 등 각종 문제가 드러나면서 가족해체 또한 심각한 수준으로 나타나고 있다. 2000년 국제결혼 가족의 이혼은 1,498건으로서 국내 전체 이혼 중에서 1.3% 수준이었으며, 2005년에는 3.3%로 증가하였고, 그 이후에도 점차 증가하여 2011년에는 10.1%로 가장 높았으며, 점차 이혼율이 감소하고는 있으나 2019년에도 6.2%로 나타나고 있다(통계청, http://www.kosis.kr).

여성가족부(2013) 조사자료에 의하면, 다문화 이혼가족의 반 이상은 유아기 자녀가 있는 것으로 보고하고 있다. 이혼 후에 결혼이민여성이 한 부모 가장인 경우, 배우자 가족과의 관계 단절, 언어 취약, 취업정보 부족 등으로 사회적 자원이 열악한 상태에서 많은 어려움을 겪게 된다(여성가족부, 2013). 다문화가족 한 부모 여성이 지각하는 어려움은 경제적 어려움뿐만 아니라 자녀양육과 교육의 문제에서도 나타나고 있다(김성옥, 2013: 2). 다문화가족 한 부모 여성과 자녀의 사회 부적응은 그와 관련된 사회적 문제를 초래할 수 있으며, 따라서 다문화가족 해체를 예방하고 가족해체에 따른 지원서비스에 대한 사회적 방안을 마련하는 것은 매우 중요하다(박미정, 엄명용, 2015: 34; 박재규, 2011: 105).

결혼이민여성의 이혼율이 증가하면서 이혼 관련 연구들은 이혼 원인 및 이혼결정요인에 대한 실증적인 접근과 이혼과정에서 겪게 되는 어려움을 중심으로 이루어졌다. 먼저, 다문화가족의 이혼 현상을 이민여성 당사자와 그 주변체계 간의 갈등 차원에서 파악해보고자 하는 연구를 살펴보면, 결혼이민여성의 이혼은 국제결혼중개업자의 사기와 폭력적 · 일방적인 남편, 외국인 며느리를 인격적으로 존중하지 않는 한국의 시댁 가족 등 주변체계와의 갈등 상황을 이겨내지 못한 것으로 결혼이민여성의 피해자 담론으로 나타나고 있다 (김이선 등, 2010; 박미정, 엄명용, 2015: 34). 다른 한편으로 문경연(2011) 은 다문화가족 이혼 현상에 대하여 국가와 사회가 구조화시켜 놓은 불합리한 결혼의 틀에 대하여 이민여성이 도전하고, 그로부터의 탈출 현상으로 해석하였다. 이와 같은 맥락으로 다문화가족의 이혼은 정부의 다문화가족 만들기 정책에서 빚어진 강제와 폭력으로부터 벗어나고자 하는 주체적 여성으로 정의하고 있다(김현미, 2007).

개인적 · 가족적 측면에서 결혼이민여성의 이혼에 미치는 영향요인에 대한 연구에서는 결혼 전에 배우자에 대하여 알고 있던 정보와 결혼 후에 알게 된 현실과의 차이가 클수록 이혼 의사가 높게 나타났으며(박재규, 2007), 특히 남편의 폭력, 음주, 경제적 무능력 등이 가장 중요한 요인으로 작용하였음을 설명하고 있다. 박재규(2011)의 다른 연구에서는 한국인 배우자의 정신적 장애가 중요한 이혼 결정 요인이었음을 밝히고 있다.

그러나 다문화가족의 이혼에 대한 이러한 '남성 가해자, 여성 피해자'라는 이분법적 담론에 대하여 이의를 제기하는 주장도 있다. 베트남 출신 결혼이민여성들의 이혼 후 삶에 대한 사례연구(탄티뛰이엔, 2006: 75-80)에서 살펴보면, 외국인 아내는 한국인 배우자의 폭력을 유발하기 위해 부부 갈등을 유도하고 이를 가출과 이혼의 명분으로 삼기도 하며, 이혼 후에는 자국 출신 이주노동자와 함께 생활하는 경우도 있음을 밝히고 있다. 또한 한국가정법률상담소(2013)의 보고에 따르면, 한국인 남편의 이혼상담 비율이 증가하고 있으며, 이혼상담 사유로서 외국인 아내의 가출이 가장 높은 비중으로 나타나고 있다. 이러한 결과는 다문화가족의 이혼에 대하여 '가엾은 외국 이민여성' 또는 '순진한 우리네 농촌총각'(서진철, 2010: 147-148)과 같은 이분법적 표현은 선입견이라고 보고하는 것과 같은 맥락이라고 하겠다. 이러한 연구들은 다문화가족 이혼여성들의 이혼경험에 대하여 우리 사회의 압축적 경제성장 과정에서 발생한 농촌 파괴와 성비 불균형 문제 해소 차원에서 시작된 상업화된 국제결혼의 불합리성과 불평등을 드러내고 있는 것이다. 동시에 억압적이고 통제적인 우리 사회 부권중심의 가부장적인 가족문화의 요소들이 다문화가정 속에서 어떻게 부정적으로 작동하는지를 이해하는 데 기여하였다는 점에서 의의를 찾아볼 수 있다(박미정, 엄명용, 2015: 35).

결혼이민여성들의 이혼과정과 이혼 후의 적응에 관한 연구를 살펴보면, 이민여성들은 여러 가지 갈등과 당면하게 되는 어려움으로 인하여 이혼을 생각하게 되지만 이혼 결정을 쉽게 하지 못하는 경우가 많다고 보고하고 있다(이정희, 2006: 40; 이해경, 2015: 33). 이러한 맥락에서 결혼이민여성의 실제적인 일상생활 속에서 이루어지는 문화적인 갈등, 배우자와 시댁 가족과의 관계, 이민여성의 내면적인 고찰을 통하여 이혼 위기에 대한 정서적 고찰에 대한 필요성이 제기되면서 질적 연구가 나타나기 시작하였다. 이정희(2006)는 이혼

상담에 참여한 여성결혼이민자의 상담사례에 대하여 근거이론방법을 적용하여 이혼의 딜레마, 경험한 문화적 갈등이나 이혼 위기의 과정 등은 어떠한가에 대하여 분석해보고자 하였다. 결혼이민여성들은 결혼생활에서 부당하게 대접받으며 폭력의 대상으로 전락하는 것뿐만 아니라 더욱 절망을 느끼게 하는 요인은 이러한 남편의 문제가 개선의 가능성이 없다는 데에 있다는 것이었다. 그럼에도 불구하고 이민여성들이 이혼을 결정하지 못하는 이유는 남편들이 자녀나 체류문제를 볼모로 여성결혼이민자들을 구속하고 있으며, 이민여성 역시 본국에서 일자리를 구하기가 어렵고 가난한 가족이나 이혼녀에 대한 부정적 시각 때문에 이러지도 저러지도 못하는 딜레마에 빠지게 된다는 것이다(이정희, 2006: 81-82). 여성결혼이민자들이 문화적 갈등과 이혼 위기에 직면하게 되는 과정에 대하여 구체적으로 나타나는 현상을 살펴보면, 첫째 단계는 '유입기'로서 남편에 대한 정보가 허위라는 것을 알게 되지만 상황에 밀려서 어쩔 수 없이 결혼한 현실을 감당해내는 삶을 이어가는 것이다. 둘째 단계는 '실망하면서 적응하기'이다. 결혼에 대한 기대가 환상이었음을 깨닫게 되었고, 결혼생활의 힘겨움, 실망, 두려움의 감정이 있음에도 불구하고 변화와 개선을 기대하면서 생활에 적응하려고 애쓰는 특징이 나타나는 단계이다. 셋째 단계는 '혼신을 다해 노력하기' 과정으로서 현실을 수용하고 적응해가려는 이민여성의 행동은 상대방의 요구에 자신을 맞추어나가는 수동적 대처방식의 특징으로 나타나는 단계로 설명하였다. 네 번째 단계는 '죽음과 같은 절망기'이며, 이민여성들을 절망으로 몰고 가는 가장 큰 이유는 남편의 폭력, 경제적 빈곤,

남편의 부당한 대우 등으로 보고하고 있다. 다섯째 단계는 '선택기'로서 이민여성은 결국 이혼을 하고자 하지만 이혼 결정을 내리기가 어려운 현실적 딜레마 상태가 된다는 것이다(이정희, 2006: 82-84).

또한 박미정, 엄명용(2015)의 연구에서는 이혼을 경험한 15명의 결혼이민여성에 대하여 심층면담을 수행하였으며, 근거이론의 원리에 따라 국제결혼 선택에서부터 결혼생활, 이혼과정, 이혼 후 생활까지의 과정 등 일상생활을 바탕으로 분석해보고자 하였다. 모든 범주를 통합한 핵심 범주는 '해제를 통한 안전한 정착지 찾기'로 보고, 이를 중심으로 4가지의 이혼 유형을 도출하였다(박미정, 엄명용, 2015: 49-55). 첫째, 대처성장형은 어려운 현실을 극복하기 위한 적극적인 노력을 하였으며, 이혼 후에는 새 삶에 대한 강한 의욕과 사회적 정체성을 재구성하는 능력이 있는 집단 특징으로 분석된다. 둘째는 해방안주형으로 명명하였다. 이들은 현실적 어려움에 대한 저항은 높음에도 불구하고 자신의 삶에 대한 목표는 불투명하였고 현실에 안주하고자 하는 특징의 집단으로 분석하였다. 셋째는 생활눌림형으로 명명하였다. 이들 집단의 특징은 이혼에 대하여 후회를 하고 현상황에 대하여 매우 불운하게 여기는 경향이 있다. 결혼기간 동안에 국적을 취득하였으나 남편의 일방적 요구로 이혼을 하게 되었으며, 이혼 후의 삶이 힘들어서 재결합을 간절하게 원하는 특성으로 나타났다. 네 번째는 유랑지속형이다. 성공하는 삶을 위하여 국제결혼을 하였으나 부당한 대우와 폭력 등의 현실로 인하여 가출을 하였지만 대부분 결혼기간이 길지 않고, 따라서 국적취득을 하지 못하였으며, 심리적·정서적으로도 혼란의 상태이고 이방인 의식이 높은 집단 특징으로 나타났다. 이러한 연구는 기존에 나타난 이분법적 이혼 담론의 시각에서 벗어나서 결혼이민여성의 결혼과 이혼은 안전한 정착지 찾기의 과정이라는 시각으로 접근하였다는 데서 의의가 있다고 하겠다.

결혼이민여성의 이혼이 증가하면서, 이혼 후의 삶에 대한 연구도 찾아볼 수 있다. 이해경(2015)은 이혼을 경험한 결혼이민여성 6명을 대상으로 그들의 이혼 후의 삶을 이해하고자 하는 목적으로 Giorgi의 현상학적 연구방법을 통하여 분석하였다. 참가자와의 심층면접 자료를 분석하고 범주화한 결과 전체 7개의 영역으로 구조화되어 도출되었음을 보고하고 있다. 즉, '아직도 끝나지 않은 이혼 싸움', '어떻게든 홀로 버텨야만 하는 고된 삶', '원가족을 위한 또 다른 가슴앓이', '스스로 단단해져 감', '희망을 발견함', '달라서 양육의 버거움이 배가 됨', '경계인으로 서성대는 삶을 살아감' 등이다. 이에 대하여 연구자는 결혼이민여성의 이혼 후 삶의 경험에 대한 본질은 '그 어디에도 소속되지 못한 경계인으로 서성대는 삶'으로 정의 내리고 있다. 이혼 후에 결혼이민여성들은 양육권과 국적취득을 위하여 힘겹게 법적 소송절차를 겪고 있고, 본국으로 돌아가지 않은 채 한국에서 고된 삶을 이어가고 있다. 배신감·억울함·분노 등의 정신적 트라우마를 경험하면서 한국사회에서 결혼이민여성에 대한 차별과 편견을 강하게 느끼면서 살고 있고, 본국에서의 낙인과 재적응에 대한 두려움으로 인하여 한국에 머무르기를 희망하는 것으로 나타났다. 한국인도 되지 못한 채 한국사회에서 그 어디에도 안정적으로 소속되지 못하고 주변인의 삶으로 살아가는 것으로 나타나고 있다는 것이다(이해경, 2015: 48-50).

다른 한편으로 김순남(2014)은 결혼이민여성들이 결혼과정, 이혼과정과 이혼 후의 '삶의 불확실성' 등의 과정에서 이민여성들은 이주자의 위치에서 삶이 아니라 그들 삶의 환경을 자신만의 방식으로 "비가시화된 영역"(Wang, 2007: 706)에서 지속적으로 협상하고 생애지도를 재구성해 가는 현실을 보여주고 있다(김순남, 2014: 224).

정선희(2014)의 연구에서도 이혼 후에 자녀와 함께 살아가는 10명의 결혼이민여성을 대상으로 심층면접 하였으며, 이혼 이후의 생활에 대한 실태를 살펴보고자 하였다. 본 사례분석을 통하여 연구자는 결혼이민여성들은 이혼 후에 어려움 속에서 생활하고 있음에도 불구하고 처해 있는 어려움을 극복하고자 노력하면서 존재감을 가지고 자신만의 주체적인 삶을 꾸려나가는 긍정적인 태도를 보이고 있는 것으로 보고하고 있다(정선희, 2014: 80-82).

다문화가족의 이혼이 증가하면서, 우리 사회는 가족해체를 경험하는 다문화 학생들의 학교생활 적응에 대하여 관심을 가지게 되었다. 김성애(2019)는 초등학교 교사의 가족해체 다문화 학생지도의 경험을 통하여 가정환경이 학교생활 적응에 미치는 영향을 살펴보고자 하였다. 연구결과에 의하면, 학생들은 가정 내에서의 정서적 결핍으로 인하여 학교생활에서 정서적으로 불안정한 심리상태와 학습 부진으로 나타나고 있음을 보고하고 있다. 또한 가족해체 다문화 학생을 지도한 교사들은 자신들의 다중 역할 수행으로 인한 부담,

다문화가정의 비협조, 학교현장의 구조적 문제로 인한 어려움 등을 경험하는 것으로 나타났다. 그럼에도 불구하고 학생들의 학교생활 적응을 위해 노력한 결과 학생과 학부모에게 긍정적인 변화를 도출할 수 있었으며, 교사 자신에게도 학생들을 현실적으로 더 잘 이해할 수 있는 변화가 있었다고 보고하고 있다(김성애, 2019: 61-63).

이상에서 살펴본 바와 같이 국제결혼 여성이민자의 이혼은 대부분의 경우에 시작부터 잘못된 정보에 의한 잠재적 위험성이 있는 것으로 분석되며(이정희, 2006: 84), 결혼 후에는 배우자의 무능력, 외도 등이 원인이 되기도 하고, 남편의 폭력과 학대 등도 중요한 원인으로 나타났으며, 심층면접 결과에 따르면 한국 남편의 정신장애, 의사소통 및 대화기술의 문제, 시댁 가족과의 갈등 등 복합적인 문제가 발생되고 있음을 알 수 있다(이정희, 2006: 84; 박재규, 2011: 132). 따라서 국제결혼 부부의 이혼문제 대응을 위하여서는 결혼당사자와 가족구성원뿐만 아니라 지역사회 차원에서 접근하는 것이 필요하다(박재규, 2011: 132). 우선, 이혼 위기의 원인이 되는 국제결혼의 위험요인을 줄이기 위한 방안으로는 외국인 여성의 인권 보호 차원에서 국제결혼중개업자의 자격과 결혼절차에 대한 적절한 규제가 필요하며, 그뿐만 아니라 국제결혼을 희망하는 여성과 한국인 남성의 건강 등에 대한 정확한 정보가 안내되도록 하는 것이 중요하다(이정희, 2006: 85). 또한 이혼 예방과 이혼 후의 충격을 완화하는 방안으로서 국제결혼을 준비하는 여성을 대상으로 본국에서부터 삶의 주체성을 확립할 수 있는 국제결혼예비자 의무교육제도 도입에 대한 제안도 찾아볼 수 있다(박미정, 엄명용, 2015: 56). 마찬가지로 국제결혼을 희망하는 한국인 남성에게 현재 1일 3시간으로 매우 제한적으로 시행되고 있는 사전교육을 강화시킬 필요가 있으며, 결혼 이후에는 가족구성원을 포함하는 교육으로 활성화시켜야 한다는 지적을 하고 있다(박재규, 2011: 132-133). 특히, 결혼이민자의 한국어 교육을 실시함에 있어서 기존의 여성이민자 중심의 교육에서 한국인 남편, 3세대 등 가족 단위가 함께 참여하는 방안도 적극적으로 검토해볼 필요가 있음을 제안하고 있다(박재규, 2011: 133). 이는 여성결혼이민자가 한국 생활에 적응하는 데 도움이 될 뿐만 아니라 부부와 가족 간의 갈등을 예방하는 데도 기여할 것으로 기대할 수 있다(이명옥, 2013: 86-87). 더 나아가 가족해체 여성결혼이민자는 국내 생활에 정착하는 과정에서 일과 가정생활의 양립문제를 해결해야 하는 어려움에 처하고 있다는 현실에 주목해야 한다는 것이다. 이들의 이러한 생계문제를 해결하기 위하여서는 특별 직업훈련 프로그램을 도입할 필요가 있음을 강조하고 있다(박미정, 엄명용, 2015: 56; 박재규, 2011: 134).

4. 결혼만족도

결혼만족도는 가족학 · 심리학 · 사회학 등의 학문 분야에서 연구되어 온 주제로서 공통적인 개념으로는 결혼생활 전반에 대한 부부의 행복과 만족에 대한 주관적 경험과 감정 및 태도라고 정의하고 있다(김도경, 강택구, 2018). 또는 배우자가 자신의 결혼에 대하여 느끼는 만족스러운 감정으로 결혼관계에 대한 총체적인 평가를 의미하는 것으로 정의하기도 한다(양순미, 2006: 220). 한국 다문화가정을 대상으로 하는 결혼만족도에 관한 연구에서는 외국인 배우자의 문화적 차이를 반영하여 "결혼하여 가정을 이룬 부부간에 결혼생활 전반에 대해 인식하는 주관적 감정과 태도, 반응, 상대방에 대한 문화적 배려에 대한 깊이를 알아보고자 하는 척도"(김도경, 강택구, 2018: 220)로 정의하고, 하위요인으로 일상생활에 대한 만족도와 정신적 교감에 있어서 만족도로 구분하고 있다.

일반적으로 부부는 성장배경이 다르고 가치관, 사고방식, 행동양식 등도 서로 다르므로 상호 적응하는 데 어려움이 있다. 국제결혼 부부의 경우에는 이 외에도 언어소통과 문화적 차이로 인한 어려움으로 적응과정에서 한국인 부부들보다 더 많은 어려움이 있는 것으로 보고되고 있다(양순미, 2006: 217). 결혼생활에서 결혼만족도는 부부의 삶에 대해서뿐만 아니라 자녀양육을 담당하는 부모로서 자녀의 삶에도 직접적인 영향을 미치게 되는 것이다(장덕희, 장재원, 염동문, 2015: 632). 또한 결혼이민여성은 결혼만족도가 높을수록 문화 적응에 정적인 영향을 미치고, 높은 문화 적응은 사회자본에도 정적인 영향을 미치며, 사회자본은 결혼이민여성 자신의 삶뿐만 아니라 그들 자녀들을 위한 양육효능감에도 영향을 미치고 있는 것으로 나타나고 있다(장덕희, 장재원, 염동문, 2015: 644). 그뿐만 아니라 결혼이민여성의 결혼만족도는 한국의 가족관계뿐만 아니라 모국의 가족들과도 매우 밀접한 관련이 있는 것으로 보고하고 있다(김미정, 염동문,

2015: 7).

2000년대에 이르러 농촌지역을 중심으로 하는 국제결혼이 급증하면서, 우리나라에서 새로운 삶을 영위하게 되는 결혼이민여성들의 부적응 문제가 사회문제로 대두되었다. 전통적인 가부장적 구조가 유지되고 있는 한국사회에서 대부분의 남편과 시부모는 이민여성들에게 전통적 성역할을 강요한다는 것이다(공미혜, 오세자, 2010: 96). 국제결혼 이주여성들은 대부분 가난한 나라 출신으로 결혼중개업자에 의한 매매혼에 의해 한국사회로 이주하는 경우가 많기 때문에 가족 내에서 이들의 인권은 침해되고 있는 실정인 것이다(김이선, 2007). 부부관계에 있어서도 한국 남편이 우월한 지위를 기반으로 외국인 아내에게 특정한 노동과 감정서비스를 요구할 수 있다는 점에서 구조적 불평등을 초래하게 된다(김민정, 2007). 이러한 상황에서 결혼이민여성들은 결혼 후 언어소통의 어려움(이은정, 2011: 1-2: 지은숙, 2007: 6), 생활습관의 차이에서 오는 문화적 갈등(권복순, 차보현, 2006: 110), 가정경제의 어려움(이혜경, 2005: 93), 차별과 편견, 자녀양육 및 교육의 어려움(이정용, 2012: 2-3) 등 다양한 어려움에 직면하고 있다. 결혼이민여성이 한국에서의 결혼생활에 적응하는 과정에서 경험하게 되는 이러한 스트레스 요인들은 부부간의 갈등을 야기하고 있으며(전미경, 손서희, 2018: 221), 결과적으로 국제결혼 부부의 이혼 증가 등 가족해체로 이어지고 있는 현실이다(김수림, 2013: 1). 결혼이민여성의 결혼만족도는 이들의 안정적인 적응과 다문화사회의 통합과 밀접한 관련이 있다. 따라서 국제결혼가정의 결혼이민여성을 대상으로 하는 결혼만족도에 관한 연구가 활발하게 이루어지기 시작하였다(정지명, 양세정, 2014: 217).

결혼만족도를 설명하는 이론은 자원이론, 역할이론, 상징적 상호작용이론, 교환이론, 동질성이론, 인성이론 등 매우 다양하다. 각 이론에서 제시하는 결혼만족도와 관련된 요인들이 상이하므로 단일이론을 근거로 결혼만족도를 설명하는 것은 매우 어려운 일이다. 다문화가정의 한국 남성에 대한 결혼만족도를 논의함에 있어서는 자원이론과 다문화주의 관점에서 관련된 주요 요인을 밝히는 데 적용되고 있다(서홍란, 정한나, 2010: 30). 결혼생활에 필요한 자원으로는 결혼생활에 대한 사전지식, 이성에 대한 이해, 결혼생활의 역할모델의 존재, 친구나 친척들로부터의 결혼 승인 등과 같은 사회·심리적 자원을 들 수 있다. 또한 교육 정도, 수입 및 직업과 같은 사회경제적 자원과 관계 내에서 교환되는 대인관계 자원으로서 사랑, 지위, 정보, 금전 등이 있다. 일반적으로 다문화주의란 우리 사회에 내재해 있는 문화적 상이성과 다양성을 인식하고 이러한 차이를 열린 마음으로 수용하고 포용할 수 있는 태도 및 이를 달성하기 위한 일련의 행위를 포괄하는 의미이며, 이는 개인의 수준에 따라 매우 다양하고 광범위하다고 할 수 있다. 다문화가정을 연구함에 있어서 다문화주의는 서로 다른 문화적 배경을 가진 부부가 서로의 전통문화, 행동양식, 가치관을 존중하는 것이라 할 수 있다(김완균, 2008: 27-28).

다문화가정에서 결혼만족도에 관한 연구는 국제결혼이 증가함

에 따라 결혼이민여성의 결혼만족도를 중심으로 이루어졌으나(김미
정, 염동문, 2015; 조진숙, 황재원, 2017; 최미영, 2020; 최지명, 2007), 결혼생
활의 적응과정에서 한국인 남편이 당면한 어려움에 대한 인식이 생
기기 시작하면서 국제결혼 가정 남편의 결혼만족도에 관한 연구도
이루어지기 시작하였다(이은희, 이정란, 2012; 서홍란, 장한나, 2010; 정지
명, 양세정, 2014). 그러나 국제결혼 가정의 안정된 결혼생활을 예측하
기 위해서는 이주여성 아내와 한국인 남편 모두를 연구대상으로 하
는 것이 정확한 결과를 도출할 수 있다는 주장과 함께 국제결혼가정
부부 모두를 대상으로 하는 연구가 보고되고 있다(양순미, 2006; 공미
혜, 오세자, 2010; 이은정, 2011). 다문화가정에서 결혼이민여성과 한국
인 남편의 결혼만족도에 관한 연구에서 결혼만족도 수준은 대부분
평균점수 이상으로 나타나고 있다고 보고하고 있다(서홍란, 정한나,
2010; 이은정, 2011; 최미영, 2020).

      .

    결혼이민여성의 문화 적응 경향이 결혼만족도에 미치는 영향에
대한 조진숙, 황재원(2017)의 연구결과를 살펴보면, Berry의 문화 적
응 경향 중에서 주변화 경향만 부(-)적으로 유의한 영향을 미치는
것으로 나타났다. 주변화란 자기 자신의 고유한 문화적 정체성을 부
정하고 주류문화와의 상호작용도 거부하는 경향이다(Berry, 1997; 조
진숙, 황재원, 2017). 이러한 결과는 남편과의 갈등이 있거나 출신국
결혼이민여성들과 잘 어울리지 못할수록 주변화 경향이 높다는 연
구결과(김희주, 2009)와 같은 의미로 해석된다. 또한 문화 적응 스트
레스도 결혼만족도에 부적인 영향이 있는 것으로 나타났으며, 이 중

에서도 특히 문화충격과 향수병은 결혼만족도에 대하여 매개효과가 있었다. 이러한 결과는 결혼이민여성들의 결혼 만족 여부를 설명함에 있어서 주변화 경향을 가진 사람들은 문화 적응 스트레스에 취약하며, 그중에서도 문화충격과 향수병의 영향이 가장 중요한 원인이라고 해석된다.

결혼이민여성의 결혼만족도에 미치는 영향에 대한 메타분석에서 가족 지지가 가장 큰 영향력이 있는 결과를 보고하고 있다(김미정, 염동문, 2015: 16). 결혼이민여성의 결혼만족도에 있어서 가족 지지의 중요성을 확인할 수 있는 결과라고 하겠다. 가족의 지지는 무엇보다 배우자와 시부모와의 관계를 생각할 수 있다. 남편의 지지 측면에서는 부부간의 가치관과 상호 간의 지지도, 결혼이민여성의 친정과의 관계, 자녀양육에 대한 적극적인 노력, 결혼이민여성의 모국어를 배우거나 문화를 익히는 등의 노력을 포함하는 것이다(김미정, 염동문, 2015: 17). 시부모와의 관계 측면에서는 시부모와 며느리의 관계가 며느리의 부부관계를 좌우하는 중요한 가족관계로서 의미가 크다는 것이다(김오남, 2006b; 정순둘, 박현주, 오보람, 2010). 결국 결혼이민여성의 결혼만족도는 남편과 시부모의 지지가 절대적이고, 이러한 지지는 일상생활을 기반으로 가족중심적인 지원이 이루어져야 함을 의미하는 것이다.

결혼이민여성의 결혼만족도는 이들의 양육효능감에도 매우 의미 있는 영향요인으로 나타났다. 결혼이민여성의 결혼만족도와 지역사회에 대한 애착이 양육효능감에 미치는 영향에 관한 연구(최미영, 2020)에서 지역사회 애착은 결혼만족도와 양육효능감 간의 관계에서 부분 매개효과가 있는 것으로 나타났다. "지역사회(community)는 공동체라는 말과 혼용되며, 공동의 관심과 이해관계를 기준으로 동질적 정체성에 기초한 강한 정서적 유대를 가지고 인간의 감정이나 행동으로 표현된다. 지역사회는 일정한 지리적 범위 안에서 자연스럽게 이루어진 생활공동체로서, 거주하면서 서로 간에 사회적인 상호작용과 함께 심리적 연대감을 가진 하나의 인간집단 체계"(최미영, 2020: 631)라는 것이다. 결혼이민여성들에게 있어서 결혼만족도는 양육효능감에 직접적인 영향을 미치기도 하지만, 지역사회 애착을 매개로 하여 간접적으로 그들의 양육효능감에 영향을 미칠 수 있다는 것이다. 이러한 결과는 결혼이민여성의 결혼만족도를 향상시키기 위한 노력도 강조되어야 하지만, 동시에 지역사회 애착과 같은 동네 환경요인의 영향도 중요하며, 따라서 결혼이민여성의 결혼만족도 증진을 위하여서는 지역사회 애착과 같은 동네 환경요인의 강화를 위한 정책이 요구된다는 것이다(최미영, 2020: 635).

국제결혼 한국 남성의 결혼만족도에 미치는 영향에 관한 연구에서 다문화수용 태도는 결혼만족도에 가장 큰 영향력이 있는 변인으로 나타났으며, 이 외에도 자문화 전달 태도, 결혼 전 아내에 대한 정보 변인들이 유의한 영향력이 있는 것으로 나타났다(서홍란, 정한나, 2010: 40). 여성결혼이민자의 성공적인 정착을 위해 이들의 한국문화 적응만을 지나치게 강조한 한국사회의 동화주의 다문화정책에 대한 검토가 필요함을 시사하는 것이다. 서로 다른 성장배경을 가진 남녀의 결합으로 이루어지는 결혼은 행복한 부부관계 유지를 위해 한 배우자의 일방적인 이해와 적응보다는 부부 상호 간의 적응과 이해가 필요한 것이며, 다문화정책에 있어서도 부부와 가족단위가 함께 참여하는 다양한 정책대안들이 모색되어야 한다는 것이다(서홍란, 정한나, 2010: 41).

국제결혼 이주여성 부부의 적응과 결혼만족도에 미치는 영향을 분석한 연구결과를 살펴보면, 한국인 남편과 외국인 아내의 결혼 만족도에 가장 유의한 영향력이 있는 변인은 부부간의 적응수준과 상호작용 정도로 나타났다(양순미, 2006a: 227). 부부 상호 간의 적응이 잘 이루어질 때 부부관계 및 결혼만족도 또한 높게 나타나며, 국제결혼 부부에게 있어서도 서로 이해하고 수용하며 상대방의 요구를 적절하게 조정하고, 자신 및 배우자와의 환경을 현실적으로 정확하게 인지하는 능력이 요구되는 사항이라고 분석된다(양순미, 2006a: 228).

다문화가족 부부 대상의 가정생활 만족도에 관한 연구에서는 부부 모두의 경우에 만족도에 대하여 공통적으로 유의한 영향력 있는 것은 자아존중감 변인으로 나타났다(이은정, 2011: 56-59). 부부 개개인의 자신에 대한 존재와 가치를 긍정적으로 인식할 수 있는 계기를 마련하고, 이를 유지할 수 있도록 지원하는 방안이 체계적으로 필요함을 시사하는 결과라고 하겠다.

공미혜, 오세자(2010)는 국제결혼 부부의 결혼만족도에 미치는 영향에 관한 연구에서 가족으로부터의 지지가 부부의 결혼만족도에 가장 큰 영향력이 있으며, 다음으로는 소득수준과 교육수준의 순으로 영향력이 있는 것으로 나타났다. 국제결혼 여성의 결혼 동기가 주로 경제적인 이유에 있다고 하더라도 궁극적으로는 배우자 가족으로부터 지지를 받을 때 안정되고 지속적인 결혼생활을 유지할 수 있다는 사실을 의미하는 결과라고 하겠다. 국제결혼 아내에게 가족으로부터 지지가 결혼만족도를 높이는 가장 중요한 변수라는 점을 고려할 때, 국제결혼 한국 남성과 그 가족들을 대상으로 결혼이민여성의 문화와 언어, 소통방식 등에 관하여 학습할 수 있는 기회를 제공한다는 것은 매우 중요하다는 것을 시사하는 것이라고 하겠다(공미혜, 오세자, 2010: 114).

5. 고부갈등

고부관계란 한 남성을 매개로 하여 결혼에 의해 혈연이 아닌 타인끼리 가족관계로 맺어지는 것이며, 고부간에는 가정 내에서 역할이 유사하여 갈등의 소지가 많다. 고부갈등이란 가정에서 비슷한 지위와 역할을 갖는 시어머니와 며느리 사이에서 세대 차이, 문화적 차이 등으로 인해 발생되는 감정적 대립을 말한다(홍달아기, 이선우, 황은경, 2017: 789).

한국사회에서 고부갈등의 문제는 전통사회로부터 이어져 오고 있다. '효'를 중심으로 한 가부장적 대가족제도의 질서 안에서 가정생활은 엄격한 주종관계 속에서 화목이 유지되어 왔다(임춘식, 이기화, 1994: 162). 김하라(2007)의 「제질녀문」에 의하면 조선시대에 며느리로서 여성의 현실에 대하여 다루고 있으며, 역시 심각한 고부갈등이 있었음을 알 수 있다. 며느리와 가부장적인 시어머니 사이에서 갈등의 발생은 다음과 같은 특성으로 설명된다. 첫째, 가정관리자로서 시어머니가 며느리의 가정관리 방식을 통제하려는 권력구조 면에서 발생되는 갈등이다. 둘째, 고부간에 역할기대와 역할수행의 불일치로 인한 역할 구조 면에서 갈등으로 나타난다. 셋째, 시어머니의 아들에 대한 강한 모자관계로 인한 애정 구조 면에서 갈등의 원인이 된다. 넷째, 고부간에 20~30세 이상의 연령 차이는 시대적·문화적 차이를 의미하며, 이로 인하여 가치관에서도 차이가 있으므로 발생되는 갈등이다(임춘식, 이기화, 1994: 164~168).

오늘날 산업화, 도시화, 서구문화의 유입 등으로 사회변화와 함께 가치관의 변화를 초래하였으며, 가족형태 면에서도 핵가족화가 촉진되면서 가족구성원 간의 인간관계에도 영향을 미치게 되었다. 순종과 인내로 유지되어 오던 전통적 고부관계에서도 핵가족의 확대, '효' 의식의 약화, 며느리 교육수준의 향상 등으로 인하여 고부갈등이 심각해지고 있는 현실이다(홍달아기, 이선우, 황은경, 2014: 790). 고부간의 갈등문제는 가족 전체에 영향을 미치게 되며, 가족해체의 문제까지 확대될 수도 있으므로 신중하게 다루어져야 함을 강조하고 있다(임춘식, 이기화, 1994: 162). 여성 결혼이민자들이 한국사회의 구성원으로 살아감에 있어서 고부관계는 매우 중요한 요소 중의 하나이다. 다문화가정에서 고부관계도 한국 가정의 고부관계와 같은 특성이 나타나기도 하면서, 언어와 문화가 서로 다르므로 갈등이 더 심각한 상황으로 나타날 수도 있다(박소영, 2016: 8).

우리 사회에서 다문화가정이 급격하게 증가된 지 20여 년이 지나고 있으며, 그동안 결혼이민자에 대한 연구는 주로 한국사회에서 적응을 중심으로 다루어졌으며, 며느리와 시어머니와의 갈등문제는 부부만족도와 부부갈등의 영향요인의 일환으로 반영되었고 주요 내용으로는 다루어지지 않았다고 할 수 있다. 그러나 선행연구에서도 나타나고 있는 바와 같이 고부갈등은 부부갈등, 가족갈등, 가족해체의 주요 요인으로 나타나고 있는 결과에 비추어볼 때, 우리나라가 다문화사회로 발전을 도모하고 있는 현실에서 다문화가정에서 고부갈등의 문제를 주요 내용으로 살펴보는 것은 그 의미가 크다고 하겠다.

다문화가정의 고부갈등에 대하여 먼저 연구대상의 측면에서 다문화가정 시어머니가 경험하는 고부갈등, 스트레스에 관한 연구를 찾아볼 수 있다(공은숙, 2009; 김동희 외, 2015; 장우심, 2014; 성은영, 권지은, 황순택, 2012; 성은영, 황순택, 2013). 다른 한편으로는 결혼이민여성이 지각하는 고부갈등에 대하여 직접적으로 알아보고자 하는 연구들도 있다(박소영, 2016; 이영애, 2012; 홍달아기, 이선우, 황은경, 2014). 연구대상자의 거주지역 측면에서 보면, 주로 농촌지역을 중심으로 하는 다문화가정의 고부갈등에 대한 연구를 찾아볼 수 있다. 이는 농촌지역의 다문화가정 비율이 도시에 비하여 높고, 농촌의 다문화가정 중에서 확대가족의 비율이 높기 때문인 것으로 생각된다(강혜경, 어성연, 2014: 356; 김민정, 2007; 성은영, 권지은, 황순택, 2012: 364; 장우심, 2014: 72). 농촌 거주 다문화가족의 경우에 생활 여건상 가족이 함께 하는 시간이 상대적으로 많고, 동거 비율이 높아서 고부갈등이 빈 번하게 발생하고 있기 때문이다(강혜경, 어성연, 2014: 356). 기존 연구 들에서 고부 양가적 상황에서 구체적인 갈등 원인과 내용을 파악하 는 데 한계가 있으므로 이를 보완해보고자 하는 목적으로 시어머니 와 결혼이민여성 며느리 모두를 대상으로 하는 연구를 찾아볼 수 있 다(강혜경, 어성연, 2014; 강혜경, 어성연, 2015; 박진옥, 2012). 또한 고부간 의 갈등은 애정 구조적 측면에서 어머니와 아들의 관계에서 발생되 고 있으므로 시어머니와 결혼이민여성과 함께 남편 모두를 대상으 로 하는 연구도 있다(정혜영, 김진우, 2010).

연구내용 측면에서 다문화가정의 고부관계를 살펴보면, 고부갈 등의 원인과 갈등내용을 중심으로 다루고 있으며, 특히 자녀출산 시 기의 어려움과 양육과정에서의 고부갈등에 대한 연구를 찾아볼 수 있다(강혜경, 어성연, 2014; 이영애, 2012).

다문화가정의 고부관계에 대한 대부분의 연구가 결혼이민자의 관점에서 결혼이민여성이 주로 수동적인 피해자로서 다루어지면서 고부관계가 고부갈등이라는 부정적으로 편향된 관점에서 다루어지 고 있다는 것을 지적하면서, 총체적이고 실제적인 고부관계 현상을 탐색해보고자 하는 연구도 있다(박소영, 2016: 7).

다문화가정에서 가족관계를 잘 유지하기 위해서는 갈등이 없는 것이 아니라 갈등이 발생했을 경우에 어떻게 대처하는가가 중요하다. 갈등 대처 행동이란 문제나 갈등에 직면해서 그것을 극복하고 해결하고자 하는 효과적인 수단을 찾는 것이다(홍달아기, 이선우, 황은경, 2014: 792). 그러므로 결혼이민여성의 고부갈등에 대한 관심은 갈등의 대처방법에 대한 연구로 이어지고 있다(성은영, 황순택, 2013; 홍달아기, 이선우, 황은경, 2014: 792). 다문화가족 구성원 간의 갈등은 가족해체에 이르게 되며 다문화사회 전반에 영향을 미치게 되므로, 다문화가정에서 가족관계의 변화를 위한 노력의 필요성이 대두되었다. 이러한 노력은 고부관계 개선을 위하여 전문적인 도움을 제공하는 프로그램을 개발하고 실행함으로써 갈등을 해결하고 가족의 기능회복을 도모해보고자 하는 연구에 관심을 가지는 계기가 되었다(박순희, 이주희, 김은진, 2014).

다문화가정에서 고부갈등의 원인과 그로 인하여 나타나는 고부갈등의 유형은 다음의 네 가지 측면에서 살펴볼 수 있다(임춘식, 이기화, 1994; 홍달아기, 이선우, 황은경, 2014). 첫째, 권력구조 측면에서 찾아볼 수 있다. 시어머니의 입장에서는 전통적인 가부장적 체계에서 가정관리자로서 자신이 관리해 오던 가사운영의 권한을 고수하고자 한다. 그러나 시어머니는 외국인 며느리의 태도에서 시어머니의 지위를 인정하지 않고, 권력과 지위를 침범당한다고 느끼게 되는 것이다. 부계혈통집단이 존재하지 않는 필리핀에서 온 며느리는 가부장적인 시어머니의 가족 내에서 역할에 대하여 어렵게 느껴지는 것이다(김민정, 2007: 231). 그러므로 시어머니가 느끼는 고부갈등은 며느리가 시어머니에 대한 배려가 없다는 것이며, 며느리의 자기중심적 태도, 무례한 행동으로 자신이 하는 말을 무시하는 태도 등으로 자신의 지위를 인정하지 않는다고 생각하는 것에서 시작한다고 볼 수 있다. 또한 시어머니는 며느리가 말이 통하지 않아 답답하고, 못사는 나라 출신이며, 경제적인 목적의 결혼을 하였다고 생각하면서 불쾌하게 생각하는 것이다. 시어머니는 며느리 출신 국가를 무시하고, 며느리에게 경제권을 주지 않고 아이 취급을 한다는 것이다. 결혼이민여성의 입장에서는 시어머니와 말이 통하지 않고, 시어머니가 자신을 의심하고, 때때로 시어머니의 태도에 겁이 나기도 한다는 것이다. 며느리 역시 존중과 신뢰를 받지 못하면서 시어머니에 대한 종속적인 지위로 인하여 갈등을 느끼는 것으로 나타났다(홍달아기, 이선우, 황은경, 2014: 791). 둘째, 역할구조적 측면에서 시어머니는 며느리 역할을 잘하지 못한다고 생각하고 며느리는 자신의 역할에 대한 인정받지 못하는 것에 대한 갈등을 느끼게 된다는 것이다(임춘식, 이기화, 1994: 5). 다문화가정에서 고부간의 기대불일치는 과잉 참여, 자녀교육문제 등으로 갈등이 심화되는 것으로 나타나고 있다. 시어머니는 외국인 며느리에 대하여 알아서 행동하는 것이 부족하고, 한국 남편과 자녀를 잘 보살피지 않는다고 생각하고 참견을 하게 되는 것이다. 그러므로 결혼이민여성이 시어머니에게서 느끼는 고부갈등은 매사에 참견하는 시어머니의 행동, 시어머니 방식의 고집, 무시와 차별 등으로 나타나고 있다(홍달아기, 이선우, 황은경, 2014: 798). 셋째, 애정구조적 측면에서 갈등의 원인을 살펴볼 수 있다. 전통사회에서 고부간의 갈등은 특별한 모자관계가 원인이 되고 있으며, 현대사회에서도 고부갈등의 원인이 되고 있다(홍달아기, 이선우, 황은경,

2014: 792). 시어머니는 집안의 가계계승과 자신의 존재가치를 확고히 해준 아들에 대한 집착이 클수록 아들의 애정을 빼앗아간 외국인 며느리에 대해 질투를 느끼거나 강한 거부감을 갖게 된다는 것이다. 외국인 며느리의 경우에는 시어머니가 아들 편만 드는 경우와 동서와 자신을 다르게 대하거나 관심을 가져주지 않고, 배려와 보살핌이 없을 때 애정구조적 측면에서 갈등을 느낀다고 볼 수 있다. 넷째, 고부간에 생활환경의 차이, 세대 차이, 성격 차이 등에서 갈등의 원인을 찾아볼 수 있다(홍달아기, 이선우, 황은경, 2014: 791). 시어머니는 외국인 며느리의 모국문화에 대하여 전혀 정보가 없으므로 인사법, 식사예절, 한국 음식을 거부한다는 것 등 일상생활 습관이 서로 다름에 대하여 불만을 갖게 된다. 결혼이민여성이 시어머니에게 느끼는 고부갈등은 말이 통하지 않고, 프라이버시가 없으며, 자녀양육 방식에 대하여 간섭과 훈계를 한다는 것이다.

다문화가정이 겪는 가장 큰 어려움 중의 하나는 의사소통을 위한 공통된 언어가 없다는 점이다. 가족은 일반적으로 구성원 간에 상호작용을 통하여 관계 형성을 하고 자녀들의 인간적인 성장을 도모하는 것이다. 특히 조선족이나 영어를 사용하는 필리핀 국적의 아내보다 우리 사회에서 낯선 언어를 구사하는 베트남, 태국 국적의 아내들과의 의사소통 곤란이 두드러지게 나타나고 있다. 언어 습득은 부부간의 의사소통 문제만이 아니라 한국사회에 적응하고 정착하는 데 기본적 조건이다(김미향, 2015: 14). 외국인 며느리를 둔 고부관계에 있어 가장 큰 갈등요인 중의 하나로 한국어 능력을 의미하는 언어적 의사소통과 비언어적 의사소통 모두를 포함하는 '의사소통의 어려움'을 들고 있으며, 연구결과에서도 외국인 며느리와 함께 사는 시부모가 가장 힘들다고 느낀 주요 스트레스원은 '말이 잘 통하지 않음'이 34.8%로 가장 높게 나타나고 있다(김계하, 박경숙, 선정주, 2009). 외국인 며느리와 의사소통이 제대로 되지 않아 관계에 대한 불만을 가지게 되며(윤형숙, 2005; 김경신, 2006; 구차순, 2007), 의사소통의 어려움으로 인해 고부가 함께 생활하는 것에 대해 시어머니 또한 매우 불편함을 느끼며, 심리적 갈등 상태로 인해 가족 내 불협화음이 지속된다는 결과도 찾아볼 수 있다(공은숙, 2009). 의사소통에 대한 외국인 며느리와 한국인 시어머니의 두 집단 간 차이를 살펴본 결과, 시어머니의 의사소통에 대해 시어머니 본인보다 며느리가 더 부정적으로 지각하고 있는 것으로 나타나고 있다(장우심, 2014: 87). 이와 같은 고부간의 언어장벽으로 인한 의사소통의 문제는 가족 갈등을 유발하는 원인으로도 작용하게 된다.

결혼이민여성 가족의 고부갈등에 관한 연구에서 자녀양육으로 인한 고부갈등은 며느리가 더 심각하게 인지하는 것으로 나타나고 있다(박진욱, 2011: 126). 결혼이민여성은 자녀를 지도함에 있어서 시어머니의 참여로 일관성 없게 되며 자녀의 훈육에 혼란을 초래하고 방해가 된다고 생각하는 것이다(이영애, 2012: 446). 다문화가정에서 손자·녀 양육에 대한 고부갈등으로 인한 시어머니의 심리적 복지감은 외국인 며느리와 동거하지 않을 경우에 더 높게 나타났으며, 이는 외국인 며느리와 시간을 함께하는 기회가 상대적으로 적기 때문인 것으로 해석된다.

다문화가정 시어머니는 며느리와의 갈등에서 나타나는 심리적 특성을 살펴보면, 며느리의 도주 불안으로 인한 불안의 강도가 높으며, 상대적으로 며느리보다 부족한 아들이라는 생각을 가지고 있음으로 인한 심리적 위축을 경험하고 있는 것으로 나타났다(성은영, 권지은, 황순택, 2012: 379-380). 이러한 현실적인 문제는 다문화가족 노인의 우울감 조사에서 나타난 바와 같이 다문화가정 시어머니로 하여금 우울과 같은 정신건강 문제에 노출되기 쉬우며, 그 정도는 응답자의 75%가 우울 상태로 나타나는 매우 심각한 수준이다(김정은, 김혜미, 2013: 152-153). 김동희 등(2015: 225)의 연구에서도 응답자의 약 60%가 임상적 도움이 필요한 우울 수준인 것으로 나타났다.

다문화가정 시어머니의 우울감은 부정적인 삶의 사건들과 스트레스가 누적될수록 증가한다는 결과로 나타나고 있다(김정은, 김혜미, 2013). 이러한 결과는 다문화가정에서 시어머니는 아들의 국제결혼에 대한 막연한 거부감, 결혼이민여성과 소통이 잘되지 않는 답답함, 외국인 며느리에 대한 주위 사람들의 시선에 대한 부담감 등으로 인하여 부정적인 정서로 이어지는 것으로 이해할 수 있다.

결혼이민여성들이 다양한 고부갈등 상황에서의 대응전략에 관한 연구도 찾아볼 수 있다. 홍달아기, 이선우, 황은경(2014)은 고부갈등 상황에서 결혼이민여성의 대처 경험에 관한 연구에서 대부분의 참여자는 고부갈등이 발생했을 때 참거나 반응하지 않고 회피하는 대처방법을 사용하였으며, 주위의 차별적 시선에 위축되며 존중받지 못함을 느끼지만 어쩔 수 없이 심적 불편함을 감수하고 있다고 응답하는 것으로 나타났다. 반면에 자신이 부당한 대우를 받았을 때는 분명하게 큰소리를 내고 따지는 적극적인 대처 행동도 보이는 것으로 나타났다(홍달아기, 이선우, 황은경, 2014: 803).

다문화가정에서 고부갈등 발생 시 시어머니의 대처방법과 정신건강과의 관계에 대한 연구에서는 시어머니가 혼자 해결하려고 하거나 갈등을 회피하는 대처방법으로 대응할 때, 정신건강과 정적인 상관이 있는 것으로 나타났다(김미향, 2015: 71). 그러나 회피 등의 대처방식은 갈등이 잠재하고 있을 뿐 해결된 상황이 아니기 때문에 또 다른 갈등이 발생할 수 있다는 것이며, 따라서 가족의 건강성에 문제가 잠재되어 있는 것이라고 할 수 있다(홍달아기, 이선우, 황은경, 2014: 803).

다문화가족 간의 갈등은 가족의 기능을 저해하며 궁극적으로는 가족해체에까지 이르게 되므로 가족구성원들이 제 기능을 담당할 수 있도록 방안을 강구할 필요가 있다. 다문화가족의 가족관계 변화를 위한 노력은 이민여성만을 대상으로 하는 교육 및 서비스 등으로 해결되는 것이 아니며, 교육의 바람직한 효과를 위하여서는 결혼이민여성과 밀접한 관계를 맺고 있는 남편, 시부모 등 가족 전체를 대상으로 하는 것이 중요하다. 이에 따라 박순희, 이주희, 김은진(2014)은 다문화가족 시어머니와 며느리 11쌍을 대상으로 가족관계 증진을 위한 프로그램을 진행하고 가족기능 향상 효과를 검증해보고자 하였다. 고부관계 향상을 위한 프로그램은 고부간에 소통의 기술과 역할극을 통하여 상대방의 입장에서 생각할 수 있는 시간으로 구성되었다. 고부관계 증진 프로그램 실시 사전·사후에 가족기능 점수를 비교한 결과 가족 간의 '결속력'을 높이는 데는 효과가 있는 것으로 나타났다. 그러나 가족의 지도력, 권력구조, 역할이나 관계상의 규칙 등의 '적응력'에는 큰 변화가 없는 것으로 나타났다. 가족의 지도력이나 통제, 권력구조, 역할 등은 전반적인 가족구조의 변화를 필요로 하는 것이고, 따라서 10회기로 진행된 단기 프로그램으로는 그 변화 정도를 기대하기가 어려운 것임을 시사하는 결과라고 하겠다(박순희, 이주희, 김은진, 2014: 885).

6. 국제결혼 이주

결혼이민여성들의 국적은 1990년대까지는 일본과 중국이 중심이었다면, 2000년대 들어오면서부터 더욱 다양해졌을 뿐만 아니라 특히 베트남 여성의 이주가 두드러지게 증가하기 시작했다. 2000년대부터 시작된 결혼이민여성의 급격한 증가는 다문화사회와 다문화가정에 대한 관심으로 이어져 관련 정책뿐만 아니라 최근에는 결혼이민여성들이 겪고 있는 당면문제에 관한 실증적 연구도 나타나기 시작했다. 결혼이민자의 급격한 증가에는 국내의 지역적·사회적 특성과 관련한 한국 남성의 배우자 선택에 있어서의 한계를 보완하기 위한 방법으로 강구되기 시작했다는 점이다. 이와 함께 주요 송출국들과의 활발한 문화 및 정보교류, 자국에서 경제활동 기회의 부족과 한국과의 경제적인 격차 등은 결혼적령기의 여성들을 해외로 밀어내는 강력한 요인으로 작용하였다는 것이다. 그뿐만 아니라 국제결혼중개업자를 통한 혼인 이외에도, 자연스럽게 먼저 정착한 결혼이민여성의 소개를 통한 연쇄 이주로 이어지는 경우도 있다. 그러나 이들의 대부분이 한국인 남성의 배우자로서 한국에서 살아가는 데 필요한 기본적인 지식과 준비과정 없이 입국하였기 때문에 이주 초기부터 직면하는 언어와 문화적 차이, 의사소통의 어려움, 경제적 기대 상실, 자녀출산과 양육의 문제, 부부간의 갈등 등 많은 어려움을 겪고 있다(조현미, Hoang Thi Viet Ha, 2017: 144, 161-162).

한국에서 국제결혼은 1990년 초에는 1.2%에 불과하였으며, 이 중에서 외국인 아내의 비율은 0.2%로 매우 낮았다. 2005년에 이르러 총 결혼 건수 중에서 국제결혼 건수는 가장 높은 13.6%를 차지하였다(통계청, http://www.kosis.kr). 그중에서 대부분은 외국인 여성과의 국제결혼(9.9%)으로 나타나는 가운데, 한국사회에서는 다문화사회에 대한 관심이 증가하게 되었다. 한국계 미국인 하인스 워드가 2006년 2월 미국 프로풋볼 슈퍼볼에서 최우수 선수에 선정된 후 한국인 어머니와 함께 한국을 방문하였으며, 이를 계기로 한국의 다인종과 다문화사회화에 대한 관심을 더욱 증가시키게 되는 것으로 분석하고 있다(문경희, 2006: 67-68).

국제이주의 발생은 개인과 가계 수준, 사회와 국가 그리고 국제적 차원에서의 인구사회적, 정치/경제, 사회/문화, 그리고 역사 등의 요인이 작용하고 있는 것으로 분석되고 있다. 국제이주기구의 보고서에 의하면 이주와 관련된 인구학적 요인으로서 인구 재생산 모델의 차이, 노동시장, 그리고 인구학적 보완성 등이 있다. 경제적 요인으로는 국가 간 임금 격차, 노동시장 규모의 차이, 전문적 훈련 시스템의 유사성 등이 있다. 사회/문화적 요인으로는 사회적 이주 네트워크, 정서적 · 직업적 유대와 같은 심리적 요인, 국가 간 역사적 유대, 동일언어 사용, 지리적 인접성 등의 지리적 요인 등이 있고, 정치적 요인으로는 비자 면제, 유출입 국민의 선호, 노동이주 관련 쌍무조약이나 역내 통합기구 존재 등으로 분석하고 있다(IOM Moscow, 2009: 11-12; 김성진, 2017 재인용).

전 세계적으로 자신이 태어난 국가 밖에 거주하는 이주민은 2015년 약 2억 5천만 명으로 세계인구의 약 3.4%로 나타나고 있다(World Bank, 2016: 1; 김성진, 2017 재인용). 특히 아시아지역 유출인구는 2015년 약 1억 명으로 전체 이주민의 40.9%를 차지하고 있다. 이 과정에서 후발 국가들의 산업화, 도시로의 이주, 그리고 상대적으로 저임금 여성 노동자에 대한 수요증가 등으로 여성이주가 증가되고 있다. 이러한 변화는 아시아 국가에서도 활발하게 진행되었다(김성진, 2016: 173-174).

한국인 남성과 결혼한 외국인 여성의 출신 국가를 살펴보면, 1990년대 초에는 주로 미국과 일본 여성이었으며, 1992년에 중국과 수교를 수립한 이후부터는 한국계 중국 국적 여성과의 결혼이 증가하였다. 1990년대 말부터 2000년대 초까지는 통일교를 통한 필리핀, 태국인, 일본인 여성과의 결혼이 대부분을 차지하였다. 2000년대 초를 지나면서부터는 국제결혼의 배우자로서 베트남 여성의 비율이 급격히 증가하였다(김이선, 2007: 10). 베트남의 국내 및 국제이주는 1986년 개혁개방 정책의 추진과 함께 급속도로 증가하였으며, 아시아지역에서의 국제결혼은 사회발전 과정에 의한 국제적 수요에 따라 증가되었다고 할 수 있다. 한국, 중국 등의 국가에서는 경제성장 과정에서 고학력 여성들의 결혼기피 현상과 함께 개인적 조건으로 결혼하지 못한 남성들의 국제결혼에 대한 수요가 형성되었다(김성진, 2016: 176-179). 이에 따라 국제결혼으로 한국에 거주하는 외국인 여성의 국적을 살펴보면, 한국계 중국 여성의 경우 2005년을 정점으로 하여 점차 감소하고 있으며, 반면에 베트남 여성의 경우에는 2003년부터 2006년까지 매년 2배 이상으로 급증하였으며, 2010년 이후부터는 감소하였으나, 2018년 현재 전체 여성결혼이민자 중에서 38.2%로 가장 높은 비율이며, 그다음으로 중국 여성으로 22.1%로 나타나고 있다(통계청, http://www.index.go.kr/).

국제결혼 이주의 현상은 하나의 일반이론으로 설명할 수 없을 만큼 동기와 배경이 매우 다양하게 나타나고 있다. 그러므로 이주 동기를 분석함에 있어서도 자본주의의 발전과정에서 대두되는 불균형과 지구화 등 구조적 요인으로서 거시적 측면과 고용의 기회를 극대화하기 위한 개인의 합리적 선택의 결과로써 미시적 측면에서 통합적으로 설명하고 있다(이용승, 2014: 120). 또한 국제이주를 결정하는 과정에서 왜 한국을 선택했는가 하는 이유도 작용할 수 있다. 한국에서 결혼이민자에게 제공하는 다양한 지원책, 한국인에 대한 인식, 이주자들이 형성한 사회 네트워크 등이 이들의 국제이주 결정을 보조하는 역할을 했을 수도 있기 때문이다. 따라서 아시아지역 내에서 국제이주에 관한 논의는 개별 국가의 배출요인과 유입 국가 내에서 국제 이주민의 사회경제적 조건과 국가 차원의 이주정책 등에 대한 분석을 포함하고 있다(김성진, 2016: 172). 선행연구에서도 결혼이민에 관한 담론에서 이주 동기에 관한 논의의 대상은 대부분 특정 국가의 결혼이민여성을 중심으로 사례조사, 이야기 분석 등 정성적 연구로 수행되었으며(김민정, 유명기, 이혜경, 정기선, 2006; 김성진, 2016; 이용승, 2014; 이주연, 김성일, 2006; 최호림, 2015), 결혼이주 현상에 대한 사회경제적 분석을 위하여서는 문헌 고찰에 의한 연구가 수행되었다(김두섭, 2006; 김명희, 2015; 김현재, 2007).

먼저, 한국인 남성과의 국제결혼에서 가장 높은 비율을 차지하는 베트남 출신 여성결혼이민자를 중심으로 살펴보고자 한다. 한국과 베트남은 1992년 12월 국교수립을 하였으며, 베트남 여성의 국제결혼을 통한 한국으로의 이주는 통계청 자료에 의하면 2000년도에 95건에서부터 기재되기 시작하였다. 2003년 베트남 여성의 국제결혼 건수가 중국 여성 다음으로 많은 2위를 점하게 되면서 베트남 여성과 한국 남성의 결혼에 대한 연구가 시작되었다(김현재, 2007: 222). 2005년 한 해 동안 베트남 여성과의 결혼이 전년도에 비하여 급증하였고, 그중에서 베트남 여성과 결혼하는 한국 남성의 경우에 농림 어업 종사자가 53.2%로 반수를 넘게 차지하는 것으로 나타나는 특징을 찾아볼 수 있다(통계청, http://www.index.go.kr/, 2006; 김현재, 2007: 227).

베트남 여성과 한국 남성의 결혼 증가 배경을 살펴보면, 베트남의 개혁개방 이후에 도시와 농촌지역 간에 경제격차와 빈부격차의 심화로 인하여 농촌지역 남성이 도시로 이주하게 되었으며, 이러한 결과로 인하여 농촌지역에서는 성비 불균형이 발생하게 되었다. 농촌지역 출신 남성들은 거주지역 선택의 자유 제한으로 인하여 도시여성과 결혼하게 되고, 결과적으로 베트남 농촌지역 여성의 상당수가 국제결혼을 택하는 원인으로 작용하게 되었다는 것이다(김현재, 2007: 233). 특히 베트남 내 최대 농촌지역인 남부 메콩델타지역에서 이주로 인한 성별 불균형은 매우 심각하게 나타났다.

베트남 여성이 한국인 남성과 국제결혼을 함에 있어서 주요한 이유는 경제적 측면과 문화적 측면으로 나누어 살펴볼 수 있다(김현재, 2007: 238-240). 경제적 이유로는 베트남 남부 여성의 빈곤 탈출과 본국 가족부양 등이다. 2005년 조사에서 베트남 메콩델타지역에서 한국 남성과 결혼한 베트남 여성의 79%가 빈곤 가정 출신이며, 67%는 친정 가족부양을 하고 있는 것으로 나타난 결과에서 찾아볼 수 있다. 문화적 측면에서 베트남 남부지역 중심의 결혼이민 이유를 살펴보면, 북부지역에 비하여 남부지역은 지리적 위치의 특징으로 인하여 오래전부터 인도, 중국, 이슬람문화 등의 유입과 19세기 후반부터는 서구문화의 유입으로 다양한 문화가 공존하는 지역이었다. 이에 따라 남부지역민들은 북부지역민들에 비하여 비교적 개방적이고, 외부 변화에도 잘 적응하며 촌락공동체에의 의존도가 낮은 반면에 외부세계와 문화에 대한 개방 성향이 이민족과의 결혼에서도 베트남 내의 타 지역에 비하여 비교적 관대하게 이루어져 왔던 것으로 보고하고 있다.

베트남 여성의 경우 1990년대부터 대만 남성과 국제결혼 급증 현상이 있었으나, 일부 베트남 여성의 피해사례가 소개되면서 베트남 내의 여론이 악화되었으며, 그로 인하여 양국 정부에서는 결혼심사강화, 국적취득규정의 강화 등 조치로 인하여 대만 남성과의 결혼은 급감하게 되고, 반면에 한국 남성과의 결혼을 급증시키는 원인이 된 것이다. 또한 베트남에서의 한류도 베트남 여성과 한국 남성의 결혼 증가의 원인이 된 것으로 분석하고 있다. 베트남 내의 한류는 1997년부터 시작된 한국 TV 드라마의 방송을 통하여 형성되었으며, 한국 드라마를 통하여 베트남 농촌지역 여성들은 한국과 한국 남성에 대한 환상과 호감을 가지게 되었고, 한국에서 부유하고 행복한 삶을 위하여 한국 남성과의 결혼을 택하는 원인이 되었던 것이다(김현재, 2007: 244-249).

한국사회의 남아선호사상과 의학기술의 발달은 남아의 선별출산을 가능하게 하였으며, 그 결과 혼인적령기 인구의 성비 불균형을 심화시키게 되었다(박경동, 2007: 36). 결혼시장의 교란현상은 상대적으로 열악한 농촌지역에 더 명백하게 나타났으며, 성비 불균형이 두드러진 1980년 무렵부터 농촌총각들은 결혼 배우자로 여성결혼이민자와 결혼이 이루어지기 시작하였으며, 1990년대부터는 마침내 "농촌총각 장가보내기 운동"이 일어났다(박경동, 2007: 38). 베트남 결혼이민여성의 한국으로의 유입 증가는 산업화 과정에서 빚어진 농촌의 남초현상 심화와 함께 역시 산업화 과정에서 배제된 베트남 낙후 지역 여성의 빈곤 탈피와 가족부양이라는 경제적 동기가 결합되어 진행되었다. 또한 한국에서는 1990년대 초부터 한국계 중국인(조선족)을 중심으로 국제결혼이 늘어났으나 외국인 여성들이 경제적 이익을 위한 한국인 남성과 위장결혼이 적발되어 언론 보도에서 다루어지는 등 경계하는 분위기가 형성되었다(김이선, 2007: 11). 반면에, 한국에서 베트남 등 동남아시아 출신의 여성들은 경제적 이익만을 추구하는 비도덕적이며 비인간적인 조선족 여성들과는 다른 모습으로 받아들여졌으며, 한국으로 유입되는 베트남 결혼이민여성의 급증은 대만과 중국에서의 정책과 상황 변화에 따라 상대적으로 경제적 상황이 양호하고 우호적인 한국이 새로운 도착지로 부상했음을 보여주고 있다(김성진, 2016: 191).

이와 함께 상업적 국제결혼중개업체의 활동은 결혼이민을 촉진하는 네트워크로 작동하였다. 국제결혼중개업체의 활동은 베트남 여성이 대만으로 결혼이민을 하는 데 큰 역할을 하였을 뿐만 아니라(김현재, 2007: 241-242), 한국 내에서 결혼시장의 성비 불균형으로 인하여 배우자를 구하기 힘든 한국 남성에게도 결혼을 할 수 있게 하는 대안이 되었으며, 베트남 여성과 한국 남성과의 국제결혼의 통로가 된 것이다(이주연, 김성일, 2006: 242). 2005년에 실시된 국제결혼이주여성 실태조사에 의하면, 한국 내 베트남 결혼이민 여성의 경우에 약 55.4%가 국제결혼중개업체를 통해 결혼한 것으로 조사되었다. 또한 여성결혼이민자가 국제결혼중개업체를 통하여 결혼할 경우에는 경제적으로 더 발전한 한국에서 살기를 원하거나, 본국의 가족을 도와주고자 하는 등 경제적인 이유가 69%나 되는 것으로 나타났다(설동훈 등 8인, 2005: 75).

대부분의 결혼이민여성들은 한국에서의 안정된 결혼생활과 경제적 안락에 대한 기대가 크다. 그러나 한국 생활에서 결혼이민여성들은 기대와는 다른 여러 가지 어려움을 겪고 있다(김이선, 2007: 16-30). 무엇보다도 먼저 경제적인 어려움을 토로하고 있다. 여성결혼이민자들은 한국인 남편과 친밀감을 형성하거나 가족과 함께 생활하는 데 있어서 상호 이해 부족과 소통의 한계로 인한 어려움을 겪고 있으며, 이러한 어려움은 일상생활에서 대두되는 다양한 문화적 차이로 인하여 더욱 심화되며, 이로부터 상당한 혼란과 갈등, 스트레스에 직면하고 있다. 특히, 언어소통의 문제가 가장 큰 어려움으로 대두되고 있다. 한국어 교육을 받음에도 불구하고 재문화화(re-culturalization)는 상당히 한계가 있는 것이다. 이로 인하여 한국 생활에서 자신감을 잃기도 하고, 자녀들에게 어머니 역할을 함에 있어서도 장애가 되기도 하며, 대인관계에서도 자신감을 잃고, 심지어는 가족 내에서 고립된 생활을 하게 되는 것이다.

이러한 어려움 속에서도 결혼이민여성들은 가족 내외에서 자신의 존재를 찾고자 노력하는 보고서도 찾아볼 수 있다. 무엇보다도 큰 의미를 지니는 존재는 그들의 자녀이다. 자녀는 한국에서 유일한 자기편이며, 한국에서 용기를 가지고 적응하면서 살도록 힘을 돋워주며, 자신을 인정해줄 것으로 기대되는 유일한 존재이기도 하다. 결혼이민여성들이 자녀 이외에 본국의 가족과 긴밀하게 관계를 유지하면서 의지하고 있거나 동향 출신의 친구와 관계를 형성하고 있는 것으로 나타나고 있다. 자녀, 친정 가족, 동향 친구들의 심리적 지지는 한국 생활의 어려움을 이겨내는 데 큰 힘이 되며, 자신들이 선택한 결혼에 대한 책임감과 자신의 삶을 만들어나가고자 하는 욕구와 의지로 어려움에 대처하고 있는 것으로 나타나고 있다(김이선, 2007: 30; 채옥희, 홍달아기, 2007: 73).

7. 국제결혼 이주여성의 취업

한국사회가 빠르게 다문화사회로 진입하고 있는 가운데, 국제결혼을 통한 이민자도 꾸준히 증가하고 있다. 이 가운데에서 한국 남성과 결혼한 외국인 여성의 비율은 2019년 말 기준 82.7%로 상당히 높게 나타나고 있다. 이는 우리 사회에 형성되는 다문화가족의 중심에 결혼이주여성이 있음을 시사하는 것이다(김정옥, 구자경, 2020: 79-80). 결혼이주여성의 안정적인 정착은 우리 사회가 다문화사회로 발전해나가는 데에 있어서 중요한 척도로서 의미가 크다.

그동안 결혼이주여성에 대한 관심은 다양한 관점에서 이루어져 왔다. 그중에서도 이동인구 집단이 가지는 속성으로서 영속성의 측면에서 결혼이주여성의 한국사회 적응을 중심으로 하는 많은 연구가 진행되어 왔다(박능후, 선남이, 2010: 121). 결혼이주여성들에 대한 가족생활, 사회생활, 문화적 적응과 그에 따른 적응 스트레스, 심리사회적 부적응 현상과 그로 인하여 나타나는 문제 등이 핵심주제가 되는 것이다. 정부 차원에서도 결혼이주여성의 적응에 대한 연구와 조사가 이루어졌으며, 출신 국가와 거주지역에 따른 사회경제적 특성을 바탕으로 다양한 관련 정부 정책들을 도입하고 있다.

결혼이주여성들은 모국의 가족들을 위해 경제적 이유로 이민을 선택한 경우가 많다. 결혼을 통하여 빈곤함을 해결하고자 하는 결혼이주여성은 한국에 들어오긴 했지만, 이들과 결혼한 한국인 남성 중 대부분이 한국사회에서 경제적으로 열악한 환경에 처해 있으므로 결혼을 통한 새로운 삶에 대한 꿈과는 달리 한국에서 경제적인 어려움을 겪고 있는 경우가 많다. 2009년부터 3년마다 실시되고 있는 다문화가족실태조사(김승권 등 7인, 2010)에 의하면, 결혼이주여성이 포함된 다문화가족의 월평균 가족소득은 대부분 저소득 가구로 나타나고 있다. 서구사회에서도 이주 이후의 경제적 어려움은 사회적응에서 부정적 요인으로 작용하고 있음을 설명하고 있다(Portes, A. & Rumbaut, R. G., 2006; 황민철, 2017: 140 재인용). 결혼이주여성들은 경제적 자립과 가정의 경제적 보탬을 위하여 다양한 취업 욕구를 가지게 되며, 결혼이주여성에게 취업은 가정의 생존권을 보장하는 것과 동시에 가족해체를 예방하는 측면에서 매우 필요한 경제활동이라고 할 수 있다(박미숙, 김영순, 홍유나, 2014: 274). 결혼이주여성의 취업을 통한 경제적 자립은 개인적 측면에서 생활수준 향상을 통한 삶의 질을 높일 뿐만 아니라 다문화가정 구성원의 삶의 만족도 향상을 위한 필수적인 요소이다. 사회적 측면에서는 결혼이주여성 및 다문화가족을 대상으로 하는 정책지원과 같은 사회적 비용 감소를 위한 필수적인 요소로서 그 의미가 크다(김새봄, 정진화, 2016: 26; 양인숙, 김선혜, 2011; 강혜정, 이규용, 2012; 이태정, 이용수, 신현구, 김명수, 2013).

결혼이주여성들의 취업에 관한 욕구와 취업실태는 보건복지부(2005: 86-89)의 실태조사를 통하여 찾아볼 수 있다. 2005년 국내 여성의 경제활동참가율과 비교하면, 도시 거주 결혼이주여성의 경우에 약 14% 정도 더 많이 경제활동에 참여하고 있는 것으로 나타나고 있다. 조사응답자의 59%가 취업 중에 있으며, 그들의 대부분(88%)은 계속 일하기를 원하고 있고, 미취업자의 93%가 향후 취업을 하고 싶다고 응답하는 것으로 나타났다(박능후, 선남이, 2010: 121).

취업은 결혼이주여성들에게도 이주 후에 새로운 환경에서 자신의 삶을 새롭게 구성해가고 어려운 현실을 극복할 수 있는 계기가 되기 때문에 정책적으로나 학계에서나 관심을 가져온 주제이다. 비교적 초기에 이루어진 대부분의 국내 관련 연구들은 결혼이주여성의 취업과정 또는 취업에 영향을 미치는 요인들을 밝혀보고자 하는 연구를 중심으로 이루어지고 있음을 찾아볼 수 있다(양인숙, 김선혜,

2011; 김경아, 2012; 강혜정, 이규용, 2012). 그다음으로는 정책적 요구에 의하여 결혼이주여성들을 위한 직업훈련 프로그램의 개발과 필요성에 대한 연구가 이루어졌으나, 직업훈련 프로그램이 결혼이주여성의 취업에 큰 도움이 되지 않았다는 연구결과를 찾아볼 수 있다(심인선, 2010; 김병숙, 안윤정, 송혜령, 2010; 최승호, 2019; 김정희, 최은수, 2012). 그 원인을 찾기 위한 후속연구의 일환으로 결혼이주여성들의 취업에 미치는 요인(이태정, 이용수, 신현구, 김명수, 2013)과 취업경험 및 준비ㆍ적응과정(이정희, 이수분, 2013; 공수연, 양성은, 2014) 등에 대한 연구가 이루어지게 되었다. 이러한 연구들은 양적 연구 또는 문헌연구가 대부분이며, 결혼이주여성의 실질적인 취업경험을 통한 연구의 필요성이 대두됨에 따라 취업경험이 있는 결혼이주여성들을 통하여 취업 동기와 취업 시의 어려움, 취업하는 데 필요한 지원방안 등에 대한 연구가 이루어졌다(박미숙, 김영순, 홍유나, 2014).

결혼이주여성의 취업에 관한 연구들의 연구방법 동향을 살펴보면, 문헌고찰, 양적 연구 방법으로 이루어졌으며, 이와 함께 질적 연구가 적용되고 있다. 질적 연구를 위한 연구방법으로는 현상학(박미은, 신희정, 이미림, 2012; 황정은, 한송이, 김효진, 2017), 내러티브(염지숙, 2017), 사례연구(박미숙, 김영순, 홍유나, 2014) 등이 있다. 양적 연구를 위한 연구방법으로는 모두 횡단적 조사연구로 나타나고 있다. 조사연구 중 정부에서 실시한 전국단위의 패널데이터를 활용한 연구(김새봄, 정진화, 2016; 황민철, 2017)와 개별 연구자들이 연구목적에 맞게 구성한 설문지를 이용한 연구(양인숙, 김선혜, 2011; 김경아, 2012; 강혜정, 이규용, 2012)들도 있다.

결혼이주여성의 취업 관련 연구가 상대적으로 질적 연구가 많이 수행되었으며, 그 이유는 질적 연구가 결혼이주여성의 취업준비 및 취업경험과 관련된 일련의 발달과정에서의 여러 현상을 이해하기 위하여 복잡하고 미묘한 사회적 관계를 파악하거나 현상의 심층적인 구조를 분석하고 내재적 가치체계나 적응전략을 파악하는 데 유용하기 때문으로 이해할 수 있다(김정옥, 구자경, 2020: 97-98).

「다문화가족지원법」의 제정(2008년)으로 결혼이주여성을 위한 취업지원사업의 법적 근거가 마련됨에 따라 정부는 취업지원사업을 추진하게 되었다. 취업지원서비스를 설명변수로 하여 취업지원서비스에 참여한 경우 결혼이주여성의 취업과 임금에 미치는 영향에 관하여 살펴보고자 하였다(양인숙, 김선혜, 2011; 안수영, 임우연, 2011; 강혜정, 이규용, 2012). 그러나 이들 연구결과에서는 취업지원서비스 참가가 취업을 위한 선택 편의를 제공하지 못하고 있다는 문제 제기를 하고 있다. 이러한 문제는 결혼이주여성을 위한 취업지원서비스의 효과성을 탐색해보고자 하는 후속연구에서 설명해보고자 하는 노력을 찾아볼 수 있다(황민철, 2017).

다른 한편으로는, 결혼이주여성의 취업 및 취업직종 결정요인을 설명함에 있어서 모국에서의 교육수준이나 취업경험 등의 인적자본 특성 측면에서 살펴보고자 하였다(김새봄, 정진화, 2016). 더 나아가 결혼이주여성의 취업경험은 한국사회에서 그들의 정체성 형성에 어떻게 작용하고 있으며(염지숙, 2017), 또한 취업 후에는 어떠한 삶의 변화로 나타나고 있는가를 밝혀보고자 하는 연구도 찾아볼 수 있다(황정은, 한송이, 김효진, 2017).

대부분의 연구에서 설명되는 취업의 욕구와 동기에 관한 요인을 종합해보면, 인구사회적 특성, 개인적 요인, 가정적 요인, 사회적 요인, 국가이주적 요인 등으로 나타나고 있다(김정옥, 구자경, 2020; 박미숙, 김영순, 홍유나, 2014). 인구사회적 특성으로는 연령, 출신 국가·민족, 학력수준, 본국에서의 취업경력, 출산경험, 한국어 능력수준 등이다. 개인적 요인으로는 결혼이주여성 개인에 대한 취업 욕구와 동기, 인지적 특성으로는 자기발전을 도모하고 자녀에 대한 당당한 엄마가 되고 싶다는 등의 자기효능감을 들 수 있다. 심리·정서적 특성으로서는 자아존중감과 우울, 불안 등이다. 가정적 요인으로는 결혼이주여성의 가정환경적인 특성으로서 경제적 여건과 남편과 시부모님 등 가족의 지지 등이다. 한국 생활에 필요한 사회적 요인으로서는 한국인들과 고용주들이 결혼이주여성에 대하여 가지는 사회적 편견과 이웃 등으로부터의 사회적 지지 등이다. 국가이주적 요인으로는 한국으로 이주하면서 모국을 위해 무엇인가 헌신하고자 하는가에 관한 것이다.

결혼이주여성의 취업 동기를 살펴보면, 결혼이주의 배경에서 나타나는 바와 같이 경제적 빈곤을 해결하고자 일자리를 희망하고 있으며, 이들이 결혼한 한국 남편이 경제적으로 중하위층에 속하는 경우가 많으므로 경제적 보탬을 위하여 취업 욕구를 가지는 것으로 나타나고 있다. 다른 한편으로 심층면접을 통하여 나타나는 취업의 동기를 살펴보면, 문화적으로나 언어적으로 익숙하지 않더라도 한국이라는 새로운 삶의 터전에서 온전한 한국인이 되고자 하는 바람도 찾아볼 수 있다(황정은, 한송이, 김효진, 2017). 이러한 취업 동기는 결혼이주여성에게 있어서 취업이 단순히 돈을 번다는 것 이상을 의미하는 것이라고 이해할 수 있다. 경제력을 가짐으로써 자신의 존재가치도 인정받을 수 있고, 모국의 가족에게 경제적 지원을 하게 됨으로써 자존감을 높일 수 있는 기회가 되는 것이다(염지숙, 2017).

결혼이주여성 모국에서의 인적자본이 한국에서 취업 및 취업직종에 미치는 영향을 살펴본 연구에서는 모국에서 대졸 이상의 교육수준은 국내에서 전문직 취업에 유리하게 나타나고 있으며, 출신 국가에 따라서는 차이가 없는 것으로 나타났다. 출신 국가에서의 취업경험에서는 OECD 회원국 출신의 경우에 있어서 전문직 취업에는 유의한 차이가 없었다. 이러한 결과는 모국에서의 직무 경험이 국내에서 전문직 취업과 무관하기 때문인 것으로 분석하고 있다. 결혼이주여성의 한국어 능력은 OECD 비회원국 출신의 전문직 취업률을 높이는 것으로 나타났으며, 이러한 결과는 한국어 능력에 대한 지원정책은 상대적으로 어려움을 겪고 있는 취약계층을 중심으로 이루어지는 것이 효과적이 될 수 있을 것이라는 분석이 가능한 부분이다(김새봄, 정진화, 2016: 43).

취업지원서비스에 참여한 결혼이주여성들은 비참여 결혼이주여성들에 비해 취업에는 효과적이지만, 임금의 경우 참여 여성들보다 비참여 여성들의 임금수준이 더 높았다. 이러한 결과는 취업지원서비스가 직업의 질적인 측면을 고려하는 임금에는 비효과적이라고 분석된다. 그러므로 결혼이주여성을 위한 취업지원서비스의 효과성 증진을 위하여 결혼이주여성의 생애주기별 단계에 따른 맞춤형 지원정책이 필요함을 강조하고 있다(황민철, 2017: 161-163).

결혼이주여성을 위한 취업지원사업은 법적 근거(다문화가족지원법 제6조 1항, 2008년)를 바탕으로 제1차, 제2차, 제3차 다문화가족지원정책 기본계획을 통하여 추진되고 있다.

제1차 다문화가족지원정책 기본계획(2010~2012년)에서 결혼이주여성을 위한 취업지원사업과 관련된 내용은 '결혼이민자 직업교육 및 취업지원 활성화'라는 중점과제와 6개의 관련 세부과제로 이루어지며, 구체적인 세부과제는 다음과 같다. 첫째, 고용노동부 중심의 적합 직종 발굴 및 결혼이민자 진로설계 지원 프로그램 개발·보급, 둘째, 고용노동부와 여성가족부 중심의 직업능력개발계좌제 및 취업지원 프로그램 운영, 셋째, 고용노동부 중심의 결혼이민자 채용기업에 대한 신규 고용촉진지원금 지급 추진, 넷째, 고용노동부, 행정안전부, 보건복지부 주체의 공공 부문 일자리 제공 및 예비 사회적 기업·사회적 기업 육성 등 사회적 일자리 지원사업 확대, 다섯째, 고용노동부 중심의 취업지원 관련기관 간 정보교류 및 연계 강화, 여섯째, 농림수산식품부 주체의 농촌지역 결혼이민자 기초영농교육 및 1:1 맞춤형 영농교육이 세부과제로 포함되어 있다.

제2차 다문화가족지원정책의 기본계획(2013~2017년)에서 결혼이민여성을 위한 취업지원사업은 '결혼이민자의 사회경제적 진출 확대'라는 중점과제를 통해 살펴볼 수 있으며, 중점과제는 일자리 확대 과제와 직업교육훈련 지원과제로 구분되어 있다. 일자리 확대 과제에서는 총 6개의 세부과제들이, 직업교육훈련 지원과제에서는 총 7개의 세부과제들이 포함되어 있다. 일자리 확대 과제의 세부과제를 살펴보면 첫째, 보건복지부 주체의 결혼이민자의 능력을 활용한 일자리 확대로서 외국인 코디네이터 양성 과정의 사업, 둘째, 고용노동부와 행정자치부 주체의 지자체 일자리 사업에 결혼이민자 참여 확대 사업, 셋째, 고용노동부 주체의 사회적 기업 지원 사업, 넷째, 고용노동부 주체의 시간선택제 일자리 활성화(지원)사업, 다섯째, 고용노동부 주체의 결혼이민자 민간위탁 취업지원 사업, 여섯째, KOTRA 주체의 다문화 무역인 육성 사업의 세부과제들이 포함되어 있다. 다음으로, 직업교육훈련 지원의 세부과제를 살펴보면 첫째, 고용노동부 주체의 특화훈련과정 확대, 자비부담 면제(내일배움카드제), 둘째, 여성가족부 주체의 결혼이민여성 특화직업 교육 훈련, 셋째, 여성가족부 주체의 결혼이민여성 인턴제 운영, 넷째, 농림축산식품부 주체의 기초 및 전문 영농교육 실시, 다섯째, 여성가족부와 고용노동부 주체의 결혼이민여성 맞춤형 취업지원 강화, 여섯째, 고용노동부 주체의 결혼이민자를 위한 고용센터의 특화 취업지원서비스 제공, 일곱째, 고용노동부 주체의 공공 분야의 결혼이민자 활용 일자리 발굴 및 관리의 세부과제들이 포함되어 있다.

제3차 다문화가족지원정책의 기본계획(2018~2022년)에서 결혼이민여성을 위한 취업지원사업은 '취·창업 지원서비스의 내실화'라는 중점과제를 기반으로 하는 6개의 세부과제를 통하여 살펴볼 수 있다. 첫째, 전문 취업지원기관에서 교육을 받기 위해 필요한 기초 소양교육 및 취업을 위한 특화된 직업교육훈련 프로그램(여가부) 둘째, 취업성공패키지를 통한 맞춤형 취업지원서비스 제공(고용부), 정착단계별 영농교육(농림부), 셋째, 신규 결혼이민여성에게 1:1 후견 인제를 활성화하여 농촌 생활 적응 및 안정적 정착 지원(농림부), 넷째, 사회적 기업 창업에 관심 있는 결혼이민자 등 여성을 대상으로 하는 특화된 창업교육과정 운영 및 사회적 기업 지원. 다섯째, 여성 창업보육시설 운영 및 입주기업 지원 프로그램 마련, 여섯째, 우수 예비창업자 발굴 등을 통해 여성창업 활성화(중기부) 등의 세부과제 등이 포함되어 있다.

다문화가족 기본계획을 통한 다양한 정부 정책 추진에도 불구하고, 이에 대한 비판여론을 찾아볼 수 있다. 정부의 다문화가족정책들이 다문화구성원들과 한국인 주류집단을 조화시킬 수 있는가라고 하는 정책의 실현 가능성과 사회 전체 구성원들의 동의를 이끌어낼 수 있는 토대 위에서 마련되었는가라고 하는 사회적 수용 가능성에 대한 문제 제기가 있다(조현상, 2013: 142-145).

8. 국제결혼 한국 남성의 특성

한국사회는 전통적으로 가부장적 가족주의가 지배적이며, 가족 내에서는 부부간의 권력구조나 의사결정 주도권이 주로 남편에게 주어진다(이유숙, 1998). 그러므로 국제결혼 부부간의 관계에서 주도권을 가진 한국인 남편의 영향력은 더 중요한 의미가 있다. 남편의 주도적인 영향력은 그것이 어떻게 발휘되느냐에 따라 가족 내에서 긍정적으로도 혹은 부정적으로 작용할 수 있기 때문이다(장온정, 2007: 4-5).

그럼에도 불구하고 국제결혼에 관한 연구는 주로 결혼이민여성들을 대상으로 하고 있으며, 한국사회에서 그들 삶의 실태, 갈등과 적응, 지원방안, 인권 등을 중심으로 이루어져 왔다. 결혼이민여성에게뿐만 아니라 국제결혼을 선택한 내국인 남성에게도 급변하는 변화의 중심에서 결혼생활에 적응해가야 한다는 어려움을 경험하게 되는 것은 마찬가지이다(이근무, 김진숙, 2009: 137). 다문화가족의 삶의 질 향상을 위한 효과적인 정책적·실천적 함의를 마련하기 위해서는 결혼이민여성의 관점에서 여성들의 삶에 대한 고찰과 함께 배우자인 한국 남편의 관점에서도 그들의 복합적이고 역동적인 삶과 적응에 대한 총체적인 탐구의 필요성이 있는 것이다(강향숙, 진은영, 먀닥다, 배은경, 2013: 226).

국제결혼 한국 남성들에 대한 연구는 장온정(2007)의 연구를 시작으로 관심을 가지게 되었다고 할 수 있을 것이다(이근무, 김진숙, 2009: 137). 이어서, 국제결혼을 하게 되는 한국 남성들의 결혼과정에 대한 재구성을 통하여 국내적 요인과 글로벌 차원에서 요인에 대한 분석이 이루어졌다(김명혜, 2012). 국제결혼 한국 남성의 결혼생활 적응과정을 설명하기 위하여 인구사회적 특성 측면에서 이들의 학력, 직업, 경제력, 건강상태 등에 대한 분석과 함께 현실적 상황에서 직면하는 어려움과 문제 해결을 위한 대응전략 등을 맥락적 차원에서 설명하고자 하는 연구가 이어졌다(강향숙, 진은영, 먀닥다, 배은경, 2013; 김명혜, 2012; 김유순, 오명숙, 안현화, 2012). 많은 연구들에서 한국인 남편은 주변인으로 등장하고 '타자' 또는 '가해자'로 인식되는 연구결과(강향숙, 진은영, 먀닥다, 배은경, 2013: 226)와는 달리 가장으로서뿐만 아니라 아내를 위하여서도 책임을 다하면서 어려움을 극복하는 모습을 보여주는 연구결과를 찾아볼 수 있으며, 한국인 남편에 대하여 사회의 부적응자로 매도하는 것에 대한 인식개선이 필요함을 강조하고 있다(김유순, 오명숙, 안현화, 2012; 이은주, 전미경, 손서희, 2018).

한국 남성과 외국 여성과의 국제결혼은 1992년 한·중 수교를 계기로 지방자치단체들을 중심으로 '농촌총각 장가보내기' 캠페인을 계기로 하여 2000년대 전후에 급증하였으며, 특히 중국, 베트남, 필리핀 등 아시아지역 여성과의 국제결혼 중심으로 이루어졌다. 초기의 국제결혼은 남성들의 결혼 조건이 상대적으로 불리한 농촌지역을 중심으로 급증하다가 그 범위가 도시지역으로 확산되고 있다(김명혜, 2012: 40).

국제결혼의 급격한 증가는 국내외 요인으로 설명할 수 있다. 한국사회에서 오랫동안 유지되어 온 남아선호사상과 태아의 성을 판별할 수 있는 의료기술이 결합함으로써 혼인적령기 인구의 성비 불균형이 초래되었다. 여성들의 교육수준 향상과 경제활동의 증가는 그들의 가부장적인 가족제도에 대한 비판적인 시각이 증가하면서 결혼을 늦추거나 비혼자가 늘어나게 되었으며, '결혼 적령기'를 놓친 남성이 늘어나고, 결혼을 하지 못하는 남성들이 사회적인 문제로 등장하게 된 것이다(한건수, 2012: 72). 동시에 도·농 간의 빈부격차 구조 속에서 지방정부는 인구정책의 차원으로 적극적인 국제결혼을 추진하였으며, '농촌총각들'의 국제결혼은 지역의 경제활동인구를 늘리고 정주권의 활성화를 가져와서 정치적·경제적 경쟁력의 향상에 기여하는 계기가 되었다(김명혜, 2012: 41). 상업적 목적에 바탕을 둔 국제결혼중개업의 발달은 한국인 남성과 외국인 여성과 국제결혼의 증가에 기여하는 결과로 이어졌다. 또한 소위 '한류 현상'과 같은 한국 대중문화도 국제결혼의 증가에 기여하게 되었다(김명혜, 2012: 41; 박경동, 2007).

국제결혼을 하는 우리나라 남성의 대부분은 외국인과의 자연스러운 교제가 혼인으로 이어진 것이 아니라, 혼인문제 해결을 위해 국제결혼중개업체 등을 통해 단기간에 혼인을 결정하는 특징이 있다(윤현석, 안성훈, 2015: 180). 또한 결혼 성사를 위하여 국제결혼중개업체는 불리한 조건들을 전달하지 않기 때문에 결혼 후에 결혼 당사자들이 오해를 하고 불화를 겪게 되는 문제 발생의 원인으로 작용하고 있다(김유순, 오영숙, 안현화, 2012). 국제결혼중개업체의 소개를 통하여 국제결혼을 한 한국인 남성들이 문제 해결 상담을 요청한 사례를 살펴보면, 주로 국제결혼중개업체가 제공한 서비스에 관한 것이며 이 중 신부와 관련된 문제가 높은 비중을 차지하고 있다. 2013년 한국소비자원에 접수된 한국 남성의 국제결혼 피해사례를 보면 833건으로 나타났다(윤현석, 안성훈, 2015: 178-179). 이를 피해 유형에 따라 분류하면 가장 많은 비율을 차지하는 것은 '본인(신부) 변심으로 인한 계약해지 시 환급거부 및 위약금'(19.94%), '업체 측 과실로 인한 계약해지 시 환급문제'(18.74%), '신부의 입국지연 및 거부'(14.4%), '신부의 가출 및 위장결혼'(14.4%) 등 4가지 유형이 차지하고 있다. 다음으로 '중개업체의 허위정보 제공문제'(6.12%)가 높은 비율로 나타났다. 국제결혼을 희망하는 한국 남성들은 관련 정보 부족으로 인하여 거의 모든 것을 국제결혼 중개업자에게 의존하고 있는 실정이므로 국제결혼으로 인한 피해를 방지하기 위하여 관련 법·제도의 개선이 절실히 요구된다(윤현석, 안성훈, 2015: 180, 189).

한국 가족은 핵가족화 등 많은 외형상의 변화를 겪고 있지만, 실제로 가족의식이나 가족관계의 측면에서는 가부장 중심의 대가족 요소를 지니고 있고, 혈연중심의 근친 지향적인 경향과 강한 부모자녀 관계의 지속성을 보인다(이재경, 2003: 16-22). 한국 남성들이 특히 동남아시아 등에서 배우자를 찾는 이유는 안정적인 성적 욕구 충족, 가사일 부담 덜기, 농사일 함께 하기, 노부모 봉양 등 여러 가지 현실적인 생활의 어려움을 덜고자 하는 것으로 보고하고 있다. 우리 사회의 맞선 문화에서는 가족관계, 학벌, 나이, 거주지, 신체적인 조건, 직업 등을 따지면서 배우자로서의 자격을 평가하고 있으며, 이러한 맞선 코드에 맞추기 어려운 한국인 남성들은 국제결혼을 대안으로 삼는다는 것이다(김명혜, 2012: 53-55). 국가 경계를 넘어서 그러한 코드가 적용되지 않거나 혹은 상대적으로 약하게 작동하는 '개발도상국'으로 시선을 돌려 배우자를 찾게 되는 것이다. 한국 남성들은 국제결혼 과정에서 배우자를 선택할 때 이율배반적인 모습으로 나타나고 있다(김명혜, 2012: 67). 한국 남성들이 외국인 결혼배우자를 맞이하고자 하는 이유들은 현실적인 문제 해결을 위한 것들임에도 불구하고, 실제로 배우자를 선택할 때는 소위 '예쁜 한국적인 이미지'를 가진 여성들을 선호한다는 것이다. 한국에서 함께 가족생활을 하더라도 '튀지 않고 사람들이 특별한 눈길(즉, 인종차별적인 시선)을 보내지 않는 얼굴'을 의미하는 것이다. 한국 남성들은 차선책으로 외국 여성을 결혼배우자로 맞이하면서 상호 간 문화적인 차이는 차치하고 신체적으로나마 한국적인 여성을 선택함으로써 부정적인 사회적 시선을 피해보고자 하는 것과 태어나게 될 2세들의 신체적인 특성까지 관심을 가지게 된다는 심리적 특성을 찾아볼 수 있는 부분이기도 하다. 국제결혼가정의 특징을 설명하는 최지영(2009)은 다문화가정 내에서 한국인 남편의 경험을 미시적으로 살펴보고, 경험의 의미를 논의해보고자 하는 목적으로 실시된 내러티브 연구를 통하여 결혼성립 과정에서부터 부모를 봉양할 수 있는 여성 혹은 순종적인 여성을 찾는 남성과 잘사는 나라에 대한 환상 혹은 안정을 찾는 여성의 만남이라고 설명하고 있다(최지영, 2009: 248).

그동안 다문화가족에 대한 접근이 초창기 결혼이민여성에게 맞춰지면서 한국인 남성의 긍정적 측면보다는 부정적 시각에 더 초점이 맞춰지면서 부부갈등의 제공자(윤형숙, 2004; 김오남, 2006b), 폭력의 주체(양철호 등 5인, 2003; 최금해, 2007), 전통적 가부장적 가치의 소유자(장온정, 2007; 홍기혜, 2000), 무능력자와 역할 불이행자(성지혜,

1996; 홍기혜, 2000) 등으로 묘사되었으며, 따라서 국제결혼을 한 한국 남성은 사회문제의 가해자이자 원인 제공자로 바라보는 인식이 형성되었다. 이근무, 김진숙(2009: 144)의 연구에서는 국제결혼을 한 한국 남성의 대부분은 결혼과 배우자를 수단이나 도구로 인식하는 경향이 있음을 확인할 수 있었다고 보고하고 있다. 국제결혼으로 인하여 새로운 환경에 대한 적응의 어려움에 대한 연구가 지속되면서 다문화사회의 통합주체로서 결혼이민여성뿐만 아니라 국제결혼 한국 배우자에 대한 관심이 촉발되었으며, 이후 국제결혼 한국 남성의 삶을 심층적으로 탐색하는 연구가 나타나게 되었다(김민경, 2012b: 102).

근거이론방법론을 적용하여 국제결혼 한국 남성들의 삶으로부터 결혼의미를 도출해보고자 하는 연구(이동수, 송승숙, 2012)에서 살펴보면, 결혼 적응의 유형은 3가지로 설명하고 있다. 첫째, 안정적 정착형의 참여자들은 아내에 대하여 관심을 가지고 국제결혼에 대한 장점을 찾으면서 적극적으로 적응을 모색하여 안정적인 가정을 꾸리는 것으로 나타났다. 둘째, 오기로 버팀형이다. 연구에 참여자들은 결혼 적응에 어려움이 있지만 국내 결혼이 불가능했던 경우를 경험하였고 사회적으로 더 이상 낙인찍히는 것이 싫어서 마음을 다잡기도 하였고 자신들의 처지를 알기 때문에 오기가 생기고 어떻게든 결혼을 유지하기 위해 버텨내기를 시도하는 것으로 관찰되었다. 셋째, 진퇴양난형의 참여자들은 결혼 초기의 기대와 결혼생활과의 차이가 심한 것에 힘겨워하였고 본인들의 소득수준도 낮은 형편임에도 불구하고 아내가 본국에 송금을 하는 문제, 같은 다문화가정과의 비교, 아내의 돈에 대한 집착 등으로 심한 스트레스를 받는 것으로 나타났다. 이러한 연구결과는 다문화가정에 대한 지원이 결혼이민 여성에게뿐만 아니라 한국 남편들에게도 필요하다는 것을 시사하는 것이다(이동수, 송승숙, 2012: 162-163).

다문화가족의 결혼적응에 영향을 미치는 한국 남편 관련 요인을 분석하는 연구들도 찾아볼 수 있다. 엄명용(2010)의 연구를 살펴보면, 다문화가정에서 한국 남편은 자신감의 결여와 표현능력이 미흡한 것으로 나타났으며, 특히 외국인 아내와의 관계에서 이러한 특성이 지속적으로 나타나는 것으로 보고하고 있다. 강기정, 정천석(2009)은 국제결혼 한국 남성은 부인이 고향 친구와 만나서 경제적 상황을 비교당할 때 심리적 불안을 느낀다고 보고하고 있다. 남성 배우자들은 아내들에게 실망하였는데 결혼중개업자의 말과는 달리 고분고분하지도 않았고 여성 배우자들 중 상당수는 모국으로 송금하는 데만 관심이 있다는 것이다. 친밀성과 신뢰가 구축되지 못한 상태에서 부부는 자신들에게 유익한 경우에만 신뢰를 보였고 관계를 유지하기 위한 형식으로서 신뢰를 쌓는 '속내 감추기 관계'를 형성할 수밖에 없었다는 것이다(김진숙, 2010; 김민경, 2012b: 105).

결혼이민여성의 경우와 마찬가지로, 국제결혼 한국 남성은 국가 간, 인종 간의 문화적 차이로 인하여 부부 역할이나 가사노동분담에서도 문제를 인식하는 것으로 나타났으며, 한국 남편이 말하는 예의 범절과 외국인 아내의 행동은 가족 간에 갈등요인으로 영향을 미치는 것으로 나타났다(채옥희, 홍달아기, 2008). 강기정, 정천석(2009)의 연구에서는 실제적인 가정생활에서 다문화가정 부부는 의사소통문제, 생활문화 차이, 가부장적 태도, 가족원의 동화 강요, 가사분담문제, 모국으로 경제적 지원 등이 적응에 부정적인 영향을 미치고 있는 것으로 나타났다. 반면에 이웃 간의 교류수준, 부부관계 만족수준은 생활만족과 심리적응에 긍정적 영향을 미치는 것으로 나타났다(정천석, 2008). 이수연(2008)의 연구에서는 가족 스트레스가 높을수록 가족적응수준이 낮게 나타나며, 특히 한국 남성의 적응이 낮은 것으로 나타났다. 가족 스트레스, 가족탄력성 및 자아탄력성 등은 가족건강성의 예측 변인으로 설명력이 있었다. 가족건강성은 자녀들의 학교적응뿐만 아니라 문제행동에도 영향을 미치는 것으로 나타나는 결과를 찾아볼 수 있다(김민경, 2012b: 107).

한국 남성배우자의 생애사를 살펴본 이근무, 김진숙(2009)은 다문화가정에서 발생되는 갈등과 긴장을 해소하는 데 두 가지 생애전략을 찾아볼 수 있다고 설명하고 있다. 한 집단의 경우를 살펴보면, 상대 배우자를 지배하겠다는 의도를 숨기고 위장된 관용과 자신의 우월적 지위로 억압적 행위를 하는 경우이다. 다른 집단의 경우는 성숙한 결혼생활을 유지하고 있는 한국 남성배우자들의 특성으로서 '자기 문화의 해체와 재구성'과 '디아스포라적 위치로 이동하기'로 정의할 수 있다고 하였다. 다시 말하면 안정적 결혼생활을 유지하는 남성들은 자신의 문화와 가치를 해체하고 배우자 문화와 접점을 찾아 재구성하여 디아스포라적 위치로 자신을 이동시킴으로써 가족생활을 건강하게 이끌어나갈 수 있었음을 보고하였다. 이러한 결과는 한국 남편도 아내의 문화에 대한 적응이 이루어지지 않을 때 어려움을 겪게 된다는 것을 의미하는 것이라고 하겠다.

이은주, 전미경, 손서희(2018: 4)의 연구에서도 외국인 아내와 부부로 살기 위해 '모범적인 멘토 찾기', '진솔하게 마주 보기', '친인척과의 유대관계 강화하기', '아내의 자립능력 키워주기', '아내의 꿈과 목표 실현을 지원하기', '가족의 미래를 위한 기반 만들기' 등의 대처전략을 사용하는 것으로 기술하고 있다. 다른 한편으로는 부부갈등을 경험했으나 현재는 극복하고 가정생활을 유지하고 있는 한국 남성배우자의 부부갈등 대처방법을 살펴본 연구(구향숙, 2013)에 의하면, 남편은 부부갈등 경험 시 유사한 경험을 공유한 다문화자조모임에서 '동병상련'의 위안을 얻거나 다문화가족지원센터 등에서의 지원과 상담을 받는 '사회적 지지'가 갈등 해결에 도움이 되는 것으로 보고하였다. 이와 함께 부부갈등에 대처하기 위한 전략적 행동으로 '변화를 향한 소통', '마음 내려놓기', '관계망 키우기' 등을 활용한 것으로 나타났다.

다문화가정에서 한국 남성의 부부관계 증진에 관한 연구에서도 살펴보면(이은주, 전미경, 손서희, 2018: 125-126), 가족관계 영역 측면에서 즉각적이고 대립적 갈등 국면 대신에 배우자와의 소통을 위해 배우자 모국 출신의 지인이나 다문화가족지원센터를 적극 활용하는 등과 같이 결혼이민여성의 특성을 감안한 대처방법을 선택하고 있었다. 다문화 이해 영역 측면에서 한국 남성배우자는 한국과 문화 및 언어가 다른 모국에서 오랜 기간 생활한 배우자를 배려하고 존중하는 차원에서 자신 또한 배우자와의 의사소통에서 배우자의 모국 언어를 사용하기도 하였고, 더 나아가 자녀가 배우자의 모국 언어를 적극 사용할 수 있는 환경을 조성하고 있었다. 처가에 대한 경제적 지원에 대하여서는 자신 가족의 경제적 상황을 수용하면서 합의점을 이끌어내려 노력함으로써 소모적인 갈등을 줄이면서 배우자 간 신뢰 형성을 위해 노력하고 있다는 점이다. 사회적 지지 영역 측면에서 한국 남성배우자는 배우자의 개인적 성장을 지원하고 지역사회자원을 적극적으로 활용함으로써 배우자가 한국 생활에 잘 적응할 수 있도록 사회적 지지 영역을 구축하고자 노력하고 있었다. 궁극적으로 가족과 부부관계의 질은 배우자 상호 간의 연계성이 중요함을 알 수 있는 결과라고 하겠다.

이와 같은 한국 남성배우자의 부부관계의 질적 향상을 위한 태도 및 행동에 대한 이은주, 전미경, 손서희(2018) 연구에서는 '부부갈등에 유연하게 대처하기', '고부갈등에 중립적 태도 취하기', '이중언어 활용 지원하기', '배우자의 모국 문화 이해하기', '경제권 및 노후대책을 통한 신뢰 쌓기', '처가 지원에 대한 합의', '배우자의 성장 지원하기', '센터 및 자조모임 적극 활용하기' 등의 특성으로 유형화하였다(이은주, 전미경, 손서희, 2018: 122).

국제결혼 한국 남편으로서 경험의 의미에 대하여 5가지 사례에서 보이는 동질성과 상이성을 비교·해석하는 연구(최지영, 2009: 249)에서는 다음의 4가지 의미를 도출하였다. 첫째, 결혼: 시원섭섭

함, 둘째, 다름에서 오는 어려움: 이해와 오해, 셋째, 정보와 도움의 부족: 산 넘어 산, 넷째, 변화와 극복: 그래도 희망을 바라봄 등이다. 결론적으로 한국 남편으로서 결혼이라는 책임을 이행하는 기쁨과 한국 여성이 아니라는 섭섭함의 감정을 겪으면서, 문화적 차이로 인하여 결혼생활에서 많은 어려움이 있지만 대부분의 남편들은 문제를 해결하고자 대안을 찾고 수용하고 있다는 것을 시사하는 결과라고 할 수 있다.

9. 다문화가정의 자녀양육

다문화가정은 국제결혼가정(한국인 남성과 이주여성, 한국인 여성과 이주 남성), 이주민 가정(이주노동자, 유학생, 북한이탈주민 등)을 포함하는 개념으로 한 가족 내에 다양한 문화가 공존하고 있는 가정을 의미한다. 본 논의에서 다문화가정이란 국제결혼가정을 중심으로 범위를 제한하고자 하며, 따라서 다문화가정의 자녀라 함은 국제결혼가정의 한국인 아버지와 외국인 어머니 사이에서 태어난 아이와 한국인 어머니와 외국인 아버지 사이에서 태어난 자녀로 구성된 가정을 의미한다.

2016년 11월 기준 결혼이민자 수는 159,501명, 다문화가정의 자녀 수는 191,459명에 달하는 것으로 나타났다. 이와 같이 한국사회에서 다문화가정의 가시적인 비중이 증가하면서 그 자녀들에 대한 양육과 교육문제가 새로운 중요한 사회적 화두로 대두되고 있다. 한국인 부부가정에서 모의 경우에도 자녀양육으로 인하여 많은 어려움을 겪고 있다. 특히 자녀의 양육과 교육을 담당하고 있는 다문화가정의 외국인 어머니들은 한국 생활에 대한 적응과 임신 · 출산 · 자녀양육이라는 이중고에 처해 있는 경우가 많다(오혜정, 2015: 230-232). 다문화가정의 어머니들은 대부분 자녀양육에 대한 사전준비와 지식이 부족한 어린 나이에 부모가 되기 때문에 더 많은 어려움을 겪고 있는 것으로 나타나고 있다. 다문화가정의 외국인 어머니들은 자녀양육 과정에서 혼란과 외로움, 불안 등 심리적 스트레스를 경험하고 있다(김현희, 2007: 89; 이영분, 김나예, 2012: 39). 무엇보다도 언어의 어려움으로 인한 자녀와 의사소통 및 상호 이해의 어려움, 자녀양육 과정에서 주도권 상실과 부모로서 정체성의 혼란(팜티휀짱, 김영순, 박봉수, 2014: 139), 자녀양육에 대한 가치관 및 신념의 갈등, 자녀의 문제행동에 대한 훈육의 어려움, 지지체계의 부재와 같은 어려움들을 호소하고 있는 것으로 나타났다.

자녀양육 과정에서 다문화가정의 어머니들이 겪는 이와 같은 어려움들은 그 자녀의 성장과 발달에도 영향을 미치게 되는데, 주로 언어습득 지연과 이해력 미숙, 학습 부진, 사회성 및 성격발달의 문제, 정체성 혼란 등 인지적 · 발달적 문제로 이어지게 된다. 자녀가 성장할수록 이러한 문제는 더욱 가중될 수 있으며, 이로 인하여 학교생활의 부적응(이영분, 김나예, 2012; 최순례, 이홍직, 2020) 및 사회적 차별 등을 경험할 개연성이 크며, 궁극적으로는 사회의 일원으로 성장하는 데 어려움을 겪게 되는 것이다. 그러므로 다문화가정에서 부모 역할과 자녀양육의 문제와 개선방안에 대한 논의는 다문화사회의 중장기적 발전을 위하여 중요하게 조명될 필요가 있다.

본 담론에서는 다음과 같은 내용을 중심으로 현상을 살펴보고자 한다. 첫째, 결혼이민여성들의 양육태도 및 양육 스트레스와 함께 다문화가정 아버지의 양육 참여에 대한 태도를 살펴보고자 한다. 둘째, 다문화가정 유아 및 아동들은 이중 문화에 어떻게 적응하며, 이들의 인구사회적 특성에 따른 적응요인은 어떠한가를 살펴보고자 한다. 이와 함께, 다문화가정 자녀들이 당면하고 있는 어려움과 이들의 권리보장에 대한 논의도 살펴보고자 한다. 셋째, 다문화가정 자녀에 대한 사회적 인식 및 정서에 대하여 살펴보고자 한다. 다문화가정 자녀들의 생활환경적 특수성은 자원으로 재인식되고, 발전할 수 있도록 지원체계 마련의 필요성에 대하여서도 살펴본다. 아울러 다문화가정 자녀들에 대한 인식개선을 위한 실천적 함의에 대하여서도 살펴보고자 한다.

유아가 최초로 접하는 환경이 가족이고, 특히 어린 시기에 부모와의 관계 속에서 사회정서 발달의 토대가 형성되며, 이 시기의 긍정적인 발달은 성장하면서 성격 형성이나 사회적 적응 및 능력에 영향을 미치는 것이다. 이와 같이 어머니와의 상호작용은 유아의 정서 발달에 영향을 미치게 되므로 의미가 크다(박경자, 김송이, 2007: 92). 그러나 대부분의 연구에서 보고된 바에 의하면, 국제결혼이민여성들은 경제적 빈곤과 문화적 차이로 인하여 일상생활 속에서 상당한 스트레스를 경험하고 있으며, 여성결혼이민자 자녀들은 부모의 낮은 경제력, 사회적 지위, 언어·문화·교육 방식의 차이 등으로 자녀양육과 교육환경이 매우 취약하여 많은 문제를 야기하는 것으로 나타나고 있다. 보건복지부(2005)의 국제결혼 이주여성 실태조사 결과에 의하면, 한국말이 서투른 외국인의 어머니로 인하여 일반 유아보다 언어발달이 늦은 것으로 나타나고 있다. 초등학생의 경우 일상적인 의사소통에는 큰 문제가 없으나 독해와 어휘력, 쓰기, 작문 등의 능력이 일반 아동보다 현저히 떨어지며, 학교 수업에 대한 낮은 이해도, 학교 부적응, 학업성적 부진, 낮은 진학률, 심지어는 정서적인 장애를 호소하는 경우도 있는 것으로 나타나고 있다. 학교에서 집단 따돌림을 경험하였을 때, 그 주된 원인은 '엄마가 외국인이어서'(34.1%)로 가장 높게 나타났고, '의사소통이 잘 안 돼서'(20.7%), '특별한 이유 없이'(15.9%), '태도와 행동이 달라서'(13.4%), '외모가 달라서'(4.9%) 순으로 응답하였다(김현희, 2007: 81; 보건복지부, 2005).

부모의 양육태도가 자율적이고 애정적·합리적일수록 자녀들이 학교생활 전반에서 적응 여부와 관련이 있을 것으로 예측할 수 있다. 다문화가정 아동을 대상으로 그들이 지각하는 부모의 양육태도에 따른 학교적응을 살펴본 연구(황성동, 박은혜, 2010: 138-139)에 의하면, 일반 아동과 마찬가지로 부모가 아동에게 관심이 많고, 애정적·자율적인 양육태도를 보일수록 학교적응력이 높게 나타나는 결과를 찾아볼 수 있다. 초등학교 4학년부터 중학교 3학년 시기의 자녀를 둔 다문화가정 외국인 어머니의 일상생활 스트레스가 자녀 양육태도와 학업성취에 차이가 있는지를 알아보고자 하는 윤홍주, 최효식(2019)의 연구에서도 어머니의 일상생활 스트레스 수준이 높은 집단의 경우에 자녀가 지각한 방임적 양육태도 수준이 높은 것으로 나타났다. 또한 자녀가 지각하는 어머니의 방임적 양육태도는 초등학교 시기보다 중학교 시기에 다문화가정 자녀의 학업성취 수준에 부(-)적으로 영향을 미치고 있는 결과로 나타났다. 이는 다문화가정의 외국인 어머니가 일상생활 스트레스에 적절하게 대처하는 데 도움을 줄 수 있는 사회적 지원체계 확립이 필요함을 시사하는 결과로 의미가 크다(윤홍주, 최효식, 2019: 354). 청소년 자녀를 대상으로 하는 다문화가정 어머니의 문화적응 스트레스, 양육태도, 자녀의 내재화 변인 간의 영향력 연구(이래혁, 최홍일, 2019)에서도 높은 수준의 문화적응 스트레스는 어머니의 방임적 양육태도를 상승시키고, 결과적으로 자녀의 내재화 문제의 심각성을 높일 수 있다는 결과를 설명하고 있다. 그러므로 결혼이민여성을 위한 지원정책을 수립함에 있어서 한국어 교육뿐만 아니라 한국의 문화와 전통풍습을 알려주는 프로그램을 병행하면서 부모의 양육태도보다 수용적이고 자율적이 될 수 있도록 지원하는 프로그램이 필요하다고 하겠다.

　다문화가정에서 아버지의 양육참여가 유아에게 미치는 영향을 살펴본 연구에 의하면, 아버지의 양육참여 정도가 높을수록 유아의 표현어휘 점수 및 이해어휘 점수가 유의하게 더 높은 것으로 나타났다. 유아의 어휘력은 개인 차이가 크며, 이러한 차이는 유아가 처음 접하고 성장하게 되는 가정환경에 의한 영향에서 찾아볼 수 있는 것이다(이민경, 2012: 212, 219). 오늘날 자녀양육과 교육에서 어머니와 함께 아버지의 역할이 중요하다는 연구와 이를 지지하는 연구결과들에서 보여주는 바와 같이(이진숙, 2007: 23), 특히 다문화가정에서 어머니가 언어문제로 인한 소통의 어려움을 겪고 있으며, 이로 인하여 자녀의 언어발달에도 지장을 초래한다는 현실적인 문제를 고려할 때, 아버지의 양육참여는 매우 중요한 의미가 있다고 할 수 있다. 다문화가족 아버지의 양육참여 변화에 관한 연구에서도 부모교육에 참여한 다문화가족의 아버지는 횟수가 거듭되면서 평소에 자녀와 아내의 입장을 생각하지 않고 본인의 생각대로만 주장하던 가부장적 모습에서 자녀의 눈높이를 돌아볼 수 있게 된 것에 대하여 스스로도 대견스럽게 생각하게 되었다고 보고하였다(정혜영, 2013: 31). 다문화가정 아버지의 역할이 청소년의 학업에 미치는 영향을 알아보고자 하는 연구(박찬현, 2018)에서도 다문화가정 아버지와 청소년 자녀와의 대화 시간은 청소년의 학업에 정적으로 유의한 영향력이 있으며, 매개변수로서 자녀의 자아존중감에도 긍정적인 영향을 미치고 있음을 설명하고 있다.

부모의 양육태도는 유아들에게 다른 사람을 어떻게 이해하고 협력해야 하는가를 배우게 하며, 다른 사람에게 편견을 갖게 할 수도 있다. 그러므로 가정에서 부모의 다문화적 양육태도가 자녀의 다문화적 태도와 가치관 형성에 매우 중요한 요소가 되는 것이다(황지민, 2012: 182). 따라서 다문화가정의 외국인 어머니와 함께 한국인 아버지에 대하여서도 자녀를 양육하고 지도하는 데 실질적으로 필요한 양육 관련 지식과 기술을 주요 내용으로 하는 부모교육이 필요하다고 하겠다.

국제결혼가정 자녀실태조사결과(보건복지부, 2007)에 의하면 국제
결혼가정 자녀의 언어 지능이 우리나라 일반 아동의 언어 지능보다
낮게 나타났다(전혜정, 2007: 23). 이는 국제결혼가정 자녀들이 출생
이후부터 경험하게 되는 이중언어 환경과 교육환경에서 원인을 찾
아볼 수 있다. 결혼을 위해 한국에 들어오자마자 임신, 출산과 양육
을 하게 되었고 한국 가족문화에 적응하면서 안정된 상황에서 육아
에 전념할 수 없는 상황이 많기 때문이다. 반면에, 국제결혼가정 자
녀들의 언어발달에서는 학령 1년 전과 초등학교 1학년 때는 어려
움을 겪는 것으로 나타났으나, 초등학교 2학년 정도가 되면 일반 아
동의 수준에 달함을 확인할 수 있다(전혜정, 2007: 33). 이러한 결과는
국제결혼가정 자녀의 언어능력 자체가 부족한 것은 아니며 교육적
경험 내지 환경의 결여 때문이라고 할 수 있다.

박순희(2009: 129-130)의 연구에서도 다문화가족 아동들의 특성
으로 자아정체성의 혼돈, 언어능력 부족으로 인한 의사소통의 어려
움, 학습부진으로 인한 학교부적응, 부모의 서로 다른 언어와 문화
및 가치관으로 인한 문화적 갈등, 또래관계 기술 부재로 인한 대인
관계의 어려움 등을 들고 있다. 다문화가정 아동들의 사회적응에 미
치는 영향요인을 분석한 결과에서는 아동들의 의사소통기술과 지역
사회의 관심과 지지 변인에서만 유의한 영향력이 있는 것으로 나타
났다. 이는 다문화가족 아동의 사회적응 향상을 위해서는 한국어에
대한 미숙함과 이중 문화 노출로 나타날 수 있는 의사소통의 어려움
과 스트레스를 잘 극복할 수 있도록 사회적인 관심과 지지가 매우
중요함을 시사하는 것이다(박순희, 2009: 147).

아동기의 부적응 문제는 이들의 사회에 대한 적응뿐만 아니라 미래사회에서의 역할수행에 대하여서도 영향을 미치게 되므로 매우 중요하게 다루어져야 하는 다문화사회에서의 과제이다(이영주, 2008: 82; 이은정, 2014: 275). 이러한 문제 인식을 염두에 두고 이영주(2008)의 연구에서는 경기도지역 농촌, 도시지역의 초등학교 재학 중인 다문화가족 아동 1,313명을 대상으로 이들의 심리사회적 적응에 영향을 미치는 위험요인과 보호요인의 실태를 파악해보고자 하였다. 위험요인이란 아동의 부적응 행동을 유발하는 요인이며, 보호요인이란 이러한 위험요인에도 불구하고 부적응 유발 가능성을 감소시켜주는 요인으로 설명된다(이영주, 2008). 연구결과를 살펴보면, 다문화가정 자녀가 저학년일 때 가족관련 요인과 문화관련 위험요인에 영향을 특히 많이 받는 것으로 나타났으며, 이는 외국인 어머니가 한국사회에서 언어와 문화에 적응하지 못한 상황에서 자녀양육을 하게 되고, 외국인 어머니와의 의사소통문제가 아동의 적응에 영향을 미치는 것으로 해석된다. 이러한 결과를 통하여 연구자는, 다문화가정 자녀들로 하여금 어머니의 모국어를 적극적으로 사용할 수 있도록 교육함으로써, 어머니 나라에 대한 이해와 함께 다문화사회의 역량을 가진 존재로서 자신들의 정체성을 가지고 성장할 수 있도록 사회적 분위기를 조성하는 의식의 변화가 요구된다고 강조하고 있다(이영주, 2008: 97-98).

다문화가정의 학습부진과 학교부적응에 영향을 미치는 요인에 관한 조인제, 김다영, 홍명기(2020)의 연구는 다문화가정에서 학생들의 한국 언어 능력은 초ㆍ중등학교 모두에서 학습부진과 학교부

적응에 중요한 요인이며, 학교급이 올라갈수록 학습부진과 학교부
적응은 더 심각한 수준으로 나타나고 있음을 보고하고 있다.

서현, 이승은(2007)의 연구에서는 다문화가정 자녀들이 정체성
혼란, 언어발달문제, 사회성 및 성격발달문제, 이웃 사람들의 편견으
로 인한 정신적 고통, 다름에 대한 따돌림으로 인하여 자신을 드러
내기 싫어하는 등의 어려움을 경험하는 것으로 나타났다. 이 중에서
다문화가정 자녀들이 겪는 가장 큰 어려움은 무엇보다도 정체성의
혼란을 경험하는 것으로 나타났다. 유아기 자녀의 정체성 형성과정
에서 부모는 한국인으로서 정체성에 매진할 것인지 또는 어머니의
출신국에 대한 자긍심을 키워줄 것인지에 대하여 혼란을 겪고 있다
는 것이다. 또한 부모의 양육태도가 서로 다를 때, 자녀는 아버지와
외국인 어머니 사이에서 정체성 형성에 어려움이 있을 뿐만 아니라
자아개념 발달에도 장애가 발생될 수 있는 것이다. 또한 다문화가정
의 자녀는 유아기에 원활한 언어 자극의 부족으로 언어발달의 문제
를 경험하는 것으로 나타났다. 언어발달의 문제는 다문화가정 자녀
들로 하여금 또래와의 상호작용에서도 소극적이 되며, 이는 사회성
발달과 성격 발달에까지 문제를 경험하는 것이다(서현, 이승은, 2007:
40-41). 다문화청소년이 지각하는 부모의 양육태도가 다문화청소년
의 비행에 미치는 연구(박선숙, 2022)에서는 부모 지지의 경우에 심리
적 부적응을 유의하게 낮추고, 따라서 다문화청소년의 비행을 줄이
는 데 긍정적인 효과가 있는 것으로 설명하고 있다. 반면에 부모 방
임은 심리적 부적응에 부정적인 영향을 미치고 결과적으로 비행수

준이 높아지는 부정적인 매개효과가 있는 것으로 나타났다.

베트남 결혼이민여성의 자녀양육 어려움에 대하여 가족유형별로 분석한 연구를 살펴보면(팜티휀짱, 김영순, 박봉수, 2014: 160) 첫째, 한부모 가정에서는 경제적 어려움, 자녀를 위한 희생, 한국의 친척 및 가족과 단절, 자녀의 정서적 불안 등으로 나타났다. 둘째, 양부모 가정에서는 자녀양육에서는 남편과의 갈등, 베트남 문화 계승, 남편의 불신 등으로 나타났다. 셋째, 시부모와 함께 생활하는 확대가정에서는 시어머니의 가정교사 역할, 상이한 양육방식으로 인한 고부갈등, 자녀는 고부갈등의 해결사 등으로 나타났다. 넷째, 베트남 친모와 함께 생활하는 가정에서는 한국에서 고생하는 딸을 위한 친정어머니의 희생, 친모와 갈등, 친모에 대한 죄책감 등으로 나타났다. 이와 같은 어려움에도 불구하고 자녀는 결혼이민여성에게 이러한 난관을 극복할 수 있는 힘이 되는 유일한 존재로 인식되고 있는 것으로 나타났다.

이상에서 살펴본 바와 같이, 다문화가정 자녀가 급속하게 증가하고 이들의 학교 부적응 문제가 심각하게 대두되면서, 부적응 요인을 밝혀내고자 하는 연구를 중심으로 이루어져 왔다. 그러나 대부분 다문화자녀들을 대상으로 하는 연구들이며, 이들과 함께 어울리는 일반 아동들을 대상으로 하는 연구는 거의 찾아보기가 어렵다. 아동들에게 있어서 또래는 심리사회적 적응에 영향을 미치는 매우 중요한 보호요인이며, 또래의 수용이나 지지는 다문화가정 자녀의 적응에 가장 중요한 요인으로 설명할 수 있다(이영주, 2008: 98; 황지민, 2012: 177). 현재 다문화가정 자녀들이 차별과 편견, 집단따돌림 등으로 인해 학교와 사회에 적응하고, 대인관계를 형성하는 데 어려움이 있으며, 상급학교로 갈수록 미취학률이 높게 나타나고 있다. 내면화된 편견과 차별행동은 단기간에 이루어지는 것이 아니고 장기간에 걸쳐서 어린 나이부터 학습되어 나타나는 것이며, 이를 개선하는 것도 장기간에 걸쳐서 가능한 것이다(황지민, 2012: 175).

일반가정 아동을 대상으로 다문화가정 아동에 대한 사회적 거리감에 미치는 영향요인에 대한 연구에서, 고정관념과 편견 점수가 높을수록 사회적 거리감이 높게 나타나고 있음을 보고하고 있다(황지민, 2012: 200). 일반가정 아동들의 다문화가정 아동에 대한 편견과 고정관념은 가정에서 부모의 양육태도에 의한 영향으로 사료되며, 이러한 편견과 고정관념은 일상생활의 여러 측면에서 다른 사람들과 친밀한 관계를 형성하는 데 어려움이 따르게 되는 것이다(황지민, 2012: 182). 일반아동의 다문화 접촉경험과 사회적 거리감 간의 관계를 분석한 연구(윤인성, 박선영, 2016)에서는 미디어를 통하여 다문화가정 자녀를 접하거나 다문화교육을 받은 일반아동의 사회적 거리감이 높았고, '이웃'을 통한 다문화 접촉경험은 사회적 거리감이 낮게 나타났으며, 이러한 결과를 통하여 연구자는 다문화교육을 제공하는 교사의 인식과 태도가 중요함을 강조하고 있다.

일반유아 학부모의 다문화 인식에 따른 다문화가족에 관한 인식의 차이 분석에 대한 최유미(2016)의 연구에서는 다문화 인식이 높을수록 다문화가족에 관한 인식수준이 높게 나타났으며, 다문화 인

식 중에서도 다문화수용성 수준이 가장 중요한 변인임을 설명하고
있다. 따라서 일반가정의 부모들에 대하여서도 다문화사회에서 필
요한 다문화적 양육태도를 중심으로 하는 부모교육이 필요하다고
하겠다. 부모의 다문화적 양육태도는 자녀들로 하여금 다문화가정
자녀들을 이해하고 인정할 수 있는 가치관을 형성하는 데 기여할 수
있을 것이며, 장기적으로는 사회적 편견과 고정관념을 개선해나갈
수 있을 것이다.

다문화가정의 자녀들을 주인공으로 하는 다문화 소설을 찾아볼
수 있다. 다문화 소설에서 담론의 체계는 단일민족 국가인 한국사회
가 다인종 국가로 됨에 따라 이방인들에 대하여 어떠한 차별과 편
견의 시선을 가지고 있는지 알아볼 수 있는 계기가 되는 것이다. 이
미림(2012)의 연구는 소설 속 주인공들의 언어표현에서 다문화자녀
와 결혼이민여성의 타자성이 표출되고 있다고 분석하고 있다. 다른
한편으로 연구자는 소설 속에서 다문화가정 자녀가 열악한 조건 속
에서도 비뚤어지지 않고 사려 깊은 개인으로 성장하는 모습으로 등
장하는 것은, 사회의 어른들이 다문화가정 자녀들을 배려하고 보살
피는 타자의 공동체를 형성하기 때문이라고 분석하고 있다. 그럼에
도 불구하고, 우리 사회는 배타적이고 차별적인 시선과 동화주의적
인 태도를 성찰하는 다문화교육이 필요함을 강조하고 있다(이미림,
2012: 396-397). 이소현(2014)의 연구에서도 TV 속에 등장하는 다문
화가정과 자녀에 대한 재현양상에 대하여 기존의 가족중심 다문화
담론과 전통적 젠더 규범을 강화하고 있고, 따라서 다문화가정 자녀

에 대하여도 정서적 온정주의의 대상으로 이미지를 고착시키는 우려를 범하고 있다고 지적하고 있다(이소현, 2014: 32-33).

다문화가정 인구통계(여성가족부, 2018)에 의하면 다문화가정 자녀 수는 다문화가구원 약 100만 명 중에 약 23%를 차지하는 것으로 나타났다. 다문화가정 자녀 수는 2007년에 44,258명에서 2017년에는 222,455명으로 약 5배 증가하였으며, 다문화가정의 출산율이 국내 평균 출산율보다 더 높은 것을 고려할 때, 이러한 다문화가정 자녀의 증가율은 앞으로 더욱 커질 것으로 전망된다(박휴용, 2019: 26-27). 그러나 다문화학생의 학업중단 현황을 살펴보면, 2014년도에 1.0%에서 2017년도는 1.17%로 증가하고 있는 현실이다. 이는 다문화가정 자녀들이 가정, 사회, 학교에서 많은 어려움을 겪고 있다는 것을 보여주는 것이다. 우리나라가 다문화사회에 진입한 현 상황에서 다문화적 언어와 문화는 그 사회의 언어적 다양성, 사고 및 문화의 다양성, 그리고 인적 다양성을 제공해주는 중요한 자원이 되는 것이다(박휴용, 2019: 29). 그러므로 다문화가정 자녀들이 장차 우리나라 사회구성원으로서 안정적으로 성장할 수 있도록 가정, 학교, 사회에서 자녀들이 당면하는 어려움을 덜어줄 수 있는 정책을 적극적으로 도입해야 하며, 더 나아가 다문화가정 자녀들의 언어적 다양성, 사고 및 문화적 다양성, 인적 다양성을 미래의 자원으로 활용할 수 있도록 하는 인식전환이 필요하다고 하겠다.

결혼이민자 가족실태조사(설동훈, 이혜경, 조성남, 2006)에서 나타난 바와 같이 결혼이민자 가족을 위하여 정부에서 가장 시급하게 해결해야 할 사항으로 이들 가족에 대하여 '편견을 없애는 사회 분위기 조성'이라고 한 응답자가 30.6%로 가장 높게 나타난 결과에 비추어 볼 때, 다문화가족에 대한 인식개선은 매우 시급한 정부의 핵심과제라고 할 수 있다(설동훈, 이혜경, 조성남, 2006: 93). 장민경(2021)은 초기 성인의 다문화 인식과 편견에 관한 관련성을 알아보고자 하는 연구에서 우리 사회에 만연한 편견을 줄이는 데에 있어서 직접적인 영향은 다문화에 대한 긍정적인 인식이라고 설명하고 있다. 다문화에 대한 편견과 차별을 지양하고, 세계 각국의 역사와 문화에 대한 이해를 통하여 이들의 가치를 인식함으로써 국제화 시대를 맞이하여 더불어 살아가는 공동체 의식을 고취시켜 나갈 수 있어야 하겠다(김현희, 2007: 91).

10. 다문화가족상담

다문화상담은 상담심리학 분야에서 교차문화적 상담으로 시작되었다고 할 수 있다(권순희, 2007: 131). 교차문화적 상담은 1960년대 이후부터 미국에서 주로 백인 상담자의 소수민족 상담을 의미하는 것이었다(권순희, 2007; 박외숙, 1996: 135). 점차 민족 간의 상담뿐만 아니라 동일민족 내에서도 사회·경제·인구·가치관 등 모든 문화적인 배경 차이를 포함하게 되면서 다문화상담이라는 용어가 등장하게 되었다(권순희, 2007: 131).

다문화상담이란 상이한 문화 속에서 개인이 지니고 있는 억압된 정서, 인지 왜곡, 부적응 행동에 대한 상담적 차원의 접근을 통해 개인의 심리적 문제를 해결하고, 더 나아가 이들의 심리적 성숙을 통해 문화적 차이를 극복하고 조화로운 공동체의 일원으로 성숙한 삶에 이를 수 있도록 도와주고자 하는 것이다(한재희, 2011, 2012). 즉 다문화상담은 "개인의 문화적 차이 및 개인의 심리 내면적 갈등으로 인한 부적응을 돕는 개인내면의 인지, 정서, 행동과 관련된 영역을 다루는 상담적 차원"이라고 정의할 수 있다(최연실, 조은숙, 2017: 184). 다문화가족상담은 궁극적으로는 다문화가족의 심리적 적응을 돕는 개입활동으로서 다문화, 가족, 상담의 세 가지 축을 바탕으로 다문화가족, 다문화상담과 가족상담을 아우르는 통합 영역으로서 특징을 설명할 수 있겠다(조은숙, 김민경, 최연실, 2015: 91). 따라서 다문화가족상담은 다문화가족원 간의 문화적 차이로 인한 개인 및 가족관계에서 나타나는 다양한 문제를 예방하고 건강한 가족관계를 형성하도록 지원하는 상담활동이라고 정의할 수 있다(최연실, 조은숙, 2017: 185). 그러므로 다문화가족상담은 결혼이민자 여성 개인의 적응과 내적 성장을 목표로 하는 개인상담과는 차이가 있으며, 국제결혼으로 형성된 가족 내에서 발생되는 가족문제의 균형 잡힌 해결을 위한 가장 핵심적인 접근방법 중 하나로 고려될 수 있다(조은숙, 김민경, 최연실, 2015: 91).

지금까지 다문화가정을 이루고 있는 국제결혼 이주여성들에 대한 관심은 국제경제 상황의 변화에 따른 송출국과 유입국의 경제적 필요성의 결과로 나타나는 하나의 사회적 현상으로 관찰하고 분석하는 대상이었다. 이러한 관점에서 결혼이민여성은 국제결혼의 인신매매적 성향으로 인한 희생자와 피해자로서 복합적인 다문화가족의 문제를 겪고 있는 것으로 나타났다(양승민, 2008: 3-5; 이정숙, 2012: 26). 첫째, 언어적인 어려움을 안고 있으며, 언어의 문제는 가정 내의 문제로 국한되지 않고, 한국어 의사소통 능력이 떨어지는 경우 부모 역할에 대한 어려움을 겪게 된다. 둘째, 사회 및 문화적 차이로 인한 문화적 갈등을 겪을 수 있다. 짧은 기간 내에 결혼 성사로 인하여 사랑보다는 서로 다른 결혼 동기와 기대를 가지고 결혼하게 되고, 기대가 무너지게 되면서 정서적 단절감과 결혼만족감이 떨어지게 되는 것이다. 셋째, 한국사회에서의 편견과 차별로 인해 다문화학생들은 가치관의 혼란을 겪고 있는 것이다. 한국 내에서는 이방인이며 어머니 나라에서는 한국인으로 취급받게 되어 어느 곳에도 소속되지 않는 정체성의 혼란을 겪고 자신에 대한 존중감도 사라지게 된다. 넷째, 사회경제적 어려움을 겪게 되는 것이다. 농어촌에 사는 다문화가정이나, '3D 업종'에 몸담고 있는 다문화가정의 경우 사회적·경제적으로 낮은 위치에 있게 되면서 새로운 기대를 안고 온 외국인 배우자에게는 큰 혼란을 줄 수 있으며 이는 이혼율과 연관이 되기도 한다. 또한 사회적·경제적으로 낮은 위치에 있는 가정에서 태어난 아이들에게는 사회적 악순환이 되풀이될 가능성도 높다고 할 수 있는 것이다. 지금까지의 이러한 선행연구들은 연구결과를 바탕으로 정책적인 지원의 필요성을 지적하고, 문제 개선을 위한 사회적인 인식의 전환에 기여하였다는 점에서 의의가 있다(양승민, 2008: 5).

그러나 이러한 연구들은 대부분 "그 원인을 분석하는 과정에서 결혼이민여성과 그 가족들의 경험의 내용을 비중 있게 다루지 못함으로써 입체적으로 이해할 수 없었다는 한계를 지닌다. 또한 피해사례를 중심으로 부적응 문제에만 초점을 맞추는 과정에서 스트레스에 대한 반응이나 관련 정서, 심리적인 경험을 함께 파악하지 못했고, 적응을 위한 노력과 적응에 도움이 되는 자원 등 일상적인 측면과 긍정적인 부분을 확인시켜 주지 못했다"라는 점 등 개인적·심리적 차원에서 고찰이 미흡했다는 지적을 피할 수가 없다(양승민, 2008: 5). 따라서 국제결혼 이주여성들 내부자의 목소리에 대한 관심을 가지게 되면서 다문화가족상담에 대한 연구도 활발하게 이루어지게 되었다(장영신, 정경미, 2014: 110).

다문화가족상담은 Bowen의 가족체계이론의 바탕 위에서 설명되고 있다. 다문화가족상담은 두 가지 차원에서 접근할 수 있다. 첫째, 개인상담적 차원이다. 다문화가족상담은 가족을 이루고 있는 가족원으로서 개인의 문화적 차이와 내면적 심리 정서의 갈등으로 인해 일어나는 부적응을 돕는 것이다. 둘째, 가족상담적 차원이다. 다문화가족상담은 처음에는 개인상담과 연관이 있지만 가족이라는 영역이 부각되고 그 관계를 대상으로 하는 것이다. Bowen은 가족을 하나의 치료단위, 집단으로 보았다. 즉, 개인의 마음속에 있는 문제에서부터 가족의 행동, 가족 내의 상호작용에 치중하여 가족을 단순히 개인들의 집합체가 아닌 하나의 역동적인 실체로 이해하고 가족구성원을 상담하는 방법이다(김해숙, 이효영, 박성미, 임혁, 2012; 장영신, 전경미, 2014: 114-115). 그러므로 다문화가족 상담은 다문화가족의 가족 구조 및 부부 또는 가족관계의 개선을 위해 다문화가족의 다양한 형태 이해와 그로 인한 문화적 갈등과 문제를 이해하고, 더 나아가 가족생활 주기에 따라 직면하는 문제들을 파악할 수 있어야 한다. 따라서 다문화가족상담은 개인적인 상담 기술과 가족상담 기술을 함양하고 다문화라는 특수한 영역의 지식 이해와 감수성이 요구되는 것이며, 일반상담에 비해 더 풍부한 문화적 역량과 더 많은 상담 지식과 훈련이 요구된다.

양승민(2008)은 한국적 다문화상담 모색을 위한 연구에서 지금까지 결혼이민여성들에 대하여 이들을 무시하거나 업신여기는 편견과 사회적 배려의 부족으로 힘겹게 살아가는 우리 사회의 건강하지 못한 측면을 부각시켜 왔으나, 이주민 여성들도 희생자만이 아니라 선택의 주체로서 긍정적인 면이 있음을 밝혀주고 있다. 즉, 결혼이민여성들의 적응상의 어려움으로 알려져 왔던 의사소통과 문화적 차이 이외에 적응과정에서 경험하는 가족관계 및 상호작용의 문제에 대하여 심리적·정서적 경험을 함께 파악해보고자 하였다. 결혼이민여성의 성공적인 정착을 돕고 다문화가정의 삶의 질을 증진시키기 위해서는 결혼이민여성과 가족구성원들의 대화와 비언어적인 의사소통의 기능으로 '알아차리기', '함께 있어 주기' 등과 같은 '마음의 교류'를 기본으로 한 상호적인 적응이 필요하며 가족구성원들의 배려와 노력이 대단히 중요하다는 결과로 나타났다(양승민, 2008: 222-223). 이러한 연구결과는 이질적인 것을 수용하지 않는 한국사회의 '왕따문화'가 반영된 국제결혼 이주여성의 부정적인 현실에서 다문화사회로 나아가는 데 있어서 성숙한 시민의식이 얼마나 중요한가를 보여주고 있으며, 더 나아가 21세기를 위한 새로운 사회문화 형성의 담론을 위하여서도 시사하는 바가 크다고 하겠다.

상담 및 심리치료 분야는 서구사회에서 발달하기 시작하였으며, 우리나라에 도입된 이후로 '상담'이 정신건강을 도모하는 것으로 우리 사회에 끼친 영향은 매우 크다(장성숙, 2002: 548). 그러나 미국 내에서도 다수 민족인 백인을 대상으로 하는 상담 및 치료에 대한 접근들이 소수민족에게 적합하지 않다는 인식이 생겨나기 시작하였으며, 더구나 서양문화의 구성물인 접근방법이 우리나라에 아무런 검증 없이 그대로 적용함에 있어서 비판적인 지적이 대두되기 시작하였다(장성숙, 2002: 548). 이러한 관점에서 1970년대에 이르러 비교문화에 입각한 상담 및 심리치료 접근들이 나타나기 시작하였으며, 오늘날 다문화주의 상담이라는 새로운 패러다임으로 자리매김하고 있다(장성숙, 2002: 548). 이러한 맥락에서 서양의 상담이론을 그대로 답습하는 것을 지양하고 한국의 정서에 맞는 상담 접근을 개발하여 한국적 상담모형으로 개발해야 한다는 인식이 대두되었다(장성숙, 2000).

이에 따라 양승민(2008)은 농촌지역 결혼이민여성들의 적응과정에서 경험의 본질을 파악하고, 다문화가정 내에서의 가족구성원과의 상호작용을 살펴봄으로써 한국적 다문화상담의 내용과 형식을 모색해보고자 하였다. 연구자는 결혼이민여성들의 적응과 장기적인 정착을 돕기 위한 상담적 개입은 이들의 경험에 대한 실증적인 이해로부터 출발해야 함을 강조하고 있다. 따라서 다문화가족상담자는 결혼이민여성의 경험에 대한 공감적 이해를 바탕으로 이들이 원하는 정서적 지지 제공자가 되어 주어야 하는 것이다. 이를 위해서는 Rogers가 강조한 일치성, 무조건적 긍정적 존중 및 공감적 이해의 태도를 다문화상담자가 실천할 수 있어야 할 뿐만 아니라, 특정 문화에서 강조하는 가치에 대한 판단을 하지 않아야 하며, 상담자 자신의 가치를 명확하게 인식함으로써 상담에 개인적인 가치가 개입되지 않도록 해야 한다. 또한 결혼이민여성의 문화적 특수성, 차이점은 물론 한국문화, 시댁문화 속에서의 경험에 대한 충분한 이해가 필요하며, 이러한 내용이 다문화상담자 교육에 포함되어야 함을 강조하고 있다(양승민, 2008: 206).

결혼이민여성의 경험을 바탕으로 하는 한국적 다문화상담을 모색해보고자 하는 연구는 두 가지 측면에서 연구 의의를 찾아볼 수 있다. 먼저, 본 연구에서 그동안 결혼이민자들에 대하여 단순히 드러나는 모습만으로 수동적인 관찰자로 이해되어 온 것과는 달리 삶의 주체가 되기 위하여 적극적인 참여자로서의 모습도 찾아볼 수 있었다는 것이다(양승민, 2008: 222). 다음으로 연구자는 결혼이민여성과 가족구성원들의 어려움을 예방하고 상호적인 문화 적응을 돕기 위하여서는 서구문화 중심의 상담이론 및 접근보다는, 이들의 현실을 고려한 한국적 다문화가족 상담으로의 패러다임 전환의 필요성을 제시하고 있다는 것이다. 본 연구의 참여자였던 결혼이민여성 3

명의 출신국, 연령, 성격특성 등이 각각 상이함에도 불구하고 가족과의 관계설정 및 역할 갈등에서 공통점을 찾아볼 수 있었다는 것이다. 즉, 이들의 적응상의 문제는 의사소통, 식습관 및 기타 문화적 차이에서 비롯된 것이기도 하지만, 보다 더 근본적인 원인은 가족과 혈연 중심인 한국의 전통문화에 있다는 것이다. 그러므로 결혼이민 여성들에게 한국문화의 학습 혹은 가족문화의 일방적인 수용을 강조하기보다는, 이들의 적응과 장기적인 정착, 삶의 질을 위하여서는 다문화가족 구성원들의 문화적 가치관에 대한 이해가 필요하며, 이들을 근거로 하는 한국적 다문화가족상담 전략을 개발해야 할 필요가 있다는 것을 강조하고 있다(양승민, 2008: 222-226).

한국 다문화부부의 갈등 해결을 위한 다문화상담에 대한 연구에서도 우리나라의 문화적 특성에 맞는 한국적 다문화상담 모색의 필요성을 강조하고 있다. 모든 상담은 정도의 차이가 있지만 다문화적이며, 따라서 내담자에 대한 문화적 차원의 배경, 가치관, 가족제도 체계와 역사를 알지 못하면 상담의 효과가 없을 수 있다는 사실 등을 염두에 두어야 하는 것이 오늘날의 상담학계에서 대두되는 현상임을 강조하고 있다(오연미, 2017: 36-37).

한국적 다문화가족상담의 개발 필요성을 강조하는 담론과 함께, 다문화가족상담 전문가 양성의 중요성과 시급성에 대한 연구도 찾아볼 수 있다. 다문화가족 대상 상담업무 종사자의 교육요구도를 분석한 연구에서는 다문화가족상담자의 기본적인 자질로서 다문화감수성과 다문화가족 내담자에 대한 열린 태도임을 강조하고 있다. 그러므로 다문화가족상담 인력양성과정에 다문화감수성 증진방안이 포함되어야 함을 제안하고 있다(조은숙, 김민경, 최연실, 2015: 109; 강기정, 이무영, 강복정, 2011: 243). 장영신, 전경미(2014)는 다문화가족지원센터에 종사하는 전문상담 인력의 부족뿐만 아니라 과중한 업무로 인하여 양질의 가족상담서비스를 제공하는 데 어려움을 겪고 있으며, 다문화가족상담자들을 위한 슈퍼바이저도 필요한 실정임을 지적하고 있다(장영신, 전경미, 2014: 124-125).

11. 중도입국자녀

교육부가 다문화교육의 대상으로 정의한 개념에 의하면, 중도입국자녀란 국제결혼 한 가정의 자녀 중에서 한국에서 출생한 자녀가 아닌 자녀로서, 결혼이민자가 한국인과 재혼한 이후 본국에서 데려온 자녀, 국제결혼가정 자녀 중 외국인 부모의 본국에서 성장하다가 청소년기에 재입국한 자녀 등을 의미한다(이효인, 2015: 316). 또는 귀화한 재외동포들이 본국에서 낳고 키웠던 자녀들을 한국으로 데리고 온 경우 포함시키기도 한다(양계민, 조혜영, 2011: 3). 본 담론에서는 '결혼이민자가 한국인과 재혼한 이후 본국에서 데려온 자녀'를 중심으로 살펴보고자 한다. 여성가족부에서 2009년부터 3년마다 실시하는 '전국 다문화가족실태조사'에 의하면, 한국사회에서 청소년 인구의 증가 추이와 다문화가정 청소년의 증가 추이를 짐작할 수 있다. 한국인 가정에서 출생한 자녀로서 청소년기의 수는 2012

년에 총인구 중에서 20.4%로 나타났으며, 2015년에는 19%로 감소하고 있고, 반면에 학교 다문화가족 자녀들의 비중이 지속적으로 증가하고 있다. 이 중에서 중도입국자녀 비율도 2012년에는 27%에서 2015년에는 39%로 급속하게 증가하고 있으며(여성가족부, 2016), 통계청 보도자료에 의하면, 이러한 추이는 지속적으로 나타나는 것으로 조사되고 있다(통계청, 2021년 청소년 통계).

중도입국자녀들의 현황에 대한 연구를 살펴보면, 이들은 출생한 본국에서 성장하는 과정 중에 부모와 헤어졌다가 한국에서 재결합하거나, 본인의 뜻과는 다르게 거취가 결정되기도 하며, 심적인 준비가 없이 이주를 하게 되므로 한국에서 적응에 큰 어려움을 겪고 있다는 것이다. 이들은 입국 후에는 부모님이 대체로 맞벌이 부부인 경우가 많기 때문에 한국에서의 시간을 대부분 혼자서 보내게 되는 경우가 많고, 새로운 가족환경에 적응해야 하는 힘든 시간을 보내야 하는 현실에 처하게 된다. 의무교육기간에 해당되는 자녀들은 학교에 입학할 수는 있으나 학교생활의 적응이 어렵고, 한국의 차별적인 시선으로 인하여 적응 초기의 사회적 연결망을 형성함에 있어서도 적응하지 못하고 진학이나 취업을 포기하게 된다는 점이다. 학령기의 중도입국자녀들은 사회적 인간관계 형성을 통하여 사회인으로 성장하게 되는 중요한 시기임에도 불구하고, 새로운 환경에서 당면하는 적응의 어려움은 자아정체성 형성에 있어서도 혼란을 겪게 되며, 결과적으로 부적응으로 인한 사회적 비용을 초래하게 될 수 있는 것이다(이영주, 2019: 3-4). 건강한 다문화사회로의 발전을 위하여 중도입국자녀들의 이와 같은 특수성을 반영하는 정책과 제도적 방안들에 대하여 논의하고, 지원방안들을 마련해야 하는 매우 중요한 시점이다. 이에, 본 담론에서는 먼저, 중도입국자녀들이 한국이라는 새로운 환경에 적응하는 과정에서 겪게 되는 어려움에 대하여 살펴보고, 이러한 과정에서 나타나는 중도입국자녀들의 심리 · 사회적 특성들을 살펴보고자 한다. 다음으로 중도입국자녀들이 건강한 사회인으로 성장하는 데 필요한 사회적 · 정책적 지원방안들에 대하여 살펴보고자 한다.

여성결혼이민자가 한국인 남성과 재혼한 이후 초혼에서 낳은 자녀를 본국에서 데려오게 되는 경우에 중도입국자녀는 어머니와 새 아버지의 가족구성원으로 포함되는 것이므로, 중도입국 다문화 자녀의 가정은 다문화가족과 재혼가족, 외국인 자녀의 입양이라는 복합적인 특수성을 가지게 된다(박에스더, 2016: 28: 송민경, 2015). 그러므로 중도입국자녀가 겪는 어려움은 가족의 어려움이 되는 것이다. 중도입국 다문화자녀는 본국에서 가족해체를 경험하고, 오랜 시간 후에 어머니와 만나면서 원하지 않았던 별거에 대한 원망으로 인하여 반감을 가질 수도 있는 것이다(오성배, 서덕희, 2012). 중도입국자녀는 새로운 환경에 대한 막연한 기대감으로 입국하였으나 새아버지와의 생활에 불편함을 느낄 수도 있으며, 새아버지의 입장에서는 새로 맞이하는 자녀를 잘 양육하고 싶은 마음을 가지지만 시간이 경과하면서 자녀와 소통이 어렵고, 문화적 차이에 대한 이해 부족으로 인하여 어려움을 느끼는 것이다(엄명용, 2013). 결혼이민여성으로서 어머니는 이혼을 경험하였으며, 이혼 후에 삶을 재구조화하고자 한국인 남성과 재혼하였으며 자녀를 잘 키우고자 하는 정체성이 있으나(송민경, 2014) 현실적으로 겪는 경제적 어려움으로 인하여 자녀를 돌보지 못하는 처지에 있는 것이다. 또한 새 남편과의 부부관계 발전을 도모함과 동시에 새로운 시부모와 친인척관계를 형성해야 하며, 새로 태어난 자녀들을 양육해야 하는 과제도 있으므로 이중삼중의 어려움에 처하게 되며, 이러한 관계는 부부관계와 자녀관계에도 영향을 미치게 되는 것이다(박에스더, 2016: 2; 송민경, 2014).

남부현, 김경준(2018)은 조선족 부모의 관점에서 중도입국자녀들이 입국 초기에 한국사회와 가정 내에서 문화적응 하는 과정을 지켜보면서 인식하는 문제점들에 대하여 규명해보고자 하였다. 분석 결과를 살펴보면, 정체성, 사회적 차별과 편견, 문화 차이, 언어와 소통, 학업과 진로 등 5개 범주로 주제가 도출되었다. 정체성 범주에서 살펴보면 자녀들은 중국과 한국의 경계 속에 어느 한 국가에도 온전히 소속되지 못하고, 본국에서 형성한 자신의 문화적 정체성과 가치관과는 다른 사회에서 재사회화 과정을 거치며 정체성 갈등과 혼란을 경험하고 있다는 것이다. 사회적 차별과 편견의 범주에서 참여자들은 일반 한국인의 우월적 태도와 인식, 그리고 차별과 편견 등(이수진, 김현주, 2016)으로 인해 자녀들의 한국인으로의 정체성 형성에도 방해하는 요인이 되고 있음을 지적하였다. 문화 차이, 언어와 소통 범주에서 참여자들은 중도입국자녀들이 가정 내 한국인 가족구성원들과의 관계 형성에 필요한 언어 그리고 생활예절과 문화를 새롭게 학습하고 표현하는 데 있어 가족 간 갈등과 스트레스를 경험하고 있음을 설명하였다. 가정에서부터 자녀들은 일방적으로 한국문화를 따르고 한국어 사용을 강요당하므로 문화충돌과 함께 정서·심리적인 불안과 스트레스가 증가하는 현상이 나타난다는 것이다. 학업과 진로의 범주에서 참여자들은 중도입국자녀의 한국 학교 편입학 과정에서 복잡한 절차와 서류준비로 인한 어려움이 있으며, 두 국가 간 교육과정 차이로 인해 중도입국 학생들은 한국 학교 교육을 따라가기 어렵고 학습내용 이해도 힘든 상황이라고 밝히고 있다(남부현, 김경준, 2018: 27-28).

석희정, 하춘광(2015)은 중도입국청소년들이 한국에 입국한 후 새로운 가족환경에 적응하는 과정에서 가족관계에서 겪은 심리·정서적 갈등을 살펴보고자 하였다. 중도입국청소년들은 자신의 가족 내 존재의미와 위상을 군식구 내지 천덕꾸러기로 여기고 있었고 그들의 어머니를 방관자 내지 무력한 존재로 간주했다고 보고하고 있다. 어머니의 존재는 가족생활 적응에 별다른 힘이 되지 못했고, 새 아버지와 확대 가족들은 이들이 태어난 고향에 대한 모든 기억과의 단절을 강요했음을 진술하였다(석희정, 하춘광, 2015: 29). 이러한 결과는 중도입국청소년들과 그들의 어머니들이 대체로 한국 생활에 잘 적응해가고 있다는 기존의 연구(엄명용, 2013)와는 다른 결과이다.

부모가 어떠한 역할을 하느냐에 따라 자녀에게 미치게 되는 영향은 매우 다른 양상으로 나타나게 되므로(박봉수, 김영순, 최승은, 2013:

335), 중도입국자녀에게 부모 역할은 자녀들의 한국사회·문화에 적응하는 과정에서 매우 중요한 영향요인이라고 할 수 있다. 중국계 중도입국청소년들과 그들의 부모를 대상으로 자녀들의 한국사회 적응과정에서 부모가 수행한 역할과 실제로 자녀가 기대하는 부모의 역할수행과는 어떠한 차이가 있는지를 살펴보고자 하였다. 자녀가 한국으로 입국한 후에 자녀에게 한국문화를 가르치는 문화의 전수자 역할, 문지기 역할을 수행한 것으로 나타났다. 또한 시간이 지남에 따라 사회생활과 가족 간의 갈등 조정자 역할, 물질적 지원군 역할, 정보제공자 역할 및 감시자 역할을 수행한 것으로 나타났다. 그러나 자녀들이 부모에게서 기대한 역할은 문화의 전수자보다는 문화의 매개자 역할을, 감시자보다는 교량 역할을 기대하였던 것으로 나타났다. 본 연구결과는 부모들이 한국으로 이주한 자녀가 새로운 환경에 적응하는 과정에서 정서적 부모 역할을 수행하지 못하고 있는 것으로 분석하고 있다(박봉수, 김영순, 최승은, 2013: 351-352).

중도입국자녀들 중에서 대부분을 차지하는 학령기에 있는 청소년들의 문제를 종합해보면, 신분상의 문제, 학교생활 적응의 어려움 및 새로운 생활환경에서 심리적·정서적 불안 등의 측면에서 국제결혼가정의 자녀들과는 서로 다른 어려움을 겪고 있는 것으로 나타나고 있다(박에스더, 2016; 오성배, 서덕희, 2012; 양계민, 조혜영, 2012; 남부현, 김지나, 2017).

첫째, 신분상의 문제로서, 중도입국자녀들은 방문동거 또는 여행비자의 형태로 입국하기 때문에 한국인으로 입양 또는 귀화를 하지 않을 경우에 사회적 권리나 혜택을 전혀 보장받지 못하므로 불안정한 신분으로 지내야 한다는 것이다. 또한 이들은 현행 「다문화가족지원법」과 「재한외국인처우기본법」의 적용 대상에서 제외되고 있으며, 입양 또는 귀화를 통하여 국적취득을 할 수 있으나, 이를 위하여 법무부가 정하는 요건을 갖추기가 현실적으로 매우 어렵다는 것이다. 중도입국자녀들에게 있어서 국적취득은 안정적인 신분보장을 위하여서뿐만 아니라 한국사회에 적응함에 있어서 긍정적인 요소로 영향을 미칠 수 있다는 점에서 매우 중요하며, 다른 한편으로 국적취득이 어려운 현실은 이들의 정체성 혼란을 야기하고 더 나아가 진로설계를 하는 데 장애요인이 되고 있다는 것이다(박에스더, 2016: 17-18).

둘째, 학교생활 적응의 어려움에 관한 것이다. 학업이 생애주기상 중요한 과업과제인 청소년 시기에 부모의 재혼에 의해 이주하게 된 중도입국청소년의 학교생활 적응은 매우 어려운 실정이며, 연령이 낮을수록 갈등조정 기제의 미숙으로 인하여 소외 등 경험이 심리적 충격으로 영향을 미치게 될 가능성이 더 높다는 것이다(박에스더, 2016: 23-24; 이병철, 송다영, 2011: 132). 중도입국자녀들에게도 「초중등교육법 시행령」에 따라 의무교육까지는 교육권이 보장되어 있으나 제도권 교육을 위한 학교입학 자체를 포기하거나 중도포기 하는 경우가 많고, 학업에의 어려움, 또래나 교사와의 관계에서 어려움을 호소하고 있다(박에스더, 2016: 21-22; 오성배, 서덕희, 2012; 양계민, 조혜영, 2012; 남부현, 김지나, 2017). 중도입국자녀들이 학교입학과 학업을 포기하는 이유로는 한국어 구사능력 문제가 가장 크고(배상률, 2016),

외모 차이로 인한 한국사회에서의 편견과 차별, 어려운 학업수준, 교육현장의 지원제도에 대한 낮은 이해도 등이며, 이로 인하여 청소년들이 심리적 불안감과 적대감을 느끼게 되기 때문이라는 것이다 (이병철. 송다영. 2011: 143).

이러한 현실은 중도입국자녀들의 재학현황에 반영되고 있음을 알 수 있다. 2015년 한국청소년정책연구원의 보고에 의하면, 중도입국자녀들은 초등학교 단계에서는 대부분 학교교육을 받고 있으나, 중학교 과정에서는 60.5%, 고등학교 과정에서는 36.7%가 재학하고 있는 것으로 나타났다. 20세 이상 중도입국청소년의 경우에는 18.3%만 재학하고 있으며, 이들 중에서 30% 이상은 단순 아르바이트를 하며 생활비와 용돈을 충당하고 있는 것으로 나타났으며, 응답자의 54%가 진로문제에 대하여 고민하고 있다는 매우 심각한 수준으로 나타났다(배상률. 2016).

중도입국자녀의 학교적응에 대한 영향요인을 분석한 연구에서 살펴보면, 중도입국청소년의 연령이 어릴수록, 중학교보다 고등학교에 재학할수록, 한국어 능력이 우수할수록, 다문화가정 자녀로 인해 차별과 무시당한 경험이 적을수록 학교적응 수준이 높은 것으로 나타났다. 중학교보다 고등학교 재학생의 경우에 학교적응수준이 높게 나타난 결과는 학교급이 높아질수록 학업수준 또한 높아 학습활동이 어렵고, 따라서 학업을 중도에 포기할 가능성이 높아질 것이라 예상할 수 있으나, 반면에 학업을 포기하지 않고 고등학교로 진학한 중도입국청소년일 경우에는 오히려 학교적응 수준이 높기 때문에 나타나는 결과라고 해석된다(정세진, 윤혜미, 정다영, 박설희, 2018: 28, 40). 손혜진(2020)은 중도입국청소년 내담자의 학교적응 경험에 관한 현상학적 연구에서 참여자들은 '교실의 투명인간이 된 것'을 경험하였고, 자신들을 향하여 '너는 기타 등등의 사람이야'라고 말하는 듯한 경험과 '자신에 대한 편견과 차별의 시선을 알아차리는' 경험을 했던 것으로 보고하고 있다.

중도입국 학생들이 학습부적응 원인에 대한 분석(남미연, 오현주, 최광선, 2020)에서 연구자는 학습부적응의 원인이 한국어 학습 어휘에 대한 소통능력뿐만 아니라 이주배경 출신 국가와 교육과정 단원 구성과 학년별 영역별 내용체계의 차이, 학습방법의 차이로 인한 것임을 보고하고 있다. 그러므로 이러한 교육과정의 차이로 인한 학습부적응을 덜어주기 위한 노력이 뒷받침되어야 함을 강조하고 있다.

중도입국청소년의 진로의식, 진로준비행동과 사회적 지원 실태를 조사한 연구결과를 살펴보면, 대부분의 면담참여자는 자신의 진로에 대하여 뚜렷한 문제의식이 없고, 이를 준비하기 위한 진로준비행동도 하지 못하고 있었으며, 이들의 진로의식을 고취할 만한 사회적 지원도 미흡한 것으로 나타났다(오송배, 서덕희, 2012: 544). 이러한 결과에 대하여 연구자는 중도입국청소년들이 진로에 대한 고민과 노력이 적어서라기보다는 한국의 진로 시스템에 대한 정보가 부족하기 때문인 것으로 분석하고 있다. 이는 이주자에게 있어서 새로운 사회에서 사회적 관계 형성의 중요성을 의미하는 것이며, 이주국가 구성원과의 사회연결망은 새로운 사회적·문화적 환경에 적응하는 데 매우 중요한 요인임을 뒷받침하는 결과라고 하겠다(정희정, 김소연, 2014: 837). 그러므로 이들이 자신의 진로를 찾아갈 수 있도록 하기 위한 체계적인 사회적 지원이 필요한 것이다(오송배, 서덕희, 2012: 517).

셋째, 새로운 생활환경에서 심리적·정서적 불안을 겪고 있다는 것이다. 중도입국자녀들은 자신의 의지보다는 부모의 재혼으로 한국에 입국하게 되며, 입국까지의 과정에서 겪게 되는 일련의 과정에서 자녀들은 심리적·정서적 불안을 경험하게 된다. 중도입국자녀는 입국 후에 낯선 한국문화와 사회에 대한 적응과 언어소통 및 새 아버지와의 가족관계 적응으로부터 겪는 긴장과 어려움으로 인한 스트레스에 직면하게 된다(박에스더, 2016: 23-24). 대부분 10대 이후의 청소년기에 입국하게 되는 중도입국자녀들의 심리적·정서적 불안과 스트레스는 이들이 한국에서 살아가면서 자아정체성 혼란을 야기하게 된다(양계민, 조혜영, 2013: 60-61: 조혜영, 2012: 315). 중도입국자녀들은 한국에 살고 있으나 한국에서 태어난 것이 아니기 때문에 한국인도 되고 외국인으로도 인식하는 정체성 혼란을 경험하는 것이다(박에스더, 2016: 24). 중도입국청소년실태조사를 살펴보면, 한국 국적을 가진 중국 출신의 중도입국청소년들 중에서 한국인이라고 응답한 비율은 47.4%이고, 중국인이라고 응답한 비율은 10.3%로 나타나고 있음을 알 수 있다(양계민, 조혜영, 2013: 61). 이들의 말투나 외모의 차이는 주변과의 차별을 유발하게 되어 대인관계 형성에도 어려움을 초래하게 되며(박에스더, 2016: 24), 자신이 속한 집단에서 배척당했다는 박탈감을 느끼게 되며 이는 우울이나 무력감 등의 심리적 문제로 이어질 수 있는 것이다.

이은영, 황혜은(2016: 416-417)의 연구에서도 가족환경 스트레스
는 중도입국자녀들의 자아정체성을 매개변수로 하여 학습된 무력감
에 간접적인 영향이 있으며, 연령이 높을수록 무력감이 높은 것으로
나타난 결과를 찾아볼 수 있다. 중도입국청소년의 우울에 미치는 요
인을 분석한 연구(오승환, 좌연숙, 2015)에서도 청소년 자녀와 어머니
와의 관계만족도가 높을수록 우울 수준이 낮아지는 것으로 나타났
으며, 그뿐만 아니라 새아버지와의 관계만족도가 높을수록 우울 수
준이 낮아지는 결과를 통하여 부모와의 긍정적인 관계 형성은 우울
수준을 낮추는 보호요인으로 작용되고 있음을 알 수 있다. 청소년기
에서 우울은 광범위한 발달에 영향을 미치며, 성인기의 적응을 예측
하는 주요인이 되므로, 특히 중도입국자녀들의 우울은 이들이 한국
에서 건강한 사회인으로 성장함에 있어서 매우 중요하게 고려되어
야 하는 것이다(오승환, 좌연숙, 2015: 387, 403-404).

중도입국자녀들이 이주 후에 경험하는 일상생활에서의 이상과
같은 다양한 어려움을 해결하기 위한 지원의 필요성이 제기되고 있
으며, 더 나아가 정책방안에 대한 논의도 찾아볼 수 있다. 첫째, 중도
입국자녀의 언어소통이 가족생활에 대한 적응뿐만 아니라 학교생활
적응에서 매우 중요한 요인으로 인식되고 있다. 그러므로 중도입국
자녀들의 소통역량 향상을 위한 한국어 교육 프로그램을 적극적으
로 지원하되 공교육에서 체계적인 언어교육이 이루어지도록 정책적
지원을 하는 것이다. 이와 함께 한국문화에 대한 특별수업을 병행하
는 것이 요구된다(어경준, 이미정, 2018: 238). 또한 학교환경을 다문화

적으로 재구성하는 것이 필요하며, 이를 위하여 모든 학교 구성원들을 대상으로 하는 다문화교육이 반드시 선행되어야 한다. 중도입국 자녀에게 한국문화 교육을 하는 것뿐만 아니라 일반 학생, 일반 교사, 일반 학부모 등을 대상으로도 다문화교육이 이루어져야 할 필요가 있다(김영순, 박봉수, 팜티휀짱, 2012: 60).

둘째, 중도입국자녀들의 진로의식과 진로준비 행동이 낮고, 탈락률이 높은 것은 진로준비에 대한 정보 부족으로 인한 것으로 분석되고 있다. 그러므로 학교현장에서도 직업교육을 겸해서 직업훈련을 시킬 수 있는 실업계 교육이 요구된다. 또한 장래희망이나 진로에 대해 구체적인 계획이나 실행방안을 가지고 새로운 환경에서 자신의 성실한 역할수행을 할 수 있도록 체계적인 진로상담 프로그램과 심리상담 프로그램이 제공되어야 하는 것이다(김영순, 박봉수, 팜티휀짱, 2012: 60).

셋째, 중도입국자녀들은 대부분 본국에서 가족해체, 어머니와의 이별, 학업중단 등을 경험하면서 심리적으로 매우 불안정한 상태에서 입국하게 된다. 또한 입국 후에 새로운 환경에서 적응하는 가운데 발생되는 사회적·심리적 스트레스를 줄이기 위한 노력이 필요하며, 한국이라는 새로운 사회의 문화를 습득하고 내면화해 나가는 안정적인 재사회화의 과정이 필요한 것이다. 그러므로 중도입국자녀들로 하여금 다른 문화의 관점을 통해 자신의 문화를 바라보게 함으로써 자신의 올바른 정체성을 찾을 수 있도록 자기 이해를 증진시킬 수 있는 교육 프로그램을 마련해줄 필요가 있다(김영순, 박봉수, 팜티휀짱, 2012: 45-46, 60).

넷째, 중도입국자녀들이 쉽게 고립되는 이유 중 하나는 그들이 입국 후에 사회적 연결망이 형성되지 않고, 부모님들도 대체로 맞벌이 부부인 경우가 많기 때문에 한국에서의 시간을 대부분 혼자서 보내게 된다는 점이다(이영주, 2019: 4-5). 또한 중도입국자녀들은 입국 초기의 사회적 고립으로 인하여 교육이나 취업에 관한 정보를 얻기가 어렵고 한국 생활에 적응함에 어려움을 겪게 된다. 이주 국가의 구성원과의 사회연결망은 새로운 사회 · 문화 환경에 적응하는 데 매우 중요한 요인이 되는 것이다. 중도입국자녀에게 있어서 공적 서비스의 지원은 초기 사회연결망 형성을 위하여 매우 중요하다. 공적 서비스 지원을 받을 수 있는 기관으로서 여성가족부 및 산하기관, 교육부, 보건복지부, 법무부, 문화체육부 등이 있다. 각 부처별로 중도입국자녀들을 위한 다양한 정책이 추진되고 있으나 일반 다문화자녀와는 다른 중도입국자녀들을 위한 차별화된 프로그램 마련이 필요하다고 하겠다(정희정, 김소연, 2014: 837-838). 또한 중도입국자녀와 새롭게 구성된 다문화 재혼가족을 위한 가족관계 향상 프로그램이 마련될 필요가 있다. 학교에서도 중도입국자녀들로 하여금 또래친구들과 어울릴 수 있는 동아리 모임 등을 통하여 사회연결망을 형성할 수 있도록 지원할 필요가 있으며(어경준, 이미정, 2018: 240), 결혼이민여성들도 한국 학부모들과 장기적인 관계를 맺을 수 있는 프로그램 지원이 필요하다고 하겠다(정희정, 김소연, 2014: 851).

12. 초국가적 가족

2000년 이후 국제결혼은 국내 혼인 건수의 약 10%를 차지할 만큼 급격히 증가하였으며, 결혼이민으로 형성된 다문화가족은 한국 가족 구조에 큰 변화를 가져왔다. 그동안 결혼이민여성에 대한 논의는 주로 한국사회에 적응하는 과정에서 겪게 되는 억압과 폭력의 어려운 현실과 결혼이민여성들의 성공적인 적응을 위한 정부와 지역사회에서의 정책적 지원방안에 대한 제언 등이 대부분이었다(설동훈, 이혜경, 조성남, 2006; 윤형숙, 2004; 홍기혜, 2000). 이러한 연구들에서 결혼이민여성은 한국사회에 적응해야 하는 수동적인 존재로 인식되었다. 2000년대 중반 이후부터는 더 나은 삶을 위하여 이주를 선택한 능동적이며, 적극적인 행위주체자로 바라보는 연구가 소개되기 시작하였다(김민정, 유명기, 이혜경, 정기선, 2006; 정성미, 2011). 또한 결혼이민여성은 한국 가족 안으로 일방적으로 편입되는 대상으로만 간주되어 왔으나, 최근의 연구에서 이들은 실제로 모국과 이주 국가의 양쪽 국가에 네트워크를 두고 살아가고 있는 경우가 많다는 조사결과를 찾아볼 수 있으며, 결혼이민여성은 더 이상 동화의 대상이 아니고 초국가적 사회의 장에서 다중적인 정체성을 형성하며 살아가는 주체임을 인식하는 여론들을 찾아볼 수 있다(김영순, 임지혜, 정경희, 박봉수, 2014: 40).

다문화사회를 연구함에 있어서 초국가적 접근은 이주 현상에 대하여 거시경제의 구조적 메커니즘에 대한 설명보다는 미시적 관점에서 다양한 행위자들이 일상에서 맺는 복잡한 사회, 경제, 정치, 문화적 관계와 이들의 초국가적 연결을 중시하는 데서 나타나는 현상이라고 볼 수 있다(김민정, 2013: 425). 이러한 초국가주의적 접근은 국제이주뿐만 아니라 초국가적 연결망을 통해 자신들의 삶을 위한 정체성을 형성하고 있음을 강조하면서 국제 이주자들의 적응과 정착에 대해서도 새로운 관점을 제시하고 있다는 점에서 의의가 크다.

　결혼이민여성들은 유입국에서 일하고 살아가고 정착하는 동안에도 모국과 초국적인 유대관계를 유지하고 발전시켜 나가고 있으며, 따라서 최근 결혼이민여성들의 새로운 경험과 의식을 설명하기 위한 분석틀로 초국적 이주 또는 초국가주의(trans-nationalism)라는 개념이 새롭게 등장하게 되었다(김정선, 2010: 4-5). 초국가주의란 다문화사회로 진전되면서 이주여성들이 탈영토화 되고, 재영토화 되는 과정에서 민족단위의 네트워크가 발달하고, 국경을 가로질러 다양한 인적 네트워크와 문화적 네트워크가 증대되는 현상을 의미한다(김민정, 2013: 422). 초국가주의는 현대사회에서 국가 간의 경제 · 사회 · 심리적 경계가 갖는 중요성은 점차 감소하고, 국가의 경계를 넘어 사람들 간의 상호연결성(inter connectivity)이 증대하는 사회적 현상에 주목하는 관점이다(김연희, 2019: 13). '초국가적 가족' 현상이란 '초국가주의'에서 파생된 개념으로 결혼이민여성들이 이주 후에도 모국과의 연계망을 지속적으로 유지하고 있다는 점에서 가족관계가 국경을 초월하여 유지되는 현상을 말한다(김민정, 2013: 422).
　초국가적 가족형태는 결혼이민여성이 접하게 되는 환경에 따라 다양하게 나타나고 있으며, 이러한 초국가적 형태에 관심을 가져야 하는 이유는 먼저, 전통적인 동화모델에 적용되지 않는 이주민들의 사회경제적 · 정치적 적응을 위한 대안이 될 수 있다는 것이다. 다음으로는 국경을 초월한 활동은 비록 산발적이기는 하더라도 출신지의 발전에 아주 중요하게 영향을 미치기 때문이라는 것이다(Portes, 2003: 김민정, 2013: 424). 초국적 가족을 연구하기 위해서 가족연구는 초국적 가족의 특성을 이루고 있는 노동 및 결혼이민, 연쇄 혹은 귀환 이주, 송금 및 투자, 그리고 디아스포라 등과 유기적으로 연계되어 있는 만큼, 초국적 가족은 국민국가 틀 안에서만 이해될 수 있다는 점이다(함인희, 2014: 189).

'초국적 이주'란 단순히 거주지 이동만을 의미하는 것이 아니라 이와 관련된 제반 사항들을 포괄하는 개념 또는 현실적 전환 과정으로 이해되어야 함을 강조하고 있다. 이는 초국적 이주라는 행동은 행위자의 의지나 의도를 반영하며 정체성의 변화를 초래할 뿐만 아니라 이러한 행동을 조건 지우는 다양한 사회문화적 관습이나 규율 등을 전제로 하고 있기 때문이다(최병두, 2012: 15). 이와 관련하여 Vertovec(2007)은 초국적 이주 자체의 문제에서 그 전환적 과정을 강조하고 있다. 이주자 집단들의 초국적 과정에서 3가지 기본적인 전환 양식을 설명하고 있다. 첫째, 사회문화적 영역에서 이주자 지향의 이중성을 만들어내는 인식적 전환, 둘째, 정치적 영역에서 '정체성-경제-질서'라는 3요소의 의미의 개념적 전환, 셋째, 경제적 영역에서 노동시장, 금융, 지역경제에 영향을 미치는 경제적 전환 등을 포함하고 있다고 서술하고 있다(최병두, 2012: 15 재인용).

결혼이민여성의 초국적 유대관계 형성과 정체성 협상에 대한 연구(김영순, 임지혜, 정경희, 박봉수, 2014)에서는 연구참여자들이 자신의 삶을 의미 있게 만들기 위해서 노력하는 주체적 존재라는 점을 도출할 수 있었다는 점을 연구 성과로 제시하고 있다. 즉, 결혼이민여성들은 초국적 유대관계 내에서 '초국적 가족', '초국적 공동체', '초국적 관계망'을 만들어내고 그 안에서 '타자성'을 탈피하고 '주체성'을 만들고 발전시켜 나가고 있다는 것이다. 먼저, 결혼이민여성들은 '초국적 가족'이라는 유대관계 속에서 초국적 젠더의 딜레마를 경험하고 있었다. 이러한 관계는 결혼이민여성이 한국의 가족 안에서 '아내'와 '어머니'의 역할을 수행하고, 모국의 가족에게는 '딸'의 역할을 수행하도록 요구된다는 것이다. 예컨대, 한국에서 가족을 부양하기 위해서는 저금도 해야 하고 모국의 부모님에게 송금도 해야 하는 갈등의 순간에 다양한 전략으로 자신의 정체성을 조정해 나가는 것을 찾아볼 수 있다는 것이다. 결혼이민여성은 모국 부모님을 초청하여 자녀 양육지원을 받고, 이를 통해 한국에서 일자리를 찾고 경제적 소득을 창출하도록 함으로써 송금을 대체하는 전략을 구사하고 있다고 설명하고 있다(김영순 등 3인, 2014: 85-88).

다음으로 결혼이민여성은 '초국적 공동체'라는 유대관계 속에서 민족적 동질성을 공유하는 집단구성원 간의 협력과 갈등이 교차하는 이중구조의 모순을 경험하고 있는 것으로 설명하고 있다. 결혼이민여성들은 이주를 함으로써 '타자'로서의 상황을 공유하고 함께 문제를 해결할 수 있는 사회적 연결망을 형성하게 되는데, '초국적 공동체'는 모국과 개인 이주자 사이에서 사적이고 정서적인 연결망의 역할을 수행한다고 평가하고 있다(김정선, 2006: 133). 결혼이민여성들은 이러한 공동체 안에서 구성원 간에 정신적·물질적 지원을 주고받는 상호 부조의 관계망을 형성하면서 일상적으로 필요한 정보를 제공할 뿐만 아니라 위기 상황에 적절한 도움을 받을 수 있게 되는 것이다. 결혼이민여성들은 그들이 관여하는 초국적 공동체의 협력과 갈등의 다양한 이해관계 때문에 모순을 겪으며, 공동체 내 자신의 위치와 역할을 조정하는 과정에서 수반되는 주체적 존재로서 정체성의 변화를 경험하고 있었음을 설명하고 있다(김영순 등 3인, 2014: 86-87; 김정선, 2006). 결혼이민여성들은 초국적 공동체를 통하여 지속적으로 자신의 'home'을 만들어나가는 re-homing의 과정 속에 존재하며, 물리적 공간이라기보다는 친숙함이라는 느낌을 통해 자아를 발견하는 공간이라는 점을 강조하고 있다(김정선, 2006: 134).

더 나아가 결혼이민여성은 미디어가 매개하는 가상의 공간에서 '초국적 관계망'을 형성하고, 그 관계망 속에서 다양한 방식으로 타자성을 탈피한 주체화의 경험을 발전시키고 있음을 찾아볼 수 있다. 초국적인 사회적 공간은 인터넷과 SNS를 통하여 더 확장된 초국적 관계망을 구축하게 된다. 결혼이민여성들은 미디어를 매개로 하는 초국적 관계망 속에서 자신이 원하는 방식으로 스스로의 삶을 재현하고, 정보를 교환하며, 초국적 공론의 장을 형성하는 등의 다양한 방식으로 능동적인 삶의 주체가 된다는 것이다. 김영순 등 3인(2014)은 결혼이민여성들이 초국적 유대관계 속에서 표현하는 자아의 다양한 모습들과 상황에 따라 재구성하여 변화하는 자아의 역할과 의미를 '정체성의 협상'이라는 것으로 설명하고자 하였다(김영순 등 3인, 2014: 87-88).

초국적 가족에 관한 선행연구에서 유대관계는 결혼이민여성의 출신국에 따라 다양한 형태로 나타나고 있음을 살펴볼 수 있다. 조선족을 대상으로 하는 초국적 가족현상에 관한 연구에서 조선족 여성이 한국사회로 이주함에 있어서 가장 심층적인 요인은 중국 조선족 사회의 개방 이후에 '한국 바람'과 '자식 교육열'이라고 설명하고 있다(이혜경, 정기선, 유명기, 김민정, 2006: 290). 조선족 여성들은 한국으로의 이주 이후에 구조적 사회 이동의 확대와 이에 따른 조선족 세대 간 사회 이동에의 열망으로 가족 이산에도 불구하고 한국행을 선택하게 되었다는 것이다. 성-선별적인 조선족의 이주에서 나타나는 초국적 가족의 유대관계는 '친정' 위주의 사회적 연결망으로 나타나고 있음을 보고하고 있다. 친정의 형제·자매·부모를 불러들이며, 이들은 가족 이산으로 인한 외로움과 정서적 지지를 위한 경제적·사회적 자원이 되었다는 것이다. 또한 조선족 여성은 중국에서 제2의 시민으로 살아감으로 인한 열등감을 모국의 발전을 체험하면서 극복하고 있으며, 동시에 한국에서 받는 차별 등 열등감은 앞으로 중국이 더 발전할 것이라는 믿음으로 극복하고 있으며, 조선족 여성들로부터 결과적으로 타자화를 극복해나가는 과정을 보여주고 있다고 분석하고 있다(이혜경 등 3인, 2006: 290-292).

황정미(2016)는 결혼이민여성들의 초국적 가족관계망을 돌봄(care)을 중심으로 고찰해보고자 하였으며, 전체 응답자의 반 이상이 모국으로부터 '돌봄 지원'을 받은 경험이 있는 것으로 나타났다. 로지스틱 회귀분석 결과에서는 가구소득과 교육수준이 높을수록, 그리고 취업한 경험이 있는 경우에 모국 가족들의 돌봄 참여도 더 많은 것으로 나타났다. 더욱이 응답자의 3분의 1 정도는 앞으로 자녀를 모국으로 보낼 계획을 가지고 있고, 은퇴 후에 모국으로의 귀환도 염두에 두고 있다고 응답하였다. 교육수준이 높은 결혼이민여성들의 경우에는 자신의 자녀와 가족의 미래를 위해 출신국과 거주국을 연결하는 초국적 가족 전략을 구성하고 있는 것으로 나타났으며, 이를 통하여 모국의 가족지원이 이주여성들에게 정서적·문화적 지지자원으로 작용하고 있음을 보여주고 있다(황정미, 2016: 225).

국내 거주 네팔 결혼이민여성을 대상으로 하여 이들의 본국 가족원에 대한 초국적 돌봄의 양상을 규명하고자 하는 김경학, 윤밀알(2017)의 연구에서도 네팔 결혼이민여성은 물질적이고 정서적인 지지와 지원, 네팔방문과 직접적 돌봄, 가족의 한국 초청을 통한 노동기회 제공 등 다양한 형식으로 본국 가족에 대한 돌봄을 초국적으로 실천하고 있는 것으로 나타났다. 초국적 가족 돌봄의 연구자들은 이주자와 이주자의 가족과 친족들이 돌봄의 제공자이면서 동시에 수혜자이기 때문에 국제이주의 맥락에서 초국적 돌봄은 돌봄이 순환하고 있음을 강조하고 있다(Baldassar & Merla, 2014; 김경학, 윤밀알, 2017: 515 재인용). 김경학, 윤밀알(2017: 526)의 연구에서도 이주여성은 본국 가족과 지속적인 초국적 유대관계를 유지하면서 본국 가족에 대한 다양한 형식의 초국적 돌봄, 특히 정서적 지지와 출산 및 육아지원은 '일방적'인 것이 아닌 '돌봄의 호혜적 교환(reciprocal exchange of care)'으로 수행되고 있음을 보여주고 있다. 미래를 위한 가족전략 측면에서 네팔 출신 이주여성에게서는 중국에서 이주해온 조선족 여성들이 모국의 발전이 '타자성'을 극복하는 데 도움이 되었다는 결과와 다르게 나타났다. 네팔 출신 이주여성은 스스로 본국의 열악한 경제 여건으로 인하여 불투명한 발전 전망을 가지고 있으며, 이러한 현실로 인하여 본국 가족과의 초국적 관계 유지가 그들 자녀의 발전으로 이어지리라는 연계를 찾아보기는 어려운 것으로 보고하고 있다.

필리핀 결혼이주여성들이 수행하는 아래로부터의 초국적 실천과 다양한 정주전략을 고찰하고자 하는 연구(김정선, 2010)에서는 초국적 이주자로서 여성들은 유입국만을 삶의 준거로 하기보다는 유입국과 모국 양 사회와의 관계에서 자신의 귀속을 협상하는 것으로 나타났다. 이주여성들은 모국의 가족들을 위하여 경제적인 지원을 하거나 한국에서 육아문제 해결을 위하여 필리핀 가족들의 지원을 받고 있으며, 다른 한편으로는 한국사회에서 취약한 지위로 인하여 모국에 미래를 위한 경제적 투자를 하는 것으로 나타나고 있다(김정선, 2010: 16). 그들은 초국적 연결망을 이용한 지속적인 상호 교환을 통해 모국과 긴밀한 관계를 유지하며, 한국과 필리핀 두 개의 로컬이 제공하는 경제적 및 비경제적인 자원들을 선택적으로 활용하면서 삶을 기획하고, 미래에는 모국으로의 귀환을 준비하기도 하는 것으로 나타나는 등 초국적 삶의 양식을 유지하고 있음을 보고하고 있다 (김정선, 2010: 34).

　초국가적 이동현상은 모국과 정주국 사이에서 초국적 유대관계를 통하여 사회적 연결망을 형성하면서 긴밀한 관계를 유지하는 반면에, 가족해체 현상도 찾아볼 수 있다. '가족해체'는 '어떤 원인으로 인하여 가족의 공동생활을 더 이상 유지할 수 없게 되는 일'이다(안병삼, 2009: 154). 가족해체의 원인이 다양해지면서 그에 따른 가족해체의 형태도 조손 가족, 한부모 가족, 별거 가정, 기러기 가족 등으로 다양하게 나타나고 있다.

　중국 조선족의 가족해체 현상에 관한 연구에 의하면, 가족해체의 형태가 대부분 부모들이나 또는 부모 중의 한 명이 경제적인 이유로 해외로 출국하는 초국가적 이동현상에 의한 결과라는 특징을 가지고 있다는 것이다(안병삼, 2009: 155). 중국 흑룡강성 조선족 중·고등학생을 대상으로 가족해체에 관한 실태조사를 실시한 결과, 응답자의 73.5%가 부모와 별거 상태로 나타났으며, 이는 매우 심각한 가족해체 현상이라고 할 수 있다. 홀로 남은 자녀들의 37.6%가 조손 가정의 형태로 나타났으며, 이로 인하여 학생들의 학업관리상 문제와 각종 범죄에 쉽게 노출되는 등 문제 발생이 우려되는 현실임을 지적하고 있다(안병삼, 2009: 174). 또한 응답한 학생들의 가족해체에 따른 심리적 특성은 양가 상태로 나타났다. 즉, 조선족 학생들은 부모와 함께 살지 않는 것에 대하여 부모를 미워한 적이 있다거나 또는 미워한 적이 없다고 응답한 수는 거의 반반으로 나타났으며, 이러한 결과는 부모에 대한 사랑과 미움이 서로 상반되는 감정으로 나타나고 있다는 것이다. 또한 부모의 부재로 외로움을 느낀다는 응답자가 86.7%로 높게 나타났으며, 이는 가족 간의 의사소통이 부재한 상태에서 느끼는 애정 결핍에서 오는 외로움으로 인한 것으로 설명할 수 있다(안병삼, 2009: 175). 중국 조선족의 가족해체는 조선족사회의 붕괴로 이어지게 되며, 이는 결국 부메랑이 되어 한국사회 내의 불안요인으로 영향을 미칠 수 있을 것이라는 우려가 커지고 있는 현실이다.

13. 공감능력

1990년 이후 글로벌화가 가속화되면서 우리나라는 인종적 · 민족적 · 문화적 다양성이 증가하고 있는 현실이다. 최근 통계자료에 의하면 우리나라 전체 인구 중에서 국내 체류 외국인 비율은 2014년 3.5%, 2018년 약 4.6%로 증가하였으며, 국내 체류 외국인 수는 저출산 고령화로 인한 외국노동력 증가, 국제결혼 증가로 인한 결혼이민자 증가, 외국국적동포 유입, 유학생 증가 등으로 지속적으로 증가할 것으로 예상되고 있다(통계청, 2018). 결혼이민자로 구성된 다문화가정에서 자녀출산에 따른 인구변화는 우리나라 총인구 구성에도 큰 변화를 초래하고 있다. 우리나라는 고령인구의 증가와 저출산 국가라는 현실에서 다문화가족이 우리 사회에 기여하는 비중은 점차 더 증가하게 될 전망이다. 한국이 다민족 · 다문화 사회에 진입해 오면서 점차 청소년기로 접어드는 다문화가정 자녀들이 증가하고 있으며 이에 대한 지원이 필요한 실정이다. 우리 사회를 이끌어 갈 사회 주역으로 성장할 수 있도록 가정, 학교, 사회에서 함께 관심을 가지고 노력할 필요가 있다. 우리 사회는 인종적 · 민족적 다양성이 급격히 증가되고 있는 현실에서 다문화적 가치로의 변화가 요구되고 있다.

국내 다문화 관련 선행연구는 시기별 기준으로 살펴보면 네 단계로 구분하여 그 특징을 살펴볼 수 있다. 첫 번째 단계는 1990년대 중반으로 일자리를 찾아 입국한 외국인 근로자에 대한 연구가 주류를 이루었다(함한희, 1995; 설동훈, 1997). 두 번째 단계는 2000년대 들면서 활성화된 결혼이민으로 인한 결혼이민여성에 대한 연구이다(한건수, 2006; 김도희, 박영준, 이경은, 2007; 박신규, 2009; 김금미, 2010). 세 번째 단계는 다문화가정 자녀들에 대한 연구가 주류를 이루었다(양순미, 2007; 오성배, 2007a; 전경숙, 2008; 김갑성, 2008; 조혜영, 2009). 네 번째 단계는 2010년 전후하여 선주민에 대한 다문화 인식 태도와 수용성에 대한 연구들을 찾아볼 수 있다(양계민, 2009; 김미진, 2010; 민무숙 외 4인, 2012; 황정미, 2010; 안상수, 2012; 이지영, 2012; 백승대, 2013; 김인숙, 이수진, 2017). 이처럼 최근에는 다문화사회에서 선주민들의 보다 수용적이고 개방적인 태도는 사회구성원들에게 요구되는 갖추어야 할 요건으로 중요하게 인식되고 있다(양계민, 2009; 황정미, 2010; 안상수, 2012; 이정아, 이윤정, 2016).

다문화사회로의 변화에도 불구하고 아직까지 우리나라 국민들의 이주자에 대한 편견과 고정관념 및 배타적인 태도와 문화적 차이에 대한 이해 부족은 사회적 갈등을 유발하는 원인으로 작용하고 있다(박주희, 정진경, 2008; 장임숙, 2011). 다문화가정 자녀들이 따돌림을 당하게 되는 원인은 주로 선주민 가정 자녀들이 가지게 되는 차별과 편견에 의한 것으로 나타나고 있다(설동훈, 김윤태, 2005; 권재환, 이선희, 2015). 다문화가정 자녀들의 이러한 부정적인 경험은 그들의 자신감 형성과 사회성 발달에도 부정적인 영향을 주고 있다(설은정, 정옥분, 2012; 오성배, 2007; 홍정미, 2009). 이는 다문화사회에서 사회통합을 저해할 뿐만 아니라, 사회발전을 저해하는 원인으로도 작용할 수 있다. 그러므로 다양한 문화적 배경을 지닌 사회구성원들의 공존을 위해서는 주류사회 구성원들의 인식과 태도 및 가치관의 변화가 필요하며, 주류사회에서도 이주민을 받아들이는 문화적응이라는 상호과정이 매우 중요하다(Berry, 2003; 남희은, 이미란, 배은석, 김선희, 백정원, 2014). 공감이란 상대방의 입장에서의 경험과 감정을 느낄 수 있는 능력을 의미한다. 다문화사회에서 선주민과 이주민들은 모두 타문화에 대한 지식과 이해뿐만 아니라 적극적인 소통이 요구되는 현실에서 공감(능력)에 대한 논의는 매우 의의가 크다고 하겠다. 다문화사회에서의 사회문제 해결을 위한 민주시민의 자질은 타인을 대하는 태도에 있으며, '공감'이라는 정서적 기재를 활용한 다문화교육의 필요성이 강조되고 있다(황다현, 2014: 5).

그동안 다문화사회 관련 연구의 지향은 소수집단의 문화적 동화를 중심으로 하는 것으로서 주로 다문화가정 자녀들의 적응실태 또는 적응에 영향을 미치는 요인을 알아보고자 하는 내용으로 이루어져 왔다. 그러나 선주민의 가정 자녀들에게서 다문화가정 자녀에 대한 편견적 태도가 나타난다는 문제가 제기되면서, 다양한 사회구성원들이 조화롭게 살아가는 다문화사회가 형성되기 위해서는 주류집단의 수용적 태도가 무엇보다도 중요하다는 인식 또한 등장하게 된 것이다(설은정, 정옥분, 2012; 남희은 등 4인, 2014). 다문화사회에서 다원적 가치를 이해하고 세계와 소통하는 시민으로서 배려와 나눔의 역량을 가진 사람을 키우기 위하여서는 학교에서의 다문화교육뿐만 아니라 가정에서 부모와 자녀관계를 통한 다문화교육도 매우 중요하다.

학교에서의 다문화교육은 학생들로 하여금 다문화사회에 필요한 지식, 기능, 태도 등 다문화 역량을 키워나갈 수 있도록 해야 한다. 이는 학생들이 타인과 올바르게 이해하고 소통할 수 있도록 해주며, 타인과의 올바른 소통은 사회를 더욱 풍요롭게 하고 더 나아가 다문화사회에서의 사회통합을 이끌어낼 수 있을 것이다(황다현, 2014: 2). 다른 한편으로 가정에서의 다문화교육 측면에서는 부모 역할의 중요성을 강조하지 않을 수 없다. 자녀들에게 있어서 부모는 정서적·사회적 발달의 일차적인 영향을 미치며, 부모와의 관계를 통하여 자녀는 타인을 향한 긍정적인 감정을 확립하게 되는 것이므로, 부모로부터 형성된 인식과 편견은 성인이 된 이후에도 지속적인 영향을 미치게 된다는 것이다(고아라, 2005). 부모의 온정적이며 수용적인 양육

태도는 자녀들로 하여금 이타성, 사회성, 타인을 배려하는 태도 등을 증진시키며(김학령, 김정화, 정익중, 2011; 이민영, 김광웅, 2011), 반면에 부모의 지배적인 양육 태도는 자녀의 편견적 태도에 영향을 미친다는 연구결과도 찾아볼 수 있다(양계민, 2009). 어머니의 애정적 양육 태도는 자녀의 타인에 대한 이해와 우호적인 행동 등 사회성 발달과 정적으로 유의한 결과뿐만 아니라 자녀의 공감능력에도 유의미한 영향을 미치는 것으로 나타나고 있다(이순자, 오숙현, 2004; 한용재, 강현욱, 2015). 또한 타인의 정서를 이해하고 자신의 것처럼 느끼고, 이를 전달하려는 공감능력은 친사회적 행동의 중요한 동기가 되는 것이다(고영희, 2011). 더 나아가 사회적 친밀감은 다문화 관계 형성, 다문화 개방성, 다문화적 공감 등 전반적인 다문화수용성에 긍정적인 영향을 미치는 것으로 나타났다(설은정, 정옥분, 2012; 정석원, 정진철, 2012; 최지영, 김재철, 2015).

다문화사회 구성원으로서 주민에게 갖추어야 할 요건인 다문화수용성과 관련된 연구들을 살펴보면, 2000년대 초기에는 성별, 연령, 학력, 경제수준, 종교, 다문화교육, 다문화접촉 경험, 부모양육 태도 등 다문화수용성에 미치는 외재적 요인들을 중심으로 연구가 이루어져 왔다(금혜령, 2013; 김미진, 2010; 민무숙 외 4인, 2012; 박선영, 2005; 박수미, 정기선, 2006; 안상수, 2012; 정석원, 정진철, 2012). 그러나 최근에는 내면화되어 생애에 걸쳐 지속적으로 영향을 미치는 자아존중감, 자아개념, 공동체의식, 배려, 공감 등 내재적 요인들의 영향력에 대한 연구가 활발하게 이루어지고 있다(김인숙, 이수진, 2017; 이미란, 김선희, 배은석, 2016; 이정아, 이윤정, 2016; 정삼현, 2015). 이와 같이 생애에 걸쳐 지속적으로 영향을 미치는 자아존중감, 배려, 공감 등과 같은 내재적 심리 요인들은 외부 집단에 대한 수용을 설명하는 데 매우 중요한 의미가 있는 것이다(이미란, 김선희, 배은석, 2016; 이정아, 이윤정, 2016; 장은화, 2012; 정삼현, 2015; 조효래, 2017).

공감능력은 타인과의 상호작용 속에서 타인의 감정을 느끼고 공유하는 정서적 반응으로, 공동체 속에서 타인과 함께하는 사회적이며 도덕적인 정서적 경향으로 정의되고 있다(Batson & Coke, 1981). 또는 공감이란 타인의 내면세계에 대한 이해를 정확히 하고, 타인의 감정을 느끼면서 자신의 일처럼 경험한 후에, 그 이해한 내용을 말로 전달해주는 것으로도 정의하고 있다(박혜원, 2002; 정미선, 2017). 공감에 관한 이러한 정의는 타인의 관점이나 역할을 수용하는 인지적 요소와 타인과 같은 정서를 경험하는 정서적 요소가 동시에 관련된 내적 과정이 언어나 행동으로 표현되는 것이므로 공감능력과 같은 의미라고 할 수 있다(지소라, 2009). 즉, 공감능력은 상대방의 입장에 서서 그 경험과 감정을 느낄 수 있는 능력이라고 할 수 있다. 공감능력은 자기중심적인 사고에서 벗어나 타인의 관점에서 그 사람의 생각이나 감정을 상상해봄으로써 상대방의 정서를 자신의 것처럼 느끼고 상대방을 수용하며 의사소통하는 능력이다(조혜경, 2015: 7).

사회적 존재로서 인간은 다른 사람들과 더불어 사회적 관계를 이루어가면서 행복한 삶을 영위하고자 하며, 이러한 사회적 관계를 형성함에 있어서 타인의 관점이나 역할을 인지하고 그들의 정서를 이해하며 이를 전달하는 공감능력은 매우 중요하다. 이러한 관점에서 공감은 특히 다문화사회에서 인간존중과 타인에게 배려하는 인성과도 관련이 있으며, 다문화사회를 살아감에 있어서 인종, 사고, 언어, 문화 등의 다른 관점에 대한 이해와 수용을 필요로 하는 성숙한 시민의식과도 관련이 있다(박혜숙, 원미순, 2010; 남희은 외, 2014).

김지현(2002)은 개인의 공감능력이 친사회적 행동에 긍정적인 영향을 미친다고 보고하였다. 또한 공감능력이 높을수록 타인과의 관계를 긍정적인 방향으로 끌고 나가며, 사회적 지지망을 형성할 수 있다고 보고하고 있다. 정혜연(2004)도 공감훈련은 아동들 사이에 친밀한 관계를 발달시키고, 상대방을 존중함으로써 갈등을 해소시킬 수 있으며, 친사회적 행동과 이타적 동기를 증가시켜 사회적 적응도를 높일 수 있다고 하였다. 정미주(2010)는 공감능력이 높은 아동은 다른 사람의 감정을 마치 자신이 직접 경험한 것처럼 느끼고, 특정 상황에서 타인의 심리적 상태를 잘 파악하기 때문에 교우관계가 긍정적이며, 또래 수용도가 높다고 하였다. 고영희(2011)는 공감능력이 높은 사람은 공감능력이 낮은 사람보다 친사회적 행동을 많이 하는 것으로 보고하고 있다. 노미희(2012)의 연구에서는 공감능력은 문화적 역량 강화와 타 문화권 대상자를 돌보는 데 있어 서로 다른 문화적 차이를 인정하고 수용하는 데 중요하며, 공감능력이 높을수록 다문화 개방성의 하위요인인 정서적 개방성과 행동적 개방성이 높아지는 결과를 찾아볼 수 있다. 이정아, 이윤정(2016)의 연구에서도 공감능력이 높을수록 다문화수용성도 높았으며, 특히 정서적 공감능력이 다문화수용성에 더 큰 영향을 미치는 것으로 나타났다. 대학생을 대상으로 하는 공감능력과 이타적 성향 간의 관련성 연구에서 공감능력이 높을수록 남을 배려하는 이타적 행동을 더 많이 보인다는 조효진, 손난희(2006)의 연구결과도 이를 뒷받침한다고 할 수 있다. 이러한 연구결과는 내재적 요인으로서 공감능력이 다문화수용성과 관련이 있음을 시사 하는 것이다.

대학생이 지각한 어머니의 양육행동이 대학생의 다문화수용성에 미치는 영향력 분석에서 공감능력의 매개효과를 살펴보고자 하는 연구(유두련, 2019)에서는 어머니의 온정수용 양육행동 변인만 다문화수용성의 문화개방성과 상호 교류행동 의지에 대하여 정(+)적인 영향이 있었으며, 거부제재와 허용방임 양육행동변인은 다문화수용에 대한 매개효과는 없었다. 다른 한편으로는 온정수용적 양육행동은 대학생들이 이주민들에게 가지는 이중적 평가에 대하여서 부분매개효과가 있었으며, 그 결과는 이중적 평가가 감소하는 것으로 나타났다. 이러한 결과를 종합해보면, 어머니의 온정수용적 양육행동은 자녀의 사회화에 가장 중요한 요인이며(Hart, Dewolf, Wozniak, Burts, 1992), 이타적 성향으로서 공감능력은 친사회적 행동의 중요한 동기가 되고 있음을 시사하는 것이다(고영희, 2011). 선행연구에서도 나타난 바와 같이 이러한 사회적 친밀감이 전반적인 다문화수용성에 긍정적인 영향을 미치게 된다는 것이다. 따라서 자녀들로 하여금 공감능력, 즉 일상생활 속에서 다른 사람들의 심리적인 관점을 이해하려고 노력할 수 있는 능력을 키워주는 노력이 필요하며, 이는 자녀들의 바람직한 사회적 관계 형성을 위해서도 매우 중요하다. 가정에서 부모, 특히 어머니는 우리나라가 다문화사회로 나아감에 있어서 부모 양육행동의 중요성을 인식해야 할 필요가 있다. 그중에서도 어머니의 애정표현, 수용, 존중, 신뢰, 합리성, 자율성 및 독립성 등과 같은 온정수용적 양육행동은 자녀의 공감능력과 다문화수용성 향상을 위해서 매우 중요한 요인임을 알 수 있다.

박순희, 유지형(2017)은 공감능력은 타문화와의 차이를 인정하고 수용하는 데 중요한 요인임을 강조하고 있다. 특히 여러 문화적 요소들과 상호작용하는 모든 직·간접적인 경험들은 다양한 커뮤니티를 통해 공감능력을 극대화시킬 수 있으며, 공감능력은 다양한 집단과 민족들이 다문화사회 속에서 새롭게 등장하는 문제들을 해결할 수 있는 능력을 배양하고, 상호 협력하는 데 꼭 필요한 요소라고 설명하고 있다.

이처럼 공감능력은 다른 사람의 견해나 입장을 이해하고 이를 통해 이타적인 행동을 취하며 친사회적 행동, 대인관계에 영향을 미치게 된다. 더 나아가 사회생활에 있어 다양한 상황에 적절하게 대응하고 수용하는 태도와 다문화사회의 구성원으로서 다양한 현실에서 서로 다른 문화적 차이를 인정하고 받아들이는 데 필요한 다문화수용성에도 영향을 미칠 것으로 예측할 수 있다. 따라서 다문화사회에서는 구성원들의 다문화 역량과 다문화 시민성 함양을 목적으로 하는 다문화교육이 필요하며, 이러한 교육을 통하여 사회구성원들의 공감능력을 향상시켜 나갈 수 있을 것으로 기대할 수 있다. 이를 위하여서는 현재 수행되는 학교의 다문화교육뿐만 아니라 다양한 기관이나 단체에서 시행되고 있는 부모교육 프로그램에서도 다문화 인식개선에 관한 교육내용을 반영하는 노력이 필요하다고 하겠다.

14. 다문화수용성

한국사회는 1990년 이후 외국인 근로자, 결혼이민자, 유학생 등의 국제이주를 통한 외국인 유입이 크게 증가하면서 인종적 · 문화적 · 민족적 지형 등 사회 전반에 걸쳐서 새로운 도전에 직면하고 있다(김이선, 황정미, 이진영, 2007; 김한식, 2016). 국내의 이러한 현상은 정치적으로 탈냉전 이후 본격적인 세계화의 흐름에 따라 근거리 간 이동이 주를 이루었던 기존의 이주 유형에서 국가 간의 원거리로 그 유형이 확장되고 있는 전 지구적 현상에서 기인하고 있다(이해영, 2015; 안상수, 민무숙, 김이선, 김금미, 이명진, 2015; 조효래, 2017). 이에 한국사회는 다양한 국적의 이주민이 급증하고 있으며, 이러한 사회적 변동은 향후 더욱더 가속화될 전망이다(김이선, 황정미, 이진영, 2007; 이해영, 2015; 김한식, 2016; 조효래, 2017). 2018년 9월 현재, 출입국 · 외국인정책 통계연보에 의하면, 2002년 이후 매년 28% 이상의 높은 증가율을 보이던 결혼이민자는 2014년 4월 국제결혼 건전화를 위한 결혼이민 사증발급 심사강화 등으로 인하여 급감하였으며, 2016년부터 2018년의 평균 증가율은 1.6%로 나타났다. 2018년 말 기준 159,206명의 결혼이민자가 국내에 유입된 것으로 보고되고 있다(법무부 출입국·외국인정책본부, 2018: 50). 한국인 배우자와 결혼이민자로 이루어진 다문화가족의 경우, 이들의 자녀출산에 따른 인구변화 양상은 우리나라 총인구의 증감에 주요 변인이 된다. 65세 이상 고령인구 증가와 저출산으로 인하여 다문화가족이 우리 사회에 기여하는 비중이 갈수록 증가하고 있다. 미래의 인구학적 변화 양상은 우리 사회로 하여금 다문화사회와 고령사회에 대한 대비가 동시에 필요함을 의미하며 이 두 가지를 포함하는 국가의 정책적 대안이 시급하게 마련되어야 한다는 필요성이 제기되고 있다(고재권, 2014; 박휴용, 어영기, 반상진, 2014; 이해영, 2015; 김한식, 2016; 조효래, 2017).

다문화사회에서 타문화를 이해하고 존중하며 타문화 집단에 대한 차별문제를 적극적으로 대처할 수 있는 의식을 함양하는 일이 매우 주요한 과제로 떠오르고 있다(문계완, 배재정, 2011: 414). 현대사회 내에서는 인종, 성, 세대, 지역, 장애, 계층 등에 따른 다양성이 증가함에 따라 이러한 다문화 현장에 종사하는 전문가들도 급속하게 증가하고 있으며, 따라서 이들에게 문화적 역량에 대한 요구가 매우 높아지고 있다. 문화적 역량이란 일상생활이나 전문 영역에서 주류문화와는 차별성을 갖는 다양한 문화적 배경을 가진 다른 사람들과 효과적으로 상호작용할 수 있는 능력으로 정의된다(문계완, 배재정, 2011: 421).

문화적 역량은 문화적 감수성, 문화적 인식 또는 간문화적 능력으로 혼용되어 사용되기도 하였으나, 최근에 이르러 구분하여 사용되고 있다. '문화적 감수성'은 집단 간에 존재하는 문화적 차이를 적절하게 구별할 수 있으나 다양성에 대하여서는 어떤 선호나 옳고 그름의 가치를 부여하지 않는 것이다. 이에 비하여 '문화적 역량'은 각 문화에 내재하는 장점과 자원들을 인정하는 가운데 소수 문화집단과 적절하게 상호작용하는 행동능력이라고 설명할 수 있다(문계완, 배재정, 2011: 421).

다문화 역량은 다문화사회 시민으로서 다원화된 사회에서 살아가는 데 필요한 사회적 역량으로서 다양한 문화적 배경의 사람들과 효과적으로 의사소통하고 상호작용할 수 있는 능력을 의미한다(황경득, 2020: 132). 즉, 다문화 역량은 '다문화 의사소통 능력'으로 설명할 수 있으며, 이는 인지적·정서적·행동적 차원의 요소로 구성된다. 이 중에서 정서적 차원의 다문화적 능력이 '다문화감수성'이라고 한다. 다문화감수성이란 서로 다른 방식으로 상호작용하는 타문화에 대한 이해, 타문화를 대할 때 갖는 열린 마음, 타문화의 맥락 속에서 자신의 행동을 적절하게 변화시키는 능력이다(황경득, 2020: 129).

다문화사회로의 변화는 비다문화 구성원들이 다문화에 대한 편견과 차별적 태도를 벗어나 서로 다른 문화적 차이를 인정하고 받아들여야 함을 인식하는 변화의 시기가 되었음을 나타낸다. 하지만 이러한 인식 변화는 이주자만의 문제가 아니라 이주자를 받아들이는 주류사회가 포함되는 상호 과정이다(Berry, 2001). 다문화감수성은 동등한 입장에서 다문화 의사소통 능력의 향상을 이루기 위한 핵심 개념으로 정서적 차원의 개념이라고 할 수 있으며, 이에 비하여 다문화수용성은 다수의 주류문화 관점에서 다문화 적응을 다루고 있는 개념이라고 하겠다(황경득, 2020: 133). 다문화감수성과 다문화수용성이 높다는 것은 다양한 집단에 대한 이해와 존중을 기반으로 소통하면서 공동체의 다양성과 통합성을 이룰 수 있음을 의미하는 것이며, 다문화감수성과 다문화수용성 향상을 통하여 다문화 역량의 증진을 도모할 수 있다(황경득, 2020: 133; 문계완, 배재정, 2011: 421; 최예숙, 이금주, 2021). 다문화감수성은 다문화교육 경험과 상관관계가 있으며, 간접적인 다문화 경험은 다문화적 실천 의지와도 매우 높은 상관관계가 있는 것으로 나타나고 있다(이동진, 2019).

조화로운 다문화사회 구성을 위해서는 선주민들의 다문화사회에 대한 이해와 함께 선주민들의 보다 수용적이고 개방적인 태도가 필요하다고 할 수 있다(이지영, 2013; 조효래, 2017; 배은주, 허효선, 2017). 이주민에 대한 선주민들의 수용적인 태도가 약하고, 사회문화적인 편견이 강하면 결국 한국사회의 결속력이 약화되고, 집단과 집단 간의 갈등이 심화되어 유럽 등 선진 이민 국가들이 겪었던 아픈 역사를 우리나라도 되풀이할 수 있기 때문이다. 최근에 다문화사회에서 이주민이 아닌 선주민에게 요구되는 사회구성원으로서 갖추어야 할 요건에 대한 논의는 우리나라뿐만 아니라 서구를 중심으로도 많이 연구되고 있으며 그 대표적인 유형이 개개인의 다문화수용성에 관한 것이다(양계민, 2009; 황정미, 2010; 안상수, 2012; 이정아, 2016). 이주민을 대하는 태도에 있어서 선주민의 다문화에 대한 이해와 태도에 변화가 요구되며, 이를 위해서 선주민들의 다문화수용성을 향상시킬 필요가 있는 것이다.

다문화수용성의 개념은 연구자들 간에 합의된 개념 정의가 이루어졌다고 보기는 어렵다. 따라서 연구자별로 차이가 있으며, 표현 방법 또한 다문화수용성 외에 문화적 수용성, 간문화 유능성, 문화 간 유능성 혹은 비교문화 유능성, 간문화 적응성 혹은 비교문화 적응성, 다문화인식, 다문화 효능성, 문화 간 감수성, 문화 간 민감성, 다문화 유능성 등 다양할 뿐만 아니라 사회적 거리감, 소수인종집단에 대한 태도, 종족적 배제주의, 국민정체성, 외국에 대한 태도 등의 다양한 개념들로 측정되고 있다(금혜령, 2013; 홍유진, 2014). 선행연구를 종합해보면, 다문화수용성이란 상호 문화적인 측면에서 우리 모두가 세계의 구성원이라는 공동체적 사고로 민족과 인종을 초월하여 타문화를 동등하게 존중하고 타문화권의 사람을 편견, 배제하지 않고 인정하고 수용하며, 조화로운 다문화사회를 살아가려는 능력과 태도라고 할 수 있다. 즉, 다문화수용성은 타문화에 대한 지식, 이해 그리고 적극적인 소통, 인정 및 평등 등의 인지적 · 정서적 · 행동적 요소를 포함하는 다양한 관점에서 이해할 수 있다(김현정, 2019).

안상수 등 6인(2010)은 한국인에게 적합한 다문화수용성을 측정하기 위해 한국형 다문화수용성 척도를 개발하였다. 한국형다문화수용성진단도구(KMCI)가 정의하고 있는 다문화수용성이란 '다문화사회에서 구성원으로 살아가면서 자기와 다른 구성원이나 타문화에 대하여 인종, 국가 등의 집단별 편견을 갖지 않고 자신의 문화와 동등하게 서로 인정하고, 그들과 조화로운 관계 형성을 위하여 노력 및 협력하며, 외국인이나 이주민을 대할 때 출신 국가나 경제적 수준에 따라 차등을 두지 않으면서 세계시민의 한 일원으로서 보편적 가치에 입각하여 이를 실천하고자 하는 총체적인 의미의 태도'를 말한다(안상수 등 4인, 2012). 이와 같은 개념 정의를 바탕으로 KMCI는 한국인의 다문화수용성을 구성하는 주요 축으로 '관계성', '다양성', '보편성'이라는 3개의 차원을 가정하고 각 차원에서 인지/정서/행동적 요소를 반영하는 총 8개의 하위 구성요소들을 측정한다(민무숙 등 5인, 2010; 안상수 등 4인, 2012). 안상수 등 4인(2012)은 민무숙 등 5인(2010)이 개발한 다문화수용성 척도에 보편성 차원을 추가하여 한국인이 지닌 이중적 태도를 측정할 수 있도록 개발하였다. 이에 다양성, 관계성, 보편성의 세 차원으로 이루어진 국민 다문화수용성 척도가 개발되어 발표되었다. KMCI에서는 한국인이 외국이주민이 증가하는 다문화 환경을 어떻게 받아들이는지, 한국인이 외국이주민을 대할 때의 한국인의 인식과 태도 및 행동적 성향이 어떠한지를 알아보고, 이와 관련하여 다문화수용성을 높일 수 있는 정책적 방안을 구체화하였다. 정부에서는 2012년부터 한국사회의 특수성에 부합하는 다문화수용성을 파악하기 위해 다문화수용성 지수를 개발하고 주기적 조사를 통해 한국사회의 다문화수용성 수준을 파악하고 있다. 다문화수용성은 2012년 51.17점(100점 만점), 2015년 53.95점(100점 만점), 2018년에는 52.81점(100점 만점)으로 나타났다.

다문화수용성 관련 연구들은 그 대상이 초등학생과 청소년, 성인 위주로 연구되어 왔다(양순미, 2007; 오성배, 2007a; 전경숙, 2008; 김갑성, 2008; 조혜영, 2009). 인구고령화 추세가 진전되면서, 우리나라에서 65

세 이상 인구는 앞으로 점점 늘어나 2060년에는 전체 인구의 41%에 이를 것으로 추산되고 있다(통계청, 2018). 따라서 다양한 민족적·문화적 배경을 지닌 구성원들이 함께 공존하며 새로운 사회질서를 만들어 발전적 통합을 이루어감에 있어서 주류사회 구성원들인 노인들의 이주민 및 다문화 관련 정책에 대한 인식과 태도가 중요한 요인으로 인식되면서 노인 대상의 관련연구가 이루어지게 되었다(양계민, 2009; 김미진, 2010; 민무숙 등 5인, 2010; 황정미, 2010; 이지영, 2013; 백승대, 안태준, 2013; 안상수 등 4인, 2015).

선주민에게 다문화사회 구성원으로서 갖추어야 할 요건으로서 다문화수용성과 관련된 연구들을 살펴보면, 2000년대 초기에는 성별, 연령, 학력, 경제수준, 종교, 다문화교육, 다문화접촉 경험, 부모 양육태도 등 다문화수용성에 미치는 외재적 요인을 통한 연구를 중심으로 이루어졌다(김경근, 황여정, 2012; 금혜령, 2013; 김미진, 2010; 민무숙 외 4인, 2012; 박선영, 2005; 박수미, 정기선, 2006; 안상수 등 4인, 2012; 정석원, 정진철, 2012; 한수진, 2013). 그러나 최근에는 자아존중감, 자아개념, 공동체의식, 배려, 공감 등 내면화되어 생애에 걸쳐 지속적으로 영향을 미치는 내재적 요인들을 중심으로 하는 영향력에 대한 연구가 이루어지고 있다(김인숙, 이수진, 2017; 김현정, 2019; 이미란, 김선희, 배은석, 2016; 이정아, 2016; 정삼현, 2015).

다문화수용성에 영향을 미치는 인구사회적 변인으로 성별의 경우에 여성이 남성보다 다문화수용성이 높다는 연구결과(김경근, 황여정, 2012; 김현정, 2019; 박수미, 정기선, 2006; 이지영, 2013)가 있다. 다른 한편으로는 남성이 여성보다 높다는 연구결과(양계민, 2009)도 찾아볼 수 있다. 여성가족부의 국민 다문화수용성 조사(안상수 등 4인, 2015) 결과에 의하면, 연령이 높아질수록 다문화수용성 수준은 낮아지는 경향을 찾아볼 수 있으며, 배은주, 허효선(2018)에 의한 인천시민 다문화수용성 조사연구에서도 연령대가 높을수록 다문화수용성이 낮아지는 것으로 나타났다. 노인의 다문화수용성이 다른 연령층에 비해 낮게 나타난 이들의 연구결과는 노인들의 경우에 타 연령층에 비해 다문화수용성 향상을 위한 노력이 더 많이 필요하다는 것을 의미하는 것으로 해석된다. 교육수준 변인에서는 교육수준이 높은 집단은 낮은 집단보다 상대적으로 다문화수용성이 높게 나타났다(안상수 등 4인, 2012). 외국인과 접촉, 해외여행 경험, 다른 문화에 대한 경험이 있는 경우는 접촉 경험이 없는 경우보다 소수집단에 대해 더 개방적인 태도를 갖는다고 보고하였으며(정지연, 김영환, 2012), 해외여행 및 체류 경험이 있는 학생이 그렇지 않은 학생보다 다문화수용성 지수가 높게 나타났다(이지영, 2013). 유두련(2019)의 연구에서는 자원봉사 빈도가 높을수록 다문화수용성이 높은 것으로 나타났으며, 다문화 콘텐츠 시청 빈도가 많은 집단일수록 다문화수용성이 높다고 보고하였다. 또한 대중매체 접촉 경험이 많은 경우 다문화수용성이 높은 것으로 나타났다. 그 밖에도 종교의 유무, 경제 수준, 멘토링 경험 등도 정적인 영향력이 있는 변인으로 나타난 결과를 찾아볼 수 있다(이현정, 안재웅, 이상우, 2013).

이미란, 김선희, 배은석(2016)의 연구에서는 노인의 집단주의와 개인주의 가치는 다문화수용성에 영향을 미치는 요인이며, 수평적 가치일 때 다문화수용성이 높고, 수직적 가치일 때 낮게 나타났다. 또한 2대 이상 가족이 함께 사는 노인의 경우와 주관적 계층 인식이 낮은 노인에게 있어서 다문화수용성은 더 높게 나타났으며, 이들 변인은 정적 영향력이 있다고 보고하였다.

자아존중감은 자신에 대한 긍정적·부정적 평가에 대한 태도로서 자기수용이라 할 수 있다. 자기수용은 타인을 수용할 때도 역시 수용적일 수 있음을 의미하며, 다문화수용성에 대하여서도 자아존중감은 중요한 영향력이 있는 변인으로 나타났다(김현정, 2019: 48). 또한 자아존중감은 다른 민족, 다른 문화에 대한 인식과 이해에 영향을 미칠 수 있음을 의미하는 것으로도 이해할 수 있다. 장은화(2012)의 연구에서도 자아개념의 수준이 높을수록 다문화수용성이 높게 나타났으며, 그중에서도 인성적 자아개념이 높을수록 다문화수용성이 가장 높은 결과를 보고하고 있다. 이러한 연구를 통해 긍정적인 자아존중감이 다문화수용과 인식에 영향을 미침을 알 수 있다. 자아존중감의 하위변인과 다문화수용성의 하위변인 간에 밀접한 상관관계가 있으며, 이는 자아존중감이 높을수록 다문화수용성도 높다는 것을 의미한다(김현정, 이태상, 2015; 정삼현, 2015; 이정아, 2016).

고등학생을 대상으로 하는 조미성(2014)의 연구에서도 이들의 자아존중감과 다문화수용성 간에 높은 상관관계가 있음을 설명하고 있다. 이는 자아존중감이 높은 청소년은 자신과 다른 사람을 수용하며, 주위환경이나 사회적 관계에서 인정 및 소속감을 느끼면서 자신감도 얻을 수 있음을 시사한다. 자아존중감과 다문화수용성은 깊은 관련성이 있으며 다른 사람을 이해하고 수용하는 데 자아존중감이 높을 경우에 다문화수용성도 같은 경향으로 나타나는 것으로 설명된다(박지윤, 박은민, 2015).

다문화사회에서는 대학생들의 다문화 인식과 다문화사회 수용에 대한 인식은 개인적인 차원에서뿐만 아니라 국가발전을 위한 차원에서 매우 중요한 의미가 있다. 홍유진(2014)은 대학생의 다문화수용성이 중요함을 인식하고 이들의 다문화수용성 수준을 알아보고자 하였다. 여성가족부에서 개발한 '국민다문화수용성진단도구(KMCI)'의 8개 요인 중에서 상호 교류 행동의지와 문화개방성, 고정관념 및 차별 요인 등의 4개 요인을 중심으로 관계구조를 분석하였다. 결과를 살펴보면, 문화개방성 수준이 올라갈수록 고정관념 및 차별 성향은 낮아지며, 그 결과 다문화수용성 수준에 대하여 부적 영향을 미치는 것으로 나타났다. 또한 대학생들의 문화개방성은 상호 교류 행동의지에 정적 영향을 미치는 결과로 나타났다. 또한 외국인과 이주민에 대한 긍정적인 내용을 다룬 미디어 긍정 경험이 고정관념 및 차별에 부적 영향을 미치는 것으로 나타났다. 이러한 결과는 다문화수용성에 대한 미디어의 효과성을 연구한 정연구, 송현주, 윤태일, 심훈(2011)의 연구결과와 같은 맥락에서 이해할 수 있다. 시청자들이 결혼이주여성에 대한 긍정적인 뉴스에 노출될 경우 결혼이주여성에 대한 부정적인 고정관념은 감소하였으며, 부정적인 뉴스에 노출될 경우 부정적인 고정관념이 강화되었다고 보고하였다. 이상의 선행연구 결과를 종합해볼 때, 미디어를 통한 간접적인 다문화 경험은 다문화적 실천 의지와도 매우 높은 상관관계가 있는 것으로 나타나고 있다(이동진, 2019)는 연구결과와 같은 맥락으로 이해할 수 있다.

김현정(2019)의 연구에서는 노인들의 다문화수용성에 관한 연구에서 자아존중감의 매개효과를 살펴보고자 하였다. 노인의 다문화수용성에 미치는 영향력을 살펴본 결과 개인자아존중감, 집단자아존중감 모두 다문화수용성에 정적인 영향력이 있는 것으로 나타났다. 개인자아존중감, 집단자아존중감이 높을수록 다문화수용성이 높아지는 결과로 나타났다. 이러한 결과는 높은 자아존중감을 가진 이들이 타민족에 대해 보다 더 관용적이고 긍정적인 태도를 취한다는 Berry, Kalin & Taylor(1977)의 연구결과와도 같은 맥락에서 이해할 수 있다(김현정, 2019 재인용). 또한 자아존중감이 높은 사람은 자기 자신과 타인을 잘 수용하며 타인의 능력과 자신의 능력을 잘 인식하고, 주위 환경이나 사회적 관계에서 안정감과 소속감을 느끼는 연구결과(최문정, 2010)와도 같은 맥락이라고 할 수 있다.

15. 대중매체 속의 다문화가족 재현

한국 남성과 외국인 여성과의 국제결혼이 증가하면서 한국도 점차 다인종, 다문화 사회로 변모해가고 있다. 그러나 실제로 이주민을 가까이에서 직접 대면할 수 있는 계층은 매우 제한적이다. 한국 사회에서 국민 대다수는 이들과의 직접적인 접촉을 하는 기회보다는 뉴스나 드라마, 다큐멘터리 등의 미디어 프로그램을 통하여 간접적으로 이주민에 대한 이미지를 형성해나간다(권용희, 2013: 184). 미디어를 통한 이주민의 재현은 수용자의 다문화 인식 및 태도 형성에 영향을 주게 되므로 특정 사회나 국가에 있어서 미디어의 역할은 매우 중요한 의미가 있는 것이다(박미경, 이헌률, 2017: 13). 재현이란 언어나 이미지를 사용하여 의미를 구축해나가는 과정이며, 미디어가 재현하는 현실은 대중의 인식을 바꿀 수 있는 영향력을 발휘하게 된다는 것이다. 홀(Hall, 1997)은 미디어가 재현하는 현실이 주어진 사실의 결합이 아니라, 특정 방식으로 개념을 수집, 조직, 배열하고 분류한 것이며(박미경, 이헌률, 2017: 15 재인용), 독자들은 미디어의 '생산된 현실'을 통하여 사회를 바라보는 것이기 때문이다(조상진, 2015: 44).

그러므로 미디어를 통하여 재현되는 현실의 기저에는 주류사회의 인식과 태도가 반영되어 나타나는 것이라고 할 수 있는 것이다. 즉, 대중매체가 이주민을 재현하는 방식은 기존 지식체계나 지배적 의식에 의존하기 때문에 특정 문화에 대한 기존의 편견이나 선입관 혹은 고정관념을 재생산할 수밖에 없는 결과를 가져오게 된다는 것이다(권용희, 2013: 184, 199). 그러므로 대중매체에서 재현되고 있는 다문화가족의 특성을 살펴보는 것은 현재 한국사회에서 다문화가족에 대한 현실을 파악하고 사회통합으로 나아가는 데 필요한 시사점을 발견해내기 위하여서 매우 의미가 크다고 하겠다.

오늘날 우리는 신문, 책, 텔레비전, 라디오, 영화, 뉴미디어 등의 대중매체를 통해 많은 정보를 제공받고 있다. 이러한 대중매체들은 '전달하는 것'의 역할에 따른 기능을 가지고 있다. 특히 대중매체는 사람들에게 전통이나 규범 등을 전수하는 사회적 기능을 통하여 사람들의 공통적인 경험의 토대를 넓히고 국민들의 공통성 형성으로 국민들 간의 소속감을 통한 통합을 유도하는 역할을 한다. 다른 한편으로는 대중매체를 통해 제공되는 문화들은 획일적이고 규격화된 문화라는 점에서 문화의 다양성이 상실되고 창의성이 저해될 수 있다는 점이다. 즉, 현대인들은 대중매체를 통해 습득한 정보와 지식, 의식과 가치관에 노출되고 미디어가 일방적으로 전달하는 여론에 수동적 존재가 되어 가고 있는 것이다. 그러므로 정보를 수용함에 있어서 비판적이며, 능동적인 자세를 가지는 것은 매우 중요하다 (권용희, 2013: 189).

KBS TV의 휴먼다큐멘터리 〈인간극장〉 프로그램에서 지난 2000년 1월부터 2010년 5월에 걸쳐 방송된 다인종 가정의 재현 사례에 관한 연구(홍지아, 김훈순, 2010)에서는 한국사회의 차별의식과 이러한 차별의식에 개입되는 가치체계와 사회문화적 배경이 어떠한가를 규명해보고자 하였다. 〈인간극장〉은 다인종사회로 접어든 한국사회에서 나타나는 편견과 차별의식에 따른 갈등 해소의 대안으로 전통적인 순혈주의적 대가족 공동체로서 가정의 화합을 제시하고 있다. 〈인간극장〉에서 보여주고 있는 이러한 다문화가정의 재현은 인종의 다양화라는 사회적 현실과 그에 따른 변화를 수용하기보다는 사랑과 희생이라는 정서적 가치로 문제의식을 희석하고 있다고 지적하고 있다. "한국사회의 다인종, 다문화 담론은 식민주의적 구별 짓기로부터 자유롭지 못한 한국사회의 특징과 사회적 계급 생산의 근거가 되고 있는 인종, 젠더, 문화적 차이를 함께 아우를 때 비로소 논의가 가능하다. 그러나 현재의 미디어는 이러한 차이를 교차적으로 바라보며 문제의식을 제기하기보다는 인종과 문화의 차이에 따른 기존의 도식적인 구별 짓기의 틀"에 머물고 있는 한계를 보인다고 지적하고 있다(홍지아, 김훈순, 2010: 544, 556). 또한 〈인간극장〉에서는 배우자의 인종과 출신국의 경제적 수준에 따라 한국사회와의 차별적 관계를 형성하는 선택적 포섭과 배제전략을 취하고 있는 것으로 분석하였다. 특히 혼혈자녀의 정체성이나 혼혈의 특징이 한국사회의 구성원으로 살아가는 데 차별 여부로 작용하는지의 문제에 있어 부계혈통의 계승, 배우자의 인종과 출신국의 서구적 근대화 여부가 중요한 변수로 작용하고 있다고 지적하고 있다. 〈인간극장〉에서 사회변화로 인하여 발생되는 갈등을 해결하기 위하여 전통적인 가족 공동체의 역할을 기대하는 대안을 제시하는 것은 적절한 문제 해결 방향이 아님을 지적하고 있다(홍지아, 김훈순, 2010: 577).

권용희(2013)는 EBS TV의 다문화 휴먼다큐멘터리 프로그램 〈가족〉에서 재현하고 있는 다문화가족의 특성을 살펴보았다. 〈가족〉에서는 한국의 드라마 장르에서 자주 등장하는 '운명적 사랑' 이야기 구조로 이주민을 재현하고 있다. 이는 기존 지식체계나 지배 이데올로기에 의존하여 다문화가족의 '국제결혼'이라는 특성만을 활용해 재미와 감동을 전달하는 프로그램 방식으로써 또 다른 고정관념을 재생산하고 있는 것으로 분석하였다. 또한 〈가족〉에서 결혼이주민 여성은 능숙한 한국어 실력, 한국식으로 변한 입맛, 한국문화에 익숙해진 모습으로 집안일과 바깥일 모두 잘 소화해내는 여성으로 재현되고 있었다. 이러한 재현은 결혼이민여성이 한국문화에 동화되어 성공적인 모습으로 비칠 수 있도록 하는 것이며, 그러므로 이러한 재현은 "그들을 상대적 약자로 포섭하고 조정하는 새로운 형태의 억압을 생산하는 결과를 초래하고 있는 것"이라고 지적하고 있다(권용희, 2013: 200). 〈가족〉에서 이주민의 식문화를 소개하는 내용을 담고 있는 부분에 대하여서는 타문화에 대한 이해를 위한 노력으로 평가될 수 있는 것으로 설명하고 있다.

결혼이민남성을 대상으로 하는 〈이웃집 찰스〉에서 재현되는 다문화가족 담론분석은 인종, 국적, 계층, 직업까지 다양한 이주민의 일상생활을 담고 있으며, 이는 문화의 다양성을 재현하고 있다는 점에서 기존의 다문화 프로그램과는 차이가 있다(박미경, 이헌율, 2017: 21). 〈이웃집 찰스〉에서는 기존의 결혼이민여성 프로그램에서 은폐되었던 공적 영역에까지 재현의 대상이 확대되었으며, 이를 통하여 이주민의 다양한 갈등을 표출하고 있다. 또한 그동안 결혼이민남성의 실상이 드러나지 않았으나, 본 프로그램에서는 결혼이민남성이 이민여성보다 더 사회적 관계망 확보가 어려우며, 경제적 주체로서 정주하는 데 어려움이 있음을 재현하고 있다. 이는 다문화사회에 대한 재현의 변화를 보이고 있는 부분으로 설명된다. 반면에 가족주의 문화에 대하여서는 다양해지는 가족구조의 변화의식을 수용하기보다는 전통적인 가부장적 가족주의를 재현하고 있음을 지적하고 있다. 이러한 재현에 대하여 연구자는 국제결혼이 증가하게 된 이유 중에 한국의 저출산 위기를 극복하기 위하여 추진되었음에도 불구하고 가부장적 가족구조가 지속되고, 성차별적 가치관으로 재현되고 있다는 것은 국제결혼이 저출산 기조의 변화라고 하는 원래 취지를 달성하는 데 한계가 있다고 분석하고 있다(박미경, 이헌율, 2017: 21).

이소현(2014)의 연구에서는 다문화가정에 관한 TV 프로그램에서 다문화가정 자녀들이 어떻게 재현되고 있는가를 살펴보고자 하였다. 이 연구는 결혼이민여성 중심의 다문화 담론에서 다문화가정 자녀들에 대하여 관심을 가지고 그들의 관심을 재현해보고자 하는 측면에서 연구 의의가 있다고 하겠다. 그러나 다문화가정 자녀에 대한 미디어 재현은 이들의 현실적인 문제를 깊이 있게 다루기보다는 기존의 전형적인 다문화가정의 미디어 재현 양상을 강화하거나 확장하고 있다고 지적하고 있다. "글로벌 남부의 가난한 여성이라는 결혼이민여성에 관한 지배적 담론은 다문화가정 2세에게 연결되면서 정서적 온정주의의 대상으로서의 이미지를 고착시키는 한편 타자/하위주체로서의 위치를 강조하는 경향을 보인다"라고 분석하고 있다(이소현, 2014: 32). 또한 가족주의에서 전통적 부계혈통주의를 강조하면서 "이상적 소수자"의 전형화를 부추기고 있다는 점에서 다문화가정에 대한 보수적 관점을 재확인하는 결과로 이어지고 있다는 문제를 제시하고 있다. 결과적으로 다문화가정 자녀에 대한 미디어 담론의 재현은 다문화가정의 특수성을 인정하기보다는 다문화가정 자녀를 한국인의 범주에 통합시키는 것으로 나타나고 있으며, 이는 현실적으로 문화적 다양성에 대한 재정의가 필요함을 시사하는 것이라고 지적하고 있다(이소현, 2014: 34).

이영주(2019)는 KBS 파노라마 다큐멘터리 〈어머니의 나라, 중도입국 청소년 표류기〉 사례에서 중도입국자녀에 대한 미디어 재현을 살펴보고자 하였다. 국제결혼이 증가하고, 시간이 지남에 따라 그들의 자녀가 학령기가 되면서 학교에서 다문화 학생의 비중이 증가하고 있으며, 또한 다문화 학생들 중에서 중도입국자녀들의 비중도 점차 증가하고 있다(여성가족부, 2015). 그러나 중도입국자녀들을 위한 법과 제도가 미비한 실정이며, 이들은 한국에서 태어나고 자란 다문화가정 자녀들과는 달리 한국에서의 적응에서 특수한 어려움에 처해 있는 현실에서 중도입국자녀에 대하여 관심을 가지는 것은 매우 의미가 크다고 하겠다. 연구자는 사례분석을 통하여 중도입국청소년들이 가정이나 학교생활에서 처한 어려움을 가족, 학교, 또래관계, 진로 등의 상황별로 분석하였다. 연구자는 다큐멘터리 속에서 중도입국청소년들의 상황을 '가족이라는 울타리도 힘든 아이들', '학교를 다닐 수 없는 중도입국자녀들', '배척당하는 아이들', '꿈을 꾸는 방법을 잊은 아이들', '부모님과 함께 있을 수 없는 현실' 등으로 도출하였다(이영주, 2019: 41-70). 이와 같이 중도입국청소년들의 미디어 재현은 매우 복합적이고 중층적으로 나타나고 있음을 이해할 수 있다.

다문화가족 문화에 대한 담론은 영상언어를 통하여서도 재현되고 있다. 이도균(2015)은 영화에서 드러나는 서사와 양식체계를 통해 가족해체 원인과 위기, 그리고 문제의 해결을 통한 재결합 과정을 재현해보고자 하였다. 이러한 연구는 현재 한국사회가 안고 있는 가족문제를 스크린 밖으로 꺼내어 재생산해 냄으로써 이를 사회적 담론으로 이끌어 낸다는 점에서 의미가 있다. 영화에서 다문화가정의 재현은 우리 사회에서 다양한 문화성을 재생산해 내고, 영화에서 드러나는 다양한 사회문제를 바라보는 한국사회의 시선, 즉 인식으로 자리 잡게 되는 것이므로 매우 중요한 의미가 있는 것이다(이도균. 2015: 98). 특히 영상세대인 대학생들에게 있어서 영상매체가 젊은이들의 사고체계에 미치는 영향은 더 클 것으로 예측되므로, 영화를 통한 다문화가정의 재현은 중요하다고 하겠다.

윤일수(2007)는 영화 〈나의 결혼원정기〉와 〈완득이〉를 통하여 재현되고 있는 다문화가족의 모습을 살펴보고자 하였으며, 다문화가족에 대한 편견과 배제의 경향으로 나타나고 있음을 지적하고 있다. 결혼이민여성에 대하여 '팔려온 여성'으로 천시하며 그로 인하여 사회적으로 배제시키는 경향으로 드러나고 있다고 분석하였다. 또한 한국 남성의 경우에는 한국에서 사회적 · 경제적으로 배제되었으므로, 다문화가정은 결핍요소가 많으며, 그로 인해 가족 간에 불화로 이어지고 있다는 선입견이 반영되어 있음을 지적하고 있다. 다문화가정 자녀들에 대하여서도 외모가 다르고, 한국어가 미숙함으로 인해 학교생활에서 부적응의 모습으로 재현되는 것으로 분석하고 있다(윤일수, 2007: 322).

이혜경(2010a)의 연구에서는 영화 〈나의 결혼원정기〉에 재현되고 있는 국제결혼알선업체의 현실적 문제점에 대하여서도 분석하고 있다. 업체의 급속한 맞선 진행, 통역과정에서의 정보 왜곡, 부정한 금전거래 등에 대한 문제는 결혼 이후의 생활에서 발생되는 가족문제의 원인이 될 수 있음을 보여주는 것으로서 매우 의미가 크다고 하겠다.

다른 한편으로, 이도균(2015)은 영화 〈완득이〉에서 재현되고 있는 다문화가정의 모습은 다문화가정 내에서 발생되는 다양한 갈등을 사회문제로 인식하게 하면서, 모든 가족구성원이 하나가 되어 갈등을 해결하는 통합과정을 제시함으로써 결과적으로 사회적 통합을 이끌어내고자 하는 메시지를 담고 있는 것으로 설명하고 있다. 〈완득이〉에서는 갈등을 통합하는 과정에서 중요한 것은 한국사회에서 전통적인 부모의 역할과 부모를 중심으로 하는 가족구성원 간의 사랑으로 재현되고 있다. 이를 통하여, 가족으로서 인간으로서 가지고 있는 긍정적인 태도와 시선을 재현하고자 하는 것으로 분석하고 있다(이도균, 2015: 122).

김혜리, 황어진, 이성연(2020)은 동화 〈마당을 나온 암탉〉에서 재현되는 다문화가족의 사회적응 요인을 탐색해보고자 하였다. 본 동화는 2000년에 출간된 아동문학 작품으로서 우리 사회의 소수자가 직면하게 되는 편견과 차별의 문제를 재현하고 있으며, 동시에 차별을 딛고 함께 공생한다는 의미의 중요성을 제시하는 작품으로 평가받고 있다(김혜리, 황어진, 이성연, 2020: 297). 이 연구에서는 동화의 주인공인 다문화가정의 결혼이민여성과 자녀가 사회 적응을 함에 있어서 영향을 미치는 요인에 대하여 교류분석 관점에 근거하여 심층적으로 탐색해보고자 하였다. 사회 주류집단 구성원의 선입견과 배타적 태도는 다문화가족 구성원의 사회 부적응을 유발하는 위험요인으로 작용하고 있는 것으로 분석하였다. 그러나 가족구성원 중에서 특히 부모-자녀 간의 건강한 교류가 이러한 위험요인에 대하여 중재 역할을 하고 있는 것으로 분석하고 있다. 따라서 다문화가정의 원활한 사회 적응을 위해서는 견고한 가족 지지체계 구축이 필수적임을 강조하고 있다. 이 연구에서는 다문화가족이 취약한 존재로 인식하던 기존의 고정관념이 아니라 그들 스스로 내부적인 결속과 지지체계의 긍정적인 영향력이 있음을 보여주고 있다는 점에서 의의가 있다(김혜리, 황어진, 이성연, 2020: 315, 317). 교류분석이론에 의하면 사회 적응에 영향을 미치는 개인의 인생 태도와 각본이 생애 초기에 형성된다는 점을 고려할 때, 〈마당을 나온 암탉〉과 같은 유아용 다문화교육 자료가 많이 활용되고, 이러한 자료들의 적극적인 개발이 필요하다고 할 수 있다.

다문화가정 자녀가 급증하면서 다문화가정의 자녀를 주인공으로 하는 다문화 소설이 발표되었으며, 다문화 문학을 통한 다문화 담론의 재현을 찾아볼 수 있다. 이미림(2012)은 소설 〈코끼리〉, 〈완득이〉, 〈이슬람 정육점〉 등 10대 다문화 자녀를 주인공으로 하는 성장소설에서 재현되는 다문화가족 담론을 살펴보고자 하였다. 소설 속에서 10대의 주인공들은 차별적이고 배제적인 한국사회에서 조숙하고 사려가 깊은 '상처받은 영혼'으로 성장하였고, 한국사회의 현실과 화해하며 성숙해나가고 있음을 보여주고 있다(이미림, 2012: 396). 성장소설을 통하여 작가는 우리 사회의 배타적이고 차별적 인식에 대한 문제를 제기하고 있으며, 이는 인권문제를 야기하는 것이라고 분석된다. 연구자는 이러한 현상은 한국인들이 이주민들을 국민으로 인정하지 못하고 있기 때문이며, 세계시민으로서의 자세가 부족하기 때문으로 설명하고 있다. 그러므로 다름과 차이를 틀림과 차별로 인식하는 동화주의적 태도를 성찰하는 다문화교육이 시급함을 강조하고 있다(이미림, 2012: 397).

대중매체에서 다문화 담론은 다문화사회가 지향하는 가치와 마찬가지로 이주민의 다양성을 인정하고 존중하는 태도를 담아내는 것이 중요하다. 따라서 대중매체에서는 이들의 서로 다름을 인정하고 각각의 개성 있는 존재를 자연스럽게 담아낼 필요가 있으며, "소수를 다수에 인위적으로 동화시켜야 한다는 생각"은 결코 바람직하지 않다고 하겠다(권용희, 2013: 201).

16. 결혼이민여성의 인권

이주민의 인구비율이 날로 증가하고 있는 우리나라는 다문화사회로서 다양성이 존중되는 복지국가를 이루기 위해 노력해야 할 것이다(이무선, 2014: 153). 한 사회에서 인권지수는 그 나라에서 가장 차별받는 계층의 인권실태로 가늠할 수 있다고 한다면, 국제결혼 이주여성은 한국사회에서 이주민으로, 여성으로, 빈곤층으로 차별받는 계층이라는 점에서 우리 사회의 인권의 잣대라고 할 수 있을 것이다(소라미, 2009: 27). 그러나 한국사회에서 결혼이민여성은 가부장적 가치관, 가정폭력, 국제결혼에 대한 한국사회의 차별과 편견, 사회구조적·정책적·제도적 측면에서 미비함 등의 복합적인 이유로 인하여 차별받고 있는 현실이다(이무선, 2014: 132-133). 그러므로 결혼이민여성들이 겪고 있는 인권침해적 문제에 대한 담론을 살펴보는 것은 의미가 있는 것이라고 생각된다. 결혼이민여성들의 인권실태에 대한 담론을 통하여, 한국사회는 사회적 소수자(군복순, 임보름, 2011: 4)로서 이들의 보편적 권리를 위하여 관련 법들을 어떻게 규정하고 있으며, 인권 보호를 위하여 어떠한 법적·제도적 과제에 대한 논의가 이루어지고 있는가를 살펴보고자 한다.

1990년대 지방정부의 '농촌총각 장가보내기' 사업으로 시작된 한국 남성과 아시아 여성들과의 국제결혼은 계속 증가하여 2005년에는 정점을 이루었다(〈표 3〉 참고). 2019년에도 국제결혼의 비율은 9.9%로 나타나고 있으며, 이 중에서 외국인 아내와의 국제결혼은 7.4%이며, 외국인 남편과의 국제결혼 2.5%보다 약 3배 높은 것으로 나타나고 있다(통계청, http://www.kosis.kr). 이와 같이 여성결혼이민자의 수가 급증하게 된 이유 중의 하나는 2000년을 전후하여 국제결혼중개업자 개입의 영향이라고 할 수 있으며, 한국인 남성과 결혼한 외국인 여성의 국적을 살펴보면 주로 중국, 베트남, 필리핀 등 동남아시아 국가들이라는 것이 특징적이다(이혜랑, 2019: 46).

결혼이민여성의 증가와 함께 국제결혼 부부의 이혼도 꾸준히 늘고 있는 것으로 나타나고 있다. 통계청의 인구동향 조사자료에 의하면, 국내 총 이혼 건수 중에서 국제결혼 부부의 이혼 건수를 살펴보면, 조사를 실시한 1995년도부터 2004년도까지 약 1~2% 정도의 비율로 나타나고 있다. 외국인 아내의 이혼과 외국인 남편의 이혼을 구분하여 살펴보면, 1990년대 후반까지는 외국인 남편의 이혼 건수가 훨씬 많았다. 그러나 2005년부터는 외국인 아내의 이혼 건수가 외국인 남편과의 이혼 건수보다 더 많아지기 시작하였고, 역전된 격차가 점점 벌어져서 2019년에는 국제결혼 부부의 이혼 건수(6,899건)는 총 국내 이혼 건수(110,831건)의 6.22%이며, 이 중에서 외국인 아내의 이혼(4,917건, 4.44%)은 외국인 남편의 이혼(1,982건, 1.79%)의 약 2.7배로 더 높게 나타나고 있음을 알 수 있다(〈표 6〉 참조: 통계청, https://kosis.kr/index/index.do). 이혼사유별 외국인 아내와의 이혼을 살펴보면, 매매혼적 결혼 성립과 정신적 및 육체적 학대 등의 불평등한 인간관계로 인한 가정폭력이 주요 원인으로 나타나고 있다(이무선, 2014: 135).

국제결혼의 추진과정에서 결혼중개업자를 통하여 제3세계의 외국인 여성들과 한국 남성들과의 결혼은 대부분 상업화된 결혼시장을 통하여 이루어지고 많은 문제를 야기하고 있다. 상업화된 거래를 통하여 이루어진 결혼은 심한 경우에는 매매혼 또는 사기혼의 경우도 있는 것으로 나타나고 있다(양소영, 2012: 289-290). 결혼중개과정에서 발생되는 인권의 문제는 이주 후에 다문화가정의 여성들이 겪게 되는 다른 문제와 연계된다는 점에서 매우 중요하게 다루어져야 한다(이혜랑, 2019: 48). 가족의 빈곤을 해결하기 위한 수단으로 한국 남성과의 국제결혼을 선택한 외국인 여성은 가정폭력, 외출금지, 노동활동 강요 등 인권의 사각지대에 노출되고 있으며, 이러한 결혼이민여성의 인권문제는 사회문제로 대두되고, 이로 인하여 결혼이민여성에 대한 사회적 편견이 늘어가고 있는 현실이다(양소영, 2012: 290; 이무선, 2014: 6).

결혼이민여성들이 가정폭력과 인신매매적 결혼중개구조에 노출된 인권문제로 가시화된 것은 국제결혼 성립과정에서 국제결혼중개업체가 왜곡된 방식으로 개입함으로 인해 나타난 문제가 표출되면서부터이다. 2003년 3월에 필리핀 국적의 31세인 '알가나레이 비비' 씨가 결혼생활 8년 동안 남편에게 구타를 당하다가 결국 자살하게 된 사건, 2005년 11월에 필리핀 여성은 결혼한 지 5년 만에 평소에 의처증 증세가 있는 한국인 남편으로부터 폭행당한 후 사망하게 된 사건, 2007년 7월 베트남 국적의 19세 '후인' 씨가 한국 남편으로부터 무자비한 폭행으로 사망하게 된 사건 등이 알려지면서 결혼이민여성의 인권문제는 사회문제로 가시화되기 시작하였다(소라미, 2009: 2). 이와 같은 사례는 급속하게 진행되는 국제결혼의 성립과정에서 여성을 상품화하는 매매혼적인 결혼 성립과 상대방에 대한 정보 부족과 왜곡된 정보로 인하여 결혼 후에 생기게 되는 심각한 문제를 예견할 수 있는 대표적인 사례라고 하겠다(이무선, 2014: 136; 한국염, 2008: 44-45).

결혼이민여성에 대한 가정폭력 발생은 한국사회의 독특한 구조에서 기인하는 것으로 분석된다(정도희, 2012: 40). 영리를 목적으로 하는 결혼중개업소의 소개로 진행되는 대부분의 국제결혼에서 한국 남편은 한국사회에서 열등한 지위에 있는 경우가 많다. 한국인 남편이 되는 자는 외국인 여성과 나이 차이가 많거나 장애인으로서 한국 사회에서 소수자에 속하는 경우가 많으며, 재혼인 경우도 다수 있다는 것이다(정도희, 2012: 40-41). 그뿐만 아니라 결혼이민여성의 체류자격의 불안정이라는 열등한 지위는 결혼이민여성으로 하여금 부당한 가정폭력을 견딜 수밖에 없는 요인이 되기도 한다. 서울이주여성상담센터의 상담통계(2013년 1~12월)에서도 가정폭력, 부부갈등, 이혼문제 등의 사실상 가정폭력문제가 과반수를 차지하였으며(이무선, 2014: 137), 2020년의 상담통계에서도 총 상담 건수 중에서 가정폭력 관련 건수가 3분의 1 이상으로 나타나고 있는 것은 결혼이민여성의 인권실태를 잘 보여주는 것이며(서울이주여성상담센터, 2020), 이에 대한 대처방법을 국가가 강구함으로써 결혼이민여성을 보호할 필요가 있는 것이다.

한국사회에서 결혼이민여성에 대한 인권침해는 개인적 · 사회적 · 제도적 차원에서 매우 다양하게 일어나고 있다(김상찬, 김유정, 2011: 322-331). 먼저, 개인적 차원에서 인권침해는 성적 학대를 포함하는 성폭력, 남편과 시집 가족들로부터의 언어폭력, 신체적 폭력을 포함하는 가정폭력이 대표적인 예이다. 또한 한국 남편과 그 가족들은 결혼이민여성들이 국적을 취득하게 되면 도망갈 것이라는 인식을 가지고 있으며, 이를 통제하기 위하여 생활비를 주지 않거나 취직을 못 하게 하는 등 엄격한 생활 통제를 하는 것으로 나타나고 있다.

다음으로 사회적 차원에서는 단일민족 국가로서 순수혈통을 중요시하던 한국사회에서 국제결혼에 대하여 가지게 되는 편견과 차별, 그리고 결혼이민여성들이 임신, 출산, 육아 등에서 언어장벽과 정보의 부재로 인하여 인권침해적 어려움을 겪게 된다는 것이다. 자녀들에게 있어서도 다른 외모와 피부색으로 집단따돌림을 당하는 수가 있으며, 정체성 혼란 등으로 인하여 학교생활 적응에 어려움을 겪는다는 것이다. 형사정책연구원의 실태조사에 나타난 결과를 살펴보면(김지영, 최훈석, 2011: 21-22), 한국사회에서 직장 생활을 하는 가운데 가장 빈번하게 발생되는 인권침해 사례는 근로계약서 작성 여부, 4대 보험 가입 여부, 임금체불 여부 등 기본근로 조건에 관한 것이다. 또한 언어폭력을 수반하는 언어적·심리적 피해를 경험하며, 성희롱·성추행·강간 시도 등의 성폭행을 당하기도 한 것으로 보고되고 있다. 또한 공공기관에서 부당하게 검문검색을 당하거나 억울하게 가해자로 몰리는 등 차별을 경험하였고, 출입국관리소에서도 인권침해를 당한 경험이 있는 것으로 나타났다.

제도적 차원에서 결혼이민여성들의 인권침해는 결혼중개업체의 중개과정에서 발생되는 인신매매성 결혼, 불안정한 체류권과 국적취득의 어려움으로 인한 신분상의 불안을 들 수 있다(김상찬, 김유정, 2011: 328-331). 한국 남성들과 제3세계의 여성들과 국제결혼에서 가장 큰 인권침해문제는 인신매매성 결혼의 문제이며, 이와 같은 결혼이 결국 인권 억압과 가정폭력으로 이어지기 때문이다(이무선, 2014: 137). 따라서 결혼이민여성의 인권침해 실태를 논함에 있어서 결혼중개 과정에서 발생되는 결혼중개업체에 의한 인신매매성 결혼, 결혼 후에 다문화가정 내에서 발생되는 가정폭력, 다음으로는 한국에서 생활하는 가운데 국적취득의 어려움으로 인하여 발생되는 신분상의 불안정한 지위 등의 인권침해적 요소는 매우 시급하게 다루어져야 할 것이다.

국제결혼과정에서 결혼중개업체에 의한 인신매매성 결혼에서 인권침해적 요소는 다음과 같다. 첫째, 성차별적 · 인종차별적 광고를 들 수 있다. 국제결혼중개업자들은 국내에서 많은 남성들을 모집하기 위하여 현수막, 지면 광고, 인터넷 광고 등 온 · 오프라인을 활용한 다양한 매체를 통하여 광고를 함에 있어서 성차별 · 인종차별적 광고를 게재한다는 것이다. 예를 들면, '초혼 · 재혼 · 장애인 환영', '연령 제한 없이 누구나 가능', '만남에서 결혼까지 7일', '베트남 절대 도망가지 않습니다', '신부보증제' 등의 노골적인 광고를 하고 있다는 것이다. 이와 같은 광고는 결혼시장에서 상품화된 여성, 서열화된 체제하에서 베트남이라는 국가의 주변성, 결혼을 주선하는 것이 아니라 매매혼적인 성적 결합을 내포하고 있다는 점에서 인권침해적 요소를 상징적으로 드러내는 것이라고 하겠다(김상찬, 김유정, 2011: 328; 소라미, 2007: 48; 이혜랑, 2019: 58).

둘째, 결혼중개행위는 상대방에 대한 정확한 정보가 보장되어야 할 것이다. 그러나 국제결혼중개업체는 결혼중개과정에서 외국인 여성들이 정보를 제공받지 못한 경우도 있으며, 때로는 부정확한 정보를 제공할 뿐만 아니라 직업 또는 나이, 경제력 등에 대하여 허위 정보를 제공하는 경우도 있다는 것이다(김지영, 최훈석, 2011: 23). 보건복지부의 국제결혼 이주여성 실태조사에 의하면, 응답자의 44%가 중개업체로부터 제공받은 남편에 대한 정보가 사실과 다르다고 응답한 것으로 나타났다. 언어적 장벽이 있는 외국인 여성의 경우에 정보의 재확인이나 의사소통이 불가능한 현실임을 고려할 때, 정보의 비대칭과 부정확한 정보제공은 명백하게 인권침해적 행위인 것이다(김상찬, 김유정, 2011: 328; 소라미, 2007: 49).

셋째, 결혼이민여성들은 자율적인 배우자 결정권 침해를 받게 된다. 상업화된 국제결혼 중개업자들은 그들의 이윤추구를 목적으로 가능한 짧은 시간 내에 대량 속성으로 맞선을 진행하게 된다. 그러므로 결혼 당사자들은 의사결정에 필요한 시간을 가질 수가 없으며 정보가 불충분하고 의사소통이 불가능한 상태에서 배우자 선택을 강요받게 된다는 것이다. 결혼중개업체는 한국 남성 회원들을 모집하여 관광형 맞선을 보도록 하고 물건 고르기식으로 여성을 선택한 후, 다음 날 결혼식을 하고 바로 합방을 하도록 함으로써 남성과 여성으로 하여금 결혼 결정을 번복하지 못하도록 강압적으로 진행하고 있다. 이는 여성이 선택의 대상으로 머무르며, 결혼을 강요당하게 되는 것이며, 결과적으로 자율적인 배우자 결정권을 침해받게 되는 것이므로 명백한 인권침해 행위에 해당된다고 하겠다(소라미, 2007: 49-50).

김지영, 최훈석(2011)의 연구에서 결혼이민여성을 대상으로 하는 인권침해 실태조사 결과를 살펴보면, 가장 빈번하게 나타나는 문제는 심리적 · 언어적 폭력, 한국식 생활방식의 강요, 활동의 자유 구속, 경제적 착취와 권리 박탈, 모국과의 단절 강요 등이다. 또한 배우자의 신체적 · 성적 폭력, 시댁 식구들에 의한 신체적 · 성적 폭력 등도 나타나고 있다. 이 중에서 언어적 폭력 경험이 있다고 한 응답자는 44%로 가장 높게 나타났으며, 신체적 폭력 경험은 17.7%로 나타났다(김지영, 최훈석, 2011: 20). 2005년 보건복지부의 실태조사에서는 결혼이민여성의 가정폭력 경험이 12.6%로 나타났으며, 이 중에서 언어폭력을 경험했다는 응답자가 31%로 가장 높았으며, 다음으로 신체적 폭력 경험, 성폭력 등의 순서로 나타났다. 2007년 여성가족부에서 실시한 결혼이민자 여성의 가정폭력 경험은 17.5%로 조사되었으며, 이는 결혼이민여성의 가정 내에서 발생되는 인권침해 수준은 점점 증가하고 있음을 의미하는 것으로 이해된다. 또한 결혼이민여성에 대한 인격적인 모독으로도 나타나고 있다. 한국 남편은 아내를 배우자로 대하지 않고 돈을 지불하고 사온 소유물로 취급한다는 것이다. 남편은 같이 생활하기 싫다고 무단가출하는 등 아내를 유기하거나 이혼을 종용한다는 것이다. 결혼이민여성들은 그들 본국에서의 문화는 완전히 무시당하고 일방적으로 한국의 가부장적 문화수용을 강요당하는 문화적 폭력에 노출되기도 한다(한국염, 2008: 43).

마지막으로는 결혼이민여성의 신분상의 불안문제도 결과적으로 인권침해적 현상으로 설명할 수 있다. 결혼이민여성은 처음 한국을 방문할 때, 동거비자로 체류자격을 취득해야 하는 외국인 신분이므로 복지대상에서도 제외되고, 결혼사유가 해소되면, 법적으로 불법체류자가 되므로 매우 불안정한 상태가 되는 것이다(이무선, 2014: 138). 결혼이민여성이 국적을 취득하고자 할 때는 국적법에 의하여 간이귀화의 요건을 충족하면 가능하다. 그러나 결혼이민여성이 간이귀화로 국적을 취득하고자 할 때, 한국인 배우자가 재산증명 및 재직증명에 동의해주지 않을 경우에는 국적취득이 사실상 불가능하다. 그러므로 합법적인 국내체류는 전적으로 한국인 배우자에게 달려 있다는 것이다(김상찬, 김유정, 2011: 330). 또한 간이귀화의 요건에서 요구하는 내용으로 '미성년의 자녀를 양육하고 있거나 양육하여야 할 자'를 충족해야 하는데, 결혼이민여성들은 경제적으로 취약하므로 사실상 자녀양육권을 확보하기가 매우 어렵다는 것이다. 국적법에서는 별거나 이혼을 하고 있을 때에는 간이귀화의 요건으로 배우자의 귀책사유가 있었음을 본인이 직접 입증해야 하도록 규정하고 있으며, 이는 한국어가 미숙한 외국 여성에게 입증 책임을 부담하도록 한다는 것은 현실적으로 매우 어려운 일이라는 점이다. 결혼이민여성이 F-2비자를 유지하면서 F-5비자로 체류변경 허가를 신청하고자 할 때에도 경제력 관련 신청서류와 함께 별도의 신원보증서를 요구하고 있다. 주로 농어촌의 저소득 빈곤층에서 결혼이민여성들인 점을 감안하면, 이러한 규정들은 현실적으로 영주신청을 할 수 없도록 하거나 경제력의 차이에 따라 한국 국적을 강요하는 결과를 초래하므로 평등권과 국적선택의 자유를 침해하는 것이 되는 것이다(김상찬, 김유정, 2011: 330-331).

인권(human rights)이란 '사람이 사람답게 살 권리'로서, 인간으로서의 존엄과 가치 및 자유와 권리를 말한다. 인권은 출생과 동시에 지니게 되는 인간 고유의 권리로서, 사람들은 자기가 태어난 나라뿐만 아니라 다른 나라에서도 법률로서 자신의 기본권을 보호받고 있다(김지영, 최훈석, 2011: 35). 한국에서도 법률상으로는 외국인들도 국가안보를 위한 몇 가지 특수한 경우를 제외하고는 모든 영역에 있어 국내인과 차별받지 않으며, 인간의 존엄과 가치를 지니고, 행복을 추구할 수 있는 헌법의 기본권을 보장받을 수 있으며, 이러한 차원에서 결혼이민여성들도 가정과 직장, 사회에서 폭력과 학대, 차별을 받지 않을 권리가 있는 것이다(김지영, 최훈석, 2011: 38).

그러나 한국사회에서 결혼이민여성들은 결혼과정에서 인신매매적 특성과 가정 내에서 외모, 언어, 문화가 다르고, 출신국의 낮은 위상 등으로 발생되는 폭력, 낮은 사회적 지위에 있는 한국 남편과의 혼인 등으로 인한 사회적 편견과 차별적 대우 등의 심각한 인권침해에 노출되어 있다(권복순, 임보름, 2011: 6). 그러므로 우리나라는 다문화사회로서 결혼이민여성들의 인권 보호를 위한 대책 마련이 시급하다고 하겠다(김지영, 최훈석, 2011: 30).

무엇보다도 중요한 것은 결혼이민여성의 인권은 배우자와 가족을 매개로 하는 "의존적인 인권"이 아니라 권리주체인 개인으로서 인권을 보장받을 수 있는 법제가 마련되어야 한다는 것이다(안진, 2013: 70). 국제결혼가정이 조기에 안정적으로 정착되기 위해서는 결혼이민여성의 안정적인 법적 지위의 보장이 선행되어야 할 것이다(소라미, 2009: 9). 국제결혼 이주여성은 한국 국적을 취득하기 전까지 '외국인'의 신분으로 국내에 체류하는 것이며, 따라서 국적취득 전에 이혼을 하면 본국으로 돌아가야 하거나 불법체류자로 불안정한 신분 상태로 지내게 되기 때문이다. 따라서 결혼이민여성의 국적취득요건 완화 주장은 지속적으로 제안되어 왔다. 결혼이민여성의 취약한 법적 지위를 안정화시키기 위해서는 국적법 제6조에서 간이귀화 신청요건으로 요구되는 2년의 국내거주기간에 대한 재검토가 필요하다는 주장이 제기되고 있다(안진, 2013: 69; 소라미, 2007: 46; 정도희, 2012: 47). 2년이라는 유예기간 동안 국제결혼 이주여성의 불안정한 신분을 빌미로 국제결혼 가정 내에는 불평등한 권력 관계가 형성되고, 인권침해적인 상황에서 능동적인 대처를 어렵게 하여 가족 내 발생하는 갈등을 자율적으로 해소할 수 없게 하기 때문이다(소라미, 2009: 9). 국제결혼 이주여성의 경우에 혼인관계가 더 이상 지속될 수 없는 파탄에 이를 경우에 이주여성에 대한 체류자격 부여 여부는 위장결혼을 한 경우와 진정한 혼인 의사로 결혼한 경우에 대하여 구분해야 하는 것은 당연할 것이다.

더 나아가, 가정폭력 피해자에 대한 실질적인 보호책이 강화되어야 한다. 국적법에 의하면, 가정폭력 피해를 입증한 결혼이민자는 이혼을 한 후에도 국내에 체류하고 귀화할 수 있도록 하고는 있으나, 그 입증 책임이 결혼이민여성에게 있다. 한국 언어가 미흡한 상황에서 외국 여성이 스스로 모든 입증 책임을 지고 증명한다는 것은 현실적으로 매우 어려운 일이므로 이에 대한 법적 개선이 필요하다(이무선, 2014: 20). 그뿐만 아니라 가정폭력 피해 결혼이민여성을 보호하기 위해서는 결혼이민자가 가정폭력 피해를 호소하는 경우에는 관련 민·형사 절차가 마무리될 때까지는 강제퇴거를 유예한다는 것을 명문화할 필요가 있다(소라미, 2009: 11). 또한 한국인 남편에 의하여 이혼을 강요당하거나 낙태 강요, 인격적 모독, 성적 학대 등 무형의 가정폭력에 대해서도 법적 보호를 명문화해야 함을 지적하고 있다(김상천, 김유정, 2011: 335; 소라미, 2009: 12; 안진, 2013: 69). 또한 폭력 등 심각한 위기에 처했을 때 이들을 지원하기 위한 이주여성긴급지원센터, 이주여성을 위한 쉼터 등 긴급피난시설을 운영하고 있으나, 시설을 운영함에 있어서 현재 가부장적 가족 유지에 우선하는 정책으로 운영되고 있으므로 이주여성의 인권 보호를 위한 운영지침으로의 개선을 강조하고 있다(양소영, 2012: 292-293).

이상에서 살펴본 바와 같이 결혼이민여성들은 심각한 인권침해 상황에 처해 있으며, 이들의 인권 보호를 위하여 무엇보다도 먼저 결혼중개업에 대한 정부 차원의 엄격한 대처가 필요하다. 결혼중개 과정에서 속성 결혼 성립, 매매혼으로서 구조적 특성, 과장·허위광고 등은 결혼이민여성의 가정폭력의 주원인이라고 할 수 있으므로 결혼중개업소의 관리는 매우 중요하다. 「결혼중개업의 관리에 관한 법률」(이하 결혼중개업법)에서 부정한 방법이나 속임수로 대상자를 모집, 알선하는 행위 등을 금지하고 있다(법 제10조의5). 그러나 부정한 방법이라는 애매한 표현보다는 관련 내용에 대하여 '국제결혼 대상자를 모집, 기술, 관리, 압력 행사하고 이동시키는 것을 포함한다' 등으로 명료하게 기술함으로써 법의 적용과정에서 발생되는 문제점을 개선할 수 있을 것이다(이무선, 2014: 22).

「결혼중개업법」은 중개업자와 이용자인 남성 간의 계약관계를 기반으로 하고 있으므로 비용을 지불하는 한국인 남성만을 이용자로 규정하고 있다. 그러므로 중개과정에서 외국인 여성의 인격과 권리를 보장하거나 피해를 구제할 수 있는 어떠한 법적 장치도 마련하고 있지 않다는 점에서 명백한 한계점이 있다. 결과적으로 현행 결혼중개업법은 인신매매적 형태라고 지적되는 국제결혼의 많은 요소들을 현실적으로 규제할 법적 장치가 부재하다는 비판을 받고 있으며, 인신매매적 중개를 규제할 수 있는 법적 개선이 요구된다(이혜랑, 2019: 63-64).

17. 이주의 젠더화

국제이주의 발생은 개인과 가계수준, 사회와 국가 그리고 국제적 차원에서의 인구사회적(노동시장, 인구 재생산), 정치/경제(비자면제, 국가 간 임금격차, 노동시장 규모의 차이, 유출입 국민의 선호, 노동이주 관련 정책 등), 사회/문화(사회적 이주 네트워크), 그리고 국가 간 역사적 유대 등의 요인이 작용하고 있는 것으로 분석되고 있다(김성진, 2016: 173). 신고전파 경제학에서는 인구이동의 근본적인 원인은 노동력의 수요와 공급에서 지역 간의 차이로 설명하고 있다(양소영, 2012: 281). 국제이주자의 증가가 국가 간 또는 국가 내의 불균등한 경제적 성장으로 발생되고 있으며, 이러한 이주의 전 과정에는 경제적 관계와 함께 젠더, 계급, 인종관계가 복잡하게 얽혀서 상호작용되고 있다(이선주, 2006: 125). 그러므로 이주의 젠더화를 분석함에 있어서 여성이주의 요인은 경제적 요소와 함께 비경제적 요소의 중요성이 특히 강조되고 있다.

이주의 젠더화는 이주가 과거 남성 노동자 중심으로 일어났던 것에 반해, 이주노동인구의 70% 이상을 여성들이 차지할 만큼(한국염, 2008: 38) 여성들이 중심이 되어 이주과정을 주도하는 변화상을 부각시키는 용어로서 페미니스트 이주연구가들에 의해 소개되었으며, 현재는 대부분의 연구자들에 의하여 보편적 현상으로 받아들여지고 있다(정현주, 2008: 896). 오늘날 다문화사회에서 이주의 젠더화가 논의의 대상이 되는 중요한 이유는 여성들이 신자유주의적 지구화 경제의 불평등 구조 때문에 다른 나라로 이주하게 되며, 경제의 불평등적 경제구조는 상대적으로 여성의 빈곤화 현상을 유발하고, 이는 다시 이주의 젠더화로 악순환되고 있다는 것이다(한국염, 2008: 38). 전 지구적 차원에서 저개발국가의 빈곤을 개선하고, 지속 가능한 발전이 이루어지도록 하기 위하여 우리 사회는 민족적 다양성과 양성평등의 개방적 사고를 요구하고 있다(이선주, 2006: 148). 우리나라로 유입되는 여성이주자의 수는 앞으로도 증가할 것이며, 이들과 함께 우리 사회가 지속적으로 발전하기 위해서는 인종, 젠더, 계급적 관계 등으로 인한 차별로 발생되는 사회적 문제를 극복하는 것은 매우 중요한 것이다. 본 담론에서는 먼저, 국제이주와 함께 나타나는 여성이주의 증가 원인을 살펴보고, 이주의 젠더화에 대한 개념과 이주의 젠더화 현상을 설명하는 논의의 관점들에 대하여 살펴보고자 한다. 이어서 한국 내에서 전통적인 가부장적 이데올로기가 이주의 젠더화 현상에 대하여 어떠한 맥락에서 핵심적 기제로 활용되고 있는가에 대하여 고찰해보고자 한다. 다문화사회로서 통합을 위하여 젠더화 된 현실의 변화를 위하여 어떠한 대안들이 제시되고 있는가에 대하여서도 함께 고찰해보고자 한다.

이주의 젠더화는 국제이주 중에서 이주여성이 차지하는 비율의 양적인 증가를 포함하여 남편을 따라 이동하는 동반이주자로서가 아니라 여성 스스로가 주체적인 노동자로서 이동하는 취업이주여성이 증가하는 질적인 변화 현상을 아우르는 개념을 의미한다(김경민, 2018: 9; 이혜경, 2010: 352). 이주의 젠더화는 이주여성의 숫자가 많아진다는 것보다는 이주의 양상이 젠더화 되고 있다는 데 그 본질적인 의미가 있으며, 그 의미는 다음의 세 가지 현상으로 설명된다(정현주, 2008: 896). 첫째, 여성 이주자가 과거 남성 가장의 동반가족인 경우가 많았으나 최근의 여성 이주자는 가정의 생계부양자로서 자발적인 취업이주자라는 점이다. 둘째, 여성의 노동을 선별적으로 요구하는 국제이주가 최근 늘어나고 있다는 점이다. 젠더 선별적인 노동으로서 대표적인 분야는 가사노동, 성산업, 호텔 등 기타 유흥업 등이다. 이러한 부문은 노동과 구인 메커니즘의 성격상 미등록 이주가 많기 때문에 공식적인 통계지표보다 실제로 이주하는 여성이 훨씬 많을 것으로 추정된다. 셋째, 이주의 젠더화가 특정 지역을 중심으로 더 두드러지게 나타나는 이른바 지역화된 양상을 보인다는 것이다. 성별적 이주의 특징을 보여주는 사례로 아시아지역 내에서 국제결혼 이주여성의 급증이다. 아시아지역 여성의 이주가 두드러지는 이유는 제3세계의 여성들이 제1세계 여성들의 경제활동을 추동하는 동력으로 상호작용하게 되기 때문으로 분석되고 있다(양영자, 2012: 327).

이주의 젠더화 현상에 관한 연구들을 종합해보면 거시적 관점, 중범위적 관점, 미시적 관점에서 이주의 동기, 과정 및 결과를 설명하고 있다(양영자, 2012; 이수자, 2006; 이용승, 2014; 정현주, 2008; 황정미, 2018). 이들의 관점은 대립되거나 분리되는 것이 아니고 상호 보완적이며, 이주의 젠더화를 설명함에 있어서 세 가지 층위의 관점은 다면적 과정을 서로 통합적으로 이해하는 데 필요하다고 하겠다(정현주, 2008: 898).

첫째, 거시적 관점이라 함은 이주의 젠더화를 글로벌 돌봄 체인과 생존의 젠더화 현상을 중심으로, 전 지구적 맥락에서 논의하는 데 비중을 두는 연구들이다. 산업국가에서 여성노동력이 전문직에 종사하게 되면서 이들이 제공해왔던 가사노동, 육아 등 전통적인 여성의 역할에 '돌봄 공동화'가 야기되고, 이러한 돌봄 문제는 제1세계 여성들에 의한 '글로벌 돌봄 체인현상'으로 이어지고 있다는 것이다(양영자, 2012: 327). '생존회로'를 통하여 이동하는 제3세계 여성들이 선진국 여성들의 경제활동이 유지되도록 하는 보이지 않는 동력이 되고 있는 것이다. Sassen의 연구는 생존의 젠더화 과정에서 여성들 간에도 계급화, 인종에 따른 위계화도 동반되고 있음을 보여주고 있다(양영자, 2012; 정현주, 2008: 898).

국내에서 조선족 여성의 이주화에 대한 이혜경, 정기선, 유명기, 김민정(2006)의 연구는 거시적 차원에서 '생존회로'를 통하여 이동하는 가족이산이라는 초국가적 현상을 분석하고 있다. 양육의 주요 책임자이자 생계부양자라는 이중 역할을 수행해온 이주의 주체로서 조선족 여성들은 가족의 생계를 위해 남편과 자녀에 대한 '돌봄 노동'을 포기하였으며, 이들은 젠더화 된 노동의 국제적 재배치의 맥락에서 한국 노동시장의 주로 서비스 부문의 저임노동자로서 노동을 감내하였다는 것이다. 자신의 생애단계에서 초국적 이주를 결정한 주요 이유는 자녀양육과 교육이며, 중국 국적을 유지하면서 자녀교육에 투자하는 일에 적극적이었으며(우명숙, 이나영, 2013: 166), 이것이 가족이산에도 불구하고 조선족 여성들을 한국으로 이주하도록한 가장 핵심적인 요인이라는 것이다(이혜경 외 3인, 2006: 290).

둘째, 중범위적 관점은 사회·문화적인 분석을 중심으로 하는초국가주의(transnationalism)에 관한 주제들이다. 이주여성의 정체성 구성에 대한 연구들은 여성들의 이주경험은 젠더와 이 외의 요인들, 즉 계급과 인종, 국적, 종교, 연령 등 다양한 사회적 관계 등과결합하는 양상에 따라 차별화된다고 본다(Huang, Teo, & Yeoh, 2000; Mandel, 2004; Silvey, 2000; 정현주, 2008: 899 재인용). 또한 여성의 국제이주로 인하여 형성되는 초국가적 가족과 이들의 연계망 및 생존전략에 대한 연구도 살펴볼 수 있다. 한국으로 이주한 조선족 여성의사례(우명숙, 이나영, 2013: 166; 이혜경 등 3인, 2006)를 통해 이들이 친정 식구들과 긴밀한 연결망을 형성하면서 중국과 한국 사이에서 초국가주의를 실현해가는 주체임을 부각시키고 있다. 이들에게 한국으로의 이주는 일종의 가족의 생존전략인 것이다(이혜경 등 3인, 2006: 290). 이러한 시각은 국제결혼 이주를 매매혼의 시각으로 여성을 피해자로 인식하고 이들의 이주를 견인하는 제1세계 남성과 결혼중개인들을 가해자라고 이분화한 기존의 결혼이주 연구에 대한 새로운반론으로 해석될 수 있다(정현주, 2008: 900). 모성의 초국가적인 이동은 따라서 '초국가적인 돌봄의 연결망(global care chain)'을 형성한다(Mattingly, 2001; 정현주, 2008: 900 재인용). 따라서 이들의 삶과 가족관계는 이주와 함께 시작된 이들의 현재 머무는 곳에서의 삶과 한국에서의 희망은 다시금 떠나온 중국에서의 삶으로 회귀되는 초국적 장소의 이중성과 생애시간적 연속성이 상호 교차되는 지점에서 유지되고 있는 것으로 이해된다(우명숙, 이나영, 2013: 166).

셋째, 미시적 관점에서 이주는 복잡한 사회적 관계망 가운데 내리게 되는 개인의 선택과정에 대한 분석을 중심으로 설명하는 것이다. 즉, 이주여성의 '에이전시(agency)'에 대한 관심은 이주여성들은 합리적인 경제인으로서가 아니라 그들이 처한 사회적 위치와 맥락 속에서 주체적인 선택을 내리는 존재라는 것과 다른 한편으로는 상호 모순적인 정체성을 가진 존재로 보고, 이들의 초국가적 이주는 국가 차원뿐만 아니라 개인의 가정과 지역사회 수준에서도 분석되어야 함을 강조하고 있다(정현주, 2008: 901).

이혜경 등 3인(2006)의 사례연구에서는 조선족 여성이 행위의 주체로서 가치관의 변화를 먼저 주도하고 변화에 대한 수용과 적응이 빠르게 나타났다는 점에 대하여 설명하고 있다. 중국의 개방 이후에 조선족 남성들은 여전히 유교적 '상업천시' 가치관에 머무르고 있음에도 불구하고, 여성들은 과감하게 '장사'를 시작하였고, 단신으로 '생계부양자'로서 한국으로 이주를 감행했다는 점이다. 또한 조선족 여성에게 있어서 한국으로의 이주는 노동의 강도는 높지만 '현재'에서 잠정적으로만 감내해낼 수 있는 것으로 간주하였고, 성공할 수 있다는 믿음하에 미래의 희망을 위한 지름길로 인식하는 다소 모순적인 정체성을 찾아볼 수 있는 것으로 분석하고 있다(이혜경 등 3

인, 2006: 291; 우명숙, 이나영, 2013: 166). 조선족 여성들이 한국에서의 이주생활에 있어서도 친정 식구와 초국가적 연결망을 구축하며 주체적으로 영위하면서, 특히 친정과의 가족관계망 속에서 재편되고 있는 젠더관계와 관련한 결과를 제시하고 있다(양영자, 2012: 329). 이주여성들의 다중정체성에 관한 연구에서 연구자는 조선족 여성들은 중국에서의 제2시민으로의 열등감을 경제발전을 이룩하고 있는 모국을 체험하면서 극복하고, 동시에 한국에서 받는 열등감(차별, 멸시)은 장래 조국(중국)이 더 발전할 것이라는 믿음으로 극복하였으며, 결과적으로 타자화를 극복해내고 있음을 보여주고 있다(이혜경, 2010b: 360).

젠더 관점에서 다문화사회의 사회통합을 설명하는 연구에서 저자는 이주여성은 이주 동기, 정착과정을 돕는 여러 가지 정책, 이주 결과에서 나타나는 젠더 차이로 인하여 경제적으로나 정신적으로 빈곤과 상대적 박탈감을 경험하게 된다고 지적하고 있다(전경옥, 2007: 19). 이주결과에 대한 분석에서 이주여성은 사회문화적 적응의 한계와 그 결과 빈곤의 여성화를 보여준다는 것이다. 이주여성은 두 가지 차원에서 빈곤에 놓이게 되는데, 하나는 가족이나 자기 문화공동체의 고립과 소외로 빈곤층의 일원이 되기 때문이다. 다른 하나는 인종차별, 성차별, 교육과 훈련의 기회 부족으로 인하여 사회 참여로부터의 소외 등에서 생기는 것이라고 분석하고 있다(전경옥, 2007: 19-20). 이러한 관점은 사회문화적 구성물로서 젠더의 개념은 생물학적 성으로서의 섹스와는 구분되는 개념이며, "우리는 여성으로 태어난 것이 아니라 여성으로 만들어졌다"라는 명제(De Beauvoir, 1992: 양영자, 2012: 329 재인용)를 명백히 하는것으로 볼 수 있다.

김민정(2012)은 국내의 서로 다른 세 집단의 업종에 종사하는 필리핀 여성 이주자들 사이에서 나타나는 성차별적 특징들은 본질적인 것이 아니라 방문국의 경제 및 사회문화적 상황, 이주관련 법규와 밀접히 관련되어 있음을 분석하고 있다(김민정, 2012: 62-63). 김경민(2018)은 베트남에서 한국으로의 국제결혼을 위한 신부교실 프로그램에 참여하는 여성들의 특성을 분석해보고자 하였다. 결혼이주여성의 삶 속에서 '젠더'라는 요소는 국제결혼을 추동하고 여성들에게 억압과 소외를 가져다주는 불평등한 구조이자 원인으로 작용할 뿐만 아니라 여성들에게 새로운 기회와 상상력, 실천을 가능하게도 하는 긍정적 요소로서의 기능도 수행하고 있음을 설명하고 있다. 결혼이주여성은 아내, 딸, 어머니로서 이주를 선택했지만, 한편으로 그것은 남성에게는 불가능한 이동할 수 있는 '특권'이기도 하다. 즉, 젠더화 된 이주(구조)가 젠더화 된 상상력과 실천(행위성)을 가능하게 하는 상호 모순점이 있는 존재로 설명하고 있다(김경민, 2018: 10).

한편, 젠더의 관점에서 호주 한인 '1세대' 여성의 이주과정과 삶의 경험을 분석한 연구(문경희, 2018)에서 살펴보면, '1세대' 여성들은 가족경제와 자녀교육 등을 위해 생계노동에 참여했으며, 그럼에도 불구하고 가족 내 '전통적인' 아내, 엄마, 며느리로서의 역할이 약화되지는 않았다는 점을 설명하고 있다. 오히려 모국의 가족을 중심으로 한 돌봄 네트워크가 부재한 이민생활에서 여성의 가족 내 역할과 부담은 더욱 커진 측면이 강하다. 반면에 남편의 가족 내 역할은 가부장적이고 권위적인 태도로 인해 가족 내 갈등이 유발되기도 한 것으로 나타나고 있다. 결과적으로, 호주 한인 '1세대' 여성들은 이주과정을 통해 자신들이 가족 내에서 맺고 있는 위계적이고 불평등한 젠더관계의 변화를 경험하지는 않았음을 보여주고 있다(문경희, 2018: 95-96).

18. 국제결혼중개업

「결혼중개업법」에 따르면, 결혼중개업이란 수수료, 회비, 그 밖의 금품을 받고 결혼중개를 업으로 행하는 것을 말한다(「결혼중개업법」 제2조). 국제결혼중개업자란 법령에 따라 국제결혼중개업의 등록을 한 자를 말한다. 국제결혼중개업은 대한민국의 국적을 가진 사람과 외국인을 대상으로 하는 결혼중개업을 말하고, 원칙적으로 국제결혼중개업은 영리를 목적으로 하는 것으로 전제하고 있다(최현태, 2011: 101).

우리나라는 한국전쟁 후 경제발전의 원동력이 된 성공적인 산업화의 과정에서 근로자 수의 부족이라는 문제와 도시화의 영향으로 농촌 미혼남성의 혼인문제가 1980년대 중반 이후부터 현실적 문제로 대두되었다. 이 시기부터 국제결혼은 외국인의 유입을 통해 농어촌 미혼남성들의 결혼난을 해소하기 위한 방편으로 인식되기 시작하였다(조영희, 임동변, 2013: 50). 이에 따라 1990년대 초부터 정부는 '연변처녀와 농촌총각 짝짓기' 사업을 추진하였다. 이러한 과정에서 국제결혼중개를 수익사업으로 인식한 중개업체가 급증하게 되었다. 국제결혼중개업체가 난립되면서 인신매매성 위장결혼이나 사기결혼, 인권문제 등이 사회문제로 대두되었으며, 이에 따라 결혼이민 여성의 인권 보호와 복지 향상을 위한 관련 법의 보완이 계속적으로 요구되고 있다.

다문화가정을 구성하는 첫 단계인 혼인중개과정에서 국제결혼중개업체로 인하여 발생되는 여러 가지 문제는 진정한 혼인의 성립·유지·형성에 크나큰 악영향을 주는 것으로, 이를 해결하는 것은 혼인당사자들에게나 국가적 차원에서도 중요한 문제이다(강승묵, 2016: 78). 외국인 결혼이민자의 문제는 비록 그것이 결혼 당사자의 사적인 영역이라 하더라도 그 영향은 당사자들 본인은 물론 그들의 자녀와 친인척, 더 나아가 지역사회 및 국가의 정치·경제·사회·문화 뿐만 아니라 현재부터 미래에까지 영향을 미치는 매우 중대한 것이다(박흥식, 2013: 95).

2007년 「결혼중개업의 관리에 관한 법률」이 제정되면서 국제결혼중개업의 등록제를 도입한 이후부터 결혼중개업체 수를 파악할 수 있게 되었다(권행운, 강병노, 2016: 38). 국제결혼 중개업체 수는 2008년에 922개 업체에서 2011년에 1,519개소가 등록하여 등록제 시행 이후 매년 증가하였으나 2012년 이후 계속 감소한 것으로 나타나고 있다(권행운, 강병노, 2016: 38; 박흥식, 2013: 121; 여성가족부, 2017). 국제결혼중개업 실태조사 보고서(설동훈, 한건수, 박순영, 심경섭, 2017: 5-7, 25-27)에 의하면, 2012년 결혼중개업법의 개정으로 자

본금 1억 원 요건과 '국제결혼업체 공시제'가 시행되면서 등록 국제
결혼중개업체 수는 계속 감소하여 2013년 말에는 512개 업체, 2017
년 말 현재는 366개소가 등록되어 있다. 2017년 국제결혼중개업 실
태조사에 따르면, 국제결혼중개업체의 조직형태는 개인사업체가
92.3%로 거의 대부분을 차지하고 있고, 자본금 규모, 국제결혼중개
전 과정의 운영 및 전체 임직원 수(평균 2.4명) 등을 고려할 때 거의
대부분의 국제결혼중개업체는 영세한 규모로 파악된다. 결과적으로
영리를 목적으로 하는 영리업체인 국제결혼중개업자는 자신들의 수
익을 위하여 가능한 한 많은 결혼을 성사시키고자 국제결혼 중개과
정에서 충분하고 정확한 정보의 제공은 의도적으로 배제될 수도 있
다는 주장도 제기되고 있다(박흥식, 2013: 101; 김명혜, 2012: 51). 이러
한 우려가 현실적으로 인신매매성 위장결혼이나 사기결혼이 되는
사례가 늘어나고 있는 것이다.

통계청에 따르면, 2018년도의 국제결혼 건수는 총 22,698건이
며, 매년 2만여 쌍의 다문화가족이 탄생하고 있다는 것을 알 수 있
다. 그리고 「결혼중개업법」 제2조의2에 따라 3년마다 실시되는 국
제결혼중개와 관련된 실태조사의 결과에 의하면, 국제결혼중개업체
를 통하여 탄생한 다문화가족의 경우에는 거의 대부분이 한국인 남
편과 외국인 아내의 유형으로 나타나고 있음을 알 수 있다(송시우,
2020: 225). 국제결혼 건수의 증가와 함께 국제결혼중개업체 수도 급
증하였으며, 무분별한 국제결혼중개로 인한 피해가 계속 발생되었
다. 국제결혼중개업자로부터 입은 이용자 피해사례 조사결과에 의

하면(중원대학교 산학협력단, 2010: 139-145), 6가지 유형으로 요약된다. 첫째, 날림 맞선 행사준비로 인한 피해사례, 둘째, 현지 결혼신고 법령 무지로 인한 피해사례, 셋째, 허위 과장광고로 인한 피해사례, 넷째, 중도해지 환급 불이행으로 인한 피해사례, 다섯째, 추가비용 요구로 인한 피해사례, 여섯째, 과다한 위약금 요구로 인한 피해사례 등이다.

김지영, 안성훈(2014)의 조사연구에서 국제결혼을 한 내국인의 피해실태를 살펴보면, 2012년에서 2013년 중반까지 국제결혼중개업체의 서비스 불만으로 소비자보호원에 상담한 사례는 모두 833건으로 나타났다. 중개업체로부터 소개를 받아 국제결혼식을 치른 남성들이 상담 의뢰한 사례들이며 이들의 불만사항은 주로 중개업체의 서비스에 관한 것으로 높은 비중을 차지하였다. 이 중에서 중개업체의 서비스 관련 피해유형을 세부적으로 살펴보면, '업체 측 과실로 인한 계약해지 시 환급문제'(18.74%)가 가장 높은 비율로 나타났고, 다음으로는 '중개업체의 비용처리문제'(11.04%), '서비스 제공 지연 및 계약과 다른 이행'(9.6%), '중개업체의 허위정보 제공문제'(6.12%)로 나타났으며, '중개업체의 입국수속 처리지연'(2.64%)과 '업체의 폐업 및 연락두절'(2.64%)은 동일한 비율로 나타났다. 이러한 통계분석 결과는 상당 부분은 국제결혼중개의 고도화된 상업성에서 발생된 여성의 상품화, 정확한 정보제공의 부재에서 야기된 것이라고 할 수 있다.

통계청 자료에 의하면, 국제결혼 부부의 이혼율 또한 2010년 기준 총 이혼 건수 116,858여 건 중 9.49%에 해당하는 11,088여 건이 국제결혼 가정의 이혼으로 나타나고 있다. 국제결혼 부부의 이혼율은 2011년에 국내 총 이혼의 10.1%로 가장 높았으며, 그 이후로는 점차 감소하고는 있으나 2019년에도 6.2%로 비교적 높게 나타나고 있다(통계청, https://kosis.kr). 김재련(2011)의 연구에서는 과거에는 한국인 남성이 외국인 배우자를 상대로 제기하는 이혼소송이 주를 이루었지만 근래에 이르러서는 외국인 여성이 한국인 배우자를 상대로 적극적으로 이혼소송을 제기하는 경우가 점점 늘어나고 있는 것으로 보고하고 있다(김재련, 2011: 42). 이혼한 다문화가족 가운데에는 특별한 이유를 알 수 없는 상태에서 배우자 일방이 가출하거나 이혼을 요구하는 경우가 상당수 있다고 보고하고 있다(김이선 등 4인, 2010).

국제결혼의 피해사례에 의하면 결혼이민여성의 일방적인 가출로 결혼이 끝나는 경우가 있으며, 이는 서로 언어가 통하지 않는 상황에서 결혼과정에서부터 부부간에 원만한 관계를 형성하기 힘든 요인이 게재되어 있을 가능성이 크거나 처음부터 국내 입국을 목적으로 하는 등 결혼의 진정성이 결여되었을 수가 있다는 것이다(김지영, 안성훈, 2014: 29). 중개업체에 의해 규범화되고 신속한 절차에 따라 3박4일, 혹은 5박6일 안에 결혼을 만들어내는 시스템을 '관광형 맞선'이라 일컫는다(고현웅 외, 2005: 5). 이러한 '관광형 맞선'은 처음부터 끝까지 상업적인 계산에 의해, 예비 배우자들에 대한 상세한 사전 정보교환 없이, 국제결혼 중개업자에 의해 정해진 스케줄에 따라 일사천리로 진행되어 결혼식까지 치르고, 신혼초야를 맞이하게 되는 것이 특징이다(김명혜, 2012: 53, 56; 김지영, 안성훈, 2014: 70). 이와 같이 단기간 내에 결혼절차가 진행되어 관련 정보를 확인할 수 없는 경우가 다반사이다. 여성결혼이민자들 중에는 국제결혼에 대한 막연한 기대와 환상으로 배우자의 객관적 조건을 파악하지 못한 채 결혼한 경우도 있는 것이다. 무엇보다 중요한 점은 결혼 결정에 있어 핵심적인 정보를 당사자들이 직접 교환, 확인하기보다는 중개업자나 통역 등 제3자를 통해 전달받는 구조로 인해 이러한 모순은 더욱 심화되는 것이다(김지영, 안성훈, 2014: 30).

강승묵(2016)의 연구에서도 국제결혼중개업체의 문제점으로 허위정보 제공에 관한 현실을 심각하게 지적하고 있다. 타 국가 국민과 의 사이에서 발생하는 언어적 한계로 인하여 혼인하려는 당사자 간에 직접적 의사소통을 하지 못하고, 대부분 중개업자나 통역자를 통하여 당사자 정보를 주고받는 것이 현실이다. 또한 국제결혼 중개과정은 대부분 비용지급자인 한국 남성의 입장에서 이루어지기 때문에, 상대방인 외국인 여성에게 제공하는 정보는 빈약하거나 부정확한 정보를 제공한다는 것이다(소라미, 2009: 14). 또는 결혼 결정에 있어서 중요한 정보를 전달하지 못하는 경우가 있으며, 중개업자는 알면서도 외국인 여성에게 제대로 설명하지 않는 경우가 매우 많다는 것이다(김재련, 2011: 45). 경우에 따라서는 중개업자가 양 당사자 모두에게 부정확한 정보를 제공하는 경우도 있는 것으로 나타나고 있다(강승묵, 2016: 81; 황정미, 2008: 19). 국제결혼 중개업자가 성혼의 대가로 받는 금액이 상당히 고액인바, 국제결혼 중개업이 상업적 목적의 돈벌이 사업으로 간주되어 무등록, 불법 국제결혼 중개업체들이 불법영업을 하고 있는 것이다. 결국 국제결혼 여성의 인권침해 실태에 대한 가장 근본적 책임은 성급하게 결혼을 주선하고, 그에 따른 책임을 다하지 않는 결혼중개업체에 있다고 할 수 있다(김재련, 2011: 45).

　이상에서 살펴본 바와 같이, 국제결혼중개업자의 개입으로 외국인 여성이 한국 남성과 만남에서 결혼하고, 입국에 이르기까지 공통적으로 제기되고 있는 문제는 원활하지 못한 언어소통을 이용한 인신매매적 결혼중개구조에 노출된 이주여성의 인권침해문제라고 하겠다. 인권침해적 요소에 관한 내용으로서 첫째, 중개업체의 소개와 광고에서 인권침해 요소를 찾아볼 수 있다. 국제결혼중개업체들은 보다 많은 한국 남성들을 모집하기 위하여 현수막 게시, 지면 광고, 인터넷 홈페이지 광고 등 온라인부터 오프라인까지 다양한 매체를 활용하고 있다(권행운, 강병노, 2016: 42-43). 그 과정에서 중개업자들은 노골적으로 특정 국가의 여성을 상품화하고 성차별, 인종차별하는 내용의 광고를 내걸고 있는 것이다(한국염 2006: 81). 둘째, 중개업체의 부정확한 정보제공이다(송시우, 2020: 226-227). 여성가족부에 의하여 2014년에 실시한 국제결혼중개 실태조사(설동훈 등 6인, 2014: 204-208)에 따르면 2012~2014년 국제결혼 중개업체를 통해 결혼한 남성 800명 중 16.8%가 배우자를 소개받았을 때 받은 정보와 결혼 후 알게 된 정보가 달랐다고 답하였다. 제공되어야 하는 신상정보 중에서는 직업 불일치가 17.6%로 가장 높고, 다음으로는 혼인경력이 16.2%로 나타났다. 결혼이민자여성의 경우에도 응답자 402

명 가운데 8.1%가 소개 시점과 결혼 후 알게 된 정보가 불일치하다고 답하였으며, 남성의 경우와 마찬가지로 배우자의 직업 부분의 불일치가 38.4%로 가장 높게 나타났다. 2017년 '국제결혼중개 실태조사'(설동훈 등 3인, 2017: 164-171)의 경우에서도 국제결혼중개업체에서 제공한 신상정보와 결혼 후 알게 된 정보가 불일치하다고 답변한 한국인 이용자는 10.6%이며, 결혼이민자 여성은 5.1%로 나타났다. 불일치 정보의 내용으로는 한국 남편의 경우에 혼인경력에서 15.5%로 가장 높았으며, 다음으로는 직업이 11.6%로 나타났다. 결혼이민여성의 경우에는 결혼 전후에 달랐던 정보로서 혼인경력 49.6%로 가장 높고 직업에서 47.7%로 비슷한 수준으로 나타났다. 선택정보 중에서는 결혼이민여성의 경우에 불일치한 정보로서 재산 44.3%, 신체적 장애 유무 22.2%로 나타나고 있다.

국제결혼중개업체를 통한 국제결혼의 경우에는 결혼 쌍방의 신상정보를 절대적으로 결혼중개업자에게 의지할 수밖에 없는 구조이며, 불완전한 신상정보의 제공은 결혼 당사자들이 결혼과정에서 일어나는 부당한 대우나 착취에 적절히 대응할 수 없는 근본적인 원인이 될 뿐 아니라 결혼 후 다문화가족의 갈등요소로 작용하게 될 수도 있다(송시우, 2020: 227). 국제결혼의 중개과정에서 발생하는 이상과 같은 인권침해적인 요소를 방지해야 한다는 측면에서 법적인 규제가 필요하다. 그러므로 현행 결혼중개업법이 상업적 목적을 바탕으로 하는 악덕중개업자들에 의해 피해를 받는 상대국 여성들을 보호하는 인권보호법으로서의 역할을 할 수 있도록 개선될 필요가 있는 것이다(이경희, 2013: 1).

국제결혼중개업 관련 법을 살펴보면, 건전한 결혼문화의 형성에 기여하기 위한 목적으로 제정된 「결혼중개업의 관리에 관한 법률」 (2007. 12. 14. 공포, 2008. 6. 15. 시행)이 있다(중원대학교 산학협력단, 2010: 25-32). 동법에는 국제결혼중개업 관리를 위하여 인신매매 등 중개행위에 대한 관리, 재외공관에 여성인권 담당관 배치, 결혼비자발급 서류절차 표준화 및 사전인터뷰제도 도입, 외교채널을 통한 국가 간 협력체제 구축, 결혼 당사자에게 국제결혼에 대한 정보제공 등의 내용을 담고 있다. 특히 중개업자로 하여금 결혼당사자 간의 주요 신상정보를 서면으로 제공하도록 의무화하고 있다. 다음으로는 결혼중개업자의 겸업금지 관련 법률을 들 수 있다. 국제결혼중개업으로 등록한 중개업자의 경우에는 원칙적으로 직업알선, 해외이주에 관한 업무, 근로자 파견사업 등의 겸업을 할 수 없으므로 「직업안정법」, 「해외이주법」, 「파견근로자 보호 등에 관한 법률」의 적용을 받는다. 또한 국제결혼 중개계약 관련 법이 있다. 국제결혼중개업자는 결혼 당사자의 개인정보, 신용정보를 관리함에 있어서 「정보통신망 이용촉진 및 정보보호 등에 관한 법률」과 「신용정보의 이용 및 보호에 관한 법률」의 적용을 받게 된다. 또한 국제결혼 당사자는 국제결혼중개업자로부터 제공받은 용역으로 인하여 피해가 발생한 경우에 「소비자기본법」에 의하여 이를 구제받을 수 있다. 현재 국제결혼중개업을 하는 사업자의 경우에 홈페이지 등의 온라인과 전화 권유 등을 통하여 영업활동을 하게 되므로 이를 이용하는 당사자의 경우에 특수한 거래 등에 관한 법률의 적용을 받게 된다. 여기에는 「방문판

매 등에 관한 법률」, 「할부거래에 관한 법률」, 「전자상거래 등에 관한 법률」, 「표시광고 적정화에 관한 법률」, 「약관규제에 관한 법률」 등이 있다.

그러나 국제결혼으로 인한 인권침해 등 문제가 지속적으로 발생되고 있으므로 이의 개선을 위하여 국가정책의 도입, 관련 법의 개선, 국제결혼중개업체의 운영방법의 개선, 시민사회 차원 및 국제적 차원 등의 측면에서 개선방안을 제시하고 있다. 우선, 국가정책의 측면에서 살펴보면, 국가에서 국제결혼중개업체의 관리·감독을 강화할 필요가 있다는 것이다. 현재 등록된 국제결혼 중개업체는 조직과 규모 면에서 영세업체이며 비전문적 사업체가 대부분이므로 이에 대한 관리 강화가 필요하다. 따라서 중개업체의 등록요건을 강화하여 조직과 규모 면에서 일정수준을 갖춘 업체만이 등록이 가능하도록 하여 건전한 경쟁력을 확보하여야 한다. 또한 미등록업체의 불법 영업행위가 여전히 성행하고 있으므로 이에 대한 관리·감독과 규제를 강화해야 한다고 지적하고 있다(권행운, 강병노, 2016: 46; 김지영, 안성훈, 2014: 108).

둘째, 국제결혼 중개업 관리에 관한 법률 개정의 측면에서 살펴볼 수 있다. 국제결혼 당사자에게 신상정보를 제공함에 있어서 신상정보의 범위를 구체적으로 열거하고 상대방에게 서면으로 제시할 것을 의무화하고 있다(「결혼중개업법」 제10조의2). 또한 신상정보상의 중요사항을 누락하거나 고의로 거짓된 신상정보를 제공하여 이용자에게 손해를 발생하게 한 때에는 그 손해를 배상할 책임이 있다고 규정하고 있다(동법 제25조). 그러나 국제결혼 이주여성이 법적 절차에 따라 피해를 구제받기 위해서 중개업자의 고의 또는 과실에 대한 입증자료를 준비·제출하는 것은 현실적으로 매우 어려운 실정이다. 그러므로 국제결혼 중개업체가 고의나 과실로 이러한 의무규정을 위반했을 때, 국제결혼 이주여성이 실질적으로 손해배상을 받을 수 있도록 그 입증 책임을 완화시켜 주거나 중개업체에게로 그 부담을 전환시키는 등의 법적 개선이 필요한 것이다(권행운, 강병노, 2016: 47-48).

셋째, 국제결혼중개업체 운영방법의 개선을 통한 결혼이민여성의 인권 보호 측면을 살펴볼 수 있다. 업체의 자본금을 상향 조정하고, 신고제에서 등록을 통한 요건을 갖추도록 강화하고, 무등록 불법업체를 단속하고 있으나 국제결혼의 피해를 방지하는 데 효과가 미흡하므로 제도적 보완이 필요한 것으로 지적되고 있다(김지영, 안성훈, 2014: 111). 많은 관련 연구에서 공통적으로 제시하고 있는 내용으로서는 업체 등록요건, 국제결혼중개사 자격제도 도입, 표준약관 사용의 의무화, 비영리 국제결혼 중개기관의 설립, 국제결혼 피해상담센터의 설립 및 운영 등으로 나타나고 있다.

국제결혼중개업 종사자는 전문지식과 윤리의식이 요구되는 직업이므로 이러한 자격요건을 갖춘 전문 인력 확보를 위하여 자격기준을 강화할 필요가 있음을 강조하고 있다. 그러나 현재는 종사자에 대하여 중개과정에서 필요한 교육이나 자격증에 대한 기준이 없으므로 이에 대한 구체적인 제도를 도입할 필요가 있는 것이다(권행운, 강병노, 2016: 48-49; 강승묵, 2016: 85). 공인된 국제결혼 중개사 자격제도는 현재 국제결혼중개업자의 불법적인 사업행위를 어느 정도 방지할 수 있으며, 전문 직업인으로서 국제결혼중계업계의 이익을 대변하고 공동발전을 도모하는 데 기여할 수 있을 것으로 기대할 수 있을 것이다(중원대학교 산학협력단, 2010: 177-179).

윤현석, 안성훈(2015)의 연구에서는 공정거래위원회의 국제결혼중개 표준약관의 이용을 중개업자에게 의무화할 필요가 있다고 지적하고 있다(윤현석, 안성훈, 2015: 183). 우리나라의 경우는 「결혼중개업법」에서 결혼중개계약서에 포함되어야 할 내용을 간단하게 규정하고 있을 뿐이고(제10조 제2항), 구체적인 계약서의 구성과 내용은 국제결혼중개업자가 임의로 계약서를 만들어서 사용하고 있는 실정이며, 표준약관을 사용하지 않는 경우에도 특별한 제재방법이 없다. 따라서 정부에서 표준계약서의 사용을 권장하는 법적 근거를 마련하여야 한다(김두년, 2014: 109). 표준약관은 '회원이 개인적 사정으로 계약을 중도에 해지할 수 있음'을 명시하고 있으며 환불기준과 금액을 세분화하여 제공하고 있다. 또한 표준약관은 '중개업체의 서비스 불이행'이나 '중개업체의 문제로 인한 계약해지 시 환급 문제'에 대해서도 그 처리방안을 명시하고 있다(윤현석, 안성훈, 2015: 183).

비영리 국제결혼중개기관의 설립 및 운영의 도입 또한 상업적 국제결혼 중개업체의 난립으로 인한 인권침해적 국제결혼 문제를 예방하는 하나의 대안으로 제시되고 있다. 국제결혼중개업체는 적은 비용으로 보다 높은 수익을 창출하려는 시도와 많은 혼인성사로 이윤을 추구하기 때문에 이를 위해 진실한 신상조사나 인권침해문제, 국내외의 실정법 준수를 외면하고 있는 실정이다(강승묵, 2016: 88).

따라서 진실하고 올바른 혼인성립 과정을 이루기 위해 혼인당사자에게 올바른 정보를 제공할 수 있도록 영리를 목적으로 하는 국제결혼중개업을 금지하고, 비영리화, 공익화하는 국제결혼중개업 제도가 필요하다는 것이다(박흥식, 2013: 114-115).

국제결혼피해 상담센터를 설치·운영함으로써 다문화가정의 한국인 남편의 피해를 지원할 수 있는 기회를 마련하는 것이 필요하다. 현재 국제결혼 이주여성들을 대상으로 하는 보호·지원 및 상담업무는 다문화가족지원센터, 가정폭력상담소 등 여러 곳에서 운영되고 있다. 그러나 국제결혼의 피해를 당한 내국인 남성을 돕기 위한 기관과 법·제도적 방안은 매우 미비한 실정이다(김지영, 안성훈, 2013: 104). 현재 설치되어 있는 여성가족부 산하의 가족진흥원에서 국제결혼피해 상담전화를 설치하여 운영하고 있으나 실질적인 지원과 도움을 제공하는 데는 매우 미흡한 실정이다. 그러므로 내국인 국제결혼 피해자의 보호·지원 및 상담을 할 수 있는 기관의 설치가 매우 시급하다(윤현석, 안성훈, 2015: 188-189).

19. 다문화가족정책 기본계획

2000년대에 이르러 급증하기 시작하였던 한국 남성과 외국인 여성과의 국제결혼은 2019년 현재까지 매년 7% 내외로 지속적으로 유지되고 있다. 다문화가족은 한국 거주기간이 길어짐에 따라 생활환경 등의 차이로 인해 실생활에서 많은 어려움에 직면하고 있으며,

이러한 문제는 점차 사회적인 문제로 확대되며 심각해지고 있다. 한국인 남편과 결혼이민여성과의 언어 차이로 인한 소통의 어려움과 문화적 차이로 인한 적응문제, 자녀양육과 교육의 문제, 배우자나 배우자 가족에 의한 가정폭력 및 인권침해문제, 사회적 정보로부터의 소외, 사회적 활동에 참여하지 못하는 어려움 등 결혼생활 적응문제를 비롯하여 사회생활 유지를 위한 많은 어려움을 겪고 있는 것으로 나타나고 있다(조현상, 2013: 129; 장온정, 박정윤, 2009).

정부는 기존의 가족정책에 더하여 '다문화가족'이라는 새로운 형태의 가족들을 위한 정책을 마련해야 하는 현실에 직면하게 되었다. 다문화가족지원정책을 추진함에 있어서 다문화가족의 증가 추세와 수요 변화를 반영하지 못하고 있으며, 정부부처 간에 사업의 중복과 이로 인한 인적·물적 자원의 낭비가 우려되는 등 비판 여론이 대두되기 시작하였다. 이에 정부는 중장기적 관점에서 다문화가족의 특성을 고려함과 동시에 중앙부처 및 지방자치단체의 다문화가족 관련 정책을 통합하고 체계화하여 시너지 효과를 극대화하며, 정부와 민간이 네트워크를 구축하여 지역사회의 자원을 효율적으로 활용하고자 하는 목적으로 '다문화가족정책 기본계획'을 수립하였다. 다문화가족정책은 다문화정책의 개념을 토대로 하고 있다. 다문화정책이란 인종과 국가의 차이뿐만 아니라 개인의 인권과 성향 등의 다양성을 고려하여 사회 내에 있는 소수집단의 문화와 생활에 대해서 차이가 있음을 존중해주고 이들의 가치를 동등하게 바라봄으로써 다문화 구성원들의 삶의 질을 향상시키려는 정부의 종합적이고 체계적인 방침이라고 정의할 수 있다(김준식, 안광현, 2012: 128-129). 다문화가족정책이란 다문화정책들 중에서도 다문화가족을 대상으로 다문화가족 구성원이 안정적인 가족생활을 영위할 수 있도록 함으로써 이들의 삶의 질 향상과 사회통합을 이루어내고자 하는 정부의 종합적이고 체계적인 지침이라고 하겠다(다문화가족지원법 제1조(목적)). '다문화가족정책 기본계획'의 수립근거는 「다문화가족지원법」 제3조의2에 의거하고 있다. 이 규정에 의하면, 여성가족부 장관은 다문화가족 지원을 위하여 5년마다 다문화가족정책에 관한 기본계획을 수립하여야 한다고 정하고 있다.

한국사회에서 공적 차원의 거주외국인 관련 정책이 주요 이슈로 등장한 것은 2006년부터라고 볼 수 있다(강복정, 2012: 149; 김혜순, 2017: 32). 한국의 다문화가족 지원사업은 2006년 4월 대통령 자문기구인 빈부격차·차별시정위원회와 여성가족부 등 12개 부처가 공동으로 여성결혼이민자 가족의 사회통합지원 대책을 마련한 것을 시작으로 본격적으로 실시되었다(강복정, 2012: 150). 특히 2006년에는 다문화가족지원사업의 서비스 전달기구로서 '결혼이민자가족지원센터' 21개가 전국의 시·군·구에 처음으로 설치되었고, 2008. 3. 21. 「다문화가족지원법」이 제정되면서 법적·제도적 기반을 갖추게 되었다. 이후 정부는 다문화가족의 수가 증가함에 따라 2009년 다문화가족지원사업의 총괄·조정을 위하여 국무총리실에 다문화가족정책위원회를 설치하였고, 2010년 5월에 제1차 다문화가족정책 기본계획(2010~2012년)을 수립·추진하게 되었다. 제6차 다문화가족정책위원회(2012년 12월 11일)에서 2013년부터 적용되는 제2차 다문화가족정책 기본계획(2013~2017)을 심의·확정하였으며, 제15차 다문화가족정책위원회(2018년 2월 12일)에서는 제3차 다문화가족정책 기본계획(2018~2022)을 심의·확정하였다. 기본계획에서 정하는 정책이나 프로그램들은 대부분 전국의 시·군·구에 설치된 다문화가족지원센터(2021년 3월 현재 228개소)를 중심으로 집행되고 있다(https://www.liveinkorea.kr).

제1차 다문화가족정책 기본계획은 다문화사회로 진입하는 데 필요한 정책추진체계를 구축하고, 결혼이민자들의 한국 생활 정착에 필요한 한국어 교육, 통·번역 지원, 결혼이민자를 위한 직업교육훈련 프로그램 개발, 자녀의 건강한 성장을 위한 교육지원, 다누리 콜센터 개설 등 종합적인 서비스를 제공함으로써 다문화가족의 한국 사회 조기적응 및 사회경제적 자립지원을 도모하고자 하였다. 2013년부터 시작된 제2차 다문화가족정책 기본계획은 한국 거주 기간이 점차 길어지고, 가족구성원의 연령 상승으로 인하여 예측되는 정책 수요 변화에 따라 다문화가족구성원의 역량 강화를 목표로 하는 정책과제를 선정하였다. 결혼이민자의 취업지원과 일자리 확대, 자녀세대의 학교생활 적응지원, 결혼이민자 역량개발, 결혼이민자 재능기부·다문화가족 관련 협의회에 위원 위촉 등 사회참여 확대, 다문화가족에 대한 사회수용성 제고를 위한 방안으로 학교 및 사회에서 다문화 이해교육 등의 사업 및 활동을 추진하였다(여성가족부, 2012a).

제3차 기본계획에서는 참여와 공존의 열린 다문화사회 구현을 위한 3대 목표, 즉 '모두가 존중받고 차별 없는 다문화사회 구현', '다문화가족의 사회·경제적 참여 확대', '다문화가족 자녀의 건강한 성장도모'하에 정책과제를 선정하였다. 다문화가족정책이 도입기, 성장기를 거쳐 정착기에 접어든 시점에서 다문화가족정책 기본계획의 정책과제는 다문화가족의 장기정착 지원, 결혼이민자의 사회경제적 참여 확대, 다문화가족 자녀의 안정적 성장과 역량 강화, 상호 존중에 기반을 둔 사회적 다문화수용성 향상, 협력적 다문화가족 정책운영을 위한 추진체계 강화 등의 5대 과제 등으로 구성되어 있다.

다문화정책은 앞으로 한국사회가 나아가야 할 방향을 제시하는 사회적 및 정책적 측면에서 중요한 과제이다. 그러나 현재 정부의 '다문화가족정책 기본계획'이 다문화가족들의 삶의 안정과 질적 향상을 지원하는 다문화가족정책의 토대로서 여러 가지 문제점을 내재하고 있다는 비판적 의견이 있다.

한국 다문화가족정책의 개선방안에 대한 연구에서 이준규(2012)는 무엇보다도 중앙정부의 업무중복과 컨트롤타워가 없다는 것을 지적하고 있다. 현재 수행되고 있는 우리나라의 다민족·다문화정책은 대부분 중앙정부 차원에서 수립되고 있으며 지방정부는 중앙정부에서 시달되는 다문화정책을 지역 차원에서 단순히 집행하는 수준에 머물고 있다는 것이다(김미나, 2008: 135; 이준규, 2012: 257, 274). 또한 지방정부들은 다문화서비스를 제공하기 위한 제도적 기반을 제대로 갖추고 있지 못하다는 문제 제기를 하고 있다. 그뿐만 아니라 성공적인 다문화정책을 추진하기 위하여서는 일반 국민과 이주민들의 요구사항을 정책과정에 반영시키는 것이 보다 중요하며, 따라서 중앙정부의 주도적인 다문화정책을 지양하고 민·관의 협력체계를 통한 다문화정책이 요구된다고 강조하고 있다(이준규, 2012: 257-258).

제1차 다문화가족정책 기본계획에 대하여 김준식, 안광현(2012) 은 정책의 추진주체, 목표, 내용, 대상, 방법, 시기 등의 평가기준을 기준으로 비판적 고찰을 수행하였으며, 그 결과 다음의 문제점을 지적하고 있다. 먼저, 다문화가족정책의 추진주체에 관한 문제이다. 다문화가족지원정책의 추진주체인 다문화가족정책위원회는 그동안 부처별, 지역별로 실시된 다문화가족지원정책을 통합·조정·관리하기 위한 '컨트롤타워'로 출범된 조직으로서 다문화가족지원정책을 효율적으로 추진하는 것이 매우 중요하다. 그러나 다문화가족정책위원회의 위원장은 국무총리가 되고(다문화가족지원법 제3조의4), 심의·조정할 사항들을 미리 검토하는 실무위원회의 위원장을 여성가족부 차관으로 정하고 있다(동법 시행령 제8조). 여성가족부 차관으로서 실무위원장이 타 부처의 다문화가족지원정책을 총괄하는 장관들을 대상으로 정책을 통합 및 조정 관리하는 데 현실적인 어려움이 있으며, 이는 다문화가족정책의 조정·관리를 위한 위원회의 본질적 목표를 달성하기 어렵다는 것이다(김준식, 안광현, 2012: 140). 2021년 현재에도 다문화가족지원법에서 다문화가족정책위원회의 위원장은 국무총리가 되고, 실무위원회 위원장은 여성가족부 차관으로 정하고 있다. 그러므로 국무총리가 위원장이고 각 부처별 장관으로 구성되어 있는 다문화가족정책위원회와 여성가족부 차관이 위원장으로 운영되는 실무위원회와의 역할 구분에 대한 논의와 개선이 필요하다.

다음으로는 다문화가족지원정책 대상선정의 범위에 관한 문제를 지적할 수 있다. 「다문화가족지원법」에서 다문화가족은 결혼이민자와 「국적법」에 따라 대한민국 국적을 취득한 자로 이루어진 가족으로 정하고 있으며, 이와 같이 다문화가족지원정책의 대상을 협의의 의미로 규정함에 따라 최근 발생하고 있는 다문화가족구성원들 간의 문제점들을 해결할 수 있는 정책적 접근이 어렵다는 것이다(김준식, 안광현, 2012: 143). 즉, 다문화가족 지원 관련 법과 정책들은 아직까지도 결혼 당사자들만을 주요 정책대상으로 정하고 있다는 것이다. 따라서 다문화가족의 복잡한 갈등으로 인한 고부갈등, 다문화가족의 해체, 이혼문제 등이 심각하게 나타나고 있고, 국제결혼 이전의 자녀들에 관한 사회문제가 점차 심각해지고 있음에도 불구하고 이에 대한 정책적 대응이 제한되고 있다는 것이다(김미자, 2011). 또한 제1차 다문화가족정책 기본계획의 시기적 측면에서 문제점을 지적하고 있다. 기본계획은 다문화가족들의 수요파악을 바탕으로 중장기적인 관점에서 미래지향적이고 예방 차원의 정책을 계획하고 추진해야 함에도 불구하고 현실적인 문제 해결 중심의 기본계획으로 수립되었다는 문제점을 지적하고 있다(강복정, 2012: 177; 김준식, 안광현, 2012: 145). 기본계획은 향후 5년간의 다문화가족정책의 기준이 된다는 점에서 미래시점을 포함하는 중·장기적 과제들도 함께 제시하는 것이 필요하며, 과제들을 추진함에 있어서 세부정책들에 대한 일정도 함께 제시하는 것이 효율적 추진을 위하여 필요한 부분이라고 강조하고 있다(김준식, 안광현, 2012: 148).

조현상(2013)은 제2차 다문화가족정책 기본계획에 대한 비판적 고찰에서 기본계획의 비전을 '활기찬 다문화가족, 함께하는 사회'로 정한 것은 다문화성에 대한 수용 차원을 벗어나 다문화와의 공존을 위한 지향하는 정부의 다문화정책에 진일보된 의지를 반영하고 있다고 평가하였다(조현상, 2013: 141). 또한 제1차 기본계획에서의 세부과제에 비하여 2차 기본계획은 결혼이민자의 취업역량 강화와 취학자녀들의 교육지원 등의 정책을 강화하고 다문화사회로의 진전에 따라 우리 국민의 다문화 이해도 제고를 위한 교육홍보 강화 등을 중점 추진 방향으로 하고 있음을 긍정적으로 평가하고 있다. 또한 제2차 기본계획에서는 질서와 안전, 이민자의 책임과 기여를 강조하고 있다고 긍정적인 평가를 하였다.

그러나 제2차 기본계획에 있어서도 정책의 추진주체의 부재로 인한 우려를 지적하고 있다. 제2차 기본계획에서 다양하고 광범위한 정책과제들을 담고 있다고 하더라도 기본계획을 시행함에 있어서 총괄적인 추진기구의 부재로 인하여 효과적인 목표달성이 제한적이라는 지적을 하고 있다(김준식, 안광현, 2013: 140; 조현상, 2013: 143; 최항순, 2019: 13). 또한 다문화라는 용어의 개념에 대한 시각이 학자, 현장실천가, 일반 시민들 사이에서 차이가 있고, 혼란이 있다는 것이다. 따라서 정부의 정책들이 다문화가족 구성원들과 한국인 주류 집단들을 통합하는 데 어려움이 있으며, 오히려 내국인들에 의한 역차별 논란을 심화시키는 우려가 커지게 된다는 주장이다(조현상, 2013: 143). 김혜순(2017: 47)의 연구에서도 우리나라 다문화정책에 대한 정체성에 대한 문제를 제기하고 있다. 다문화정책의 모호성으로 인하여 일반 국민들은 정부의 다문화정책에 대하여 반감 또는 반이민 정서로 확산될 수 있다는 것이다.

조현상(2013)은 다문화가족정책 기본계획의 사회적 수용 가능성 측면에서 비판적 의견을 제시하고 있다. 기본계획은 다문화가족만을 위한 것이 아니고, 궁극적으로는 사회 전체의 구성원들을 위한 정치적 수단이라는 것이다. 따라서 기본계획상에서 반영되는 정책적 과제들은 사회 전체 구성원들의 동의를 이끌어낼 수 있는 토대 위에서 마련되었는가를 평가해볼 필요가 있다는 것이다. 정부 다문화정책의 실현은 한국사회에서 이루어지는 것이며, 따라서 한국인 주류집단들과의 사회적 합의와 동의가 필요하며, 공동체의 공감을 통하여 다문화가족정책은 사회통합의 수단으로서 의의가 있는 것임을 강조하고 있다(조현상, 2013: 144, 148).

다문화가족정책을 수행함에 있어서 지방정부는 지역의 특수성이 고려되지 않고 전국적으로 대부분 같은 사업을 시행하게 된다는 점을 지적하고 있다(김미나, 2008: 135; 승해경, 2018: 18). 그러나 지역마다 다문화가족 구성원의 특성과 접근성이 서로 다르므로 지역별 다문화가족의 실태와 욕구조사를 반영하는 정책수행이 필요하다는 것이다. 그뿐만 아니라 지방정부의 경우에는 다문화가족업무를 담당하는 전문성을 갖춘 부서가 지정되어 있지 않다는 것이다(이준규, 2012: 275). 따라서 지방정부는 지역의 특수성에 적절한 정책수행을 위하여 지역 다문화가족정책의 컨트롤타워 기능을 해야 함을 강조하고 있다(승해경, 2018: 18). 특히, 다문화사회로의 발전을 위하여서는 다문화정책이 일부 인구집단에 국한된 것이 아니고 이주민과 지역주민이 공동으로 생활하는 지역 공간에서 성공적으로 추진되어야 하며, 이를 위하여서는 중앙정부, 지방정부, 민간 부분의 거버넌스 체제가 적절하게 이루어져야 한다는 것이다(강복정, 2012: 177; 김미나, 2008: 147; 이준규, 2012: 280).

이주 국가에서 이주민들의 언어능력은 일상생활에서 생존의 문제와 직접적인 영향이 있으므로 매우 중요하다. 다문화가족정책 기본계획에서도 이주민의 안정적인 정착을 위한 한국어교육은 매우 중요하게 반영되어 오고 있다. 그러나 지금까지 우리나라에서 언어교육정책은 동화적인 면에서 한국어 수준과 성과에 집중하여 수행되어 온 것이 현실이다(조예신, 최재오, 2019: 10). 최근에는 이주 국가와 이주민 간의 상호 문화에 대한 이해와 공동체 의식을 제고할 수 있는 매개체로서 이중언어 교육정책에 대한 관심이 증가하고 있다. 조예신, 최재오(2019: 29)는 이중언어 정책 활성화를 위한 탐색적 연구에서 학교 언어교육에서부터 해외 이주민들의 언어를 적극 반영하여 정규화해야 함을 제안하였으며, 정부는 이주민들의 다양성이 존중되는 사회통합 구축을 위하여 이주민들의 모국어가 활성화될 수 있는 직업 프로그램의 단계적 개발을 해나가야 함을 강조하고 있다.

20. 다문화가족지원센터

다문화가족지원센터의 설립은 「다문화가족지원법」 제6조 제1항에 근거를 두고 있다. 동법에서 "국가 및 지방자치단체는 결혼이민자 등이 대한민국에서 생활하는 데 필요한 기본적 정보를 제공하고, 사회적응 교육과 직업교육 훈련 등을 받을 수 있도록 필요한 지원을 할 수 있다"라고 명시하고 있다. 다문화가족을 지원하는 전문기관으로서 다문화가족지원센터의 운영은 동법 제12조에 근거를 두고 있다. 다문화가족지원센터는 결혼이민자 등을 위한 사회적응교육과 직업교육훈련, 언어소통 능력 향상을 위한 한국어교육 등을 지원하고 있다. 그리고 다문화가족의 안정적인 정착과 가족생활을 지원하기 위해 가족 및 자녀교육 · 상담, 통 · 번역 및 정보제공, 역량 강화 지원 등 종합적 서비스를 제공함으로써 다문화가족의 한국사회 조기 적응과 사회 · 경제적 자립 지원을 도모하는 대표적인 전문기관이다(손병돈, 2014: 355). 다문화가족 지원을 위한 특화된 전문기관으로서 다문화가족센터의 효율적인 운영과 발전에 관하여 논의하는 것은 매우 의미가 크다고 하겠다.

다문화가족지원센터에 대한 연구자들의 관심은 2007년에 발표된 유진이, 홍영균(2007)의 다문화가족 지원센터 활성화 방안 연구를 시작으로 꾸준히 증가하였다. 유진이, 홍영균(2007)의 연구에서는 추후 설치예정인 다문화가족 지원센터의 역할과 기능에 대한 바람직한 방향을 검토해보고자 하였다. 이후 지금까지 지속적으로 다문화가족지원센터 관련된 연구가 이어져 오고 있다. 먼저, 다문화가족지원센터의 설립배경과 역할에 대한 고찰을 통하여 센터의 활성화 방안을 제안하는 연구(라휘문, 2011; 유진이, 홍영균, 2007; 이경선, 2011; 황명아, 2014)를 찾아볼 수 있다. 다음으로는 다문화가족 지원 프로그램에 관한 연구로서 프로그램 개발 또는 프로그램에 대한 이용자의 만족도(손병돈, 2014; 최동근, 2012), 전문가 그룹 인터뷰를 통한 사례관리모델 개발 등이 있다(강기정, 이무영, 정은미, 2013; 김은정, 2015). 더 나아가 다문화가정 아버지 참여 프로그램 개발을 통하여 통합 프로그램의 중요성을 강조하는 연구도 소수 수행되고 있다(이현아, 2020). 업무성과자료를 통하여 다문화가족지원센터의 나아갈 방향과 맞춤형 서비스 제공을 제안하거나(박정윤, 2009; 정상기, 정윤수, 2010), 현장전문가로 구성된 포커스 그룹 연구를 통해 다문화가족센터의 정체성과 통합이 결국 다문화가족지원센터가 가족정책통합기관으로서의 중추점이 되어야 함을 강조하고 있다(라휘문, 2011; 박갑룡, 양명호, 2019). 다문화가족지원센터의 중심 대상자인 결혼이민자들이 정착을 위한 안정적 직업의 필요성을 절감하고 그들의 취업 지원을 위한 다양한 프로그램과 전문 인력배치 등을 제안하고 있다(이순배, 김순환, 2020). 결혼이민자들의 차별배제를 위한 제도적 장치, 자녀양육 지원 등이 취업 지속 유지를 위하여 필요함을 역설한 질적 연구(조은숙, 김민경, 최연실, 2015)에서 그 효과를 증명하고 있다. 또한 다문화가족지원센터의 중요한 기능 중 하나인 결혼이민자 가족을 위한 상담기능의 향상을 위해 상담모델 개발 목적의 탐색적 연구를 통한 개발활동(강기정, 이무영, 정은미, 2013; 양승민, 2008; 최연실, 조은숙, 2017)으로 보다 더 원활한 의사소통 창구 마련의 중요성을 지적하고 있다.

다문화가족지원센터는 다문화가족의 급속한 성장과 더불어 중앙정부 주도하에 2006년 처음으로 전국에 21개의 '결혼이민자가족지원센터'로 시작하였으며(황명아, 2014: 131), 2008년 9월에 '다문화가족지원센터'로 명칭변경 되었고, 2021년 3월 현재 여성가족부 산하 전국 228개소가 운영되고 있다. 다문화가족지원센터는 우리나라에서 다문화정책을 수행하는 대표적인 기관이며, 이들 센터의 대부분은 민간위탁의 방식으로 운영되고 있다. 다문화가족지원센터는 우리나라가 빠르게 다문화사회로 진입하였고, 다문화사회에서의 다양한 구성원들 간에 발생되는 갈등을 최소화하고 사회통합을 이루어 나가는 데 중요한 역할을 담당하고 있다. 사회통합이란 '다양한 특성을 가진 구성원들이 공동체에 대한 소속감을 가지고, 공동의 비전을 공유하며, 긍정적인 관계를 유지하는 국민적 결집력을 지칭하는 것'이라고 할 때 다문화가족지원센터가 이러한 역할을 수행할 수 있어야 하는 것이다(라휘문, 2011: 51). 이러한 사회통합의 기조 아래 다문화가족지원센터는 내국인을 위한 건강가정지원센터와 통합·운영되어야 할 필요가 있다는 여론이 대두되었다. 이에 따라 건강가정·다문화가족지원 통합센터는 2014년 통합시범사업 센터 9개소를 시작으로 그 수가 확대되어 2017년 현재 101개소가 운영되고 있다(여성가족부, 2017). 통합서비스의 추진배경은 다양한 가족의 등장과 저출산 문제 해결을 도모하고, 다양한 가족형태에 대한 적절한 가족지원서비스 제공의 필요성이 증가하였다는 것에서 찾아볼 수 있다. 또한 가족유형별로 이원화되어 있는 가족지원서비스를 가족의 유형에 상관없이 한 곳(기관)에서 다양한 가족에 대한 보편적이고 포괄적인 서비스를 제공하는 것을 목적으로 하고 있다(여성가족부, 2016). 다문화가족지원센터 현장전문가들은 이러한 다문화가족지원센터와 건강가족지원센터의 통합정책에 대한 문제 제기를 하고 있다(김정흔, 2017: 90). 정부 주도의 통합정책에 대하여 현장전문가들은 통합시범센터 운영의 결과를 공유하여 장점과 단점을 파악하고, 실제 현장에서 공론화할 수 있는 장을 마련하여 토론과 회의를 거쳐 통합센터의 운영 방향이 재검토되어야 한다고 강조하고 있다. 또한 현장전문가들은 다문화정책 또는 이주민정책에 대한 체계적이고 장기적인 계획과 비전 수립의 필요성을 지적하고 있다(김정흔, 2017: 121).

다문화가족지원센터의 역할을 바람직하게 수행하기 위하여서는 센터 운영상 대두되는 여러 가지 문제점의 지적과 함께 개선의 필요성을 강조하는 연구들을 찾아볼 수 있다. 그 내용을 종합해보면 두 가지 영역으로 구분되며 첫째, 센터에서 수행되는 프로그램에 대한 적절성과 사용자의 만족도 측면과 둘째, 센터종사자의 전문성 및 직무만족도 측면이다.

먼저, 센터에서 수행되는 프로그램에 대한 적절성과 사용자의 만족도와 관련하여 살펴보면, 전국의 다문화가족지원센터에서 수행하는 사업은 대부분 중앙정부 주도의 기본사업이 수행되고 있다는 것이다. 다문화가족 관련 사업의 총괄부처인 여성가족부는 정부부처 및 지방자치단체와 전국의 거점 다문화가족지원센터 등과 협조체제를 구축하면서 다문화가족정책위원회를 통하여 주요 사업내용을 의 결한다. 다문화가족지원정책의 주요 내용은 5년마다 수립되는 다문화가족정책 기본계획에서 추진과제로 선정된 사업내용을 중심으로 이루어지게 된다. 세부적인 추진과제는 다문화가족지원사업 추진체계에 따라 각 지자체의 거점센터와 지역센터로 이관되어 서비스가 수행되고 있다(황명아, 2014: 35).

전국의 다문화가족지원센터에서 수행하는 사업은 기본사업과 특성화사업으로 크게 구분되어 실시되고 있다. 다문화가족에 대한 지원정책은 중앙정부의 주도하에 거의 모든 지방자치단체에 다문화가족지원센터가 설치·운영되고 있을 정도로 빠르게 발전하여 왔으나, 다른 한편으로는 다양한 개선점에 대한 지적도 있는 현실이다. 가장 큰 개선점으로 지적되고 있는 것은 다문화가족 지원서비스를 운영함에 있어서 지역별 센터에서는 중앙정부의 기본사업 위주로 운영되고 있으며, 센터별 특성화 사업은 거의 진행을 하지 못하는 현실에 있다는 것이다. 따라서 지역별 다문화가족의 사회인구학적 특성을 고려한 다양한 프로그램 개발과 추진이 필요하다는 것이다(유진이, 홍명균, 2007: 98; 이경선, 2011: 61-62; 황명아, 2014: 131). 정부의 다문화가족 지원을 위한 다양한 노력에도 불구하고 서비스가 일관성이나 방향성 없이 제공되면서 실질적인 효과가 미흡하고, 또한 지역센터의 인력부족 문제, 사후관리 부족 문제 등 여러 문제들이 계속적으로 제기되고 있다(조은송이, 2014: 1). 다문화가족지원센터의 서비스 실태분석과 이용 시에 나타나는 장애요인 분석을 통하여 결혼이민자들의 이용 편의성을 위한 실효성 있는 발전된 서비스 제안을 목적으로 하는 조은송이(2014)의 연구에서는 서비스디자인 프로

세스를 토대로 하는 서비스 프로그램을 제안하였다. 이 연구에서는 이용자와의 소통으로 그들의 니즈를 도출하였다는 측면에서 다문화가족지원센터에서 제공하는 서비스의 질적 개선뿐만 아니라 다문화가족과 한국의 선주민들이 함께 교류하는 장으로 만들어나간다는 측면에서 연구결과의 의의를 찾아볼 수 있다.

최동근(2012)의 연구에서는 서울시 중랑구 다문화가족지원센터를 대상으로 하여 교육 프로그램 참가자의 참여도와 만족도를 살펴보고자 하였다. 응답자들은 다문화가족에게 지원되는 프로그램에 대하여 대체로 만족한다고 응답하였으며, 지원 프로그램 중에서도 가장 높은 참여도(97.2%)와 만족도를 나타낸 프로그램은 한국어교육 프로그램이며, 다음으로 한국 생활에 필요한 정보제공서비스 프로그램과 취업을 위한 기초소양 교육 프로그램 순으로 높게 나타났다(최동근, 2012: 62). 이러한 결과는 센터의 프로그램 발굴을 위한 방향성을 제시하고 있다는 측면에서 연구 의의가 있다고 하겠다.

도유록(2012)의 연구에서는 다문화가족지원센터 서비스 이용자의 관점에서 서비스 접근성이 서비스이용 만족에 미치는 영향을 알아보고자 하였다. 서비스 접근성이란 서비스를 필요로 하는 사람이 서비스를 이용하는 데 장애가 없다는 것을 의미한다(도유록, 2012). 서비스 접근성의 하위요인은 이용가능성, 접근가능성, 상호수용성으로 구분되며, 이들 변인은 모두 이용자의 만족에 대하여 조절변인으로 유의하게 나타났다. 하위요인 중에서 이용가능성이란 센터에서 제공하는 정보가 적절했는지 여부에 관한 것이며, 상호수용성이란 센터 실무자의 태도와 역량에 관한 내용으로 정의하고 있다. 이용가능성과 상호수용성이 서비스 이용만족과 더 유의한 관련이 있는 것으로 나타났으며, 이는 다문화가족지원센터 이용자의 만족도 향상을 위하여서는 센터 내 담당자들의 역량이 중요한 요인임을 반영하는 것으로 분석된다(도유록, 2012: 82).

전국적으로 다문화가족지원센터가 설치되어 다문화가족의 삶의 질 향상 및 안정적인 정착을 지원하기 위한 통합서비스를 시행하고 있으나 다문화가족의 특성이 출신국, 입국시기, 생애주기 등에 따라 다양하며, 다문화가족이 처해 있는 다양하고 구체적인 요구사항에 대처하기에는 미흡한 현실이다. 따라서 다문화가족의 요구와 문제에 관심을 기울이는 수요자 중심 서비스인 동시에 다양한 사회적 자원을 연결하여 활용함으로써 사회적 비용을 절감하고 통합적인 관점에서 문제를 해결하고자 하는 다문화가족 사례관리의 도입 필요성에 대한 논의가 시작되었다. 즉, 다문화가족의 다양한 욕구와 복합적이고 장기적·만성적인 문제를 효과적으로 개입·지원하기 위한 서비스 지원체계로서 다문화가족지원센터 내에 사례관리 서비스의 도입이 제시되고 있는 것이다(강기정, 이무영, 정은미, 2013: 153). 사례관리시스템 구축의 필요에 따라 강기정, 이무영, 정은미(2013)는 다문화가족사례관리 모델의 방향을 모색하고자 하는 목적으로 다문화가족지원센터의 다문화가족 사례관리를 시범 실시하여 실천의 효과성을 탐색해보고자 하였다. 연구결과를 살펴보면, 다문화가족지원센터 사례관리 전문화와 역량 강화를 위해 전문가 육성이 필요하며, 이를 위한 장기적인 교육계획의 수립과 전문 인력풀 구축의 필요성을 강조하였다. 이와 함께 다문화가족 사례관리는 목적에 적합한 이론적 배경과 과정별 기록방법, 성과평가 등이 포함된 표준화된 매뉴얼에 의해 운영되어야 함을 제시하고 있다(강기정, 이무영, 정은미, 2013: 169).

　다문화가족이 증가하고 있음에도 불구하고 이들에 대한 부정적 인식과 편견, 차별, 고정관념으로 인하여 학교생활, 직장 생활 등 사회에서 어려움을 겪고 있는 현실에서 다문화 인식 개선사업에 대한 필요성이 더욱 커지게 되었다. 이에 서울시 다문화가족지원센터를 대상으로 하여 어떠한 다문화 인식 개선을 위한 사업을 하고 있으며, 프로그램 참여자들의 다문화 인식개선 사업에 대한 참여와 평가는 어떠한지를 알아보고자 하는 연구가 수행되었다. 서울시 관내의 24개 다문화가족지원센터에서는 모두 매년 여러 가지 형태로 다문화 인식 개선사업을 운영하고는 있으나, 대부분 사업은 행사형으로 진행되며, 지속성이 없는 것으로 나타났다(강비아, 2019: 82). 또한 다문화가족과 선주민의 다문화 인식개선 사업에의 참여도는 전반적으로 낮았으며, 두 집단 모두 홍보가 부족하다는 것을 개선점으로 지적하였고, 사업내용의 다문화 인식 개선을 위한 효과성에 대하여서는 부정적이라고 하는 응답이 더 높은 것으로 나타났음을 보고하고 있다. 이에 따른 개선점으로 연구자는 다문화 인식 개선 사업의 효과적인 운영을 위하여 관련 사업을 체계적이고 단계적으로 진행할 수 있는 프로그램 개발의 필요성을 지적하고 있다(강비아, 2019: 82-84).

　건강가정지원센터와 다문화가족지원센터의 통합이 2016년부터 본격적으로 진행되면서 다문화가정의 아버지 역할 지원을 위한 아버지교육과 아버지 자조모임 사업이 필수사업으로 지정·운영되었다(여성가족부, 2017). 이현아(2020)는 건강가정·다문화가족지원센터에서 수행하는 아버지 대상 프로그램의 효과를 분석해보고자 하였다. 연구결과를 살펴보면, 자녀와의 관계개선 효과가 가장 높게 나타났고, 그다음으로 아버지 정체성 측면에서 위안과 성찰의 효과가 있는 것으로 나타났다. 또한 아버지 참여 프로그램은 아버지들의 부모효능감을 높이는 데 유의미한 효과가 있는 것으로 나타났다. 연구자는 아버지의 부모효능감 향상을 위한 방안으로 아버지가 자녀와 소통하는 다양한 놀이와 체험은 7회기 이상 다회기에 걸쳐 지속적으로 제공하거나, 아버지들끼리 정체성을 함께 고민하며 소통할 수 있는 자조모임을 아버지교육의 형태로 다회기에 걸쳐 제공할 것을 제안하고 있다(이현아, 2020: 170).

다음으로는 다문화가족지원센터 운영개선을 위한 방안으로 종사자의 전문성 및 직무만족도 측면에서 중요성을 살펴볼 수 있다. 유진이, 홍영균(2007)은 다문화가족지원센터 활성화 방안 연구에서 다문화가족 업무를 수행함에 있어서 현장 전문성을 갖춘 전문인력양성의 중요성을 강조하고 있다. 현장 전문성이라 함은 다문화가족에 관한 마인드 확립에서부터 다문화가족 프로그램을 개발·운영·평가하는 일련의 과정에서의 지식기술의 함양을 의미하며, 이에 더하여 현장 상황에서 다문화가족 마인드를 바탕으로 하여 유연하게 대처하여 문제 해결을 할 수 있는 상황적 능력까지를 포함하는 의미로 설명하고 있다(유진이, 홍영균, 2007: 98). 다문화가족지원센터 종사자는 실질적인 다문화정책서비스 전달자이며, 종사자의 다문화 역량이 다문화가족지원센터의 효과성에 작용할 수 있는 것이다.

원숙연, 문정희(2016)는 다문화가족지원센터 종사자의 다문화 역량 수준과 다문화 역량에 미치는 영향요인을 분석해보고자 하였다. 서울, 경기 및 인천 소재 다문화가족지원센터 종사자를 대상으로 한 실증연구 결과를 살펴보면 다음과 같다. 다문화가족지원센터 종사자의 다문화 역량이란 '다문화 현장에서 다양한 인종집단의 문화와 가치체계를 인정하고 이해하며, 개방적인 태도로 적절한 서비스를 제공할 수 있는 전문적인 능력'으로 정의하고 있다(원숙연, 문정희, 2016: 146). 다문화가족지원센터 종사자의 다문화 역량을 측정한 결과 전반적인 수준에서 '다문화 지식'과 '다문화 기술'보다는 '다문화 인식'이 가장 높게 나타났다. 이러한 결과는 다문화 기술이나 지식은 이주민의 언어나 문화에 대한 실질적인 구사능력으로 업무과정에서 습득·축적되는 데 일정한 시간이 소요되기 때문으로 분석된다. 다문화 역량에 미치는 영향요인을 분석한 결과에서는 종사자들의 다문화교육 참여 횟수가 긍정적인 영향을 미치는 것으로 나타났다. 이는 다문화가족지원센터 종사자들의 다문화 역량을 제고하는데 있어서 다문화교육이 매우 중요한 요인임을 알 수 있다. 이러한 결과를 토대로 한국건강가정진흥원에서 이루어지고 있는 종사자 교육을 실시함에 있어서 교육 횟수 면에서 양적 확대의 필요성을 제안하고 있다(원숙연, 문정희, 2016: 156-157).

다문화가족지원센터 종사자의 직무만족이 센터에서 제공하는 서비스 품질에 미치는 영향력을 알아보고자 하는 연구를 찾아볼 수 있다. 정상기(2010)는 종사자 유형별 직무만족과 서비스 품질에 대한 관계분석에서, 센터 내 종사자보다는 센터 외에서 근무하는 방문교육지도사의 직무만족이 가장 높게 나타났음을 보고하고 있다. 관리직과 센터 내 종사자의 경우 경력 대비 급여수준과 타 기관 대비 급여수준이 열악하다고 인식하고 있었다. 서비스 품질에 대한 분석결과 종사자 모두 비교적 높은 품질의 서비스를 제공하고 있는 것으로 분석되었으나, 센터 외 종사자의 서비스 품질이 가장 높게 나타났다. 방문교육지도사는 다문화가족을 직접 방문하여 서비스를 제공하기 때문에 라포관계가 형성되기 때문인 것으로 분석된다. 다문화가족지원센터의 종사자 유형별 직무만족이 서비스 품질에 미치는 영향에 대한 분석에서는 관리직 종사자, 센터 내 종사자, 센터 외 종사자 모두에서 서비스 품질에 긍정적인 영향을 미치는 것으로 나타났다(정상기, 2010: 158-160).

다문화가족지원센터의 방문교육지도사의 직무만족도와 이에 영향을 미치는 변인을 분석한 연구(강성애, 2014)에서는 방문교육지도사의 직무만족도의 정도는 3.29점으로 중간 이상의 수준으로 나타났다. 방문교육지도사의 문화 역량에 따른 직무만족도의 차이분석에서는 문화 차이 인식이 낮은 집단이 직업안정성 만족 정도가 컸으며, 타인가치를 높게 인식한 집단이 직무수행 시 인간관계에 대한 만족도를 높게 인식하는 것으로 나타났다(강성애, 2014: 52-53).

제4장

한국 다문화가족 담론의 쟁점

1. 가정폭력

　다문화사회의 정착과 결혼이주여성 및 그 가족의 문제는 장기적인 안목에서 접근해야 할 특수한 문제이다. 대부분의 결혼이주여성은 열악한 경제적 배경, 언어를 포함한 사회문화적 차이, 자녀양육과 관련된 갈등요인, 결혼에 대한 기대격차, 부부간의 폭력, 자녀폭력 등이 혼인관계의 파국을 가져다주는 요인이다. 특히, 다문화가정에서의 가정폭력은 다문화가정의 특수한 상황과 가정폭력의 특수성으로 인하여 현황과 원인을 파악하는 것이 매우 어렵다. 그러므로 가정폭력 예방과 피해자 보호를 위하여서는 다문화가정 가정폭력의 정확한 실태조사를 기반으로 하는 다원적 차원의 정책적 접근이 절실하다.

　그럼에도 불구하고 현재 다문화가정의 가정폭력에 대한 실증적 조사연구는 전국적인 규모로만 실시되어 지역적 특수성에 따른 다문화가정의 가정폭력 실태 파악이 쉽지 않은 현실이다. 전국 지역 다문화가족지원센터의 운영 전반에서 가정폭력 다문화가정 관리를 위한 중심기관으로서 역할 정립이 재검토되어야 한다는 지적이 있다. 이와 함께 상대적으로 열악한 위치에 있는 다문화 가정폭력 피해자의 특수성을 고려하여 법률적 지원을 위한 피해자변호사제도를 확대하여 시행할 필요가 있음을 강조하고 있다(전명길, 2017).

또한 국제결혼 이주여성이 가정폭력 등으로 이혼이 불가피하게 되었을 경우에, 한국인 배우자의 귀책사유를 다투며 이혼소송 및 양육권 청구소송을 진행하는 경우에도 소송이 종결될 때까지 이주여성의 합법적인 체류 보장이 뒷받침될 수 있어야 한다는 법적·제도적 개선요구가 있다.

가정폭력 피해 경험이 있는 다문화가정 청소년들에게 미치는 부정적인 영향을 최소화하기 위한 방안으로서 사회적 지지가 필요하며, 특히 또래와 교사를 통한 학교 지지를 향상시키는 노력이 필요함을 강조하고 있다.

2. 가족관계

가족관계는 대부분의 관련 연구에서 다문화가정과 결혼이주여성의 삶의 만족도에 가장 큰 영향력 있는 변인으로 분석되고 있다. 따라서 가족관계 향상을 위한 목적으로 유관기관 등에서는 결혼이주여성을 대상으로 가족관계 스트레스를 최소화할 수 있는 프로그램을 실시하여 보급하는 것이 결혼이주여성들과 다문화가정 자녀들이 사회구성원의 일원으로 바람직하게 성장하는 데 많은 도움이 될 것으로 제언하고 있다(윤희중, 2014). 특히, 우리나라의 결혼이주여성 중에서 가장 높은 비율을 차지하는 동남아 출신 어머니의 모국어에 초점을 맞추어 단순히 언어적 구사능력 향상을 위한 교육보다 '문화

전수 과정'의 일부로서의 이중언어 교육이 가지는 의의를 강조하고 있다. 학교나 지역사회에서 주류 언어를 중심으로 구사능력 향상에 초점을 맞추는 이중언어 교육에서 더 나아가 결혼이주자가 각 가족 내에서 이중언어 교사로서 역량을 발휘하고 그렇게 할 수 있도록 한국 출신 배우자가 격려할 수 있게 하는 가족 환경을 조성하는 것이 더 효과적일 수 있음을 제시하고 있다. 가족관계 탐색은 관계의 특성상 '가족환경'이라는 미시적인 체계 속에서 더 중요한 의미를 도출할 수 있으며, 따라서 개인적 · 미시적 관점에서 연구의 중요성을 강조하고 있다. 따라서 학교나 다문화가족지원센터 등 사회적인 차원에서의 지지에만 초점을 맞춘 현재 다문화가족지원정책이 미시적인 관점에서 가족의 역동을 도울 수 있는 내용과 방향으로 구성되어야 한다는 시사점이 제시되고 있다(허청아, 2014: 45-47).

3. 가족해체

현재 우리 사회에서 수행되고 있는 다문화교육은 결혼이주여성의 한국 생활 적응에 초점을 맞춘 한국어교육과 적응교육 위주로 편성되어 있다. 그러나 결혼이주여성의 이혼 원인을 고려해볼 때 결혼생활에서 나타날 수 있는 가족구성원 간의 문화적 차이로 인한 갈등을 해결하기에는 부족하다. 또한 교육의 대상이 결혼이주여성에게 집중되어 있다는 현실이다. 이러한 교육 콘텐츠만으로는 다문화가족 구성원 간의 갈등 해결과 이혼 예방을 위하여서는 교육의 효과를 담보하기 어려울 것으로 보인다. 우리 사회의 다문화교육이 결혼이민여성의 동화에 초점을 맞추고 있다는 비판은 이미 새로운 사실이 아니다. 이러한 비판이 일부 관련 당사자의 논의로만 그칠 것이 아니라, 장기적인 측면에서 효율적인 다문화정책을 수행하기 위하여서는 결혼이주여성의 이혼 원인을 기초로 하는 다문화교육의 방향에 대한 전면적인 검토가 필요하다는 지적이 있다.

결혼이주여성들은 결혼과정, 이혼과정과 이혼 이후의 삶에 있어서도 동일하지 않은 생애 국면을 구성하고 있다. 그러므로 이주여성들에 대하여 중심/주변의 경계로서 구획되는 이주자의 위치가 아니라 그 경계를 재구성하고, 삶의 환경을 자신만의 방식으로 살아내는 동력으로 만들어가는 적극적·실천적 행위성이 있는 주체로 인식해야 함을 강조하고 있다. 그러므로 다문화가족 이혼에 관한 현실을 직시하기 위하여서는 다양한 사례를 통하여 설명하는 것이 필요하다는 것이다. 예를 들면, 이주여성들 중에서 자녀가 없는 여성들의 결혼관계, 연애결혼을 통한 국제결혼 관계 속에서 생성되는 관계, 또한 국제결혼을 선택한 한국 남성들이 결혼, 이혼을 통해서 경험하는 사회적인 편견이나, 삶의 불안정성, 문화적인 차이 속에서 경험하게 되는 문제 등에 대한 사례별 특수성이 다문화가족 해체 담론형성에서 반영되어야 한다는 것이다.

4. 결혼만족도

국제결혼 부부의 결혼생활 만족도를 정확하게 파악하고, 이를 정책 등의 기초자료로 사용하기 위해서는 일반화된 연구결과가 무엇보다 중요하다. 거주국에 따라 문화적 차이가 있는 국제결혼 이주여성의 결혼만족도를 알아보고 정확한 비교분석을 위하여서는 국적별로 표준화된 도구가 필요하다. 그러나 연구에 적용된 측정도구를 살펴보면 매우 다양한 척도인 것으로 나타나고 있다. 결혼만족도 척도(Marital Satisfaction Scale: MSS)로서 Roach & Bowden(1975)이 개발한 총 75개 문항의 도구가 있으며, Bowden(1977)이 타당화 연구를 실시하여 48개 문항으로 단축해 재구성한 척도가 있다. 그 후 Roach, Frazier & Bowden(1981)이 사용한 척도를 유영주(1986)가 번안한 척도도 사용되고 있다. 기존의 MSS를 우리나라 문화에 맞게 수정한 한국판 결혼만족도 검사(Korean-Marital Satisfaction Inventory: K-MSI) 등 다양한 척도가 적용되고 있다는 현실에서 척도구성의 문제가 제기되고 있다.

또한 결혼생활에서 경험은 생활주기에 따라 다르므로, 다문화가정에서 결혼만족도 또한 생애주기별로 세분화된 연구가 필요함에도 불구하고 관련 연구는 거의 찾아볼 수 없다는 점을 지적할 수 있다.

대부분의 관련 연구에서는 다문화가족 아내의 결혼만족도 관련 변인으로 아내특성 변인만 다루거나, 한국인 남편을 대상으로 하는 연구에서는 남편의 결혼만족도 관련 변인을 논의하고 있다. 소수의 연구에서만 한국인 남편과 결혼이주 아내의 결혼만족도를 함께 설명하고 있는 현실이다. 가정에서 결혼생활에서 삶의 질은 부부의 결혼만족도를 함께 고려할 때 더 정확한 설명력을 확보할 수 있으므로 부부 모두의 자료를 수집하여 분석할 필요가 있다. 따라서 결혼만족도 분석 시에 개인적·양방적, 또는 가족구성원 간의 삼자적 관계 특징을 모두 포함하는가 등에 관한 쟁점들이 반영될 필요가 있다.

5. 고부갈등

국제결혼을 통한 다문화가족은 짧은 시간에 가족을 형성하기 때문에 다문화가정 구성원들 간에는 상대방 문화에 대한 이해가 부족하다. 고부간의 갈등내용에 있어서도 앞에서 살펴본 바와 같이 타문화에 대한 이해 부족이 원인이 되는 경우가 대부분임을 알 수 있다. 한국 가족 내에서는 여전히 시어머니의 전통적 가족가치관이 크게 작용하고 있으며, 특히 시어머니는 외국인 며느리에 대하여 더 영향력을 행사하고자 하는 것으로 나타나고 있다.

다문화가정 내에서 고부갈등의 원인과 유형으로는 권력구조적 측면, 역학구조적 측면, 애정구조적 측면에서 나타나고 있다. 다른 한편으로, 고부갈등에서 시어머니의 심리적 특성으로 며느리의 도주에 대한 불안, 상대적으로 며느리보다 부족한 아들이라는 생각, 외국인 며느리에 대한 막연한 거부감 등의 부정적인 정서를 경험하는 것이다. 그럼에도 불구하고 다문화가정의 시어머니는 며느리와 며느리 나라의 문화를 접할 수 있는 기회는 거의 없다고 할 수 있다.

지역의 다문화가족지원센터에서도 다문화가족 지원사업의 일환으로 운영되는 프로그램은 모두 결혼이민여성을 대상으로 하는 것이라고 해도 과언이 아니다. 그러므로 시어머니와 외국인 며느리를 대상으로 상대방의 문화를 주요 내용으로 하는 교육기회를 제공하는 것이 매우 중요함을 지적하고 있다. 이러한 기회를 통하여 상호 간의 선입견과 편견을 줄이고 다문화의식을 키워줄 수 있을 것이며, 궁극적으로는 고부갈등 개선효과를 기대할 수 있을 것이다.

교육을 시행함에 있어서는 개별 가족단위의 맞춤형 교육 프로그램으로 운영을 할 필요가 있음을 강조하고 있다. 결혼이민여성의 출신국에 따라 서로 다른 문화적 특성이 있고, 국내에서도 지역별 문화적 특성이 다르므로 이를 고려하는 차별화된 교육내용의 도입이 교육효과 향상에 실질적으로 기여할 수 있기 때문이다.

6. 국제결혼 이주

국제결혼 이주는 가계소득 증대와 보다 나은 삶을 위한 과정으로 추구되고 있다. 그러나 대부분의 결혼이주여성들은 저학력·저소득 계층의 배경을 가지고 있으며, 이들은 사회적·문화적 여건이 다른 사회에 유입되어 전통적 성역할을 담당하게 된다. 이들이 한국사회에 적응하는 과정에서 경제적 어려움, 의사소통의 어려움, 문화적 차이 등으로 인하여 처음에 가졌던 결혼이민여성들의 기대와는 다른 혼란과 갈등 등 스트레스에 직면하고 있으며, 따라서 궁극적으로 이주여성의 삶과 지위 향상에 얼마나 도움이 될 것인가 하는 것이다. 베트남의 국제이주에서 살펴본 바와 같이 여성의 결혼이주는 보다 더 나은 삶을 위한 여성의 이동이며, 친정 가계에 대한 경제적 지원이라는 이타적 동기를 가지고 출발하는 경우가 많다. 베트남의 도시화와 산업화과정에서 농촌의 남성들은 도시로 이동하게 되고, 달리 선택의 여지가 없는 농촌의 저소득층 여성들은 한국으로의 국제결혼 이주를 선택하게 된다. 특히 이러한 결혼이주자 공급구조는 한국에서의 산업화와 도시화 과정에서 농촌 여성의 유출로 인한 성비의 불균형 현상이 초래되고, 이에 따른 '결혼 압박'에 대한 해결책으로 결혼이민여성과 다문화가정을 이루게 되는 것이다.

따라서 농촌에서 경제적으로 더 열악한 지역의 결혼이민여성을 모색하게 된다면, 결혼이주의 문제는 계속 빈곤지역으로 확산될 가능성이 높아지게 될 것이라는 문제가 제기되고 있다. 또한 영리를 목적으로 하는 상업적 결혼중개 활동으로 인하여 결혼과정에서 야기되는 인권침해와 인신매매 가능성이 제기되고 있다. 한국사회가 '인구절벽 시기'에 저출산, 고령화로 인한 인구문제 개선을 위한 국제이주정책이 대안으로 제시되고 있다. 그러므로 빈곤지역으로 악순환되는 국제결혼 이주에 대한 전반적인 문제를 개선할 수 있는 보다 적절한 관리방안이 마련될 필요성이 강조되고 있다.

7. 국제결혼 이주여성의 취업

동남아시아지역을 중심으로 하는 여성들의 국제결혼 이주는 인구감소문제 해결을 위한 정책방안으로 시작되었으나, 결혼이민으로 인한 현상들은 이민여성 개인에게뿐만 아니라 사회와 국가발전에 영향을 미치는 매우 중요한 요소가 되고 있다. 그러므로 국가정책의 도구로서만이 아니라 이민여성이 인간으로서의 삶 전체도 함께 반영되는 담론이 되어야 할 것이며, 이러한 차원에서 이민여성의 취업에 대한 지원이 적극적으로 이루어지고 있다.

개인적인 차원에서는 국적과 문화적 특성 및 개인적 요구를 기초로 하는 맞춤형 취업교육 프로그램을 운영하는 것이 필요하다는 것이다. 대부분 다문화센터에서 시행되는 취업지원서비스는 단일화된 프로그램이며, 결혼이주여성의 특성에 따른 맞춤형 프로그램으로 개발되어야 한다는 것이다. 가정적 측면에서는 취업 가능 여부에 중요한 요인이 되고 있는 자녀양육에 대한 어려움을 해결하는 방안이 지원되어야 함을 강조하고 있다. 또한 단순히 취업지원 프로그램을 시행하는 것뿐만 아니라 이들이 취업지원 프로그램을 통하여 취업으로 연계되고, 지속적인 사후관리까지 함께 이루어질 수 있는 장치가 필요하다는 것이다. 국가적 차원에서는 이들이 한국과 모국에 브리지 역할을 하는 인적자원으로 발전할 수 있는 방안 마련이 필요함을 지적하고 있다.

결혼이주여성들의 사회적응과 통합의 차원에서 그들이 진정 필요로 하는 취업의 기회를 확대하는 데 보다 많은 관심과 노력이 요구된다. 정책수립의 기초자료가 되는 거의 대부분의 선행연구는 횡단자료로 나타나고 있으며, 이는 결혼이민여성이 한국에서 거주한 기간이 길어짐에 따른 취업 경험의 변화를 설명하는 데에 제한점이 되고 있다. 중장기적인 정책 수립을 위하여서는 정확하고 유용한 자료로서 종단연구도 병행되어야 함이 지적되고 있다.

8. 국제결혼 한국 남성의 특성

그간 우리 사회는 결혼이민자들을 통합의 대상으로만 간주하고 끊임없이 그들을 우리들에게로 강제 편입시키려는 노력을 아끼지 않았다고 할 수 있다. 국제결혼에 관한 연구는 주로 결혼이민여성들을 중심으로 하여 그들이 한국사회에서의 삶의 실태, 갈등과 적응 그리고 그들의 안정적인 정착을 위한 지원정책, 인권을 중심으로 이루어져 왔다. 따라서 대부분의 연구에서 한국인 남편에 대하여 '주변인' 또는 '가해자'로 인식되거나 '사회의 부적응자'로 매도되는 등 부정적인 시각에 더 초점이 맞추어진 결과들이 많았다. 그러나 국제결혼을 선택한 내국인 남성에게 있어서도 다문화가정을 이루면서 변화에 대응해나가야 하는 어려움에 직면하고 있다는 현실에서 한국 남편의 관점에서도 그들의 역동적인 삶에 대한 탐구의 필요성이 있다는 지적이 나타났다.

다문화사회의 구성원들은 자문화의 고유성을 잃지 않으면서도 융화되는 사회통합의 필요성을 강조하면서, 이를 위한 실천방안으로 문화간교육(intercultural education)을 제안하고 있다(이근무, 김진숙, 2009: 158-159). 문화간교육이란 자민족중심적(ethnocentric) 사고에서 벗어나 문화의 다양성을 인식하고 문화 간 감수성(intercultural sensitivity)과 문화 간 유능성(intercultural competence)을 발달시킬 수 있는 구체적 방법으로서 첫째, 국제결혼을 하려고 하는 국내 남성들을 대상으로 한 상대문화 이해교육이 혼인에 앞서 선행될 필요가 있다는 것이다. 둘째, 부부가 함께 하는 상호 문화이해 프로그램의 개발과 실시이다. 셋째, 성공적인 국제결혼생활을 하고 있는 남성들의 사례를 발굴하여 이를 사회교육 프로그램으로 보급하는 것이다. 넷째, 결혼이민여성들의 자조모임과 같은 정서적 공동체를 활성화하여 심리적 안정을 찾을 수 있도록 지원할 필요가 있다고 하겠다. 다문화사회의 통합주체로서 결혼이민여성뿐만 아니라 국제결혼 한국 배우자의 삶의 현실에 대한 관심도 함께 중요하게 다루어질 필요가 있다.

9. 다문화가정의 자녀양육

여성결혼이민자들은 한국어가 익숙하지 못한 상황에서 자녀 출산과 양육을 담당하게 된다. 지금까지 다문화가족지원정책이 부모의 입장에서 자녀양육의 어려움을 덜어주는 데 중점을 두었다면, 앞으로는 초등학생과 중학생 자녀의 증가 추세를 고려할 때, 학령기 자녀의 성장을 지원하는 정책 추진 방향으로의 전환이 필요하다고 하겠다. 따라서 '제3차 다문화가족정책 기본계획'에서는 증가 추세에 있는 다문화가족 청소년들을 위한 정책과제로 안정적 성장을 위한 환경 조성 및 학업·글로벌 역량 강화 지원, 진로준비 및 사회 진출 지원, 중도입국청소년의 조기적응 및 정착지원을 선정하고 있다. 세부과제로는 자녀 발달주기별 부모교육 및 정보제공, 청소년기 자녀 및 부모 상담을 강화하도록 지원, 다문화가족 자녀성장지원 프로그램, 학교 내에 진로지도 및 상담 등을 위한 진로활동실 확충 유도 등 다양한 다문화가정 자녀들을 위한 지원정책을 추진하고 있다(여성가족부, 2021). 최근에는 결혼이민여성 자녀의 학교생활 적응을 위한 방과 후 교육 프로그램의 개설을 지원하고 있다. 현행 교과서에 포함된 인종차별적 요소를 수정·보완하여 다문화 교육내용을 반영토록 하고 있다. 또한 지역아동센터와 지역사회 복지기관을 통하여 자녀들을 위한 복지 및 상담 서비스를 제공하고 있다.

그러나 이러한 공적인 프로그램만으로는 이들의 욕구를 충족시키기는 부족하다. 특히 자녀들의 생활이 학교뿐만 아니라 가정에서도 이루어지고 있음을 감안하여 지역사회와의 협력을 강화할 수 있도록 하여야 할 것이며, 특히 가정에서 자녀양육을 위한 아버지의 역할에 대한 중요성을 반영하는 정책적 방안이 필요하다고 하겠다(김운삼, 2019: 36).

가정과 학교 차원의 대책과 함께 전체 국민들의 다문화 인식 전환을 위한 대책 마련이 요구되고 있다. 여러 가지 다문화정책들이 효과를 거두기 위해서는 다문화가정 자녀들이 사회적으로 배제되지 않는 사회적 분위기 조성이 무엇보다도 시급하다는 지적이 있다.

10. 다문화가족상담

다문화가정의 증가로 가족상담의 수요가 급증하고 있는 현실이다. 그에 따른 방안들이 마련되고는 있으나 아직은 다문화가족을 위한 양질의 다문화가족상담 측면에서는 미흡한 점이 많다. 이를 위한 개선방안으로 가장 시급한 것은 상담 제공을 위한 시스템을 구축하는 것이라고 지적하고 있다. 현재 다문화가족을 대상으로 하는 상담은 다문화가족지원센터를 포함하여 지자체(교육청, 시군구청 등), 복지관, 여성단체, 종교단체 등의 다양한 기관에서 제공되고 있다. 이 중에서도 다문화가족지원센터의 다문화가족상담은 핵심사업 중의 하나로 자리매김하고 있다.

다문화가족상담에서 해결해야 하는 문제들은 부부관계문제, 부모자녀 관계문제, 자녀양육문제, 고부관계문제, 이웃관계문제, 성문제, 경제문제, 폭력문제, 장애와 중독관련 문제, 이혼관련 문제 등이다. 상담자들은 이러한 가족 내의 관계갈등문제는 신분, 체류 등과 관련된 법적 문제, 외국인에 대한 차별문제, 취업문제들보다 더 다루기 어려운 전문성이 요구되는 문제로 지각하고 있다. 이는 다문화가족을 상담하는 인력들이 사례관리 수준을 넘어서는 심도 있는 상담을 할 수 있는 전문적 역량을 갖추어져야 할 필요가 있음을 시사하는 부분이다.

그러므로 급증하는 다문화가족의 상담 요구와 업무의 전문성 및 효율성 측면에서 다문화가족상담 업무를 수행함에 있어서 다문화가족지원센터가 지역사회 내 허브 역할을 담당하는 중심기관으로 시스템을 구축하는 것이 필요하다는 지적이 있다. 또한 다문화가족지원센터 상담자들로 하여금 다문화가정 내에서 발생하는 갈등문제상담을 수행할 수 있는 역량을 갖춘 전문가로 육성하는 것이 시급하다는 것이다. 이들로 하여금 다문화가정에서 필요로 하는 양질의 가족상담서비스를 제공할 수 있을 것으로 기대할 수 있다는 것이다.

11. 중도입국자녀

중도입국자녀들이 직면하고 있는 문제들은 상당히 복합적이고 중층적이다. 이들은 재혼한 어머니와 긴 이별 후의 새로운 적응, 새로운 가족과 적응과정에서 문화적 충격, 또래관계가 중요한 시기임에도 불구하고 한국이라는 새로운 환경에서 또래문화의 부재 등은 심리적 안정감에 심각한 부정적 요소로 영향을 미치게 되는 것이다. 더구나 출신국과의 사회관계망 단절의 경험, 학교생활에서 학업과 학우관계에서 환경적으로 극심한 스트레스에 놓여 있는 현실이다. 중도입국자녀들 중에서 대부분은 학령기에 있는 청소년들임을 고려할 때, 이들이 한국에서 건강한 사회인으로 성장해갈 수 있도록 지원하는 체계적인 제도적 지원이 필요하다.

2012년 교육과학기술부의 '다문화학생 교육 선진화방안'에 의하면 정규학교에 배치되기 전에 본인의 희망에 따라 '다문화 예비학교'에서 6개월 정도의 한국어와 한국문화 등 교육을 받고 정규학교로 입학이 가능하도록 정하고 있으며, 교육청에 '다문화코디네이터'를 두어 입학상담, 정규학교 배치, 사후관리까지의 전 과정을 지원하도록 하고 있다(교육과학기술부. 2012.1.6.: 2). 정착을 목적으로 입국한 자녀들의 경우에는 공교육으로의 진입이 필요하다. 그렇기 때문에 자녀들의 일반 공립학교로 성공적인 진입을 위해 다른 문화권에서 온 자녀들의 적응을 위한 문화 적응의 시기가 필요한 것이다. 그뿐만 아니라 자녀들의 적응을 위해서 자녀들이 또래와 어울릴 수 있는 시간이 필요하다. 자녀가 안정적인 정착을 목표로 삼고 입국하게 되었을 시 자녀의 한국 생활의 적응을 위하여 함께 또래관계를 형성하고 적응기를 공감하고 공유할 수 있는 상호작용을 형성하기 위한 장(場)으로서 예비학교는 매우 중요한 역할을 담당할 수가 있을 것으로 기대할 수 있다는 것이다. 또한 중도입국청소년의 정규학교 입학절차 전 과정을 지원하기 위한 '다문화코디네이터' 제도는 한국사회에 성인으로 진출을 위한 환경으로서 의의가 크다.

2019년부터는 '다문화예비학교'는 '한국어 학교', '다문화교육 중점학교'는 '다문화교육 정책학교'로 명칭이 변경되어 운영하고 있으며, 한국어교재 개발, 한국어교육 영상콘텐츠 제작, 교과 보조교재 개발, 이중언어교재 개발 등 정책 사업을 추진하고 있다(교육부, 2021.2.). 교육부의 '2021년 다문화교육지원 계획'(교육부, 2021.2.: 4)에 의하면, 한국에서 전체 학생 수의 감소로 인하여 전체 학생 대비 다문화 학생의 비율은 지속적으로 상승하고 있으며, 이들 중에서도 한국어 집중교육이 필요한 중도입국 학생의 증가세가 뚜렷하게 나타나고 있는 현실에서 중도입국청소년에 대한 연구와 교육이 절실하게 필요하다. 그럼에도 불구하고 지금까지 다문화교육은 국내 출생의 다문화자녀 지원정책에 집중되어 있으며, 추후 지속적인 증가가 예상되는 중도입국청소년의 공교육 진입을 위한 구체적인 정책방안이 절실하게 필요한 실정이다(이보경, 2020: 49). 주로 중도입국청소년의 적응의 어려움에 대한 연구가 집중되어 있고, 이들을 교육하는 교사와 교육서비스에 대한 연구는 상대적으로 부족한 실정이다(이명희 등 4인, 2017: 411). 월원, 이경애(2022)는 2011년부터 2021년까지 발표된 중도입국청소년을 위한 한국어교육의 연구동향 분석에서 결혼이민자와 기타 외국인 대상 한국어교육 관련 연구에 비하면 중도입국청소년 관련 한국어교육 연구는 극히 소수에 그치고 있음을 제시하고 있으며, 특히 한국어 교수내용을 다루는 연구는 1편에 불과한 것으로 분석하고 있다(월원, 이경애, 2022: 131). 중도입국청소년은 한국에 입국한 이후에 모국 문화와 전혀 다른 문화에 적응하지 못하고 학교에 적응하지 못한 채 학업을 중도에 포기하는 경우가 많다. 한국어교육은 중도입국청소년이 한국사회에 적응하는 데 도움이 되는 것이 중요하며(월원, 이경애, 2022), 따라서 지금까지 중도입국청소년들의 한국어 교육에 치중되어 있는 교수내용이 앞으로는 이들이 한국

사회에 잘 적응할 수 있도록 한국문화 및 모국문화를 아우르는 다양한 측면에서 조명하고 교육해야 할 것을 강조하고 있다.

그러나 2013년 10월을 기준으로 봤을 때 다문화코디네이터는 전국에 불과 26명이 활동하고 있으며, 현재 각 시·도 교육청별로 1인에서 2인이 중도입국청소년을 포함한 다문화 학생 관련된 업무를 맡고 있는 실정이다(이보경, 2021: 48). 전체 학생 수 대비 중도입국자녀와 전국 다문화가정 자녀 수가 지속적으로 증가하고 있음을 고려할 때 현재 법무부와 교육부의 협력으로 운영되는 교육부의 '다문화코디네이터' 제도를 보다 현실적으로 운영할 필요가 있다. 선은정(2015)의 연구에서도 법무부는 교육부 '다문화코디네이터'의 학교 입학 안내를 위한 상담 장소 제공과 홍보 활동, 자녀의 학교 편·입학 및 학교생활에 대한 부모교육 등 업무적 지원을 체계적으로 지원하지 못하고 있으며, 시·도 교육청 및 단위학교에서도 다문화코디네이터의 업무와 역할에 대한 인식과 이해가 매우 부족하여 중도입국자녀 학교 입학 관련 지원을 효과적으로 추진할 수 없음을 지적하고 있다. 따라서 중도입국자녀의 공교육 진입과 학교교육을 위하여서는 출입국사무소와 시·도 교육청은 업무협약을 통해 출입국사무소부터 중도입국자녀들의 학교 입학 지원과 중도탈락을 최소화할 수 있는 총체적인 시스템이 효율적으로 가동되도록 제도화할 필요가 있다. 이러한 정책의 현실성 있는 시행을 위하여서는 현재 각 시도별로 1~2인에 불과한 '다문화코디네이터'를 비롯한 전문가 양성이 매우 중요하다.

12. 초국가적 가족

　다문화사회에 대한 초국가적 접근은 미시적 관점에서 다양한 행위자들이 일상에서 맺는 복잡한 사회, 경제, 정치, 문화적 관계에서 초국가적 네트워크를 이루고 살아가는 경우가 많다는 것이다. 미시적 수준에서 수행되는 문화와 담론적 실천들의 초국가적 성격과, 그 결과 형성되는 초국가적이고 다중적인 정체성이 국제적 이주와 정착을 이해하는 데 매우 중요한 요인이 된다는 것이다. 이러한 초국가주의적 접근은 국제이주뿐만 아니라 국제 이주자들의 적응과 정착에 대해서도 새로운 관점을 제시하는 계기가 되고 있다. 많은 사람들이 초국가적 연결망을 통해 이들의 정체성이 탈국가화 되고, 탈영토화 되며 이를 재영토화 하는 과정에서 초국가적인 시민권의 개념이 대두되는 것이다.

　산업화와 민주화의 결과 이주여성들이 '형식적'인 시민권은 획득하였으나 '실질적'인 시민권에서는 여전히 차별이 있다고 비판하고 있다. 최근 이주여성들이 직면하고 있는 체류권의 불안정성, 국적이나 영주권 취득의 장벽, 송환의 위험 등은 전 지구화 시대에 '형식적' 시민권의 중요성이 다시 부각되고 있음을 보여준다. 초국적 시민권에 대한 논의는 국민국가를 전제로 하는 시민권 개념을 비판함과 동시에 시민권에 내포된 가족(전통적 가족)에 대한 전제들도 재검토되어야 한다는 주장이 제기되고 있다.

이주여성들이 한국사회에서 적응하면서 나타나는 사회적 관계
망의 초국가적 특성을 고려하여 다문화사회를 추구하고 이주여성
의 문화적 차이를 인정하는 다문화정책의 실천이 필요하다. 초국가
적인 행태가 오직 이주 1세대에 국한된 현상인지 아니면 후손들에
게도 기대할 수 있는 것인지, 그리고 이주 2세대가 주류사회에 성공
적으로 통합할 수 있는 도구로서 활용할 수 있는지에 대한 지속적인
연구가 필요하다는 주장은 매우 의미가 크다고 하겠다.

13. 공감능력

다문화사회를 살아가는 민주시민은 다양한 집단의 사람들과 함
께하는 삶과 사고방식으로의 전환이 필요하다. 이를 위해 다문화교
육은 비단 다문화가정의 학생들뿐만 아니라 다문화사회의 모든 구
성원들의 소통과 통합을 위한 교육으로써 매우 중요하다.

공감능력은 또한 다문화사회에서 다양한 집단과의 관계 형성을
위한 필수적인 정서적 능력이다. 다양한 집단과 민족들이 공존하기
위하여 다문화사회에서 새롭게 등장하는 문제들을 해결할 수 있는
이러한 공감능력의 배양을 목적으로 하는 공감교육은 다문화교육의
핵심적인 학습요소라고 할 수 있다. 공감능력은 여러 문화적 요소들
과 상호작용하는 모든 직 · 간접적인 다양한 경험들을 통하여 극대
화시킬 수 있다는 많은 연구결과들을 찾아볼 수 있다.

따라서 공적인 교육기관을 통한 공감교육뿐만 아니라 결혼이민

여성 또는 다문화가족 자녀들과의 만남, 다문화가정과의 연계를 통한 적절한 자원봉사 등의 자연스러운 활동을 통한 상호작용의 기회가 사회구성원 모두의 공감능력 향상을 위한 방안으로 강조되고 있다.

14. 다문화수용성

어머니의 양육행동은 자녀의 사회화에 가장 중요한 요인이며 (Hart 외, 1992), 특히 자녀의 공감능력은 친사회적 행동의 중요한 동기가 되고 있으며(고영희, 2011), 이러한 사회적 친밀감이 전반적인 다문화수용성에 긍정적인 영향이 있는 것으로 나타나고 있다. 따라서 자녀들로 하여금 관점수용 능력, 즉 일상생활 속에서 다른 사람들의 심리적인 관점을 이해하려고 노력할 수 있는 능력을 키워주는 노력이 필요하며, 이는 자녀들의 바람직한 사회적 관계 형성을 위해서도 매우 중요하다. 가정에서 어머니의 양육행동은 자녀의 다문화수용성 수준에 매우 중요한 영향력이 있다는 선행연구결과도 이러한 담론을 뒷받침한다고 할 수 있다.

그러므로 가정에서 부모, 특히 어머니는 우리 사회가 다문화사회로 나아감에 있어서 부모양육행동의 중요성을 인식해야 할 필요가 있다. 그중에서도 어머니의 애정표현, 수용, 존중, 신뢰, 합리성 자율성 및 독립성 등과 같은 온정수용적 양육행동은 자녀의 다문화수용성 향상을 위해서 매우 중요하다. 따라서 현재 수행되는 부모교육 프로그램에도 이러한 결과를 반영할 수 있는 개선 노력이 필요하다고 하겠다.

현대사회에서 미디어의 영향력이 매우 중요하다는 것은 아무리 강조해도 지나치지 않을 것이다. 그러므로 미디어의 긍정경험 효과를 활용하여 한국인들의 이주민에 대한 고정관념 및 차별의식을 개선하고 상호 교류 행동수준을 향상시키고 궁극적으로는 국민들의 다문화수용성 향상 방안을 모색하는 것은 매우 시급한 과제로 지적되고 있다.

15. 대중매체 속의 다문화가족 재현

재현이란 언어나 이미지를 사용하여 의미를 구축해나가는 과정이며, 미디어가 재현하는 현실은 대중의 인식을 바꿀 수 있는 영향력을 발휘하게 된다는 것이다. 그러나 결혼이민여성과 다문화가정 자녀들에 대한 부당한 차별과 편견을 반복적으로 노출하면서 한국인이 지닌 외국인에 대한 이분법적 고정관념을 강화하는 미디어의 인종화, 서열화로 나타나고 있다는 지적이 있다.

미디어를 통하여, 한국 국적인 2세대는 어머니의 이주배경 때문에 '이주민의 자녀'로 인식했고, 이들을 '부족', '결핍'의 대상으로 '지원'이 필요한 대상으로 재현하였다. 한국에 거주, 체류하는 이주민은 출신국의 발전수준에 따라 차별대우를 받고 있으며 이는 미디어를 통해서도 쉽게 나타났다. 또한 결혼이주여성과 다문화 2세대를 사회구성원으로 받아들이기는 하지만 '우리'의 경계 안으로 들어오게 '허락'하지는 않는다. 우리는 일상에서 이들을 필요에 따라 '우리'라고 부른다고 지적하고 있다.

현실에서 다문화가족들은 한국사회에서 배제를 더 많이 경험하는 것으로 나타나고 있다. '다문화 아동', '다문화 청소년', '다문화 병사', '다문화 가정' 등 '다문화'라는 이름으로 이들을 분류하고 경계를 긋는 것 자체가 차별이 될 수 있다는 비판적 견해가 있다.

편견과 차별 없이 융화될 수 있도록, 이미 한국 구성원이 된 다문화가정을 '내부의 외국인'으로 바라보는 시선이 바뀌어야 할 것이다. 대중매체에서 다문화 담론은 다문화사회가 지향하는 가치와 마찬가지로 이주민의 다양성을 인정하고 존중하는 태도를 담아내는 도구로서 역할이 필요하다. 사회구성원 모두는 다름과 차이를 인정하면서 그들을 국민으로 인정하는 '타자의 윤리', 세계시민으로서의 자세를 갖추어야 할 것이며, 문화적 다양성과 다문화정책을 재정의해야 하는 시점에 와 있음을 인식해야 한다.

16. 결혼이민여성의 인권

인권(human rights)이란 '사람이 사람답게 살 권리'로서, 인간으로서의 존엄과 가치 및 자유와 권리이며, 결혼이민여성들도 가정과 직장, 사회에서 폭력과 학대, 차별을 받지 않을 권리가 있는 것이다. 그러나 한국사회에서 결혼이민여성에 대한 인권침해는 개인적 · 사회적 · 제도적 차원에서 매우 다양하게 일어나고 있다(김상찬, 김유정, 2011: 322-331). 결혼 준비과정에서 인신매매적 진행절차, 차별적 대우, 사회적 편견 등에 심각하게 노출되어 있는 것이다. 무엇보다도 중요한 것은 결혼이민여성의 인권은 배우자와 가족을 매개로 하는 '의존적인 인권'이 아니라 권리주체인 개인으로서 인권을 보장받을 수 있는 안정적인 법적 지위가 마련되어야 한다는 지적이 있다. 안정적인 다문화가정과 다문화사회를 이루기 위해서는 보편적인 결혼이민여성의 인권을 보호하고, 권리주체로서 개인의 인간의 존엄성을 보장받을 수 있어야 한다는 것이다.

이를 위하여서는 한국사회의 모든 구성원들은 타문화에 대한 이해를 바탕으로 하는 서로에 대한 인식 개선이 반드시 있어야 하겠다. 특히 결혼이주여성은 한국인 남편과 시부모 등 시댁 가족들에 의한 가정폭력 피해자로서 심각한 인권침해 상황에 처해 있는 현실에 있음을 고려할 때, 다문화가족 구성원을 대상으로 하는 인권교육의 필요성이 강조되고 있다. 결혼이민여성 출신 국가의 가족문화, 성역할 구조에 관한 내용을 포함하는 것으로 구성하여 다문화가족 구성원 간에 정서적 및 문화적 간격을 완화하는 것이 매우 중요하다는 것이다.

17. 이주의 젠더화

　전 지구화 시대의 이주는 정치적·경제적·사회적·문화적으로 매우 밀접한 상호 관계를 포함하고 있으며, 국제노동시장에서 여성 이주자의 증가는 이들의 역할이 중요해지고 있다는 것을 의미한다 (이선주, 2006: 148). 이주의 젠더화는 첫째, 여성의 노동을 선별적으로 요구하는 국제이주가 최근에 증가하면서 여성 이주자가 생계부양자로서 자발적인 취업이주자이며, 둘째, '글로벌 돌봄 체인현상'으로 이어지고 있으며, 이는 초국가적 가족과 돌봄의 연결망으로 유지되고 있다는 특성으로 나타나고 있다. 더 나아가 이주여성은 그들이 처한 사회적 관계망 가운데서 주체적인 선택을 내리게 되는 존재이며, 따라서 초국가적 이주는 국가 차원뿐만 아니라 개인의 가정과 지역사회 수준에서도 분석되어야 한다는 것이다.

　지금까지는 우리 사회에서 이주문제는 이주자의 고용과 관련된 권리문제가 중점적으로 논의되었다면, 앞으로는 전 지구화 시대에서 이주자들의 시민권에 대한 논의가 중요하게 다루어져야 한다는 지적이 대두되는 것이다(이선주, 2006: 145). 이주자의 권리를 보호하기 위해서는 인간의 존엄성과 가치에 기초한 인권문제로 접근하는 것이 필요하며, 인권을 전제로 한 '세계적 시민권'은 젠더와 이주문제를 논의하는 데 있어서 중요한 의미를 갖는다. 시민권이라 함은 인간의 기본 권리에 대한 보장을 내포하고 있기 때문에 특정 국가 또는 문화에 의존되는 것이 아니라는 점에서 인권과 시민권에서 권리는 같은 맥락이라는 의미가 된다(이선주, 2006: 145). 여성이주자들 이주의 전 과정에서 차별과 배제로 이들을 분리하기보다는 포용하기 위한 법과 정책으로 이들의 인권을 보장하고, 우리 사회가 지속적으로 발전할 수 있는 방향성을 제시할 수 있어야 함을 강조하는 것이다.

이주여성의 시민권을 고려할 때 시민권의 형식적 측면과 실질적 측면을 구분해야 한다는 Piper & Roces(2003: 16-17; 황정미, 2009: 29)의 지적은 시사하는 바가 매우 크다. '형식적'이란 것이 법적 영역(거주, 공민권, 정치, 노동권 등)을 말한다면, '실질적' 영역은 사회적 측면(차별)과 관련된다. 형식적인 시민권 문제가 해결된다고 해서 실질적 시민권이 자동적으로 보장되는 것은 아니다. 결혼이주여성은 다양한 정책서비스의 수혜자처럼 보이지만 다른 한편 국적취득 이전의 초기 생활에서 아무런 공적 지위를 갖지 못한 채 타자화된 존재라는 모순적 지위에 있다. 그러므로 결혼이주여성의 취약한 지위에서 비롯되는 인권침해를 해소하기 위해 여성의 노동이주를 양성화, 합법화해야 한다는 주장이 제기된다(황정미, 2009: 30; 한국염, 2006: 17). 이주 인구의 증가와 함께 그들의 자손들과 국가정체성을 공유하게 되는 현실에서 사회통합과 다문화주의에서 나타나는 논리적 갈등과 현실의 변화를 고려한 대안이 필요하며, 정책을 마련하고 실행에 옮기기 전에 젠더화 된 정책에 대한 검토, 평가, 수정이 필요한 시점이라는 것이다(전경옥, 2007: 30).

18. 국제결혼중개업

국제결혼으로 인하여 발생되는 여러 가지 문제는 친지의 소개나 교제를 통해 결혼한 여성들보다 국제결혼중개업자를 통해 단기간에 결혼한 이주여성들에게서 더 많이 나타나고 있다. 이러한 문제는 경제적인 이익만을 추구하는 결혼중개업자들의 행태에서 비롯된 점도 많지만, 결혼중개업자가 아니면 결혼이라는 목적에 도달하기 힘든 한국 남성과 결혼이민을 희망하는 여성의 제 여건에서도 기인된다는 현실이다.

국제결혼 희망자들의 여건이 근본적으로 개선되지 않는 한 중개업자를 이용한 국제결혼중개는 지속적으로 이루어지게 될 것이라는 점에서 국제결혼중개업체에 대한 강력한 제재가 필요하다는 지적이 있다. 이와 함께 중개업자들이 사회적 책임을 자각하고 실천할 수 있도록 하는 적극적인 정책적 지원이 요구된다. 결혼중개업에 대한 신뢰도 향상을 통하여 건전한 결혼문화 정착을 시킬 수 있어야 하며, 이에 국제결혼중개업 담당자들에게는 다문화 시대에 여성결혼이민자 가족의 사회통합에 기여할 수 있다는 책임의식 또한 요구되는 것이다.

다른 한편으로는 국제결혼 이주 그 자체가 지극히 개인적이고 사적인 영역인 만큼 어디까지 국가가 관여하고 개입해야 할 것인가에 대해서는 끊임없이 고민해야 할 과제라는 어려움이 있다.

19. 다문화가족정책 기본계획

지금까지 지속적으로 다문화가족정책 기본계획 사업의 일환으로 '다문화에 대한 이해증진', '다문화인식개선', '다문화이해교육 실시' 등을 중심으로 추진되어 왔다. 그러나 언론과 학계가 주목할 정도로 '다문화' 우려, '역차별', '반다문화정서'가 부상하고 있는 현실이다. 반다문화담론과 '다문화정책'의 관계를 반이민 정서와 연계해서 실증적으로 검증한 국내 연구결과에 의하면(김혜순, 2017: 47), 다문화가족정책은 여성가족부가 출발부터 지금까지 가족정책이라 주장했던 것과 달리 1차, 2차 기본계획 모두 이민정책의 일환임을 설명하고 있다. 그러므로 이민정책의 틀 안에서 지향할 방향으로 다문화 인식개선 사업 재고를 해야 한다는 주장이다. 따라서 이민/자 자체보다 정부 역량과 정책에 대한 회의가 반이민 정서의 실체라고 분석하고 있다. 즉, '다문화정책'에 대한 반감이 반이민 정서로 확산될 수 있다는 것이다.

국내 다문화 담론은 그동안 국가적으로 동원 · 강조해온 민족 · 국가주의와 대립된다. 민족 · 국가정체성을 위해 전 국민 · 계층 대상, 전 매체를 활용했던 의식교육 방식을 다문화 인식개선에도 적용하는 것은 오히려 정책에 대한 거부감, 반이민 정서, 나아가 상기 대립을 심화시키게 될 우려가 있다는 것이다.

그러므로 기존의 다문화 인식개선 사업은 그 명칭, 교육대상, 교육내용 측면에서 재고되어야 한다고 강조하고 있다. 우선 자유민주주의 사회에서 '인식개선'이라는 용어는 어떤 관계에서도 일방이 상대에게 사용을 삼가야 하는 단어이며, '다문화수용성' 또한 국민의식 수준의 평가적 개념이므로 삼가야 함을 제안하고 있다. 둘째, 교육대상에 있어서도 전 국민을 대상으로 하기보다는 발언과 결정의 사회적 영향력이 있는 교사, 공공기관과 관련 단체 종사자, 여론주도층으로 한정해야 하고, 특히 정책결정자가 최우선 대상이 되는 것을 제안하고 있다. 셋째, 교육내용은 지금까지의 여성 · 가족, 인권 · 복지, 다문화주의 중심은 지양하고, 이민사회의 필요성, 명암, 다양한 국가의 노력 등 이민사회에 대한 이해와 이민관점의 습득이 교육내용으로 체계화되어야 함을 강조하고 있다. 다문화 인식개선사업에서 국가 및 정책결정자가 조정할 대상은 내국인의 의식과 태도가 아니고 결론적으로 정책임을 지적하고 있다.

20. 다문화가족지원센터

다문화가족지원센터는 다문화주의를 직접 실천하고, 다문화가족들의 요구를 해결할 수 있는 통로의 역할을 하고 있다. 정부는 다문화가족지원센터가 이러한 통로의 역할을 수행할 수 있도록 지원을 충분히 해야 하는 것은 중요하다. 그러나 현재와 같은 정부에 의존적인 센터로서가 아니라 자체 운영이 가능한 센터로 변화하기 위한 준비를 정부가 마련해주어야 한다는 지적이 있다. 다문화가족지원센터가 자체적으로 사업을 마련하고 운영하기 위해서는 재정확보,

인력확보, 공간 및 기자재 마련 등이 있다. 이 중에서도 전문성과 역량을 갖춘 인력 확보를 통하여 센터에서 지역수요자 중심의 새로운 프로그램들을 개발·운영하는 독립적인 센터로서 역할이 필요하다는 것이다.

장기적인 측면에서 다문화가족지원센터는 다문화주의를 실천하는 데 주도적인 역할을 수행할 수 있어야 할 것이다. 이를 위하여 무엇보다도 먼저 다문화가족지원센터에서는 가까운 지역주민들의 다문화 인식개선을 위하여 지속적으로 노력하여야 한다. 다문화가족이 한국 내에서 안정적으로 정착하기 위하여서는 선주민의 인식개선과 상호 문화적 태도를 이끌어내고, 이들의 변화와 함께 더불어 살아갈 수 있는 정책 수립과 다문화가족들을 위한 적극적인 지원이 가능하게 될 것임을 강조하고 있다.

다문화 학자들에 의하면 다문화사회는 이미 오래전부터 있었다고 주장하고 있다. 근래에 이르러 다문화사회에 대한 관심이 커지는 것은 20세기 말과 21세기 초에 이르러 국가별 경제발전의 차이로 인하여 국경을 초월한 세계화가 가속화 추세에 있다는 것이다. 서구 대다수의 이민국들은 이주민의 증가에 대응하기 위하여 오랜 기간 동안에 이주자의 사회적응과 사회통합을 위하여 다양한 지원정책들을 추진해 왔다. 각국의 사회지원 정책들은 각 나라의 역사적·문화적·민족적 배경에 따라 서로 상이한 법과 제도가 추진되어 왔으므로 이들을 객관화하기에는 어렵고 한계가 있으며, 단순하게 비교하여 어느 특정 국가 제도의 우수성을 평가할 수는 없다 (서광석, 2011: 76). 그러나 이주민과 선주민과의 사회적응 및 문화의 공존을 위하여 추진하는 각국의 다문화 관련 지원정책은 상당한 유사점을 가지고 있으며, 따라서 이민 선진국들의 다문화사회 대응전략을 살펴보는 것은 한국의 다문화사회에서 겪게 되는 사회문화적 갈등에 대한 정책방향을 설정함에 있어서 시사점이 크다고 하겠다(노정옥, 2012: 36). 따라서 제5장에서는 서구 이민 국가들에 있어서 다문화 가족 담론에 대하여 고찰해보고, 제6장에서는 한국 다문화가족 담론의 특징과 다문화사회에서 현실적 문제점을 개선해나가는 데 필요한 정책적 과제에 대하여 논의해보고자 한다.

제3부

한국 다문화가족 담론의
전망과 과제

제5장

주요 외국의 다문화가족 담론과
한국 다문화가족 담론을 위한 함의

본 장에서는 한국 다문화가족 담론의 전망과 과제를 살펴보기 위하여 한국보다 먼저 많은 이주민의 유입으로 다문화사회에 대응한 이민 선진 국가들의 경험을 살펴보고자 한다. 이들 국가는 이질적인 문화를 가진 사회구성원들이 주류와 비주류 간에 서로가 갈등을 최소화하고 상호 존중하면서 조화롭게 살아갈 수 있는 사회를 지향하고자 사회통합정책을 추구하고 있다. 이주민의 사회통합(social integration)은 '개인이나 집단이 한 사회에서 어떻게 적응하고 함께 살아가느냐'에 대한 '사회적 유대'라는 의미로 사용되는 개념으로 주류와 비주류 간에 서로가 갈등을 최소화하고 상호 존중하는 것을 의미한다. 이러한 점에서 사회통합은 이주민들이 스스로 독립적인 삶을 영위할 수 있도록 하는 것으로서 단순히 정치적으로나 법·제도적인 측면에서 통합을 의미하는 것만이 아니라 국가 정체성, 생활방식, 경제, 교육, 문화 등 모든 사회적 측면에서의 통합을 의미한다(노정옥, 2012: 14). 이주민들이 사회적응력이 부족한 사회적 소수자로서 기본적 권리를 침해받지 않고 부당한 차별을 받지 않으면서 건강한 사회구성원으로 정착하는 것을 말한다. 이주민의 안정적 적응은 그 자녀들의 양육과 성장에 영향을 미치며, 결과적으로 사회와 국가의 발전에도 영향을 미치기 때문에 매우 중요하다. 이러한 관점에서 사회통합정책은 이주민들의 안정적 정착을 위한 지원정책내용 중심으로 이루어져 있으며, 사회통합은 광범위하고 포괄적인 개념으로서 국의 고유한 경제·사회적 여건에 따라 해석과 적용이 서로 다르다고 하겠다.

사회통합정책의 효율성을 높이기 위해서 국가는 법률의 제정을 비롯해서 현실적으로 이주민에게 사회적응에 도움이 될 수 있는 통합정책을 수립하고 이를 실천해나가야 할 것이다. 사회통합의 추진체계는 다문화사회의 지향점을 명시한 법률에서부터 정책과 세부 프로그램의 집행에 이르기까지 전반적인 다문화서비스의 전달체계를 포함한다(노정옥, 2012: 36). 본 장에서는 주요 외국의 다문화가족 담론을 살펴봄에 있어서 첫째, 다문화가족 관련 문제를 해결하기 위하여 정부는 어떠한 법률을 제정하며, 제정된 법률에 따라 정책을 수립하고 이를 집행하는 추진단계는 어떠한가를 살펴보고자 한다. 둘째, 다문화가족의 사회적응을 위한 지원정책의 내용, 즉 언어소통 및 상호 문화의 이해를 위한 지원, 출산 및 자녀양육 지원, 자녀학교 생활 적응지원, 사회참여와 취업 등 경제적 적응을 위한 지원 등을 중심으로 살펴보고자 한다. 본 장에서는 대표적인 이민 국가로서 미국과 캐나다, 호주와 함께 유럽 국가 중에서는 독일, 프랑스, 영국에 대하여 살펴보고, 아시아 국가 중에서는 일본과 대만의 다문화가족 대응체계를 각각 살펴보고자 한다.

1. 미국

1) 법률체계 및 관리체계

미국의 다문화정책은 공식적으로는 다문화주의를 채택하고 있지는 않으나, 이민정책과 긴밀하게 관련성을 갖는다. 미국에서 이민과 관련한 법률은 「이민법(Immigration Act)」과 「귀화법(Naturalization Act)」이 있는데, 20세기 초반까지 이 두 가지 법률은 개별적으로 발전하여 오다가 20세기 후반 이후에는 통합하는 추세이다(김을지, 2021: 131). 미국에서 다문화주의와 관련한 통합의 문제는 20세기 중반 이후부터 제기되기 시작하였으며, 19세기 중반까지는 하나의 문화와 가치로 통합되는 규제적 이민정책으로서 동화주의적 사회통합의 유형을 추구하였다(노정옥, 2012: 37).

연방정부 차원에서 「1882년 이민법(The Immigration Act of 1882)」을 제정하여 사회적 약자(undesirable people)의 입국을 금지하였다. 특히 1882년 제정된 「중국인 배제법(The Chinese Exclusion Act)」에서는 중국 출신의 이민자에 대한 시민권(naturalization) 취득을 금지하도록 하였으며, 이후 「1924년 이민법(The Immigration Act of 1924)」에서는 새로운 이민자의 경우 국적에 따른 할당제를 추가하는 등 이민차별 정책을 펼쳐나갔다. 1952년에는 기존의 모든 관련 법을 통합하여 최초의 「이민·귀화법(Immigration and Naturalization Act)」을 제정하였으며, 이 법에 의하여 이민의 유형별 우선순위를 결정하였으며, 최우선적으로 고도의 기술을 가진 자와 그 가족을 전체 이민자의

50%로 할당하였다. 동법은 1965년에 개정되었으며, 「1965년 이민 및 국적법(The Immigration and Nationality Act of 1965)」에서는 인종차별적 요소를 폐지하고 이민가족의 재결합(family reunification)과 숙련 기술자들의 유인을 목적으로 하는 이민정책으로 전환되었다(이삼식, 2011: 6). 이민규제에 대한 의지는 1996년 「불법이민개혁과 이민자 책임 법(1996 Immigration Act: IIRIRA)」에서 이민자와 가족의 결합을 규제하였으며, 2005년 「국경 및 이민강화법」에서는 불법체류자를 연방 차원의 범죄로 규정하는 것에서 찾아볼 수 있다. 2005년 「리얼 ID법」에서는 불법체류자에게 운전면허증 발급을 거부하는 강제방안을 도입하는 등 이민자 규제에 초점을 두고 있다고 하겠다. 이상의 내용을 종합해보면, 미국의 이민법 체계는 사회통합보다는 이주민의 유입을 통제 또는 이주민 수를 조절하기 위하여 이민법을 제정하거나 개정하는 등 통제를 주된 목적으로 하고 있다고 하겠다(노정옥, 2012: 39-40).

미국은 급증하는 이민을 관리하기 위하여 연방정부의 주요 업무로 이민업무를 선언하고 1891년에 연방이민국(Immigration and Naturalization Service: INS)을 설립하였다. 현재 이민업무는 미국 국토안보부(Department of Homeland Security: DHS)가 주관하고 있으며 국무부, 노동부, 법무부, 보건부, 교육부 등과 관련 업무를 공조하고 있다. 그 산하에 국적이민청(Citizenship and Immigration Service: CIS), 세관국경보안청(Customs and Border Protection: CBP), 이민세관집행청(Immigration and Customs Enforcement: ICE) 등을 두고 있다.

미국에서는 이민규제에 관한 법률을 중심으로 사회통합이 시행되기 때문에 유입된 후에 사회통합에는 연방수준에서의 공식적인 정책이 없고, 이민자에 대한 불간섭주의로 접근되고 있으며, 예외적으로 긴급하게 교육이 필요한 초 · 중등학생을 위한 연방정부 차원의 교육 프로그램을 두고 있다(김규식, 2017: 57; 노정옥, 2012: 42). 미국 내에 거주하고 있는 소수이민자들은 스스로 미국사회에 적응해 생활해야 하며, 이들의 관습을 유지하기 위한 프로그램은 거주지역과 주 차원에서 이루어진다(김을지, 2021: 131). 따라서 미국의 다문화정책은 공적 영역에서는 미국적 가치를 중요하게 간주하고 이에 대한 통합을 강조하는 동화주의를 채택하고 있으며, 사적 영역에서는 다양한 소수집단의 적응과 문화를 존중하는 다문화주의를 인정하는 이중적인 성격을 지니고 있는 것으로 설명할 수 있다(법무부출입국 외국인정책본부, 2011).

2) 지원정책

미국은 일찍부터 다양한 민족과 인종이 유입되어 국가를 형성한 최대의 이민 국가이며, 현재도 이민과 인종의 유입으로 인구학적 변화가 계속되고 있는 국가이다. 그럼에도 불구하고 이민자의 정착화 지원에 대하여서는 소극적으로 다루어져 왔으며 사회적 합의가 형성되어 있지 못한 것으로 나타나고 있으므로 연방정부의 개입이 적은 자유방임형주의라고 특징지을 수 있다(김규식, 2017: 57-58). 미국에서 다문화정책은 불법이민자의 증가로 인하여 이민규제에 관한 법률을 중심으로 불법이민자 단속 및 불법체류자 단속 중심으로 이루어지고 있다.

그러므로 미국 이민자들은 미국의 규범에 동화시키는 것을 원칙으로 하는 것으로 평가되며, 이민 자체를 통합 가능성에 비추어 결정하는 것이다(노정옥, 2012: 40). 따라서 이민자를 위한 별도의 정착화 지원서비스가 잘 갖추어져 있지 않으며, 귀화하지 않은 이민자는 혜택을 받기 어렵다. 자국 주류문화로의 동화를 이상적으로 여기고 있으므로 지원서비스는 주로 영어교육과 귀화교육을 중심으로 이루어지고 있다(김규식, 2017: 60).

미국 국토안보부 산하 '미국 국적이민국(U.S. Citizenship and Immigration Services: USCIS)'에서는 이민자 정착화를 위한 이민자 지원정책서비스를 다음과 같이 제시하고 있다. 첫째, 미국인으로의 정체성 형성 지원, 둘째, 영어습득 지원, 셋째, 공공 및 민간전문가의 이민자 지원, 넷째, 이민자 통합 연구 및 사업 지원 등이다(김민재, 2009: 5). 입국 당시에는 영어능력을 요구하지 않으며, 이민 후에 정착을 위하여서 영어능력을 학습해야 한다. 긴급하게 언어교육이 필요한 초·중등학교 이민학생들을 위하여서는 연방정부 차원에서 Emergency Immigrant Education 프로그램이 제공된다. 성인들이 미국 시민으로서 갖추어야 할 시민적 소양의 내용과 기준은 정부와 협력하고 있는 비정부기구(NGO)가 개발하고 있으며, 성인들은 지역단위에 있는 성인 학교 교육 프로그램, 지역 전문대학(community college) 혹은 같은 민족에 의한 자원봉사기관에서 정착에 필요한 영어, 시민적 소양, 정보를 얻게 된다(노정옥, 2012: 42). 연방정부는

2006년부터 '뉴 아메리칸 태스크 포스(New American Task Force)'라는 새 기구를 설치하여 이민자들이 주류사회에 문화적 · 언어적 통합이 될 수 있도록 지원정책 및 제도의 시행을 총괄하고 있다(김규식, 2017: 58).

주정부가 이민자를 상대로 서비스 프로그램 차원에서 보다 다양한 지원을 시작한 것은 비교적 최근의 일이다(김규식, 2017: 59). 다문화사회에서 지속적으로 발생되는 인종차별과 교육 불평등의 문제 등에 대하여서 각 주의 정부는 지역 실정에 대한 맞춤형 지원정책의 일환으로 초 · 중 · 고 공립학교를 중심으로 이민자 및 소수민족 학생에 대한 언어 및 문화 적응을 위한 지원을 하고 있다(김을지, 2021: 125).

문화적 다양성과 공존을 수용하기 위한 노력으로 아동 · 청소년을 대상으로 하는 미국 시민양성교육(Civic Engagement and Education)은 미국 공교육의 중요 부분으로 다양한 인종과 민족의 다양성을 수용하고, 소수집단의 적응과 통합을 위한 지원뿐만 아니라 다문화적 배경을 넘어 미국 공동의 시민성을 양성하기 위하여 국가적 차원에서 지원하고 있다(김을지, 2021: 125).

2. 독일

1) 법률체계 및 관리체계

독일에서 다문화사회의 진전은 1950년대부터 부족한 노동력을 채우기 위한 외국인 노동자의 지속적인 유입과 이민의 증가로 분석된다(신재주, 2010: 18). 단일문화 사회를 규정하고 있던 독일은 외국인 노동자와 그 가족들에 대하여 배타적인 입장의 정책을 취하였으나, 1999년에 외국인의 국적취득요건을 완화하는 「국적법」 개정을 통하여 이들의 사회적 · 정치적 참여 기회를 확대하는 등 변화되기 시작하였다. 이어서 독일은 2004년에 「이민법」의 제정(2005.01.01. 발효)으로 외국인에 대하여 통합적인 방향으로 변화되기 시작하였다고 평가받고 있다. 「이민법」에서는 출입국관리와 외국인에 대한 처우에 관한 사항을 통합하여 규정하고 있으며, 외국인노동자정책, 재이주민정책, 난민 및 망명정책을 통합한 법률체계이다(노정옥, 2012: 44). 독일 정부는 통합성 원칙의 실현을 위하여 가장 중요한 것이 이민자들이 언어와 독일사회에 대한 이해도에 있다고 보고, 이에 대한 교육을 「이민법」을 통하여 의무화하였다는 것이다. 일정한 언어교육과정과 법, 문화, 역사에 관한 교육과정을 이수하지 않은 외국인에게는 입국신청 거절이나 체류연장 제한 등의 제재를 가할 수 있도록 하였다(김승권 등, 2010: 78: 최웅선, 이용모, 주운현, 2012: 48). 독일은 「국적법」과 「이민법」에서 모든 외국인의 입국과 거주, 노동, 정주, 귀화권에 대한 총체적인 규정을 통해 외국인의 법적 · 사회적 권리를 보장하고 있다(김미나, 2009: 204).

독일의 이주민 사회통합을 위한 관리는 연방내무부가 주관하며 산하 소속기관인 '연방이주난민청'이 주무부서이며, 대부분의 연방정부 정책의 집행을 감독한다. 연방 차원에서의 정책조정은 연방내무부 산하 '통합에 관한 부처 간 협력체(Inter-Ministerial Working Group on Integration)'를 통해서 이루어지고 있으며, 이는 연방정부 내의 다문화 관련 여러 부처 사이의 협력을 책임지는 협의체이다. 협의체의 핵심적인 역할은 여러 부처가 제시하는 통합방안들을 수집 및 종합하고, 또 정부부처들이 수행한 다양한 다문화 관련 정책들의 효과를 평가하는 것이다. 이를 통해, 연방정부 차원에서 다문화정책들이 효율적으로 추진되고 지속될 수 있도록 한다(강휘원, 강성철, 2010: 311).

이러한 정책조정은 2007년에 도입된 '국민통합계획(Der Nationale Intergrations Plan: NIP)'에 따른 것이라고 할 수 있다. 국민통합계획은 독일의 다문화정책과 직접적으로 관련된 국가적 차원의 통합정책 및 계획으로서 사회통합을 추진하고자 하는 것이다. 이 계획에서 독일 연방정부는 직업교육, 언어교육, 경제, 문화, 미디어 등 각 분야에서 연방과 주, 지방자치단체 및 사회 · 이주민단체가 수행해야 할 과업을 명확히 설정하여 제시하고 있다(최웅선, 이용모, 주운현, 2012: 52). 독일의 다문화정책은 중앙의 연방정부 차원에서의 적극적인 지원이 이루어지고 있으며, 이를 토대로 하여 지방정부와 기초 자치단체 및 지역 다양한 단체들과 협력적으로 이루어지고 있다고 할 수 있다(신재주, 2010: 20-22).

2) 지원정책

독일정부는 외국인 가족의 증가로 인해 발생하는 다문화현상을 국가의 장기적인 과제로 간주하고, 다문화가정의 안정적인 정착을 위하여 지속적인 체류뿐만 아니라 원활한 이동을 전제로 하는 지원 정책을 특징으로 추진하고 있다고 하겠다(김미나, 2009: 204). 독일의 다문화정책은 국민통합계획을 통하여 통합을 사회적 과제로 제시하고, 이민자를 독일사회 및 문화에 대한 일방적인 동화의 대상이 아닌 주요 파트너로 위상을 부여하고자 하였다(노정옥, 2012: 47). 따라서 정부 차원에서 사회통합을 위한 다양한 프로그램을 적극적으로 추진하고 있다. 독일의 다문화가족을 위한 지원정책의 내용은 사회보장지원, 언어교육 및 문화 간 이해교육, 직업훈련, 이주민 상담서비스, 정보서비스, 자녀양육 및 교육지원 등에서 찾아볼 수 있다.

독일은 사회보장 국가의 원칙에 근거하여 외국인 노동자와 그 가족, 그리고 이주민들도 대부분의 사회복지 혜택을 받고 있다(서광석, 2011: 73). 국적과 상관없이 독일 내에서 취업활동을 하고 있는 모든 사람은 법정 사회보험에 가입하게 되어 있다. 여기에는 독일 사회보장의 5개 부문, 즉 의료보험, 장기요양보험, 연금, 사고보험, 실업보험 등이 포함되며 더 나아가 사회복지보조금, 자녀수당 및 양육수당 등이 포함된다(김승권 등 7인, 2010: 76).

독일정부는 2005년 「이민법」 발표 이후부터 독일 내 1년 이상 장기체류 허가를 받은 모든 이주민은 국민통합을 위한 통합강좌를 반드시 이수하도록 하고 있다. 통합강좌는 원활한 소통을 위한 언어강좌와 독일의 역사와 문화, 제도 등에 대한 소개를 주로 다루는 오리엔테이션 강좌로 구성되어 있으며, 통합강좌를 이수하지 않은 경우에는 체류허가 연장이 거부될 가능성도 있다(김승권 등 7인, 2010: 78).

독일은 이주민의 적응을 위하여 자문화 중심주의를 기반으로 하는 언어교육을 제공하였으며, 다른 한편으로는 문화 간 이해능력과 모든 문화의 동등한 가치를 중시하는 문화 간 이해교육도 병행하여 추진하였다. 이민자와 2세들이 이주국 언어뿐만 아니라 모국 언어, 문화 등을 학습할 수 있도록 지원하고 있다(김미나, 2009: 204-205; 서광석, 2011: 74).

독일정부는 연방내무부의 관리하에 2005년 1월부터 이주민의 정착지원을 위하여 이주 후 최대 3년까지 개인의 욕구에 적합한 맞춤형 조기상담서비스를 제공하고 있다. 청소년 등의 젊은 이주민에 대하여서도 지역사회 내의 네트워크를 통하여 조기상담서비스 지원을 하고 있으며, 약 360여 개의 '이주청소년서비스센터'가 운영되고 있다(김승권 등 7인, 2010: 78).

연방노동·사회부에서는 이주민의 노동시장 편입방안과 직업자격 취득업무를 담당하고 있으며, 직업재교육과 이주민들이 출신국에서 획득한 직업자격증 인정을 위한 향상교육 업무를 실시하고 있다. 연방교육부는 이주자들의 적응을 위해 30~50세 사이의 대졸자를 대상으로 직업훈련 프로그램을 운영하는 등 이주자들의 역량 향상 교육을 통하여 이들의 소득 유지를 위한 지원정책을 수행하고 있다. 이 외에도 연방가족부는 이주민 가족의 자조력을 강화하고 국가보조에 대한 의존성을 낮추고자 하는 목적으로 다양한 빈곤예방조치를 시행하고 있다(최웅선, 이용모, 주운현, 2012: 50-51).

사회통합을 위한 독일정부의 노력은 정보제공서비스에서도 찾아볼 수 있다. 독일의 '연방이민난민국(The Federal Office for Migration and

Refugees)'은 독일로 이주하는 이주민들에게 연방정부, 주정부, 지역사회 내 통합정책 및 자원, 서비스들에 대한 정보를 제공하고 있다. 독일의 공공교통시설이용, 공공기관이용, 재정적 지원, 학교 및 직업소개, 언어교육 소개 등 일상생활에 필요한 다양한 지식 등을 담은 출판물이 매년 제공되고 있다(김승권 등 7인, 2010: 78-79).

다문화가족의 자녀양육 지원을 위한 제도로는 아동수당(Child benefit)이 있다. 독일 내 거주하면서 세금을 납부하는 사람들이면 독일인과 동등하게 자녀양육비를 제공받을 수 있으며, 아동 1명당 부모 및 법적 보호인 중 한 사람에게만 양육비가 지원된다. 자녀양육의 경제적 부담을 덜기 위한 목적으로 모든 아동에 대하여 부모수당의 일환으로 연방자녀양육보조비(Federal child-raising allowance)를 지급하고 있다. 독일에 영구 거주하거나 취업허가를 받은 외국인은 부모수당을 받을 수 있다.

독일정부에서는 각 시별로 이주민 가족을 위한 행정부서(Regionale Arbeitsstellen zur Förderung von Kindern und Jugendlichen aus Zuwandererfamilien)를 마련하여 교육을 받고 있는 다문화가정 자녀를 대상으로 자녀들의 언어교육 및 적응을 위한 다양한 지원 프로그램을 운영하고 있다. 해당 행정부서에서의 사업은 1980년부터 시행되고 있으며, 각 지역에서 지부를 두고 실행되고 있다. 주요 언어 프로그램은 학령기 이전 단계의 조기지원 프로그램, 학령기에서부터 취업까지의 전 과정을 아우르는 다양한 지원을 추진하고 있으며, 특히 숙제지도 및 언어지도와 같은 학습능력을 증진시키는 데 초점을 두고 진행하고 있다(김승권 등 7인, 2010: 79-80).

이상의 내용을 종합하면, 독일의 이민자 가족의 정착을 위한 통합정책은 외국인 통합촉진을 위한 다양한 통합 프로그램과 법적 조치를 통해 실시되고 있으며, 궁극적으로는 이들을 독일사회로의 동화를 목표로 하고 있다. 동시에 외국인 이주자들의 자발적인 참여를 적극적으로 요구하는 통합정책을 실시하여 이주민 가족에 대한 다차원적인 접근을 통하여 내국인과 이주민 사이의 괴리를 줄여나가고 사회통합을 이루어나가고자 노력하고 있는 것으로 평가되고 있다(노정욱, 2012: 47; 박채복, 2007: 308).

3. 캐나다

1) 법률체계 및 관리체계

캐나다의 역사는 16세기 프랑스인들의 이주로 시작되었으며, 현재 캐나다에는 200개 이상의 민족이 서로 다른 언어, 문화가 공존하고 있다. 캐나다 인구의 20%가 외국에서 출생한 이민자로 구성되어 있고, 매년 25만여 명의 새로운 이민자가 들어오고 있는 것으로 보고되고 있다(문화일보, 2016.07.27.).

이민정책은 1800년대 중반부터 산업화로 인한 노동력 확보를 목적으로 시작되었으며, 1869년 연방정부의 「이민법」이 제정되면서 본격적인 이민이 시작되었고, 1971년 이전까지는 종족 간의 문화적 차이를 거부하는 동화정책을 시행하였다(김을지, 2021: 135). 캐나다는 1963년 '이중언어와 이중문화주의에 관한 왕립 위원회(The Royal Commission on Bilingualism and Biculturalism)'를 설립하여 정책보고서를 발간하였고, 그 결과 1969년 영어와 프랑스어를 공식적으로 인정하는 「이중언어법(Official Languages Act)」을 제정하였다. 본 위원회는 캐나다인으로서 동등한 참여와 통합을 권장하였으며, 이 같은 권고는 1971년 다문화주의의 정책적 선언으로 이어졌으며, 이를 통하여 캐나다는 다문화주의 정책을 공식적으로 시행한 최초의 국가 중하나가 되었다. 이후 1982년에 채택한 '권리 및 자유헌장(Canadian Charter of Rights and Freedoms)' 제27조에서는 다문화주의와 관련하여 '캐나다인의 다양한 문화적 유산을 보전하고 함양한다'라고 규정하고 있다. 이는 캐나다의 다문화주의 정책은 각자의 종교와 정체성을 유지하면서 다양한 민족들 간의 상호 존중을 강조하는 것으로 이해할 수 있다(이진석, 모경환, 임정수, 이동훈, 2016: 99-100).

1988년에 다문화주의 정책과 연방정부의 책임을 규정한 「다문화주의 법(Multiculturalism Act)」을 제정하여 최초로 다문화정책의 법적 기반을 마련하는 국가가 되었다(김을지, 2021: 136). 다문화주의 법의 제정 및 시행으로 캐나다의 다문화적 유산을 인정하고 보전하며 원주민을 포함한 모든 캐나다인의 평등한 권리를 인정하고, 영어와 불어를 공식언어로 규정하는 통합정책이 마련되었다(이진석 등 3인, 2016: 100).

1991년 '다문화주의와 시민부(Department of Multiculturalism and Citizenship)'라는 기관이 설치되어 제도화된 프로그램이 개설되었다.

프로그램들의 특징은 횡문화적(cross-cultural)인 이해와 더불어 균등한 기회에 대한 제도적 변화, 긍정적인 행동, 그리고 차별적인 장벽들의 제거를 통한 사회적·경제적 통합의 획득을 강조하고 있다(이진아, 2015: 18). 1993년에 다문화주의 사업은 신설된 '문화유산부(Department of Canadian Heritage)'로 이전되었다가, 2008년에 시민·이민부로 통합 이전되고, 시민·이민부 장관이 다문화주의 장관을 겸임하도록 하였다. 현재 시민·이민부가 영구 및 임시이민 업무, 시민권 발급, 난민 업무 등 제반 사항을 담당하고 있으며, 2008년 이후 다문화주의 정책은 「다문화주의 법」에 의하여 캐나다인과 이민자들의 다문화주의에 대한 이해와 사회통합 정책을 총괄하여 주관하고 있다.

다문화주의 정책실현을 위하여 캐나다 연방정부는 1972년 다문화주의 장관을 임명하여 정부사업을 추진하도록 하였으며, 1973년에는 '다문화주의 자문위원회(Consultative Council on Multiculturalism: CCM)'를 설립하였으며, 1989년 '캐나다 종족문화위원회(Canadian Ethnocultural Council: CEC)'로 개칭하여 오늘에 이르고 있다. CEC는 캐나다 전역 종족문화 그룹을 대표하는 비영리적·비당파적 국가기구로서 캐나다인의 문화유산을 보존하고 문화 향상과 공유, 동등한 참여를 저해하는 차별적 요인을 제거하는 등 통합을 위한 기구이다(김을지, 2021: 138).

캐나다 헌법 제95조에 의하여 연방정부와 주정부는 서로 협력하도록 하여 이민자 정책을 공유하고 있으며 이민정책을 결정하게 된다. 연방정부는 이민부를 통해 주정부 사업에 대한 재정적인 지원을 하며, 주정부는 주택, 직업교육, 언어교육 등과 같이 이민자 정착과 관련하여 중요한 역할을 담당하고 있으며, 이는 이민정책에서 연방정부와 주정부에 대한 동시 권력(concurrent power)을 인정하는 것이다. 1971년 캐나다 연방정부가 다문화주의를 선언한 이후 주정부는 「다문화주의 법」을 제정하거나 또는 '다문화주의 자문위원회'를 설치하여 운영하고 있다(김을지, 2021: 141-142).

2) 지원정책

캐나다 연방정부는 정착화란 이민자들이 새로운 사회에 적응하고 동시에 기존의 캐나다 주류사회가 이민자들을 받아들여 새롭게 구성되는 상호적 변화라고 정의한다(Prairie Global Management, 2008: 김규식, 2017 재인용). 이러한 정착화 과정에서 캐나다 이민자 통합정책의 목표는 이민자의 사회, 문화, 경제, 정치적 통합을 촉진하여 그들이 빠른 시일 내에 적응·정착하여 자기실현을 통해 캐나다에 기여하고, 궁극적으로는 시민권을 취득하여 캐나다 사회의 모든 영역에서 적극적으로 참여할 수 있는 완전한 시민의 일원이 되도록 하는 것이다(이유진, 2009: 12).

캐나다에서는 1988년 제정한 「다문화주의 법」에 따라서 연방정부 내의 모든 기관이 관련 활동을 수행하고 있다. 연방기관들의 다문화주의 활동은 연간보고서를 통하여 그 성과를 검토 받고 있다. '연간보고서(Annul Report on the Operation of the Canadian

Multiculturalism Act)'에서는 다문화주의 프로그램의 소개와 함께 연방정부, 관련 기관, 공기업 등에서 수행한 활동 등을 소개하고 있다(김을지, 2021: 146).

캐나다의 사회통합프로그램은 기본적으로 이민자의 정착지원 프로그램을 제공하고 있으며, 그 내용을 살펴보면 다음과 같다(노정옥, 2012: 57-60; 김을지, 2021: 148-153; 김규식, 2017: 55-57).

첫째, 신규이민자 언어교육(Language Instruction for Newcomers to Canada: LINC)이 있다. 이민자들에게 영어 또는 프랑스어를 배울 수 있도록 무료로 제공되는 교육과정이다. 둘째, 이민자 정착 및 적응 프로그램(Immigrant Settlement and Adaptation Program: ISAP)이 있다. 이민자가 초기 정착에 필요한 필수적인 서비스를 제공한다. 즉, 적응 오리엔테이션, 이민 수속, 통·번역서비스, 해결중심 상담, 지역공동체 자원이용에 대한 안내, 생활정보 및 고용과 관련한 서비스 제공 등을 통하여 이민자 정착을 위한 통합지원을 하고 있다. 셋째, 호스트 프로그램(HOST Program)이 있다. 이민자가 캐나다사회에 적응하는 데 도움을 주기 위한 것으로서, 이민자와 호스트 커뮤니티의 구성원이 다양한 사회 네트워크에 참여하도록 하는 데 의의가 있으며, 대표적인 것으로 홈스테이 프로그램이 있다.

이 외에도 이민사회의 사회통합을 위한 '공동체역사인식 프로그램(Community Historical Recognition Program)'이 있다. 본 사업은 과거 인종차별적 역사에 대한 진정한 화해를 목표로 하는 청소년 대상 교육 프로그램으로서 인종차별을 벌인 역사적 사건으로 인한 경험을 인식하고 기억하도록 함으로써 캐나다인의 교육적 효과를 통하여 일관성 있는 캐나다의 가치를 실현하고자 하는 데 의의를 두고 있다. 또한 흑인과 아시아인이 캐나다 발전과 형성과정에 이바지한 것에 대한 인식을 높이기 위하여 '흑인 역사의 달(Black History Month)'과 '아시안 문화유산의 달(Asian Heritage Month)'을 지정하여 운영하고 있다. 캐나다는 2003년 6월 27일을 '다문화주의의 날(Multiculturalism Day)'로 지정하여 운영하고 있다. 다문화주의의 날에는 퀼트를 위주로 하는 다양한 문화적 배경의 전시회 등 행사가 진행된다.

연방정부의 시민 · 이민부 주관하에 2005년부터 '인종차별철폐 행동계획(A Canada for all Canada's action plan against racism)'을 수립하여 사업을 진행하고 있다. 그동안에 시행된 주요 사업으로는 '공동체 활성화 전략', '증오범죄에 대한 국가적 표준 데이터 수집', 법무부의 '사법제도로서의 인종차별의 문제', '온라인 증오범죄 척결', '증오범죄 피해자 보호 및 가해자에 대한 개입', 인적자원개발부의 '인종차별 없는 직장 전략' 등이 있다.

2009년부터는 외국인 자격인증제도의 일환으로 '외국인 자격에 대한 평가 및 인정을 위한 범 캐나다 프레임워크(A Plan - Canadian Framework for the Assessment and Recognition of Foreign Qualifications)' 사업을 운영하고 있다. 이민자들이 자국의 교육이나 전문기술 등이 캐나다에서 인정받기 어려운 점을 개선하기 위한 것으로 캐나다에서 신속하게 적응할 수 있도록 관련 정보 및 서비스를 제공하여 정착을 돕고 있다.

이상에서 살펴본 바와 같이 캐나다의 이민자 정착 프로그램 및 사회통합프로그램의 특징을 종합해보면, 첫째, 신규이민자의 의사소통능력 향상을 도모하고, 이민자들이 정부기관 및 각급의 교육기관 프로그램에 접근할 수 있도록 지원하며, 이들이 사회적 네트워크의 실현을 구축하도록 하는 다양한 방법의 지원을 제공하고자 하는 것이다. 이러한 캐나다의 다문화주의 정책은 「다문화주의 법」을 제정함으로써 사회 근본적 특성으로서 다문화주의를 인정하고, 연방기관의 역할을 강조하고, 나아가 다문화주의 정책을 위한 전담부서인 시민·이민부를 두고 이민자지원을 함으로써 캐나다인과 이민자들의 다문화주의에 대한 이해 그리고 사회통합정책을 효과적으로 시행하고 부처 간의 조정도 가능하도록 운영하였다고 할 수 있다. 또한 지방정부에 예산을 지속해서 확대함으로써 사회통합프로그램과 이민자 정착 프로그램을 지원하고, 공동체 역사 인식 프로그램 등을 통하여 과거 인종차별을 행한 역사에 대한 인식을 교육하여 다문화주의의 정체성에 대한 가치를 일관성 있게 유지하기 위한 노력을 하고 있다. 더 나아가 다문화주의 법률에 따라 연간보고서를 작성하고, 이를 통하여 문제점을 진단하고 새로운 전략을 수립하며, 의회의 논의과정을 통하여 연방정부와 주정부 간의 협력을 통하여 정책개발을 추진하는 등 연방기관의 다문화주의 정책이 활성화된 것으로 평가받고 있다.

4. 프랑스

1) 법률체계 및 관리체계

프랑스에서는 18세기와 19세기에 이르러 산업화와 출산율 저하로 인한 노동력 부족을 충당하기 위해 외국인 노동자들을 받아들이기 시작하였다. 이런 현상은 제1, 2차 세계대전 이후의 노동력 부족, 감소된 인구 증가를 위한 정책의 일환으로 지속적으로 추진되었으며, 여러 유럽 국가와의 협약을 통해 이주민 유입을 활성화시켰다(김승권 등 7인, 2009: 59).

프랑스는 프랑스식 공화주의 가치를 유지하는 데 목적을 두고, 프랑스에 거주하면서 국가에 충성하는 모든 사회구성원에게 각자의 정체성과는 무관하게 동일한 권리와 의무가 주어진다는 '동화주의 사회통합모델'의 대표적인 국가이다.

이러한 동화주의 정책은 초기 이주민 정책부터 최근 2005년까지 지속적으로 유지되어 오다가 2005년 프랑스 '소요사태'를 기점으로 2006년에는 「이민 및 통합에 관한 법률(Projet de loi relatif a la ma l'immigration et a maltrise de l'integration)」(일명: 외국인 동화법)을 통하여 받아들이는 이민에서 선택하는 이민으로의 정책 패러다임에 대한 전면적인 개편을 단행하였다. 즉, 선택적 이민체제(selective migration system)는 이민에 대한 강경책과 이민집단에 대한 압력을 행사하는 보다 폐쇄적인 정책의 도입이었다(노정옥, 2012: 61-62). 2006년 법률 제정 이후 가장 크게 달라진 점은 가족재결합조건의 강화, 고숙

런노동자 모집, 거주 및 국적 취득의 제한으로 볼 수 있다. 2007년에 도입된 「이민통제, 동화 그리고 망명에 대한 법률」(일명: 오르페법)은 개정된 이민법보다 이민규정을 더욱 강화하였다(김승권 등 7인, 2009: 62-63). 프랑스 이주민 관련 정책은 이주자에 대하여 이들을 규제하고, 기존의 이주민과 그들의 2세, 3세들을 프랑스사회로 동화시켜야 한다는 데 초점이 맞추어졌다고 하겠다(한승준, 2008: 474).

다른 한편으로는 2005년 파리 교외에서 외국인 이민자들에 대한 차별과 배제로 인한 소요사태가 발생됨에 따라 2006년에 「기회균등법(loi pour l'egalite des chances)」을 제정하였다. 「기회균등법」에는 외국인 이민자들 중심의 소외지역 거주자들에 대한 차별을 금지하고, 사회적 취약계층인 이민 출신자들에 대한 직업훈련과 노동시장에서 일자리를 구할 때 차별받지 않게 한다는 등의 내용이다(김을지, 2021: 166-167).

2007년 프랑스정부는 이전까지 내무부, 외교부, 복지부, 법무부 등 여러 부서에 분산되어 있든 외국인 관련 업무를 단일화하기 위한 노력으로 '이민 · 통합 · 국가정체성 · 공동발전부(Ministère de l'Immigration, de l'Intègration, de l'Identitè nationale et du co-dèveloppment)'를 신설하여 통합하였으며, 2009년에는 '이민통합사무국(Office francais de l'immigration et de l'integration: OFII)'으로 변경되었다. 이민통합사무국은 '사회결합 · 기회평등기구(Agence pour la cohesion sociale et l'egalite des chances)'의 이주민의 정착을 돕는 업무를 총괄하기 위한 목적으로 창설되었으나, 정책적 방향은 통합보다 합법적 이민자를 관리·통제하려는 경향이 오히려 크다는 평가를 받고 있다(김을지, 2021: 159-161).

2) 지원정책

프랑스가 추진하는 이주민 통합전략은 프랑스와 공화주의 가치를 유지하는 데 그 기반을 두고 있으며, 따라서 이주민들의 민족·문화·종교 등이 지니는 특수성이 공적 영역에서는 고려되지 않게 된다는 것이다. 자신들의 문화에 대한 '통합(intégration)'이나 '편입(insertion)'을 중시하므로, 이민자 그룹의 고유한 것을 이민 수용국에 '동화'시키기 위한 전략을 추구하는 것이다(노정옥, 2012: 66; 한승준, 2008: 475). 프랑스적인 통합개념은 소수자에 대한 논리가 아니라 개인의 평등원칙이라는 가치와 논리에 따르는 것이다. 그러므로 프랑스 내에서 인종적·민족적·종교적 정체성을 드러내는 소수집단에 대한 이민 담론은 프랑스의 정체성을 분열시키는 것으로 간주되고 있다는 것이다(박단, 2007: 39).

이러한 프랑스의 동화주의적 사회통합전략은 다문화가족을 위한 지원정책의 내용에서도 반영되고 있음을 찾아볼 수 있다. 먼저, 대표적인 동화주의 정책의 사례로서 '통합수용계약제도(Contract d'accuil et d'integration)'가 있다. 이 제도는 프랑스에 이주하고자 하는 외국인에게 프랑스의 제도 및 가치 등에 관한 교육과 필요한 경우에는 언어교육을 받을 의무가 있음을 계약하는 제도이며, 외국인이 이 계약을 체결하지 않으면 거주 허가가 갱신되지 않는다는 내용을 담고 있다(김을지, 2021: 168-169). 초기에는 권고적 의미로 받아들여 졌으나 2006년 「이민 및 통합을 위한 법률」이 제정되면서 필수적인 제도로 변경되었다.

　프랑스에서 교육은 이주자를 프랑스에 동화되도록 하는 강력한 통합전략이다. 프랑스정부는 증가하는 이주 아동 · 청소년 및 이주 민가정 출신의 아동 · 청소년들로 하여금 프랑스사회로의 적응과 동 화를 유도하기 위해서 다양한 교육 프로그램을 시행하고 있다. 프랑 스는 공교육제도에 있어 인종 · 종교 등 개인적 특성을 고려하지 않 는 평등의 원칙을 채택, 공교육 시스템을 사용하는 모든 학생들이 자신의 종교적 특성을 나타내는 상징물 착용을 금지하는 등 철저히 '평등' 원칙을 실시하고 있다. 1981년에 프랑스정부는 이주민 지역 의 경우에 열악한 교육환경 등으로 인한 교육 불평등 문제를 해소하 기 위하여 '우선교육지대(Zoned Education Prioritaire: ZEP)'를 지정하여 특별한 관리를 하고 있다(김승권 등 7인, 2009: 67-68).

　프랑스정부는 이주민가정 아동들의 빠른 프랑스어 습득 및 학 교 적응을 지원하기 위하여 1975년부터 1984년까지 프랑스 전국 에 '이주민 자녀 학교 적응을 위한 정보센터(Centres de Formation et d'Information pour la Scolarisation des Enfants Migrants: CEFISEM)'를 설치 하여 운영하였다. 이는 2002년 '이민자와 비정착 주민들의 학교적 응을 위한 교육센터(Centre académique pour la scolarisation des nouveaux arrivants et des enfants du voyage: CASNAV)'로 변경되었으며 현재까지 운영되고 있다. 이 교육센터에서는 이주 가정을 위한 학교 입학 정보, 학교생활 적응을 위한 상담과 지원뿐만 아니라 지역 교사들 대상의 다문화교육 프로그램 운영 등 서비스를 제공하고 있다(김은정, 2009: 86-87).

프랑스에서는 이주민에게 있어 합법적 체류라는 조건과 세부적으로 장기체류 허가를 받은 이들에 대하여 프랑스 시민에게 제공되는 사회보장 혜택을 보장받게 된다. 프랑스의 사회보장체계는 여러 종류의 제도(regime)하에 운영되고 있는데 외국인의 경우 일반형식 사회보장에 해당되며, 여기에는 연금, 유족연금, 실업보험, 장애인보험, 산재보험, 실업보험, 출산수당 등이 포함된다. 고용을 통해 보험 가입이 된 경우 배우자와 자녀들은 자동적으로 위 보험에 동시 가입이 된다(김승권 등 7인, 2009: 66).

이주민들의 경제적 여건의 개선을 위한 핵심적인 정책은 사회적 취약계층인 이민자 출신자들에 대한 직업훈련과 노동시장의 참여를 독려하는 등의 내용으로 되어 있다. 「기회균등법」에서는 연소자들에 대한 직업교육의 기회를 우선 제공하고 교육받을 수 있는 나이 제한을 14세로 조정하고, 이민자가 프랑스에서 일자리를 구할 때 차별받지 않게 하는 등 사회통합과 기회균등을 위한 모색을 도입하고 있다. 또한 「차별퇴치법」에서는 이민자들이 고용이나 승진에서 차별과 배제를 금지하고, 처벌과 해고로부터 보호받을 수 있도록 규정하고 있다. 프랑스는 공공 부문에서 행해진 인종차별을 중대한 범죄로 판단하여 일반적인 범죄보다 가중처벌하고 있다(김을지, 2021: 167-169).

이상에서 살펴본 바와 같이, 프랑스는 비교적 동질적인 민족정체성을 추구하는 국가에 속하였으며, 다른 인종과 문화적 가치를 지닌 이주자들이 들어오면서 다문화정책은 공화주의적 가치에 동화시키기 위한 사회통합모델로서 그 특징을 찾아볼 수 있다. 단일 공화국이라는 이념적 가치는 「기회균등법」과 같은 인종차별을 금지하는 이주민 가족 지원정책을 도입하기도 하였으나 결과적으로는 이주자들의 문화적 갈등은 소요사태로 이어지는 원인이 되기도 하였다(김을지, 2021: 173; 서광석, 2011: 71).

프랑스는 「이민 및 통합에 관한 법률」(일명: 외국인 동화법)을 제정하여 동화를 전제로 하는 선별적 가족이민의 조건을 강화하였으며, 전담부서를 '이민통합사무국'으로 단일화하여 효율적으로 이주자를 관리하고자 하였다. 또한 통합수용계약제도를 통하여 공화주의적 가치를 의무적으로 수용하도록 하는 통제를 통한 통합을 강화하고 있다.

5. 영국

1) 법률체계 및 관리체계

영국은 역사적으로 수 세기에 걸쳐 이주로 형성된 국가이다. 1970년대에 이르러 이주민의 수가 폭발적으로 증가하면서 이주를 통제하기 위한 「영연방이주민법(The commonwealth Immigration Act)」

을 제정하여 이민자들에 대한 강경책을 도입하게 된다(최동주, 2009: 105). 영국사회에 동화되지 못한 이주민 집단(무슬림 커뮤니티 등)들이 다수를 차지하면서 이들 집단의 실업과 저조한 경제활동이 영국 다문화사회로서의 발전에 위협요인이 되고 있다는 문제를 인식하게 되었다. 따라서 영국 정부는 이들 집단에 대하여 관심을 가지고 사회에 통합이 될 수 있도록 노력해야 하는 대상으로 간주하고, 동화정책보다는 문화적 다양성과 기회의 평등을 인정하는 정책으로 선회하여 다원주의를 통한 평화로운 공존을 주장하게 되었다(최동주, 2009: 105).

영국의 다문화정책은 1976년 「인종관계법」이 제정되면서 시작되었다고 할 수 있다. 「인종관계법」에서는 인종차별의 개념을 도입해 명문화함으로써 고용, 교육 등 사회 각종 영역에서 차별받고 있는 인종집단에 대한 적극적 차별시정 조치(positive action)가 가능하게 하였다. 또한 이 법에 기초하여 '인종평등위원회(Commission for Racial Equality: CRE)'가 설립되었으며, 이민자에 대하여 기회의 평등을 부여하기 위한 노력의 결과라고 할 수 있다(장석인, 김광수 등 3인, 2013: 79). 경제적으로 가장 혜택을 받지 못했던 무슬림계는 인종평등위원회가 제공하는 재정적 지원을 포함하는 다양한 지원을 통하여 자립력을 기를 수 있었다(최동주, 2009: 106). 지역적 차원에서는 자율적이고 자발적 단체인 '인종평등평의회(Race Equality Councils: RECs)'들이 수립되어 인종평등위원회의 지원을 통해 인종차별을 철폐하는 활동을 전개하였다(장석인 등 3인, 2013: 79). 2000년에 개정된 「인종관계법」은 인종과 피부색, 국적 또는 민족 기원에 기초해서 특정인을 차별하는 것을 불법으로 간주하고 이러한 인종차별에 대하여 공공기관은 강력하게 대처하고 인종관계증진에 기여해야 한다는 것을 강조하고 있다(이상주, 전미숙, 2016: 223).

영국 다문화사회는 강화된 이민법 개정을 통하여 이민을 규제함과 동시에 엄격한 심사를 통해 선발된 사람들만을 받아들임으로써 과거에 겪어야 했던 이민자들로 인한 불안요소들을 제거하고 자국의 안정을 도모하고 있다(최동주, 2009: 110). 반면에, 자국이 이미 받아들인 이민자들에 대하여서는 영국사회에서 잘 적응하도록 최대한의 도움을 줄 수 있는 방향으로 제도를 개선하는 등 노력을 기울이고 있다. 영국 정부는 지난 2008년 2월 29일부터 이민자를 효율적으로 통제하고 고급 인력 유입을 촉진시키기 위해 '점수제 체류허가제도(Points Based System: PBS)'를 도입하였으며, 이에 따라 체류허가 심사기간도 늘어났을 뿐만 아니라 절차 및 준비도 어려워졌다 (http://www.ukba.homeoffice.gov.uk/managingborders: 2009.06.04.).

2) 지원정책

영국 다문화사회에서는 관련 법률이나 정책적 체계에 의하여 사회통합을 위한 다문화정책을 추진한다고 할 수는 없다(김숙령, 이선희, 2013: 511). 그럼에도 불구하고 영국의 실용주의, 지방 분권의 역사와 공동체주의, 관습법적 전통은 다문화주의가 내재된 정책들이 발전하는 방식에 많은 영향을 끼치게 되었다고 평가할 수 있다. 영국에서는 인종차별과 기회의 평등을 해결하기 위해서 문화적 다양성과 기회평등의 보장이라는 다문화주의의 핵심명제를 손상시키지 않으면서 영국사회의 통합을 강화하기 위한 정책들을 도입하기 시작했다(이상주, 전미숙, 2016: 220-222).

영국 다문화 사회통합을 위한 관련제도는 이민자들의 삶의 안정은 궁극적으로는 영국사회의 안정과도 직결된다는 인식하에 이들의 삶의 질을 보장하고자 하는 데 중점을 두고 있다(최동주, 2009: 93).

영국 이민자가족의 안정적인 삶을 위한 관련제도에 대하여 사회복지, 취업, 교육 분야 등을 중심으로 찾아볼 수 있다(최동주, 2009: 116-129). 영국은 이민에 성공한 이들에게는 기본적으로 사회보장 혜택에 있어서 선거권 및 공무담임권을 제외하고는 영주권자와 시민권자 사이에 차이가 없고 법적 지위가 같으며 내국인과 동일한 대우를 받을 수 있다. 영주권자는 모든 사회복지의 대상이 되고 자유로이 취업을 선택할 수 있을 뿐만 아니라 사업도 가능하며, 학생의 경우에도 학비 혜택을 받을 수 있다.

영국 '국가행동전략 2003-2005년'에서 제시하고 있는 사회통합정책의 특징은 고용중심전략을 채택하고 있다는 것이다. 이는 무직자들이 사회불안을 조장할 것을 우려하여 마련된 대책으로서 사회적으로 배제되었던 이민자 집단, 특히 높은 실업률을 보여 왔던 이슬람계 집단에게 활발한 경제활동과 사회참여를 할 수 있도록 혜택을 제공하는 정책이다. 또한 영국 정부는 '신고용협약(New Deal)'을 추진하여 저소득 계층에 속하는 이민자 집단들이 취업할 수 있도록 지원하고 있다. 장기실업자를 위한 과도기적 직업을 제공하는 '스텝 업(Step Up)'과 IT 핵심사업과 관련기술교육을 위한 복지 및 교육 프로그램의 일환으로 '야망계획(Ambition Initiatives)'도 실시하고 있다. 또한 영국 국가행동전략은 문화적으로 매우 이질적이고 사회적으로 소외되었던 이슬람계 집단이 다양한 집단의 이민자들과 어울려 사회활동을 영위할 수 있도록 유도하여 이슬람계 문화적 접근성을 향상시킬 수 있도록 유도하고자 하는 정책을 추진하였다. 이러한 정책의 추진과정에서 사회적응에 어려움이 있는 개인을 위하여 개인조언자(personal advisor)가 도움을 주도록 하고 있다. 이러한 정책은 소수집단에 대한 사회적 배려이면서 동시에 영국사회의 안정을 위한 정책이라고 하겠다.

다문화교육은 소수 인종그룹 간에 교육성취 갭을 줄이고 이민자들이 안정적으로 영국사회에 정착하도록 지원하는 데 목표를 두고 추진되었다. 이를 위하여, 첫째, 이민자들의 기술력 향상이다. 영국 국가행동전략 2003-2005 실행내용 중에서 고용참여 촉진을 추진함에 있어서 정부는 기본적 기술이 결여된 공급자와 수용자 모두에게 읽고 쓰기, 언어, 수리교육을 무료로 제공하도록 독려하는 정책의 하나로 '인생을 위한 기술(Skills for Life)' 전략에서 특성을 찾아볼 수 있다. '인생을 위한 기술'은 거의 모든 이민자들이 겪는 가장 기본적인 문제를 해결해줌으로써 언어장벽으로 사회참여가 어려웠던 이슬람계, 흑인, 아시아계 이민자집단 등이 영국사회에서 경제활동을 할 수 있는 구성원으로 자리를 잡는 데 큰 도움이 되고 있다.

둘째, 소수인종 학생의 교육 성취를 높이기 위한 기술보급을 위한 사회적 제도의 일환으로 추진되는 것으로서 이중언어학습자(bilingual learners)들의 어려움을 개선하기 위한 특정 지원정책이 있다.

셋째, 소수인종 학생의 교육성취를 높이기 위한 '소수인종 성취 보조금(Ethnic Minority Achievement Grant)'을 지급하고 있다.

넷째, '가족문해(family literacy)' 교육정책이 있다. 본 사업은 다문화사회에서 아동의 문해력과 어머니(또는 양육자)의 문해력을 동시에 증진시키기 위해 '가족'을 단위로 하는 문해교육 프로그램이다. 본 프로그램은 부모가 자녀 등과 상호작용을 개선하고 가족의 문해발달을 지원하는 데 목적을 두고 있다. 가족문해는 문화 간 상보성과 세대 간 상보성을 특징으로 하고 있다. 즉, 다문화주의 관점에서 여성결혼이주자들을 주류사회에 일방적으로 적응시키는 것이 아니고, 이주자들이 가지고 있는 문화적 자원을 이해하고 서로 배울 수 있다는 입장이 되는 것이다. 또한 문해학습 과정 안에서 부모 세대와 자녀 세대의 상호 이해를 심화할 수 있는 기회를 가지게 된다는 것이다. 이민자 가족이 초기과정에서 겪을 수 있는 가정 내 불화를 해소하고 올바른 부모 역할을 실천할 수 있도록 장려하는 것이다.

다섯째, 이주 청소년들을 위한 '영어 특별반 수업(English as an Additional Language: EAL)'을 지원하고 있다. EAL은 만 14세 이주 청소년까지만 입학이 허용되며 언어교육과 함께 수학, 과학, 미술도 같이 공부하게 된다. 이러한 교육은 이주청소년들이 언어장벽으로 인하여 겪게 되는 사회적 고립을 최소화할 뿐만 아니라 지속적인 교육은 사회참여로 이어지고 경제활동 참여 역량을 쌓을 수 있도록 하는 기본 소양교육이라고 하겠다.

6. 호주

1) 법률체계 및 관리체계

호주는 미국, 캐나다와 더불어 대표적인 이민 국가이다. 1901년에 호주정부는 영국자치령으로 전환되면서 연방정부를 수립하였으며, 동시에 「이민제한법(Immigration Restriction Act)」을 제정하여 유색인종의 이민을 제한하는 백호주의를 공표하였다(김을지, 2021: 175). 호주의 백호주의정책은 영국계 백인 중심의 사회와 문화를 유지하고자 하는 동화정책으로서 1960년대 중반까지 지속되었다(신재주, 2010: 22). 그러나 호주 인구 증가의 둔화로 인하여 유럽 이외 지역에서의 인적자원 도입의 필요성 증가, 인종차별에 대한 국내외 비판여론의 증가 등으로 인하여 백호주의를 폐기하고(주경식, 2017: 52), 1975년에 「인종차별금지법」을 제정하고, 이어서 1978년 발간한 '갈벌리보고서(Galbally Report 1978)'를 토대로 공식적으로 다문화주의 정책제도를 마련하게 된다. 호주 다문화주의의 핵심은 소수민족들의 문화적 다양성을 인정하고, 모든 국민들이 소수민족의 문화를 받아들일 수 있도록 하는 것이다. 즉, 호주 다문화주의정책은 공동체적 화합을 지향하는 데 두고 있으며, 소수민족들의 불평등만을 해결하기 위한 것이 아니라 모든 호주인들이 혜택을 받을 수 있도록 하는 것이다(이경선, 2011: 20-21; 신재주, 2010: 23, 28).

그러나 호주의 다문화주의 정책은 꾸준하게 발전하여 이민자들을 포용하였음에도 불구하고 1979년에는 이민자의 질적 수준을 평가하기 위한 '이민심사점수제(Numerical Multifactor Assessment System)'를 통한 이민자선별정책의 도입, 2017년에는 외국인 근로자들이 호주에서 임시로 일할 수 있도록 하는 '해외임시기술 이민비자(457비자)' 폐지, '시민권 절차'의 강화(2017년 4월 20일 발표)는 백인 주류사회와 문화로의 흡수 및 통합이라는 인종적 선입견이 사회 안에 존재하고 있다는 호주 다문화주의의 한계를 반영하는 것이라고 하겠다(주경식, 2017: 46, 53). 호주정부의 다문화주의는 이주민의 구조적 불평등을 개선하기보다는 문화적 다양성을 관리하는 차원에 머무르고 있으며, 인종과 문화의 실질적 평등 내지는 동등한 차원의 가치존중이 아니라 형식적 평등에 기초하여 문화적 다양성에 대한 제도화의 관리에만 집중한 조건적 다문화주의 정책이라는 평가를 받고 있다(이상주, 전미숙, 2016: 225).

호주의 다문화정책 및 각종 서비스 운영을 위한 행정부서는 1945년에 연방정부 차원에서 설치된 '이민부(Department of Immigration)'에서 찾아볼 수 있다. 이민부는 1996년에 이민·다문화부로 조직·개편되었으며, 2007년부터는 이민·시민권부(Department of Immigrant and Citizenship)로 개편하여 다문화정책의 총괄기능을 부여하고 있다.

주정부는 연방정부의 지원을 받아서 다문화주의 정책을 시행하고 있다. 주정부의 역할과 안정적 논의과정을 위하여 연방정부는

'이민 및 다문화 업무에 관한 장관급위원회(The Ministerial Council on Immigration and Multicultural Affairs)'를 설치 · 운영하고 있다(김을지, 2021: 187; 이경선, 2011: 21). 이민 · 시민권부 이외에 '다문화위원회' 를 두고 있으며, 다문화적 국가전략을 형성하기 위한 정책 현안들에 대한 자문과 상담을 하는 독립적인 기구로 운영되고 있다.

호주는 다문화주의 관련 법률을 제정하지 않고, 다문화위원회의 공식보고서가 다문화주의 정책의 근거가 되고 있다. 다문화위원회 의 보고서를 통하여 정책의 방향성을 발표하고 보고서의 원칙과 기 조에 따라서 정책을 추진하고 있다(김을지, 2021: 183-185). 따라서 다 문화정책의 방향성은 중앙정부 중심으로 추진되면서 실행기관으로 서 지방정부의 역할과 지역 사회단체의 역할이 중요하며, 이들 중앙 정부와 지방정부 및 각 지역 단체들 간의 파트너십이 잘 갖추어져 있다고 하겠다(신재주, 2010: 31).

또한 다문화주의에 대한 정책을 바탕으로 각종 다문화가족센터 가 비영리 목적으로 설립 · 운영되고 있는데 이들 센터는 정부기관 과 기업 등의 다양한 재정지원을 받아 각종 프로그램을 운영하고 있 다. 다문화가족지원센터 운영과 다문화가족지원 프로그램은 한국의 다문화가족지원센터와 유사하다(이경선, 2011: 21).

2) 지원정책

호주의 다문화정책의 내용은 이민정착 지원 프로그램과 사회통합프로그램으로 설명할 수 있다(김을지, 2021: 189-193). 먼저, 이민정착 지원 프로그램은 정착보조금 프로그램, 언어 프로그램, 번역 및 통역 서비스, 방송 미디어 제공 등으로 구성된다. 첫째, 정착보조금 프로그램(2006년 7월 1일부터 실시)은 이주자와 난민 등이 호주 입국 후에 빠르게 호주사회에 적응할 수 있도록 도와주는 정책 프로그램이다. 이주자 등은 취업, 주거, 보육, 교육 등과 같은 주요 서비스 이용에 관한 정보를 얻을 수 있으며, 지역사회 정착을 위한 지원 네트워크와 연결하여 도움을 받을 수 있다. 둘째, 이민자 언어 프로그램은 성인이민자 영어 프로그램과 이주민 아동에게 제공되는 제2언어로서의 영어교실이 있다. 성인이민자 영어 프로그램(Adult Migrant English Program: AMEP)은 성인이민자에게 기본적인 영어 수업을 제공하며, 필요시에는 특별준비 프로그램을 통하여 추가 교육을 받을 수 있다. 이주민 아동에게만 제공되는 프로그램(English as a Second Language: ESL) 교실은 초기에는 아동을 위한 영어교육에 중점을 두었으며, 점차 영어뿐만 아니라 다양한 환경에서 의사소통이 가능할 수 있도록 하기 위하여 독일어, 프랑스어 등 다양한 언어교육을 실시하였다. 셋째, 번역 및 통역 서비스는 이주자들의 언어 사용에 한계를 극복하기 위한 목적으로 온라인과 전화 서비스를 통하여 통역과 번역 서비스를 제공하고 있다. 즉, 이주민들이 호주에 입국 후 2년 동안 지역사회에 적극적으로 참여하도록 하여 그들의 영구 정착을 돕기 위한 목적으로 170여 개국 언어의 무료 번역 및 통역 서비스(Translating and Interpreting Service: TIS)를 제공하고 있다. 넷째, 방송 미디어를 통한 다문화주의의 실현을 들 수 있다. 호주의 공중파 텔레비전 방송인 SBS(Special Broadcasting Service)는 다문화, 다언어 사회의 일면을 반영한 방송사로 호주 정부가 재정적인 지원을 하고 있다. SBS는 60개가 넘는 언어로 텔레비전 및 온라인 방송을 제공하고, 68개 언어로 라디오 방송을 하고 있다. 또한 호주 정부의 해외원조기구(AusAid)는 지구촌 교육 웹사이트를 만들어 학생과 교사를 위한 교육자료를 제공함으로써 소수민족이 겪는 차별을 이해하는 데 도움을 주고 있다(김미나, 2009: 207-208).

사회통합프로그램의 일환으로 연방정부는 1998년부터 '조화롭게 살기 프로그램(Living in Harmony)'을 지원하고 있다. 본 사업은 지역사회의 화합에 영향을 미치고 인종차별로 이어질 수 있는 사회적 편견 관련 문제를 해결하기 위한 목적으로 지원되는 프로그램이다. 그러므로 지역 차원의 민족차별 금지 및 다양한 민족 간 교류증진 활동 중심으로 구성된다. 또한 연방정부는 유엔의 인종차별 철폐를 위한 '국제의 날'과 같은 3월 21일을 '화합의 날(Harmony Day)'로 지정하여 운영하고 있다. 화합의 날은 국가 기념일로서 당일에는 지역 다문화 커뮤니티들이 함께 모여 박람회, 콘서트, 스포츠 경기 등 다양한 다문화 행사를 주관하도록 장려하고, 이를 통하여 다문화에 대한 이해를 높이는 교육의 장으로 제공되고 있다(김미나, 2009: 208; 김을지, 2021: 192-193; 이상주, 전미숙, 2016: 225).

호주는 과거 백호주의 정책 등으로 인종차별이 심한 국가였으나 백호주의에 대한 국제적인 비난 및 아시아지역과의 경제협력의 필요성 등으로 백호주의를 폐기하고 다문화주의 정책 등을 통하여 오늘날에는 캐나다와 함께 대표적인 다문화·다언어 국가로 인정받고 있다. 그럼에도 불구하고, 호주의 다문화정책은 동화주의적 통합정책으로서 강력한 이민 통제정책을 유지하고 있는 가운데 호주의 백인중심의 정체성을 유지하기 위한 사회통합 도구로 작용하고 있다(김을지, 2021: 194). 이러한 다문화주의 정책적 특징은 공동체적 화합을 지향하는 것으로서, 문화적 다양성을 존중하고 인종, 성별, 문화, 언어, 종교, 거주지역 등의 차이 속에서 사회적 결속을 증진한다는 것이다(신재주, 2010: 28).

7. 일본

1) 법률체계 및 관리체계

일본에서 외국인 거주는 애도시대(江戸時代: 1603~1868년) 말기에 개항한 지역에서부터 시작되었다. 그러나 일본 다문화사회의 형성은 '뉴-커머(new-comer)'들을 중심으로 시작되었다고 볼 수 있다. 1980년대 후반에 급속한 산업구조의 변동과 고령화로 인하여 제조업 또는 성풍속 산업에 취업하는 외국인의 유입과 일본인 남성 배우자와 국제결혼으로 인한 유입으로 가속화되었다고 할 수 있으며, 이러한 경향은 현재까지도 이어지고 있다(김미나, 2009: 219; 한국보건사회연구원, 2014: 54-55).

일본에서 '농촌의 신부 부족'으로 지방의 결혼난이 시작된 것은 고도경제성장기를 맞이한 1950년대부터이며, 1970년대 이후에 더욱 심각해진 '농촌 신부 부족' 및 '후계자 부족' 문제 해결을 위하여 지방자치단체가 주도하여 외국인 여성과의 국제결혼을 추진하기에 이르렀다(한국보건사회연구원, 2014: 56). 계속적으로 증가하는 여성 인력의 유입과 결혼이주민 여성들에 의한 국제결혼의 비율은 2006년에 6.1%로 가장 높았으며, 그 후부터는 계속적으로 감소하고 있다(일본후생노동성 인구동태통계, 한국보건사회연구원, 2014 재인용).

일본에서 다문화정책의 시작은 1990년대 이후로 볼 수 있다. 이주민정책에서는 전통적으로 차별배제적 사회정책을 펼쳐왔으며, 교육에 있어서도 배타적 동화교육에 치우쳐 왔으나, 최근에는 다문화공생센터를 설립하는 등 변화하고 있다(이상주, 전미숙, 2016: 226). 일본은 재일외국인의 증가와 이로 인한 사회적 변화에 대응하기 위하여 '다문화' 대신에 '다문화공생'을 국가적 차원의 주요 과제로 설정하게 된다(신재주, 2010: 13). '다문화공생'이란 개념의 적용은 1990년 후반부터 2000년대를 넘어오면서 외국인 주거비율이 높은 지자체에서 슬로건이자 정책지침으로 내세우면서 급속히 확대되었다(주효진, 2008: 163). '다문화공생'과 기존의 '외국인 지원'의 개념의 차이는 외국인과 일본인 사이에 '지원하는 주체'와 '지원받는 대상'으로 구분하는 것이 아니라 서로 함께 영향을 미치고 변화하는 관계로 자리매김하고 있다는 점이다. 일본의 외국인 정책개혁에 대한 요구에 따라 총무성은 2005년 6월에 '다문화공생 추진에 관한 연구회'를 설치하여 '지역의 다문화공생 추진플랜'을 마련하였으며, 각 도도

부현 및 정령지정도시에 다문화공생 시책의 추진을 촉구했다. 2006
년 3월에 발표된 총무성의 '다문화공생 추진 지침'에서는 다문화공
생에 대해 "국적이나 민족 등이 다른 사람들이 서로의 문화적 차이
를 인정하고, 대등한 관계를 쌓아 올리면서 지역사회의 구성원으로
서 함께 살아가는 것"이라고 정의하고 있다(이상주, 전미숙, 2016: 226-
227; 한국보건사회연구원, 2014: 115-116). 다문화공생 추진계획은 외국
인을 단순한 지원의 대상이 아닌 공생관계로 봄으로써 정책방향을
전환하였다는 점에서 의의가 크다.

  일본 다문화정책의 특징은 상당수의 결혼이민자가 거주하고 있
음에도 불구하고, 외국인의 사회통합 정책에 관한 기본법이 없고,
결혼이민자와 국제결혼 가정 자녀에 대응하는 정부 차원의 지원책
도 이루어지고 있지 않다는 것이다(한국보건사회연구원, 2014: 114). 일
본에서 결혼은 사적인 문제이므로 가족, 가정에 개입하는 것 자체가
인권침해로 간주될 수 있다는 인식으로 정책대상에서 제외된다는
점이 한국과는 다른 특징으로 볼 수 있다(이경선, 2011: 23). 다문화공
생의 큰 틀에서 외국인 혹은 이민자 일반에 대해서 대응하고 있으
며, 국가적 차원에서 정책의 기본방향을 제시하고, 이에 따라 각 지
방정부에서는 해당 지역의 실정에 적절한 구체적인 계획을 책정·
실행하게 된다(김승권 등 7인, 2010: 86-87). 다문화정책에 대한 지방
자치단체의 역할은 도도부현, 시구정촌, 국제교류협회 중심의 관련
기관 간의 협력 사업을 수행하고 있으며, 외국인 주민들이 지역사회
문제에 주체적으로 참여함으로써 지역사회의 구성원이 되어 가는

과정과 인권문제와 관련하여 주민들이 공동으로 노력하는 등은 아래로부터의 다문화공생을 실천하고 있는 것으로 설명할 수 있다(이경선, 2011: 23).

현재 일본의 다문화공생과 다문화사회 형성에 가장 중요한 지침으로 기능하고 있는 총무성의 '지역의 다문화공생 추진 지침'에서도 지방자치단체가 다문화공생사회를 추진해야 할 의의와 관련하여 외국인의 출입국에 관한 행정은 국가의 소관이며, 일단 입국한 외국인을 지역사회에 받아들이는 주체로서 행정서비스를 제공하는 역할은 주로 지방자치단체가 주축이 되어 다문화공생정책(多文化共生政策)을 적극적으로 담당하게 된다는 것을 명시하고 있다(김숙령, 이선희, 510; 한국보건사회연구원, 2014: 117, 122). 다문화공생정책의 목표는 외국인들에 대한 행정서비스 향상, 인권보장, 이(異)문화에 대한 이해와 개방적인 태도가 확립된 지역사회 건설에 두고 있다(이상주, 전미숙, 2016: 226).

2) 지원정책

일본 총무성은 '다문화공생사회' 실현을 위하여 지방자치단체가 추진해야 할 시책을 종합적으로 정리하여 2006년 3월에 '지역 다문화공생 추진 플랜'을 발표하였으며, 그 내용은 커뮤니케이션 지원, 생활지원, 다문화공생 사회 만들기, 추진체제의 정비 등 4가지 분야로 구성되어 있다(김숙령, 이선희, 2013: 510; 신재주, 2010: 14-16; 이상주, 전미숙, 2016: 227; 한국보건사회연구원, 2014: 123-135).

첫째, 커뮤니케이션 지원이란 일본어로 의사소통이 어려운 외국인 주민들의 적응을 돕기 위한 정책의 일환이다. 각 지자체에서는 지역 이주민들이 정착을 함에 있어서 어려움을 덜어줄 수 있도록 다양한 매체와 언어를 제공해야 하며, 동시에 일본사회를 이해하는 데 도움이 되는 학습을 지원해야 한다는 것이다. 관련 정책의 내용으로는 먼저, 주민에게 제공되는 행정서비스와 이행하여야 할 의무의 내용, 지역사회에서 생활하는 데 필요한 규칙과 관습, 지역 주관 행사 등에 대해서 다양한 언어, 다양한 미디어를 통한 행정·생활서비스 제공이 있다. 또한 지역생활에서 발생하는 다양한 문제에 대해 상담할 수 있도록 외국인 주민의 생활 상담을 위한 창구를 설치하고 관련 전문가를 양성한다는 것이다. 이와 함께 통역 자원봉사자를 육성하는 등 NPO 등과의 연계를 통한 다국어 정보를 제공하며, 지역의 외국인 주민을 상담원으로 활용함으로써 효율적 문제 해결을 도모하고자 하는 것이 있다. 다른 한편으로는 지역생활 시작 시 오리엔테이션을 실시하여 행정정보와 일본사회의 습관 등에 대해 배울 수 있는 기회를 제공하며, 이후에도 지속적으로 외국인 주민이 일본어 및 일본사회를 배울 수 있는 기회를 제공하는 것이다.

둘째, 생활지원이란 이주민들의 생활에 필요한 거주, 교육, 노동환경, 의료보건복지, 방재교육의 다섯 가지의 영역에 있어서 기본적인 생활환경을 보장하기 위한 지원을 해주는 것이다. 먼저, 거주 지원 관련 정책내용으로는 임대 중개하는 전문가와 일본주택 시스템 등에 대한 정보제공을 통한 거주 지원 및 입주 차별 해소, 주택 입주 후 지역의 생활규칙 등에 대한 오리엔테이션 실시, 자치회·반상회 등을 중심으로 활동하기 위한 외국인 주민의 가입촉구, 외국인 주민에 대한 입주 시 생활정보의 제공 및 생활상담에 대응할 수 있는 상담창구를 집단거주 단지 내에 설치·활용하도록 하는 것 등이 있다.

다음으로 교육지원 관련 내용으로는 부모와 자녀 간의 커뮤니케이션 차이, 심지어는 학부모와 학교와의 커뮤니케이션 차이로 인한 문제를 최소화하기 위하여 학교 입학 시 취학안내 또는 취학지원제도에 관하여 다양한 언어로 정보를 제공하는 것이다. 이러한 지원노력을 학교에만 맡기는 것이 아니라 NPO, NGO, 자치회, 기업 등 모두의 노력을 촉진하도록 한다는 것이다.

또한 학생을 대상으로 다문화공생의 관점에서 국제이해 교육을 추진하도록 한다. 외국인 학교의 법적 지위의 명확화를 도모하기 위해 각종 학교 및 준학교법인 인가기준 완화를 검토하도록 추진한다. 특히 외국인 자녀에 대한 교육지원으로는 일본어에 의한 학습의 효과를 높이기 위해 특별교원의 배치 등 정규과정에서의 대응과 자원봉사 단체와 연계한 학습지원과 모국어 학습지원이 있다. 더 나아가 학교에 다니지 않는 또는 학교에서 중퇴한 아동에 대한 대책 강구, 외국인 학생의 고교·대학 진학 진로지도와 취업지원 또한 이루어지고 있다. 탁아소와 연계하면서 외국인 자녀의 유아교육에도 대응하고 있다.

노동환경 지원의 관련 정책내용으로는 공공 직업안내소와의 연계를 통한 취업지원, 상공회의소 등과의 연계를 통하여 사회보험 가입 촉진 등 외국인 노동자의 취업환경 개선, 외국인 주민의 창업 지원 등이 있다.

의료보건복지 관련 내용으로는 외국어 대응이 가능한 병원, 약국에 관한 정보제공, 의료문진표를 다양한 언어로 표기하는 것, 건강진단과 건강상담 실시 등이 있다. 또한 모자 보육 및 보건에 대응하기 위하여 다양한 언어로 모자수첩 교부 및 조산제도를 소개하도록 하며, 다양한 언어를 통하여 보육지원이 필요한 가구를 지원하며, 광역적인 의료 통역자 파견시스템을 구축하여 의료통역에 관련된 인적자원의 효과적인 매칭을 도모한다는 것 등이 있다. 고령자·장애자를 위하여서는 개호제도 소개와 케어플랜 작성 시 통역을 파견하는 등 다양한 언어에 의한 대응이나 문화적인 배려방안을 검토한다는 것이 있다.

방재관련 내용으로는 평상시부터 외국인 주민에 대한 재해방지교육·훈련이나 재해방지 대책에 대한 정보 제공을 다양한 언어로 실시하고, 재해 약자로서 외국인의 소재 정보를 평상시부터 정확하게 파악하도록 한다. 또한 재해 시 통역 자원봉사의 육성·지원, 제휴·협동을 도모하며, 재해 시에 외국인에게 도움이 되는 정보전달 수단을 다언어화하며, ICT의 활용 등 다양한 미디어와의 연계 가능성을 검토하는 것 등이 있다.

생활 지원의 일환으로, 유학생에 대한 지원정책이 있다. 일본의 대학을 졸업한 외국인으로서 일본어 능력이 뛰어나고 일본사회에 대한 이해가 깊으며, 다문화공생의 지역 만들기의 중요 인물이 될 가능성이 있는 유학생을 지원하는 것이다.

셋째, 다문화공생 사회 만들기에 대한 지원정책이다. 다문화공생 사회 만들기는 지역주민으로서 이주민의 참여를 이끌고, 다양한 문화에 대한 지역주민들의 의식계발과 관련된 정책이다. 즉, 단순히 일본문화를 이주민에게 주입시키는 것이 아니라, 지역주민들이 앞서서 이주민들의 나라에 관심을 가지고 그 나라의 문화를 이해하고자 하는 노력이 필요함을 강조하는 부분이다(손은혜, 2015: 131-133). 또한 이주민이 지역주민으로서 주체적으로 활동할 수 있도록 그들의 자립과 사회참여가 활성화되도록 지원하는 것이다.

넷째, 다문화공생 추진체제의 정비 관련 정책이다. 다문화공생을 추진하는 지역의 실정에 따라 다문화공생 추진 담당 부서를 청 내에 설치하거나 외국인 주민 시책 담당 부국이 중심이 되어 횡단적인 연락 조정, 각 부처의 연계를 도모할 수 있도록 하는 것이다. 그리고 각 도시, 도도부현 등 지역에서 각 주체별 역할분담과 동시에 정보 공유를 도모하는 것이다. 그뿐만 아니라 관련 NPO, NGO, 기타 민간단체가 연계 및 협력을 도모하기 위한 협의의 장을 마련한다는 것이다.

일본 다문화공생정책의 특징의 내용을 종합해보면, 일본은 풀뿌리 다문화사회로 특징지을 수 있으며, 그 지역사회에 거주하는 이주민의 구체적인 니즈(needs)를 충족할 수 있고, 지방자치단체가 주도하고 지자체를 중심으로 다양한 지역조직들의 상호 협력하에 해당 지역의 실정에 맞는 구체적인 계획을 책정, 실행해나가는 것이라고 하겠다.

8. 대만

1) 법률체계 및 관리체계

대만은 현재의 한족이 통치체제를 확립하고 주류문화로 위치를 차지하게 된 것은 17세기 중반에 청나라가 이주하면서부터이다. 청나라와 일본의 갑오전쟁 이후에 일본이 대만에 대한 식민통치를 하면서 원주민족에 대한 동화정책을 강화하였다. 1949년 국민당이 대만으로 패퇴하면서 짧은 기간 동안 대규모의 한족이 대만으로 이주하게 되었으며, 원주민족에 대한 억압적 통치가 강화되었고, 원주민족에 대한 광범위한 동화정책이 강력하게 추진되었다. 그러나 1980년대 말부터 급속한 경제성장과 함께 양안의 인적 교류 허가 등 정치적 환경의 변화로 인하여 결혼이주민과 외국인 노동자가 급속하게 증가하였다. 특히 대만인과 중국 본토 출신 배우자 또는 동남아시아 국가 외국인 배우자와 국제결혼이 크게 증가하였다. 대만에서 전통적인 남아선호사상은 1970년대부터 심각한 남녀 성비의 불균형 현상으로 나타났으며, 이로 인하여 대륙 신부와 외국계 여성 배우자의 유입이 급증하게 된 것이다. 이러한 추세는 2000년대까지 지속되었으며(한국보건사회연구원, 2014: 32), 그 결과 국제결혼 건수는 1980년대에는 총 결혼 건수의 15.7%, 2003년에는 32.1%로 나타났으며, 이후부터는 점차 감소하여 2008년에는 16.7% 정도로 나타나고 있다(김승권 등 7인, 2010: 89 재인용). 결혼이주민의 유입이 본격화되면서 대만정부의 소수민족에 대한 관심과 정책적 지원이 이루어지기 시작했다고 볼 수 있다(이종열, 정준호, 2012: 159; 한국보건사회연구원, 2014: 39).

1984년부터 대만과 대륙 간의 정치적 긴장의 완화는 원주민족에게도 영향을 미치게 되었으며, 그 결과 1984년 말에 '원주민권익촉진회'가 설립되었으며, 그 뒤를 이어 '이름 찾기 운동', '고유지명찾기운동' 등 원주민족의 권익과 고유문화를 회복시키기 위한 다양한 활동이 활발하게 전개되기 시작하였다. 이러한 원주민족의 자기 문화 되찾기 운동은 대만에서 다문화사회에 대한 사회적 관심을 불러일으키고, 다문화사회로 진입하는 계기를 제공했다고 평가할 수 있다. 원주민족의 고유문화를 존중하고 발전시키기 위한 노력의 결과로써 1997년 7월 개정된 「헌법」의 제10조 제9항에서 '국가는 다원문화를 긍정하며, 원주민족의 언어와 문화를 적극적으로 보호하고 발전시킨다'라고 명시하였으며, 이후의 개정에서는 소수민족의 권익보호와 관련된 내용으로 포괄적으로 규정하고 있다(한국보건사회연구원, 2014: 35-37).

대만정부는 증가하는 외국인에 대한 효율적인 출입국 업무 및 이민자에 대한 제도적 관리를 위한 「출입국 및 이민법」을 1999년 5월 공포하였다. 「출입국 및 이민법」이 제정되면서 2007년 1월에는 내

정부 산하에 '입출국 및 이민서(入出國及移民署)'를 설치하여 외국인 및 대륙 배우자와 관련된 정책의 수립 및 각급 지방정부의 다문화정책의 추진을 지원하는 업무를 전담하도록 하였으며, 초기 입국자들의 사회적응을 지원하는 단일 서비스창구 기능을 담당하고 있다.

1999년 12월 내정부는 외국인 배우자가 대만사회에 잘 적응할 수 있도록 하는 목적으로 '외국인 배우자 생활적응지도 실시계획(外籍配偶生活適應輔導實施計劃)'을 수립하였으며, 2003년에는 외국인 배우자와 대륙 배우자들의 본국 문화에 대한 존중과 보호를 포함하게 되는 등 지원범위가 체계적으로 확대된 '외국인 및 대륙 배우자 지원지도조치(外籍與大陸配偶照顧輔導措施, 이하 지원지도조치)'를 수립하여 시행하게 되었다. 지원사업을 강화하기 위한 전문기금의 필요에 따라, 2005년 내정부는 외국인 및 대륙 배우자에 대한 지원사업을 강화하기 위해서 '외국인 배우자 지원지도기금(外籍配偶照顧輔導基金)'을 설립하였다. 대만에서 결혼이주를 통한 다문화사회의 형성에 있어서 전체 결혼한 인구 중에서 여성결혼이주자가 12~28% 이상(남성 배우자의 비율: 2~3%)으로 절대다수를 차지하고 있으므로 대만정부의 다문화정책에 있어서 여성결혼이주자가 주요 정책대상이 되고 있으며, 이주여성의 배우자와 그 자녀, 외국인노동자 및 일반 국민 등 광범위하게 포함된다(한국보건사회연구원, 2014: 46).

2012년 3월부터 대만정부는 다문화가정 자녀가 지속적으로 증가하면서 점차 취학아동 중 비중이 커짐에 따라, 내정부와 교육부의 주도로 '전국신주민횃불계획(全國新住民火炬計劃)'을 추진하기에 이르렀으며, 대만정부의 다문화정책은 동화주의에서 다원주의로 전환하게 되는 계기가 된 것으로 평가받고 있다(조원휘, 2019: 117).

각 지방정부는 중앙정부가 수립한 '외국인 및 대륙 배우자 지원 지도조치'에 근거하여 지역의 상황에 맞도록 자율적인 계획수립과 시행을 통하여 지원지도조치를 시행하고 있다. 지방정부가 중앙정부 및 민간단체와의 협력을 통해 다양한 지원지도조치가 지역의 외국인 및 대륙 배우자에게 효율적으로 전달되도록 추진 및 감독 업무를 수행해줌으로써 분권화가 향상되었다고 이해할 수 있다(조원휘, 2019: 112).

2) 지원정책

대만에서 다문화사회 대응을 위한 주요 정책으로 '외국인 및 대륙 배우자 지원지도조치(外籍與大陸配偶照顧輔導措施)'와 '전국신주민 횟불계획(全國新住民火炬計劃)'을 수립·시행하고 있다.

먼저, '외국인 및 대륙 배우자 지원지도조치'에 대하여 살펴보면 전체 8대 중점사업을 설정하고 있으며, 그 내용으로는 생활적응지도를 포함하여 의료·위생보건, 취업권 보장, 교육문화 수준 제고, 자녀교육 및 양육지원, 신변의 안전보호, 법률 및 제도의 완비, 사상 홍보 등이다(한국보건사회연구원, 2014: 86-94).

〈생활적응지도〉에 포함된 10개의 조치는 결혼이주민들의 대만 사회에서 입국 초기에 필요한 문화 및 적응과 관련된 정착지원을 주요 내용으로 담고 있다. 세부 내용으로는 생활적응지도반 활동의 확대 및 강화, 외국인 및 대륙 배우자의 생활적응지도 관련 상담 및 자료 서비스 창구를 제공하며, 외국인 배우자 가정 서비스센터 및 이민서 산하 각 현 및 시의 지원센터 기능을 정보교류와 서비스 전달의 경로로 하여 이주민의 정착을 지원하는 것이다. 또한 이민자 지원서비스 인원에 대한 교육을 강화하여 외국인 및 대륙 배우자 대상 서비스의 문화적 민감성과 질을 향상시키고, 민간단체의 자원을 통합하여 이민자 지도 네트워크 및 교류경로를 강화하고, 민사 및 형사소송 법률상담 및 통역 서비스를 제공, 외국인 및 대륙 배우자들의 운전면허 취득을 돕도록 하는 것이다. 관련 국가의 타이완 주재 기관과 연계하여 외국인 배우자에 대한 상담과 지원을 강화하고, 입국 전 지도 시스템을 강화하여 각국 정부와의 협력하에 대만에 대한 다양한 정보를 제공하여 대만 도착 후 적응 기간을 단축시키도록 하며, 통역 인원 양성을 강화한다는 것 등이다.

〈취업권 보장〉은 이주민들의 복지 관련 정책으로서 2개 조치가 있다. 즉, 외국인 및 대륙 배우자에 대해 구직자 등록, 취업상담, 취업촉진교육 및 취업소개 등의 취업서비스를 제공하며, 직업훈련 기회를 제공하여 외국인 및 대륙 배우자의 취업 및 창업능력 향상에 도움을 준다 등이다.

〈교육문화수준 제고〉 분야는 외국인 및 대륙 배우자를 대상으로 다언어 교육을 실시하고 외국인 및 대륙 배우자에게 기본적인 교육을 받고 그에 부합하는 학력을 갖출 수 있도록 지원하는 복지정책으로서 6개의 세부조치가 있다. 즉, 외국인 및 대륙 배우자를 대상으로 한 성인기본교육과정을 등급별로 운영하고, 지역사회 차원의 언어교육과정을 개설하며, 공립 및 사립기관의 다언어교육과정을 지원하며, 외국인 및 대륙 배우자와 자녀에 대한 교육계획을 강화하고, 다문화 교육과정의 교사를 육성하는 것이다. 또한 외국인 및 대륙 배우자가 초·중등교육 보충과정에서 학습하여 정식 학력을 취득하도록 홍보 및 장려하도록 하는 것 등이 포함된다. 또한 인식개선 및 사회참여 측면에 관한 것으로서 외국인 배우자 가정에 대한 교육활동을 추진하여 국제결혼, 다문화가정 및 양성평등에 관한 관념을 결혼가정에 관한 교육 및 홍보에 반영함으로써 전 사회적으로 국제결혼에 관한 올바른 인식을 수립하도록 하고, 본국 배우자의 사회적 책임을 강화하며, 초·중등 교육과정 및 대학 교양과정에 이민 관련 주제를 포함시키도록 하고 있다.

〈자녀교육 및 양육지원〉에는 자녀의 문화 및 학교 적응을 돕는 자녀지원정책과 건강증진과 관련되어 있다. 외국인 및 대륙 배우자의 자녀에 대한 언어 및 사회문화학습 지도를 강화하며, 방과 후 학습을 통해서 이들 자녀의 환경적응력과 학습능력을 향상시키고, 법인 및 단체와 지속적으로 연계하여 소외된 외국인 배우자의 아동 및 청소년에 대한 지역사회의 돌봄서비스와 부모교육(Parent Education) 과정을 지원하도록 하는 것이다. 외국인 및 대륙 배우자의 자녀에게 가장 적합한 교육방식을 모색하여 더욱 적절한 교육서비스를 제공하도록 하는 것이다. 또한 이들의 자녀를 '영·유아건강보장 시스템'에 포함시키도록 하며, 자녀들에 대한 아동발육검사를 강화하며, 자녀의 성장발육이 부진한 경우 발육촉진을 위한 조기치료를 제공하는 것 등이 포함된다.

〈의료 · 위생보건〉 사업은 건강증진 관련 정책으로서 5개 조치 내용이 포함된다. 외국인 및 대륙 배우자의 국민건강보험 가입을 지도하고, 주요 생육유전검사에 소요되는 비용을 감면하며, 임산부에 대해 일반 산전검사를 제공하고 있다. 또한 외국인 배우자의 입국 전 건강검진을 지속적으로 실시하며, 외국인 및 대륙 배우자에 대한 건강돌봄관리를 실시하도록 하며, 다국어판 위생교육 홍보교재를 제작하고, 의료인원에 대한 다문화 교육 · 연구 및 활동을 계획하여 시행하도록 하고 있다.

〈신변의 안전보호〉는 결혼을 목적으로 대만에 들어온 외국인 및 대륙 배우자들의 가정폭행 피해발생 방지를 위한 보호 · 안전 문제와 관련된 조치들이다. 즉, 가정폭력 · 성폭력을 당한 외국인 및 대륙 배우자에 대한 보호 및 지원조치를 강화하며, 사건 담당자에 대해서는 가정폭력 예방교육 및 훈련을 강화한다. 그리고 폭행을 당한 외국인 및 대륙 배우자에 대한 긴급구호 조치를 강화하고, 당사자의 출입국, 거주 및 체류기간 연장 등 문제의 처리에 적극 협조하며, 이들의 신변안전 예방에 관한 홍보를 강화한다는 등의 내용이다.

〈사상 홍보〉 분야에서 사회문제 발생 방지를 위해 외국인 배우자와 대륙 배우자에 대해 각각 명시하면서 강력한 이주심사제도를 적용한다는 내용을 담고 있다. 또한 대만인이 갖추어야 할 태도에 대해 세부적인 조치를 다루고 있다. 즉, 대만인이 다른 문화 출신자에 대해서 상호 존중 · 이해 · 애호 · 포용 및 평등하게 대하고 인정하는 적극적 태도를 가지도록 계도하는 것에 협조하고, 다원적 문화 및 생활자문을 확대하도록 장려하며, 어려서부터 종족 간 평등과 상호 존중 및 수용하는 의식을 함양하도록 한다는 등의 내용이 포함된다.

〈법률 및 제도의 완비〉분야의 조치에서는 위장결혼으로 인해 대만인들이 피해 보는 일이 없도록 보호하기 위한 대응책으로서 위법적인 국제결혼중개를 통한 영리 행위와 광고에 대한 조사 및 처리를 강화하며, 이와 관련된 통계자료를 지속적으로 수집 및 구축하여 이를 향후 정부의 관련 정책 제정의 근거로 활용하며, 6개월마다 각 기관의 추진상황을 점검하고, 계획에 따라 총체적인 성과평가를 시행한다는 등의 내용을 담고 있다.

다음으로 '전국신주민횃불계획'은 대만에서 다문화자녀 수가 증가하게 되면서 다문화가족 2세를 위한 다문화정책의 일환으로 실시하고 있는 것이다. 횃불계획은 다문화가족 2세를 위해 외국인 배우자 및 그 자녀를 대상으로 이들의 사회적응을 지원하기 위하여 학교와 연계하여 시행하고 있다. 횃불계획의 목적은 내정부, 교육부 및 민간단체 등이 민관 협력 및 지역 간 협력을 통하여 전국의 신주민 및 자녀에게 문화와 교육에 관한 체계적인 지도 시스템과 단일 창구를 통한 전방위적 서비스를 제공하는 데 두고 있다. 횃불계획에 참여하는 중점학교가 시행한 프로그램을 살펴보면, 외국인 배우자와 자녀가 대만사회에 적응하는 것만을 강조하는 것이 아니라 외국인 배우자와 자녀의 본국 문화를 중시하고 전승할 수 있도록 지원하고 있으며(예: 배우자의 모국어 학습, 다문화 축제 등), 외국 문화에 대한 대만 일반인의 이해를 높이기 위한 다양한 프로그램(예: 교사에 대한 다문화 학습, 교육방법 토론회 등)들이 시행되고 있음을 알 수 있다. 대만 정부는 이와 같이 횃불계획의 다양한 프로그램을 통하여 기존의 동화주의적 다문화정책의 한계에서 벗어난 다원주의적 다문화정책의 추진을 시도하고 있는 것으로 설명할 수 있다(한국보건사회연구원, 2014: 104, 109).

이상의 내용을 종합해보면, 대만 다문화정책의 법률체계, 관리체계 및 지원정책에 있어서 특징은 다음과 같다. 1999년 「출입국 및 이민법」이 제정되면서 외국인 및 대륙 배우자를 위한 다문화정책의 제도적 근거가 마련되었으며, 2007년 '입출국 및 이민서'가 설치된 이후 이민서를 중심으로 하여 체계적인 다문화정책 추진이 가능하게 되었다고 할 수 있다. 또한 중앙정부 차원에서 이민서가 다문화정책의 방향설정과 기본계획을 수립하면 지방정부는 기본계획에 근거하여 지역적 특성에 맞는 다문화사업을 시행함으로써 중앙과 지방의 효과적인 역할분담이 이루어지고 있는 것으로 설명된다. 정부뿐만 아니라 교육기관, 민간복지단체 등 민간 부문과의 협력체계 구축을 통해서 다문화지원 서비스가 외국인 및 대륙 배우자와 자녀들에게까지 효율적으로 전달될 수 있는 서비스 체계를 구축함으로써 효과적인 다문화정책을 추진하고 있다고 하겠다.

대만에서 추진되는 대부분의 다문화사업은 2005년 설치된 '외국인 배우자 지원지도기금'의 예산으로 시행되고 있다. 이러한 기금의 운영은 무엇보다도 먼저, 안정적으로 장기적인 다문화정책의 추진을 가능하게 하였으며, 중복지원의 방지를 통해 예산 효율성을 향상시켰으며 결과적으로 사회자원의 효율적인 활용과 다문화정책의 효율성 향상을 도모하였다고 할 수 있다.

2003년부터 시행되고 있는 '외국인 및 대륙 배우자 지원지도조치'를 통하여 정착지원, 자녀지원, 건강증진 지원뿐만 아니라 인식개선 관련 세부적인 조치사항을 다루고 있다. 이는 사회구성원들이 어려서부터 이민자의 문화를 이해하고 종족 간 평등과 상호 존중 및 수용하는 의식을 함양하도록 하고 있다는 것으로 시사하는 바가 크다고 하겠다.

2012년부터 추진되고 있는 '전국신주민햇불계획'은 외국인 배우자와 자녀 및 일반인까지도 정책대상으로 하여 외국인 배우자의 본국 문화를 자녀들이 전승하고 일반인들이 외국인 배우자들의 본국 문화를 이해할 수 있도록 다양한 교육 프로그램과 활동 등을 추진함으로써 다원주의적 다문화정책으로 패러다임의 변화를 시도하는 노력을 하고 있다고 하겠다.

주요 외국의 다문화정책에 대하여 살펴본 결과, 한국 다문화가족 담론을 위한 함의는 다음과 같이 정리할 수 있다. 미국 공교육의 일환으로 실시되는 시민양성교육은 다양한 인종과 민족의 다양성을 수용하고, 소수집단의 적응과 통합을 위한 지원뿐만 아니라 다문화적 배경을 넘어 미국 공동의 시민성을 양성하기 위하여 국가적 차원에서 지원하고 있다는 것은 한국사회에서 다문화인식개선을 위한 측면에서 정책적 함의를 찾아볼 수 있을 것이다.

독일의 이민자가족의 정착을 위한 통합정책은 궁극적으로는 이들을 독일사회로의 동화를 목표로 하고 있다. 그러나 외국인 이주자들의 자발적인 참여를 적극적으로 요구하는 통합정책을 실시하고 있고, 이주민가족에 대한 다차원적인 접근을 통하여 내국인과 이주민 사이의 괴리를 줄여나가고자 노력하고 있는 것은 수요자 맞춤형 정책개발을 위한 함의가 있다.

캐나다는 1988년에 다문화주의 정책과 연방정부의 책임을 규정한「다문화주의 법(Multiculturalism Act)」을 제정하여 최초로 다문화정책의 법적 기반을 마련하는 국가가 되었다.「다문화주의 법」을 제정함으로써 사회 근본적 특성으로서 다문화주의를 인정하고, 연방정부와 주정부 간의 협력을 통하여 정책개발을 추진해나감으로써 부처 간의 조정도 가능하도록 운영하고 있다. 나아가 다문화주의 정책을 위한 전담부서인 시민·이민부를 두고 이민자지원을 함으로써 일관성 있는 사회통합정책을 효과적으로 시행하고 있다는 것은 한국 다문화가족정책에서 컨트롤타워의 구축과 네트워크 개발에 대한 함의가 있다.

일본은 중앙정부의 소극적인 지원에도 불구하고 풀뿌리 다문화 사회로 특징지을 수 있다. 지방자치단체가 주도하고 지자체를 중심으로 다양한 지역조직들의 상호 협력하에 해당 지역의 실정에 맞는 구체적인 계획을 책정·실행해나가면서 지역사회에 거주하는 이주민의 구체적인 니즈(needs)를 충족시키고자 하는 현장중심적 다문화 정책이라는 점에 의미가 있다고 하겠다.

대만의 경우를 살펴보면,「출입국 및 이민법」의 제정과 '입출국 및 이민서'를 중심으로 하여 체계적인 다문화정책의 추진이 가능하게 되었으며, 정부뿐만 아니라 교육기관, 민간복지단체 등 민간 부문과의 협력체계 구축을 통해서 다문화지원 서비스 체계를 구축함으로써 효과적인 다문화정책을 추진하고 있다고 하겠다. '외국인 배우자 지원지도기금'의 운영은 안정적으로 장기적인 다문화정책의 추진을 가능하게 하였으며, 중복지원의 방지를 통해 예산 효율성 향상을 도모하고 있다는 점은 한국 다문화가족정책을 위하여 시사하는 바가 크다고 하겠다. 2012년부터 추진되고 있는 '전국신주민햇불계획'은 외국인 배우자와 자녀 및 일반인까지도 정책대상으로 하는 다양한 교육 프로그램과 활동이며, 이를 통하여 다원주의적 다문화정책을 시도하고 있다는 점에 있어서도 의미가 크다고 하겠다.

제6장

한국 다문화가족 담론의
특징과 과제

법무부 출입국·외국인정책본부 자료에 의하면, 우리나라에서 국내 체류 외국인 수는 2021년 12월 말 현재 1,956,781명으로 나타나고 있으며, 전체 인구 51,638,809명의 약 3.8%이다. 2019년에 외국인 수가 약 4.7%를 차지하였고, 매년 외국인 수가 증가하였으나, 코로나19의 영향으로 다소 감소한 것으로 나타나고 있다. 전국의 다문화가구는 2020년 367,775가구, 가구원 수는 1,093,228명, 같은 시기에 결혼이민자 수는 168,595명, 이 중에서 여성결혼이민자 수는 전체의 약 81.8%로 나타났다(법무부 출입국·외국인정책본부 통계연보).

다문화가족 자녀 규모 또한 증가 추세에 있으며, 특히 미취학 자녀에 비하여 학령기 자녀의 비율이 높게 증가하고 있는 현실이다. 2002년 이후 매년 28% 이상의 높은 증가율을 보이던 결혼이민자는 2014년 4월 국제결혼 건전화를 위한 결혼이민 사증발급심사강화 및 국제결혼 안내 프로그램 이수 의무화 조치 등의 영향으로 최근 3년간 평균증가율은 1.6%로 다소 감소한 것으로 나타나고 있다(법무부 이민정보과, 2021.07.12.). 한국사회가 단일민족, 단일문화 국가에서 점차 다양한 인종과 문화가 공존하는 다문화사회로 나아가는 현 시점에서 결혼이민자들의 안정적인 정착을 위한 다양하고 효율적인 정책들이 요구되는 것이다.

본 장에서는 결혼이주여성들이 한국사회에서 정착하는 과정에서 겪게 되는 특징과 문제점들을 파악해보고, 이러한 문제를 해결하기 위하여 지원되는 현행 다문화가족정책의 특성과 이에 대한 비판적 담론을 고찰해보고자 한다. 더 나아가 결혼이주여성들의 삶의 질을 개선하고, 이들이 사회의 중요한 구성원으로서 생활을 영위해 나갈 수 있도록 하고, 또한 바람직한 다문화사회통합에 필요한 과제들에 대하여서도 살펴보고자 한다.

1. 결혼이주여성이 당면한 어려움

다문화가정 구성원들이 한국사회에서 직면하는 어려움과 문제점에 관한 다양한 연구들을 찾아볼 수 있다. 다문화정책에 대한 개선 방안을 도출해보고자 하는 윤지은(2017)의 연구에서는 다문화가정에서 겪는 어려움에 대하여 무엇보다도 먼저, 언어로 인한 의사소통의 문제와 문화적 차이로 인한 갈등을 들고 있다. 다음으로는 다문화가정 자녀들의 학교생활에의 부적응과 사회적으로 다문화가정 외국인 배우자에 대한 차별과 편견이 있음을 지적하고 있다.

사회문제 측면에서 다문화가족의 문제를 분석해보고자 하는 연구(김현미, 2018)에서는 한국 생활에 적응하는 데 무엇보다도 힘든 것은 한국 국적을 취득하는 데 수반되는 불합리적 요소들이며, 이는 인권침해 요소가 된다고 지적하고 있다. 또한 결혼이민자와 그 자녀들은 한국사회의 소수자로서 인권문제가 발생될 가능성이 높음을 우려하고 있다. 사회문화적 적응문제 측면에서는 사회적 관계 형성의 어려움, 문화적 배경과 갈등으로 인한 억압(남존여비사상 등), 지역사회의 문화적 대응력 미비의 문제(부족한 지역 주민의식 등) 등을 들고 있다. 또한 한국사회의 통합을 어렵게 하는 요인으로서 첫째, 한국사회에서는 외국문화에 대하여 이중적이며 서열화된 시각을 가지고 있으며, 더욱이 왜곡된 이해를 하고 있다는 것을 더 큰 문제점으로 지적하고 있다. 둘째, 다문화가족의 경제적 여건이 상대적으로 열악한 경우가 많으며, 셋째, 다문화가정 부모의 어려움은 그들의 자녀에게도 영향을 미치게 되며, 따라서 자녀양육과 교육에 대한 어려움뿐만 아니라 자녀들의 학교 적응과 정체성의 혼란을 겪게 되는 것으로 분석하고 있다.

다문화가정의 조기정착을 위한 효율적 지원을 위한 생활실태 분석(최지안, 2019)과 여성결혼이민자의 지원정책에 대한 한국과 대만의 비교연구(전계선, 2020)에서도 언어, 문화, 자녀양육 및 교육, 자녀의 학교생활 부적응과 경제적 어려움 이외에도 문화적 이질성과 생활습관·사고방식의 차이 등으로부터 발생되는 배우자와의 갈등과 이러한 갈등으로 인한 가정폭력 발생의 심각성을 제시하고 있다.

'2018년 전국 다문화가족 실태조사'에서 나타난 여성결혼이민자의 한국 생활 적응과정에서 어려움은 경제적 어려움(26.2%), 외로움(24.1%), 언어문제(22.3%), 생활방식, 음식 등 문화 차이(18.8%), 자녀양육 및 교육(19%) 순으로 나타났으며, 이는 '2015년 전국 다문화가족 실태조사'와 유사한 내용이며, 외로움을 제외한 모든 항목에서 수준은 다소 개선된 것으로 나타나고 있음을 설명하고 있다(전계선, 2020: 17).

결혼이주여성들이 가정에서 겪는 문제와 현행 법제가 결혼이주여성의 권리 보호와 문제 해결에 어떻게 대응하고 있는지 분석해보고자 하는 연구(김현정, 2020)에서는 결혼이주여성의 어려움에 대하여 언어 등 자녀 양육과 관련한 문제, 일방적으로 한국사회에 동화될 것을 요구 받는 문제, 가정 내 폭력 등 문제를 겪고 있는 것으로 분석하고 있다. 연구자는 결혼이주여성의 가정 내 지위와 법적 지위의 문제는 자녀를 포함한 그 가정의 문제이기도 하며, 사회를 이루는 최소단위로서의 가정의 문제는 결국 사회와 국가의 문제가 되므로 국가는 더욱 세심하게 결혼이주여성을 배려할 필요가 있음을 강조하고 있다.

결혼이주여성의 한국 생활 적응에서 발생되는 문제점에 대하여 노사정(2019)의 연구에서는 가정생활 적응과 사회생활 적응 과정에서 문제점들을 구분하여 설명하고 있다. 먼저, 가정생활 적응 과정에서 문제점은 주로 한국인 남편, 자녀, 시부모, 기타 가족들과의 관계에서 발생되는 것으로서 선행연구에서와 같이 한국어능력 부족으로 인한 의사소통의 어려움, 문화적 차이로 인한 가정생활 영역에서의 갈등, 경제적 어려움, 자녀양육과 교육의 어려움 이외에 근래에 이르러 높아지고 있는 가족해체 문제에 대한 심각성을 설명하고 있다. 다문화가족에게 있어서 이질적인 환경은 부부와 가족 간의 갈등을 야기하게 되고, 이는 가정폭력과 가족해체로 이어지게 된다는 것이다. 다른 한편으로 결혼이주여성들이 한국의 사회생활 적응 과정에서 겪게 되는 어려움으로는 선행연구에서 제시한 사회적 편견뿐만 아니라 사회관계망의 부재, 가족의 반대와 양육 등으로 인한 구직의 어려움과 학력과 언어능력 부족 등으로 인한 직장 생활의 어려움에 대하여서도 지적하고 있다. 또한 한국사회에 대한 정보 부족과 한국어능력 부족 등으로 인한 사회복지서비스 이용의 어려움과 의료기관 이용에 있어서 어려움을 겪고 있다고 분석하고 있다.

국제결혼의 증가는 한국사회의 구조적인 문제와 상호 밀접한 관련성이 있다. 한국에서는 급격한 도시화와 산업화의 영향으로 도시와 농촌 간의 경제적인 불균형 현상이 심화되었으며, 이로 인하여 도시로의 이농현상이 더욱 확대되었다. 또한 전통적인 남아선호사상과 여성 인력의 고급화로 인하여 결혼시장의 교란문제가 발생하게 되었다. 이로 인하여 경제적으로 취약한 한국인 남성과 농촌지역과 어촌지역, 낙후 지역 남성들의 결혼곤란문제가 더 심하게 나타나게 되었다. 이러한 상황 속에서 한국에서 짝을 찾지 못하는 남성들이 저개발국 출신의 여성들에게 관심을 보이고, 국제결혼중계업체와 국내에서의 신부 부족을 외국에서 채우려 하는 정부와 지방자치단체의 정책이 어우러져 국제결혼이 급격히 증가하게 된 것이다.

이러한 사회적인 책임을 총괄적으로 관리해야 하는 것이 정부의 역할이며, 따라서 정부는 급격한 국제결혼의 증가에 따라 발생되는 가정적 · 사회적 문제에 대응하여 결혼이주여성들의 안정적 정착을 위한 관련정책을 수행해야 할 것이다(노사정, 2019: 55).

2. 한국 다문화가족정책의 특성

한국에서 다문화정책은 이민정책 또는 사회통합정책과 혼용되고 있으나, 엄격한 의미에서는 구분된다. 이민정책(migration policy)은 자국민의 해외이주(emigration)와 외국인의 국내이주(immigration)를 포함하는 광범위한 개념이다. 그러므로 이민정책은 인구이동을 자국의 관점에서 관리하는 것으로서 재외동포에 대한 정책, 내 · 외국인의 출입국관리에 관한 정책, 국내체류 외국인의 한국사회 적응을 돕는 사회통합정책 등을 포함하는 넓은 개념으로 이해할 수 있다(구병모, 2011: 202). 이에 비하여 다문화정책은 한국 내 거주하는 외국인을 대상으로 하여 한국사회 적응, 인권 보호, 사회통합, 문화교류 등의 지원을 통하여 내 · 외국인이 조화롭게 살아갈 수 있는 기반을 조성하는 것이다. 사회통합정책이란 한국에 거주하는 외국인이 한국사회에 성공적으로 정착하여 한국인과 평등한 관계에서 생활할 수 있게 지원하고 조정하는 것이다. 이러한 관점에서 다문화정책과 사회통합정책은 동일한 개념으로 이해할 수 있다(노정옥, 2012: 16-17).

우리나라의 다문화정책은 '다문화가족정책'과 '외국인정책'으로 구분된다(김은경, 2020: 40). 다문화가족정책은 2008년 제정된 「다문화가족지원법」을 토대로 운영된다. 외국인정책은 2007년 7월 제정된 「재한외국인 처우 기본법」을 토대로 정책내용이 결정된다. 「다문화가족지원법」은 저출산·고령화 문제 해결을 위해 민족주의와 가부장적 혈통주의에 기반한 가족중심의'인구대책'으로 기획되었으며, 이러한 결과는 다문화가족정책이 결혼이주여성과 다문화가족에만 정책지원 대상을 국한시키는 결과를 초래하게 되었다는 지적이 있다(홍규호, 2017: 137).

1) 법률체계 및 관리체계

1990년대 이전까지 한국은 식민지화와 일제의 이주정책, 한국전쟁과 분단으로 이어지는 동아시아지역의 역사적 특징으로 인한 이민 유출국이었다(조효래, 2017: 151). 이에 반하여 1990년대 이후에는 한국의 급속한 경제성장과 세계화, 국제정세 변화에 따라 다양한 형태의 이주 인구가 유입되기 시작하면서 다문화현상은 새로운 양상을 맞이하게 되었다.

1990년대 이후 한국 다문화현상의 배경은 경제적·사회적·정치적 측면에서 살펴볼 수 있다. 1980년대를 지나면서 한국은 산업구조의 고도화와 그에 따른 임금구조의 변화를 겪었으며, 동시에 1988년도 서울올림픽 개최를 계기로 한국의 발전상이 외부로 알려지면서 아시아지역에서 주요한 노동력 유입 국가가 되었다는 것이다. 다음으로 한국에서는 여성의 경제활동참가율 상승과 저출산 현상으로 인구구조의 변화가 진행되었고, 그로 인하여 극심한 성비 불균형의 인구위기로 나타났다는 것이다.

1985년부터 시작된 사회주의 체제의 변화는 탈냉전 시대로 이어졌으며, 이를 계기로 이루어진 한·소 수교와 한·중 수교는 중국과 러시아의 해외동포와 중국인들의 한국 방문을 가능하게 하였다. 한국은 아시아에서 높은 임금을 받는 국제적 노동이주의 목적지가 되었던 것이다(조효래, 2017: 193-202). 법무부의 등록 외국인 유형별 조사통계에 의하면, 2007년에 외국인 근로자 56%, 결혼이민자 14%로 구성되고 있음을 알 수 있다(법무부 출입국·외국인정책본부, 2007; 등록외국인 유형별 현황).

이로 인하여 한국정부에서는 1990년대 중반 이후부터 이주정책이 확립되기도 전에 외국인 이주노동자의 수가 급격히 증가됨에 따라 외국인 인력활용 정책의 일환으로 2003년에 「외국인근로자 고용 등에 관한 법률」을 제정하고 고용허가제를 시행하게 되었다.

다른 한편으로 한국정부는 저출산·고령화와 함께 결혼이민자 등의 국내 정착 이민자들이 증가하면서 국제결혼 이민자에 대한 '다문화' 정책을 추진하였다. 결혼이주여성들의 사회정착과 사회통합을 이룩하기 위한 관련 법체계를 살펴보면, 결혼이주여성들을 대상으로 제정되고 결혼이주여성들을 포함한 다문화정책의 직접적인 근거가 되는 법령으로서 「국적법」, 「재한외국인처우기본법」과 「다문화가족지원법」 등이 있다. 결혼이주여성들에 대한 지원이 포함된 복지 관련 법령은 「보건의료기본법」, 「저출산·고령사회기본법」 등이 있다(노사정, 2019: 56).

결혼이주여성에 대한 다문화정책은 이들의 신속한 한국사회 동화에 초점을 맞춘 사회통합정책이었다고 하겠다(조효래, 2017: 203-205). 정부는 2006년 4월에 결혼이주여성에 대한 차별적 문제를 해소하고 열린 다문화사회 실현을 목적으로 '여성결혼이민자가족의 사회통합지원 대책'을 발표하였다. 또한 외국인에 대한 포괄적인 국가정책의 필요성이 제기됨에 따라 정부는 2007년에 외국인과 더불어 살아가는 열린사회 구현을 위한 정책을 실현하기 위하여 「재한외국인처우기본법」을 제정하였으며, 동법에서는 법무부 장관이 관계중앙행정기관의 장과 협의하여 5년마다 외국인 정책 기본계획을 수립하도록 정하고 있다. 한국 국적을 취득하지 않은 결혼이주여성의 경우에는 동법의 적용 대상이 된다.

2008년에는 「다문화가족지원법」을 제정하여 다문화가족 구성원이 안정적인 가족생활을 유지하는 데 필요한 시책을 수립하는 근거를 마련하였으며, 여성가족부 장관은 5년마다 다문화가족정책에 관한 기본계획을 수립해야 한다. 「재한외국인처우기본법」과 「다문화가족지원법」에서는 재한외국인에 대한 처우 등에 관한 기본적인 사항을 다루고, 각 부처에서는 소관법률을 근거로 다양한 다문화정책이나 사업을 추진하고 있다. 예를 들면, 여성가족부는 다문화가족을 대상으로 하여 다문화가족지원, 결혼이민자 현지 사전정보제공 및 국제결혼중개업 관리, 다문화가족지원센터 운영지원 등의 폭넓은 다문화정책과 사업을 수행하고 있다. 법무부는 외국인 사회통합 지원사업, 교육부는 학교 다문화교육 역량 강화, 다문화가정 학생 1:1 멘토링 근로장학금 지원사업, 시·도 교육청 맞춤형 교육지원사업 등을 추진하고 있다. 고용노동부는 여성결혼이민자 취업지원 프로그램을 통한 지원사업, 행정안전부는 외국인 주민의 사회적응 및 자립 지원사업, 보건복지부의 영유아 보육료 지원사업 등을 들 수 있다(주성훈, 2010: 53-56).

중앙정부의 다문화정책 추진기구는 외국인정책위원회, 다문화가족정책위원회, 외국인력정책위원회 등으로 다원화되어 있다(조효래, 2017: 206; 최웅선, 이용모, 주운현, 2012: 45-47). 외국인정책위원회는 「재한외국인처우기본법」에 의해 설립된 조정기구로서 재한 외국인의 처우에 관한 정책을 총괄하고 있고, 영주권자와 난민을 포함한 전체 재한 외국인과 결혼이민자 및 자녀 등을 정책대상으로 한다. 그런 만큼 제시된 세 위원회 중 가장 포괄적인 위치에 있다고 할 수 있다. 외국인정책위원회는 재한 외국인의 인권 옹호, 사회적응 지원, 결혼이민자에 대한 국어교육, 제도 · 문화에 대한 교육, 보육 및 교육지원, 의료지원을 맡고 있다.

다문화가족정책위원회는 다문화가족정책위원회 규정에 의해 2009년 말에 설립된 조정기구로서 다문화가족지원정책의 기본 방향, 다문화가족 지원을 위한 시행계획 수립 및 평가, 다문화가족과 관련한 각종 조사 · 연구 및 정책 분석 · 평가, 범부처 다문화가족 지원사업의 조정 · 협력, 다문화가족정책과 관련된 국가 간 협력 등이 포함된다. 다만, 출입국 · 체류 · 귀화 및 그와 관련된 정책에 대한 사항은 제외된다.

다문화가족 지원사업의 추진체계를 살펴보면(여성가족부, 2021: 149), 다문화정책 기본계획을 근거로 하여 광역시 · 도에서는 광역단위의 지역협의체의 구성, 다문화가족지원센터의 지정 및 예산지원, 지역특성화사업의 개발 및 지원을 실시한다. 시·군·구에서는 기초자치단체에서의 다문화가족지원센터의 지정 및 관리·감독과 예산지원, 사업수요의 파악 및 다양한 프로그램의 실시 등 다문화가족에게 서비스를 제공하게 된다. 결혼이주여성을 위한 사업은 다문화가족지원센터를 중심으로 전개되고 있다. 다문화가족지원센터는 「다문화가족지원법」에 근거하여 다문화가족의 조기 적응과 자립 지원을 목적으로 2008년부터 설립·운영되어 왔으며, 2014년부터는 지역주민의 가족관계 증진을 지원하는 건강가정지원센터와 통합하여 시범적으로 건강가정·다문화가족지원센터로 운영해 왔다. 2021년 10월부터는 가족유형별로 이원화되어 있는 서비스를 통합하여 지역중심의 보편적 가족서비스 제공을 위한 '가족센터'로 명칭·변경하였으며, 2021년 기준 통합서비스 운영기관은 203개소에 이르고 있다(여성가족부, 보도자료, 2021.10.13.; 최지안, 2019: 138).

외국인력정책위원회는 「외국인근로자의 고용 등에 관한 법률」에 의해 설립된 조정기구로서 외국인 근로자의 고용관리 및 보호에 관한 주요 사항을 심의·의결하는 기구이다. 우리나라에 거주하고 있는 외국인 노동자들에 대한 구체적인 정책은 외국인력정책위원회의 결정에 많은 영향을 받게 된다.

2) 지원정책

한국의 다문화가족 지원은 다문화가족정책 기본계획에 근간을 두고 있으며, 현재 제4차 기본계획(2023~2027)이 수립·추진 중에 있다. 한국의 다문화사회는 다문화가구와 가족원의 수에 있어서 전체 가구 대비 지속적인 증가 추세에 있으며, 또한 결혼이민자와 귀화자의 국내 체류가 장기화되고, 더 나아가 다문화가족 자녀의 규모도 증가하여 학령기 자녀 비율이 크게 증가하고 있다. 그러나 우리 사회에서의 다문화수용성은 최근에 낮아지는 경향(2015년도 54.0점에서 2018년도 52.8점)으로 보고되고 있다(여성가족부, 2021.4.: 4-5).

이러한 현황을 고려하여 제3차 다문화가족정책 기본계획은 '참여와 공존의 열린 다문화 사회' 구현에 비전을 두고, 이를 실현하기 위한 정책과제로서는 다문화가족 장기정착 지원, 결혼이민자의 다양한 사회참여 확대, 다문화가족 자녀의 안정적 성장 지원과 역량 강화, 상호 존중에 기반한 다문화수용성 제고, 그리고 협력적 다문화 가족정책 운영을 위한 추진체계 강화 등 5개 분야를 중심으로 구성되어 있으며, 각 분야별로 세부과제를 두고 있다. 특히 2021년도 정부 다문화정책의 기조는 다문화가족의 초기적응 중심에서 장기정착화에 따른 안정화 추진과 다문화가정 자녀들의 안정적 성장과 역량 강화 및 다문화수용성 제고를 위한 방안을 마련·시행하는 데 중점을 두고 있다(여성가족부, 2021.4.: 5-7).

제3차 기본계획에서 명시하고 있는 정책과제 분야별 세부과제의 내용을 살펴보면 첫째, 다문화가족 장기정착을 위한 정책과제의 추진을 위하여 ① 결혼이주여성 인권 보호 강화(가정폭력 예방 및 대응체계 구축), ② 국제결혼 피해 예방 지원, ③ 안정된 가족생활 지원, ④ 서비스 연계 활성화 등의 지원을 제공하고 있다.

관련된 주요 과제로는 첫째, 결혼이주여성의 인권 강화 및 국제 결혼 피해 예방 지원을 위하여 다문화가족지원센터 내에 '다 함께 프로그램' 운영을 통하여 가정폭력 방지 및 피해자 연계 지원기능 강화를 위하여 결혼이민자, 한국인 배우자, 배우자의 부모가 함께 듣는 상호 이해 교육 프로그램을 운영하고 있다. 국제결혼중개업 위반업체에 대한 상시점검 체계 강화로 단속과 처벌을 강화하고 있다. 또한 결혼이민자들을 사회안전망으로 유입하기 위하여 입국 후에 이들의 정보를 다문화가족지원센터로 연계하여 현지사전교육, 조기적응 프로그램, 주민센터 복지서비스 이용 등에 대한 정보가 연계 가능하도록 운영되고 있다. 이와 더불어 다문화가족을 위한 정보제공을 위하여 관련 정보 내용은 12개 언어로 제작되어 한국생활가이드북, 다누리포털 등을 통하여 배포되고 있다.

둘째, 결혼이민자의 다양한 사회참여 확대를 위한 정책과제의 추진을 위하여 ① 자립역량 강화, ② 취·창업 지원서비스 내실화, ③ 사회참여 기회 확대 등의 세부과제를 두고 있다. 예를 들면, 결혼이민여성의 미래설계, 역량 강화, 취업 연계를 위한 '자립지원패키지' 전국적 확대 운영, 지역맞춤형 통·번역서비스 등 공공일자리 제공으로 결혼이민자를 위한 일자리를 창출하도록 지속적으로 지원하고 있다. 또한 자립 역량 향상을 위하여 고졸 학력 이상 결혼이주여성은 학점은행제 및 독학 학위제를 통해 학사(전문학사) 학위 취득이 가능하도록 지원하고 있으며, ICT 교육반을 통한 자립 역량 향상을 도모하고 있다. 결혼이민자의 취업지원을 위하여 내일배움카드제, 국민취업지원제도(결혼이민자 소득수준 무관 지원)를 통한 맞춤형 서비스를 제공하고 있다. 또한 이들의 사회참여 기회 확대를 위하여 다문화가족 교류·소통공간(80개소), 이민자 네트워크, 무지개다리사업 등을 통한 자조모임 활동을 활성화하고 있다.

셋째, 다문화가족 자녀의 안정적 성장 지원과 역량 강화 분야의 지원을 위한 정책과제의 추진을 위하여 ① 안정적 성장을 위한 환경조성, ② 학업 및 글로벌 역량 강화, ③ 진로준비 및 사회진출 지원, ④ 중도입국자녀 맞춤형 지원 등의 세부과제를 두고 있다. 이를 시행하기 위한 계획으로는 다문화가족 자녀의 사회성, 리더십 개발을 위한 '다재다능 프로그램' 운영 확대, Wee센터·Wee클래스 상담교사 대상 다문화학생 상담 이해 원격연수 실시, 법무부와 교육부의 정보연계를 통한 중도입국 및 난민 자녀에 대한 공교육 진입 안내 등 다문화학생 공교육 진입 지원 등이 있다. 또한 여성가족부, 교육부, 지자체는 협력적으로 자녀발달주기별 부모교육·상담 및 정보제공 강화, 자녀 창의·인성 함양을 위한 지원을 하고 있다. 다문화가족 자녀의 글로벌 역량 강화를 지원하기 위한 시행계획으로는 이중언어 인재의 지속적 발굴 및 '이중언어 인재 DB' 등록 인재 대상 취업정보 제공, 기업과의 연계를 통한 사회진출 지원, 이중언어를 활용한 무역전문교육 지원 등이 있다. 특히, 중도입국자녀의 맞춤형 지원을 위한 지원내용으로는 이주배경 청소년 지원을 위한 레인보우스쿨(25개소)을 한국어 특화형, 진학준비형, 진로특화형으로 세분화하여 정착단계별 지원을 강화하고 있으며, 이들의 안정적 심리·정서 지원을 위해 상담통역지원사 양성을 지원하고 있다.

넷째, 상호 존중에 기반을 둔 다문화수용성 제고 관련 분야의 정책과제 추진을 위하여서는 ① 정책환경에 대한 주기적 모니터링 실시, ② 다문화 이해교육 활성화, ③ 다문화수용성 제고를 위한 미디어 환경 조성, ④ 지역 환경 조성 및 참여·교류 프로그램 활성화 등의 세부과제가 있다. 인권 및 다양성이 존중되는 사회환경 조성을 위하여서는 교육부, 문체부, 행안부, 복지부, 여가부, 국방부 등이 공동으로 참여하여 유아부터 청소년, 공무원, 군인 등 생애주기에 걸친 다문화 이해교육을 확대하고 있다. 다문화수용성 제고를 위한 미디어 환경 조성을 위하여 방송심의위원회와 문화체육관광부는 방송 프로그램에 차별적 요소가 없도록 심의를 강화하고 있으며, 방송영상 콘텐츠에 있어서도 다문화수용성 제고 확산 및 점검을 강화하고 있다. 또한 참여 및 교류 프로그램 활성화를 위하여 전국 도서관에 다문화 프로그램 운영 및 지구촌 어린이 이동도서관 운영 등 상호문화의 이해를 위한 기회 확대를 도모하고 있다. 지자체에서는 선주민-이주민 간 교류증진을 위한 화합 축제, 청소년 오케스트라단, 캠프, 기자단 구성 등 다양한 방식으로 지역 내 소통 활성화를 도모하고 있다.

다섯째, 협력적 다문화 가족정책 운영을 위한 추진체계 강화 분야의 정책과제 추진을 위하여서는 ① 정책추진체계 간 협력 강화, ② 다문화가족 지원체계 내실화 등의 세부과제가 있다. 이를 위한 시행계획으로는 먼저, 정책추진체계 간 협력 강화와 다문화가족 지원체계 내실화의 일환으로 통합서비스 제공기관을 확대하고, 생애주기별 가족서비스, 지역적 특성을 고려한 가족지원서비스를 강화하며, 질 좋은 다문화가족서비스 제공을 위하여 종사자(통·번역사,

이중언어 코치, 언어발달 지도사, 사례관리사 등)를 위한 처우개선을 추진하고 있다.

2021년도 다문화가족정책 시행계획에 참여하는 중앙행정기관은 여성가족부, 법무부, 고용노동부 등 18개 기관(부, 위원회, 청)과 17개 지방자치단체(시, 도)이다(여성가족부, 2021.4.: 7). 다문화가족지원정책을 시행함에 있어서 중앙부처별 다문화가족 사업 참여현황을 살펴보면, 한 가지 사업을 추진함에 있어서 다수의 부서가 공동으로 관여하고 있음을 알 수 있다(여성가족부, 2021.4.: 13-14; 전계선, 2020: 46-48). 예를 들면, 먼저 여성결혼이민자가 한국사회에서 겪는 경제적 어려움에 대한 대응책으로서 여성가족부 주관의 결혼이민자 일자리 지원을 찾아볼 수 있다. 여성가족부, 고용노동부, 행정안전부가 중심이 되어 결혼이민자들에게 적합한 일자리 발굴·연계 및 직업교육훈련 강화를 위한 지원을 하고 있으며, 여성가족부와 고용노동부에서는 결혼이민자 선호 언어·종목을 중심으로 다국어 자격 검정을 실시하고 있다. 농림축산식품부와 농촌진흥청은 결혼이주여성의 안정적인 영농정착을 위한 지원을 하고 있으며, 중소벤처기업부와 여성가족부에서는 결혼이민자들의 강점 분야를 발굴하고 더 나아가 관련된 분야를 창업 및 경영을 할 수 있도록 지원하며, 고용노동부와 중소벤처기업부 중심으로 결혼이민자들이 사회적 기업 및 협동조합에 취업 또는 창업할 수 있도록 지원하고 있다.

다음으로 여성결혼이민자가 겪는 의사소통의 문제에 대한 정부의 대응책을 살펴볼 수 있다. 다문화가정 내에서 의사소통의 문제는 남편과 자녀 등 가족들과의 의사소통에서 어려움뿐만 아니라 가정폭력의 원인이 되기도 하며, 사회적인 지지와 자원 활용, 다양한 정보로부터 고립되는 원인이 되는 것이다. 이러한 문제들을 해결하고자 법무부는 국내 거주 외국인을 대상으로 사회통합프로그램을 추진하여 이민자가 우리 문화와 우리말을 익히도록 함에 따라 국민과의 원활한 소통으로 지역사회에 쉽게 융화될 수 있도록 지원하고 있다. 여성가족부는 다문화가족지원센터를 통하여(2021년 기준 203개소: 2021.10.13.부터 가족센터로 명칭 변경) 여성결혼이민자의 수준에 따라 1~4단계로 한국어교육 서비스를 실시하는 등 통합적 가족서비스를 제공하고 있다(전계선, 2020: 21, 59).

여성결혼이민자 중에서 중국동포 여성결혼이민자를 제외하고 대부분의 여성결혼이민자들은 한국어가 익숙하지 못한 상황에서 출산과 육아를 담당하면서 어려움을 겪게 된다. 이러한 문제를 해결함에 있어서도 다수의 중앙부서가 공동으로 참여하고 있다. '제3차 다문화가족정책 기본계획'에서는 증가 추세에 있는 다문화가족 청소년들을 위한 정책과제로 안정적 성장을 위한 환경 조성 및 학업 · 글로벌 역량 강화 지원, 진로준비 및 사회진출 지원, 중도입국청소년의 조기적응 및 정착지원을 추진하고 있다. 이에 따른 세부과제를 추진함에 있어서 여성가족부는 다문화가족 자녀성장지원 프로그램, 다양한 특기적성교육 프로그램, 지역사회 청소년 통합지원체계(CYS-NET)를 통한 맞춤형 서비스를 지원하고 있다.

또한 여성가족부와 교육부 공동주관으로 자녀 발달주기별 부모교육 및 정보제공, 청소년기 자녀 및 부모상담을 강화하도록 지원하고 있다. 그뿐만 아니라 이중언어 인재 양성사업을 내실화하고 기초학습능력 강화 프로그램을 운영 확대하며, 다문화청소년의 진로의식 고취 및 진로·직업 체험기회를 확대하도록 지원하고, 중도입국자녀에 대해서 한국어교육 운영의 내실화를 지원하고 있다.

이 외에도 교육부에서는 다문화학생의 글로벌 인재 육성을 위한 글로벌브릿지 사업을 추진하고 있으며, 학교 내에 진로지도 및 상담 등을 위한 진로활동실 확충을 유도하고 있다. 여성가족부와 외교부는 국제교류 프로그램 참여 활성화를 지원하고 있으며, KOTRA는 외교부와 함께 다문화가정 청소년들이 차세대 전문 인력으로 양성되도록 지원하고 있으며, 이와 함께 청년인턴 활성화를 지원하고 있다. 고용노동부에서는 직업훈련기관 운영을 지원하고 있다. 또한 여성가족부와 법무부는 중도입국자녀의 조기 적응을 돕는 레인보우스쿨 확대 및 운영의 다양화를 위한 지원을 하고 있다(여성가족부, 2021.4.: 15-16: 전계선, 2020: 50-51).

다문화가정에서 여성결혼이민자는 유교전통과 가부장적 사고로 인한 역할분담과 가사분담의 차이, 고부간의 관계 등에 있어서 큰 어려움을 겪고 있다. 문화 차이로 인한 이러한 어려움을 해결하기 위하여 여성가족부는 일반 국민 대상 다문화 이해교육 활성화를 위하여 기업·학교·단체 등에 다문화 이해교육 강사를 파견하여 찾아가는 다문화 이해교육을 실시하고 있다. 또한 여성가족부와 행정안전부, 법무부는 대민서비스 제공자를 대상으로 업무의 전문성 향상을 위한 다문화 이해교육을 활성화하고 있다. 특히 법무부는 사회통합프로그램을 통해 한국어와 한국문화 교육 및 한국사회 이해를 돕기 위한 사회통합프로그램을 운영하고 있다. 또한, 국제결혼안내프로그램과 조기적응프로그램을 운영하여 국제결혼자가 다른 문화와 환경에서 자란 배우자를 잘 이해하고 행복한 가정을 형성할 수 있도록 지원하고 있다.

방송통신위원회는 심의 기능을 강화하여 인권 및 문화다양성 관점에서 차별적 요소를 시정하기 위한 심의 기능을 강화하고 있다. 또한 문화체육관광부와 공동으로 다문화수용성 제고를 위한 홍보사업 측면에서 언론 및 민간단체와 함께 다문화 인식개선 홍보활동 전개, 공모프로그램 개발 및 캠페인을 추진하고 있다(여성가족부, 2021.4.: 17-19; 전계선, 2020: 56-57).

다문화가족은 가족구성원 간에 의사소통의 장애, 문화적 차이 등으로 배우자와의 갈등을 초래하는 경우가 많고, 이러한 갈등은 가정폭력으로 이어지며, 심지어는 상대방 배우자에 대한 심각한 인권침해, 가족해체 등으로 이어지고 있다. 여성가족부는 결혼이주여성 인권 강화 및 국제결혼 피해를 예방하고 다문화가족이 취약·위기 상황에 적극 대응할 수 있도록 전국 다문화가족지원센터의 사례관리 기능을 확대하고 있다(여성가족부, 2021.4.: 11; 최지안, 2019: 140). 또한 결혼이민자, 한국인 배우자와 배우자의 부모가 함께 듣는 상호 이해 교육 프로그램의 일환으로 '다 함께 프로그램'을 확대하여 운영하는 등(2020년 32개소→2021년 228개소) 다문화가족지원센터 내 가정폭력 방지 및 피해자 연계 지원 기능을 강화하고 있다. 여성가족부는 2019년부터 폭력피해 이주여성의 생활, 체류 등 복합적 문제를 지원하는 '폭력피해이주여성상담소'를 개설·운영하고 있으며(여성가족부 정책뉴스, 2020.1.13.), 이 외에도 폭력피해 이주여성의 보호·지원을 위한 '이주여성쉼터'도 전국에 28개소 운영을 지원하고 있다. '이주여성쉼터'에서는 가정폭력·성폭력·성매매 등 피해 이주여성 및 동반 아동을 일시적으로 보호하고, 의료·법률 지원, 치료회복 프로그램, 주거 제공, 직업훈련 등을 통한 인권 보호 및 자립지원을 하고 있다(대한민국 정책브리핑, 2019.7.14.). 2020년부터는 경찰청 주관으로 '범죄피해 이주여성 보호·지원 협의체'를 외국인 밀집도 높은 지역으로 확대·운영하도록 지원하고 있다(장일식, 윤경희, 2021). 다문화가족 해체에 있어서 그 원인이 결혼과정에서 불법적인 국제 결혼중개업체로 인한 것으로도 밝혀짐에 따라 여성가족부에서는 미등록업체 등 위반업체에 대한 상시점검 체계도 강화하고 있으며, 위반업체에 대한 처분은 방송통신위원회, 경찰청, 지자체 등에 의하여 실시되고 있다(여성가족부, 2021.4.: 11; 전계선, 2020: 59).

3. 다문화가족정책에 대한 비판적 담론

한국의 다문화정책은 2006년에 범정부 차원에서 '여성 결혼이민자 가족 및 혼혈인이주자 사회통합 지원 방안'이 발표되고 「다문화가족지원법」이 제정되면서, 동법에 근거하여 다문화가족을 지원하는 정책 위주로 운용되어 왔으며, 최근에 급진전되어 온 것은 사실이다(김미영, 2021: 49; 김혜영, 2014: 7). 「다문화가족지원법」에 이어서 제1차, 2차, 3차에 이르는 중장기 기본계획의 수립이 이루어졌으며, 또한 정책 전달체계로써 2006년에 시작된 21개의 결혼이민자를 위한 다문화가족지원센터는 2021년 현재 전국 203개소에 이르는 통합적인 가족지원센터로 운영되고 있으며, 또한 중앙정부의 사업예산은 2008년에 300억 원대에서 2021년에는 4,600억 원대로 증가하는 등 변화를 보여주고 있다. 정책의 내용에 있어서도 다문화사회를 위한 선언적이고 추상적인 정책선언에서 다문화 공존을 위한 구체적인 정책 비전과 과제들이 제시되고 있기 때문이다(김혜영, 2014: 30-31; 여성가족부, 2021).

그럼에도 불구하고 「다문화가족지원법」에 근거한 다문화가족정책에 대한 비판적인 평가가 제기되고 있다. 다문화가족정책을 둘러싼 비판은 정책의 방향과 추진방법뿐만 아니라 구체적인 정책과제와 전달체계운영의 효과성에 이르기까지 다양하고 구체적으로 제기되고 있다(김혜영, 2014: 10-11; 조효래, 2017: 210). 「다문화가족지원법」의 주요 내용이 다문화가족의 초기적응을 지원하는 것에 집중되어 있으며, 따라서 동화주의에 기반한 결혼이민자의 사회통합만을 지향하고 외국인 관리 전반을 다루지는 못하고 있다는 것이다. 더 나아가 다문화정책의 주요 지원대상이 한국인과 국제결혼을 한 외국인, 그리고 이들의 자녀로 제한하고 있으며, 노동이주자나 이들 가족에 대한 지원은 전혀 고려의 대상이 되지 못한다는 점이다(김혜영,

2014: 10, 28). 지원내용에 있어서도 주로 결혼이민자 가정에서 가족생활 유지와 자녀양육에 초점을 맞추고 있다는 점에서 한국의 다문화가족정책이 다문화사회 통합이라기보다는 저출산·고령화를 해결하기 위한 인구대책의 성격이 강하다는 비판이 제기되고 있다. 이러한 점에서 다문화가족정책은 다문화가족에 대한 지원정책에 다문화주의를 가미한 것에 불과하다는 것이다(김혜영, 2014: 10, 25). 다문화가족이라는 용어는 이주노동자, 국제결혼 이주여성 등 외국인으로 구성된 다양한 가족들을 포괄하는 용어임에도 불구하고, 정책대상이 결혼이주여성 및 그 자녀들에게 편향됨으로써 이들 집단에 대한 편견을 낳는 장치가 되었으며(이화선, 2015: 8), 포함되는 일부와 배제되는 나머지 외국인 집단으로 구획하는 의도치 않은 효과가 나타나고 있다는 것이다. 그리고 포괄적이지 않은 정책의 대상화는 '다문화가족'에 대하여서는 '지원대상자'라는 낙인을, 내국인에게는 사회복지 및 가족정책과의 연계와 접점을 찾지 못함으로써 역차별의 감정을 불러일으키고 있다는 현실을 지적하고 있다(김행열, 2013: 128). 다문화가족(지원)정책이 소수자로서의 결혼이주여성 및 다문화가족에 대한 공적 개입으로 나타나면서 다문화가족을 소수자, 취약계층으로 낙인화 하는 부정적 효과로 나타나고 있다는 것이다(조현상, 2013).

다문화를 지원하는 정책이 급속히 증가하면서 이를 주관하는 정부기관 또한 늘어났으나 한국의 다문화가족정책에서 살펴본 바와 같이 각 중앙부처별로 제각기 추진됨으로 인하여 여러 기관에서 시행하는 관련 정책의 유사성, 중복성으로 예산 낭비를 초래하고 있으며, 정책내용에 있어서도 사업의 일회성, 시혜성 등의 성과 위주로 수행되고 있어서 사업의 효율성이 떨어진다는 문제점을 지적하고 있다(김혜영, 2014; 김을지, 2021; 양문승, 2012; 윤지은, 2017: 207; 홍기원, 2009: 179).

본 장에서는 다문화가족정책에 관한 비판적 담론을 살펴봄에 있어서 먼저, 정책추진 과정상 문제를 통하여 정책방향의 설정과 결과적 측면에서 한계점을 살펴보고자 한다. 다음으로는 다문화가족정책의 근간이 되는 「다문화가족지원법」상에서 법적 · 제도적 한계점을 살펴보고, 이어서 추진 체계상 제시되고 있는 문제점과, 정책 시행상 대두되는 한계점을 고찰해봄으로써 한국 다문화정책의 개선방안을 제시하는 단초를 제공해보고자 한다.

1) 다문화정책 추진과정에 대한 비판적 담론

다문화정책에 관한 홍규호(2017)의 연구에 의하면, 「다문화가족지원법」의 내용적 한계와 구조적 한계를 발생시킨 요인은 민족주의와 가부장적 혈통주의에 기반한 '가족 중심적 정책'이라고 분석하고 있다. 「다문화가족지원법」이 형성되기 이전까지 한국의 외국인 · 이민정책은 법무부가 주도하고 있었으며, 저출산 · 고령화 문제가 심각한 사회문제로 대두되면서 결혼이주여성의 수가 급증하게 되었다. 이에 여성가족부는 결혼이주여성과 그들을 지원하기 위한 정책은 '이민정책'이 아닌 '가족정책'으로 접근해야 한다는 점과, 결혼이민여성을 위한 안정적인 지원체계를 구축하기 위한 법적 근거로서 「다문화가족지원법」이 필요하다는 점을 강조하였다(홍규호, 2017: 137-138). 여성가족부(2006)가 제시한 다문화가족지원법안의 주요 내용을 살펴보면, 결혼이주여성 정책이 형성되는 초기에는 이주여성에 대한 차별철폐에서 출발하여 인신매매적인 국제결혼과 이후의 사회 차별, 가정폭력, 안정적인 체류 등의 인권문제를 해소하는 데 중점을 두고 있었다(김혜영, 2014: 30). 이러한 정책이 본격적으로 시행되기도 전에 저출산 문제가 한국사회에 심각한 사회문제로 등장하게 되면서 저출산·고령화 현상이 심화되는 사회·경제적 환경에서 가족의 위기와 미래사회 노동력의 위기가 쟁점화 되었던 것이다. 결과적으로 결혼이주여성 개인의 인권보다는 결혼이주여성 가족들의 적응에 정책의 초점이 맞추어지게 되었다는 점이다(김선희, 전영평, 2008). 정책지원 대상이 결혼이주여성에서 다문화가족으로 급작스럽게 이동하면서 결혼이주여성은 정책지원의 우선순위에서 밀리게 된 것이다. 이러한 결과를 초래한 원인은 결혼이주여성 개인보다는 가족을 내세운 민족주의와 가부장적 혈통주의에 기초한 여성가족부의 전략적 선택의 결과라고 분석하고 있다. 이러한 환경에서 여성가족부는 여성 이슈보다는 가족 이슈를 전면에 내세우면서 법무부와의 주도권 싸움에서 우위를 점하게 되었다는 것이다(홍규호, 2017: 82). 따라서 한국의 다문화정책은 다문화정책의 특성보다는 법무부에서 주관하는 「재한외국인처우기본법」에서 다루지 못하는 결혼이민자와 이들의 자녀양육 지원을 강조하는 다문화가족정책이 되었다는 것이다(김혜영, 2014: 29).

이러한 가족중심적 정책은 결과적으로 지원대상의 협소함과 구조적 한계를 초래하게 되었다. 즉, 같은 범주에 있는 다른 외국인들을 배제시키면서 지원대상이 협소해지게 되었으며, 이민정책이 결혼이주여성에서 이들의 가족으로 이동하면서 결혼이주여성은 오히려 소외되는 결과가 되었다는 것이다. 충분한 논의과정 없이 1년여 만에 형성된 「다문화가족지원법」은 결혼이주여성의 인권침해를 예방하고 인권 보호를 지원하기 위한 내용을 담아내지 못하는 구조적 한계를 낳게 되었다는 것이다(홍규호, 2017: 137-138). 또한 한국의 다문화정책은 국내 정착을 목적으로 들어오는 결혼이민자들이 그 외의 다양한 목적으로 유입되는 외국인들보다 훨씬 적은 규모임에도 불구하고 결혼이민자 중심으로 이루어지게 되었다는 것이다(김선영, 2009: 181). 이러한 점에서 관 주도적으로 추진된 다문화정책은 오히려 인구대책의 특성을 갖는다는 것으로 규정하고 있다(김혜영, 2014: 14).

진정한 다문화사회를 위한 고민은 어떠한 원리에 의하여 이상적이고 건전한 '한국적 다문화사회'를 형성할 것인가 하는 기초적이고 체계적인 당연히 있어야 할 철학적 담론들이 우선적 과제이며(이명곤, 2012: 25), 이러한 담론의 결과로 산출된 '한국적 다문화주의에 대한 전체 구성원들의 협약'에 따라서 적합한 정책적인 과제가 주어지는 것이 바람직하다. 한국에서 다문화사회의 문제는 '한국적 다문화사회'에 대한 상위개념이 배재된 채 관 주도의 지엽적이고 미시적인 관점에서 이루어지고 있기 때문이라고 지적하고 있다. 이러한 우선순위가 수행될 때에 건전한 다문화사회의 형성을 기대할 수 있을 것임을 강조하고 있다(이명곤, 2012: 28).

2) 「다문화가족지원법」에서 법률체계 및 추진체계상 한계점

1990년대부터 결혼이민자가 다수 유입되기 시작하면서 2000년대 이후에는 국제결혼이 급증하였으며, 이로 인하여 언어나 문화 차이로 인한 오해와 갈등, 자녀양육과 교육에서 정체성 혼란, 언어발달 지연, 교우관계에서의 따돌림 등과 같은 문제들도 점차 사회문제로 나타나게 되었다(김현정, 2021: 100). 이에 따라 정부에서는 보건복지부, 여성가족부, 농림부 등을 중심으로 결혼이민자를 지원하기 위한 정책을 추진하게 되었으며, 더 나아가 입법적 차원에서 대응의 필요성도 제기되면서 「다문화가족지원법」의 제정이 이루어지게 되었다.

「다문화가족지원법」에서 정하는 다문화가족의 범위가 합법적으로 체류하는 한국 국민의 가족으로 좁게 확정되면서 제기되는 문제점은 첫째, 동법에서 정책대상이 되는 다문화가족은 다문화라는 사회적 현상을 적절하게 담고 있는가라는 것과 둘째, 「헌법」 제11조가 규정하는 평등원칙의 실현과 「헌법」 제36조 제1항이 정하는 가족생활에 관한 권리실현의 측면에 비추어볼 때, 「다문화가족지원법」의 적용 대상이 되는 다문화가족과 이주배경을 가진 다른 유형의 가족 사이에 차별이 발생된다는 점이다(김현정, 2021: 114-118). 또한 결혼이주여성도 「헌법」 제36조 제1항에 의하여 국적취득과 관계없이 기본권을 향유할 수 있음에도 불구하고, 보호의무를 지는 국가로서 결혼이주여성들을 가정 내 폭력이나 학대로부터 적극적으로 보호하지 못하고 있다는 지적이 있다(김현정, 2020: 76).

다문화정책이 결혼이주여성과 그 가족으로 편향됨으로 인하여 한국의 다문화정책에서 결혼이주여성은 주변화되고 이들 가족은 주류사회로부터 편견의 대상이 되면서 또 다른 갈등을 유발하고 있다는 점이 지적되고 있다(이화선, 2015: 8). 즉, 제한적인 범주에서만 지원서비스를 제공함으로써 '지원대상자'라는 낙인효과로 이어지고, 내국인에게는 가족정책과의 연계를 찾지 못함으로 인하여 역차별적 감정을 불러일으키게 된다는 점을 지적하고 있다(조현상, 2013: 147). 이러한 편향된 다문화정책이 한국의 다문화에 대한 부정적 인식과 한국 내에서 제노포비아 현상을 증가시키는 원인으로 영향을 미치는 것으로 분석하고 있다(김미영, 2021: 51).

「다문화가족지원법」의 목적(제1조)은 "다문화가족 구성원이 안정적인 가족생활을 영위할 수 있도록 함으로써 이들의 삶의 질 향상과 사회통합에 이바지함"에 두고 있으나 실제 시행되는 사업과는 간극이 있다는 점이 지적되고 있다. 국제결혼을 한 이들은 국경을 초월하여 고향과 정착사회를 동시에 연결하는 다양한 네트워크적 사회관계를 구축하는 초국적 가족을 주도하는 사람들임에도 불구하고 초국가적 네트워크의 특성을 감안한 정책지향성이 제시되지 않고 있다는 것이다. 또한 다문화가족정책은 가족정책임에도 불구하고 대부분 개인단위의 프로그램으로 운영되고 있어서 가족정책으로서 기능하지 못하고 있다는 점이다(김혜영, 2014: 32-33).

한국 다문화정책을 추진함에 있어서 장애요인으로서 가장 우선 순위로 나타나는 것으로 다문화사업을 총괄하는 추진체계가 미흡하다는 점이다. 다문화가족정책을 추진함에 있어서 컨트롤타워가 없고 본서(2. 한국 다문화가족정책의 특성)에서 살펴본 바와 같이 중앙정부 부처별로 제시하는 사업이 중복되는 결과로 나타나고 있는 것으로 분석되고 있다(윤지은, 2017: 31). 다문화가족을 지원하는 정책이 급속하게 증가하면서 이를 주관하는 여러 정부기관이 참여하게 되었으며, 따라서 관련 기관 간의 정책이 중복되어 예산낭비를 초래하거나 성과 위주의 일회성, 시혜성 사업운영 등의 문제점이 대두되고 있다는 것이다(김을지, 2021: 198-199).

3) 정책 시행상 한계점

한국정부는 다문화사회에서 대두되는 사회문제를 해결하고 다문화가족과 결혼이주여성 및 그들의 자녀에게 지원정책을 통하여 사회통합을 실현하고자 추진하고 있다. 그러나 이를 시행함에 있어서 여러 가지 현실적인 문제점이 지적되고 있는 것이다.

다문화가정에서의 결혼이주여성들은 한국인 남편, 시부모, 시댁 가족들과의 의사소통, 문화 차이로 인한 가족 갈등과 적응문제가 발생되고 있으며, 이를 위한 지원방안으로써 가족의사소통 프로그램, 이중언어 사용 활성화, 다문화 정체성 함양, 인식개선 등을 위한 교육 프로그램을 실시하고 있다. 그러나 다문화가족지원센터에서 실시하는 다문화가족 교육 프로그램 현황을 살펴보면, 몇 가지 문제점이 있음을 알 수 있다(노사정, 2019: 71-73). 첫째, 유사사업 수행기관의 증가로 중복 프로그램이 발생되고 있으나 외부기관과의 연계가 부족하여 효율성이 저하되고 사회적 자원의 낭비도 야기된다는 문제가 지적된다. 예를 들면, 한국어와 한국문화에 대한 교육 프로그램은 여성가족부의 다문화가족지원센터를 통한 교육뿐만 아니라 법무부의 '이민자 통합 프로그램'의 세부사업으로도 실시되고 있으며, 문화체육관광부에서도 실시하고 있다. 또한 노동부는 외국인 근로자 대상의 한국어교육을 실시하고 있으며, 이는 한국어교육에 대한 유사·중복사업으로 지적되고 있다.

둘째, 다문화가족 교육 프로그램에서 1회성 교육의 비중이 높고, 따라서 교육효과성이 부족하다는 것이다. 가족교육 프로그램의 경우에 공통필수 교육은 20시간, 선택 프로그램 교육은 30시간 이상으로 진행하고 있으나, 이는 다문화가정 내에서 가족 간의 의사소통 증진과 갈등 해결 등의 교육효과를 기대하기에는 매우 부족하다는 것이다.

셋째, 다문화가족 교육 프로그램 참여현황을 살펴보면, 결혼이주여성 이외에 한국인 남편, 시부모 등의 가족 참여 유도에 있어서 어려움이 있음을 지적하고 있다. 2016년 다문화가족 이해교육의 대상별 이용현황에 의하면, 전체 참여 인원 56,620명(통합센터 실적 제외) 중에서 결혼이주여성 25,230명, 배우자 7,094명, 시부모 694명, 친인척 70명, 자녀 22,476명, 기타 1,056명 등이 참여한 것으로 나타나고 있다(여성가족부, 한국건강진흥원, 2017; 노사정, 2019: 71 재인용). 가정 내에서 발생되는 가족 갈등, 가정 내 폭력과 인권침해 등의 문제가 한국인 남편, 시부모, 친인척 등과 밀접한 관련이 있음을 고려할 때, 결혼이주여성 이외의 다문화가정 구성원들의 참여 부족은 다문화가족 내에서 상호 문화의 이해와 가족문제의 해결 등에 있어서 한계가 있다는 지적이 제기되는 것이다.

결혼이주여성들이 한국에서 인권침해와 가정폭력 사례가 증가함에 따라 이들의 인권 강화를 도모하기 위한 가정폭력 예방과 대응체계구축이 필요하다. 이를 위하여 여성가족부는 관련기관과 연계하여 다문화가족통합교육 제공, 가정폭력 피해문제의 상담, 전용쉼터 등을 운영하고 있다. 다문화가족지원센터에서는 결혼이주여성들에게 한국의 법률과 인권 등 강의와 다문화가족 대상으로는 가족 전체 통합교육, 시부모교육, (예비)배우자 교육 프로그램도 진행하고 있다. 그러나 다문화가족지원센터에서 실시하는 성평등 및 인권침해 교육 프로그램의 대상별 이용현황을 살펴보면, 관련 지원사업의 시행상 문제점이 있음을 알 수 있다(노사정, 2019: 75-76).

결혼이주여성들이 가정생활에서 당하게 되는 가족 간의 무관심, 차별대우로 성불평등과 인권침해를 개선하기 위하여 성평등, 인권 프로그램을 운영하고 있으나 결혼이주여성 이외의 가족참여도가 미흡하다는 것이다. 2016년 인권침해 영역 교육 프로그램 대상별 이용현황을 살펴보면, 전체 참가자 17,206명(통합센터실적 제외) 중에서 실제 인권침해 등 피해를 경험하는 결혼이주여성들(12,143명)이 관련 교육에 가장 많이 참여하는 반면에 가해자로서 한국인 남편(1,326명)과 시부모(149명) 등의 관련 교육 프로그램 참여는 매우 낮게 나타나고 있다(여성가족부, 한국건강진흥원, 2017; 노사정, 2019: 75 재인용-). 결혼이주여성들의 한국인 남편, 시부모와 다른 가족 참여의 부족은 가정폭력, 인권침해 등 문제에 대응하고자 하는 사업목적을 달성함에 있어서 한계점으로 지적되고 있는 것이다. 또한 가정폭력과 인권침해 등이 발생했을 경우에도 주로 상담, 쉼터, 긴급전화 등을 통해 지원서비스를 제공하고는 있으나 보호 강도가 부족하여 문제 해결이 어려운 것으로 지적되고 있다(노사정, 2019: 77).

결혼이주여성들에 대한 가정폭력과 인권침해는 의사소통의 어려움과 문화 차이에서 발생하는 것뿐만 아니라 가족구성원들의 편견과 무관심, 심지어는 결혼이주여성들에 대하여 출산 도구로 보는 시각이 더 심각한 원인으로 영향을 미치고 있는 현실이다(김현정, 2020: 91). 그러므로 다문화가족과 다문화사회에 대한 정부와 국민 인식의 전환이 절실히 요구되며, 이러한 문화의 다양성을 존중하고 다문화 구성원들을 동등한 사회구성원으로서 포용할 수 있는 사회 분위기를 조성하기 위하여 정부는 대국민 인식 개선을 위한 적극적인 노력이 무엇보다도 먼저 필요하다고 하겠다(김현미, 2018: 70).

4. 한국 다문화가족 담론을 위한 과제

한국의 다문화정책은 다문화사회에서 대두되는 사회문제를 해결하고 다문화가족과 결혼이주여성 및 그들의 자녀에게 지원정책을 통하여 사회통합을 실현함에 두고 있다. 그러나 다문화 논의가 전체 이주민이 아닌 국제결혼 여성과 그 가족에 편중됨에 따라 다문화정책이 결혼이주여성 가족을 중심으로 하는 '다문화가족정책'의 개념으로 축소되는 결과를 초래하였다. 이러한 정책의 편향성은 결혼이주여성이 정책의 주요 대상임에도 불구하고 사회적 약자로 간주되고 있으며, 이들의 인권침해를 예방하고 인권 보호를 지원하기 위한 내용을 담아내지 못하는 구조적 한계가 있다는 지적을 받고 있는 현실이다. 결혼이주여성과 그 가족을 우리 사회로부터 주변화시키는 한국 다문화정책의 편향성으로 인한 문제점을 인식하고, 비전으로서 목표와 현실의 상황에서 차이점을 보완해나가는 새로운 관점에서의 효율적인 다문화정책적 접근이 필요하다.

본 절에서는 한국 다문화가족정책에 대한 비판적 관점들을 토대로 하여 이의 대응·방안에 대한 담론을 살펴보고자 한다.

1) 다문화정책 컨트롤타워 구축

2000년대 이후에 다문화와 관련된 정부 정책이 급속하게 증가하면서 기본계획을 주관하는 정부기관이 늘어났으며, 각 부처들이 별개의 사업들을 추진하고 있으며, 따라서 기본계획을 집행하는 부·처 간 사업의 중복성과 예산 낭비를 초래하는 결과로 이어지고 있다. 일원화되지 못한 정부사업으로 인하여 다문화와 관련된 사업을 하는 단체들도 우후죽순 늘어나고 있는 실정이다(윤지은, 2017: 34).

이러한 문제를 개선하기 위하여서는 다문화가족정책의 구심점 역할을 할 수 있는 총괄적인 추진기구의 조속한 신설이 필요하며, 이러한 정책 컨트롤타워를 통하여 사업의 계획과 추진 및 평가를 주도하도록 함으로써 다문화사업의 유사성, 중복성, 시혜성 등의 문제를 개선하는 등 행정력의 낭비를 줄일 수 있을 뿐만 아니라 다문화사회 관련된 사회적 비용을 줄일 수 있을 것이다(조현상, 2013: 148). 예를 들면, 대만의 경우에 '전국신주민횃불계획'에서와 같이 범부처가 연결되어 있고, 중앙과 지방이 적절히 업무분산과 협조가 유기적으로 잘 되어 원스톱 형태의 정책을 추진하고 있음을 살펴볼 수가 있다(전계선, 2020: 63).

2) 「다문화가족지원법」에서 지원대상과 정책내용의 개선

한국의 다문화정책은 「다문화가족지원법」에 의하여 추진되며, 정책의 주된 대상은 결혼이민자와 그들의 가족으로 한정하고 있으며, 다문화가족 유지를 주된 목적으로 핵심적 지원이 이루어지고 있다. '한국인 중심 다문화주의'로 평가받는 다문화정책의 현재 체계는 결혼이주여성들이 가정 내외에서 다양한 정체성을 수행하는 데 필요한 지원을 충분히 제공하지 못하고 있으며, 가정폭력으로부터도 충분한 보호를 제공하지 못하고 있으며, 체류자격과 국적취득에서도 한국인 배우자에게 종속되어 있는 현실이며, 이에 대한 개선이 필요하다(김현정, 2020: 92).

「다문화가족지원법」에서 '다문화가족'의 범위가 합법적으로 체류하는 한국 국민으로 좁게 한정됨으로 인하여 법의 지원을 받을 수 없는 다양한 문화적 배경을 가진 가족이 생기게 되었으며, 따라서 이는 한국의 다문화현상을 제대로 반영하지 못하는 관련 법으로서 개선의 여지가 많다는 지적이 있는 것이다(김현정, 2021: 114). 현행 「다문화가족지원법」상 다문화가족의 의미 범위는 「헌법」 제36조 제 1항이 정하는 평등원칙 측면에서 고려할 때 문제가 있다고 볼 수 있다(김현정, 2021: 118). 「다문화가족지원법」의 적용 대상인 다문화가 족과 이주 배경을 가진 다른 유형의 가족의 경우에는 「재한외국인 처우기본법」에서 정하는 한국 생활을 위한 기본적 지식과 정보, 상 담을 제공할 수 있는 국가와 지방자치단체의 권한을 규정하고 있기 는 하다(동법 제11조). 그러나 내용과 방법에 있어서 「다문화가족지 원법」에서 정하는 각종 지원정책들이 훨씬 더 적극적이라고 할 수 있다(김현정, 2021: 118).

또한 「다문화가족지원법」 제6조 제1항, 제9조 등에서 한국어 교 육, 자녀 교육, 자녀 양육, 직업교육 등 생활환경 및 사회적응에 필요 한 지원을 폭넓게 규정하고는 있으나, 지원 내용상으로 국가와 지방 자치단체가 어떤 의무를 지는지에 대하여 대부분 "… 지원할 수 있 다" 또는 "… 노력하여야 한다" 등 형식의 임의규정이라는 점이 문제 로 지적되고 있다. 결혼이주여성과 그 자녀들을 위하여 도움이 되는 지원내용을 정하고 있는 것은 긍정적이라고 할 수 있으나 국가와 지 방자치단체의 지원의무를 규정하고 있지 않으므로 어떤 구체적인 지 원책을 요구할 수 없다는 한계가 있다는 것이다(김현정, 2020: 85-86).

동법 제8조(가정폭력 피해자에 대한 보호·지원)에 있어서도 '가정폭력'은「가정폭력방지 및 피해자보호 등에 관한 법률」에 의한 것이므로 결혼이주여성에게 특히 취약한 피해 유형인 낙태나 이혼 강요, 외출금지, 본국에 대한 송금 제한, 기타 정서적 학대 등 상당수의 가정폭력범죄 유형이 법적인 제재를 받기가 어렵다는 것이다. 그러므로 결혼이주여성이 가정 내외에서 겪게 되는 폭력유형이 가정폭력방지 및 피해자보호 등에 관한 법률의 범위 내에서 제재가 이루어질 수 있도록 법제를 정비할 필요가 있는 것이다(김현정, 2020: 93).

동법 제8조 제1항에 "… 노력하여야 한다" 또는 제2항에는 결혼이주여성이 가정폭력의 피해를 당한 경우에 있어서 "… 국가와 지방자치단체는 보호와 지원을 제공할 수 있다" 등 추상적으로 정하고 있어서 국가와 지방자치단체의 재량에 그칠 수 있다는 것이다. 각종 지원 규정이 국가의 재량에 맡겨져 있으므로「헌법」이 요구하는 개인의 존엄과 양성의 평등에 기초한 혼인과 가족생활을 보장받을 수 있도록 구체적이고 실효적인 지원이 가능한 법제로 개선할 필요가 있는 것이다.

3) 다문화 인식 개선

다문화가족과 사회에 대한 정부와 국민 인식의 전환이 필요하다고 하겠다. 한국 다문화정책은「재한외국인처우기본법」과「다문화가족지원법」을 중심으로 이루어지고 있으며, 특히 2008년에 다문화가족지원법이 제정되면서 '다문화'는 문화적 다양성이라는 의미를 가지고 있음에도 불구하고 '다문화가족'을 지칭하는 명사로 통용되고 있는 현실이다(김미영, 2021: 49). 또한 다문화정책이 결혼이주여성과 그 자녀들에게 편향됨으로 인하여 이들 집단에 대한 편견을 낳게 되었고, 이러한 부정적 인식이 다문화 자체에 대한 반(反)다문화 정서로 확산되고 있다고도 평가받고 있다(조현상, 2013: 149). 이러한 편향된 한국의 다문화정책은 2000년대 이후부터 다문화 담론이 본격적으로 형성되고 20여 년이 지나고 있음에도 불구하고 다문화 수용성(multicultural acceptance)이 낮게 나타나고 있는 원인 중 하나로 지적되고 있다(김미영, 2021: 47).

한국에서 '국민 다문화수용성 조사'는 2012년부터 시작되어 3년 주기로 실시하며 국민의 다문화수용성, 즉 이주민의 다양한 문화를 인정하고 가치를 있는 그대로 받아들임으로써 그들과 공존할 수 있는가에 대한 정도를 파악하는 것으로서 다문화정책수립의 기초자료가 된다.

성인의 다문화수용성지수를 살펴보면 2012년 51.17, 2015년 53.95, 2018년 52.81, 2021년 52.27로 나타나고 있으며, 2015년에는 약간 증가하였으나 점차 낮아지고 있음을 알 수 있다(여성가족부, 2019; 여성가족부 보도자료, 2022.3.29.). 구성요소별 다문화수용성지수에서 부정적 인식을 나타내는 '거부·회피정서' 항목에서 살펴보면 동년의 경우에 55.17, 66.01, 64.36, 63.86으로 다른 항목에 비하여 비교적 높게 나타나고 있으며, '고정관념 및 차별' 항목에서도 61.73, 64.6, 62.58, 63.42로 다른 하위구성요소들에 비하여 비교적 높은 것으로 나타났다. 이는 이주민에 대한 편견·차별을 드러내는 것에 대해서는 동의하지 않는 수준의 다문화수용성은 갖추고 있는 것이라고 볼 수 있다. 반면에 '교류행동의지' 항목에서 다문화수용성지수는 상대적으로 가장 낮을 뿐만 아니라, 연도별 측정결과에서도 동년의 경우에 43.61, 45.81, 42.48, 38.76 등 지속적으로 낮아지고 있는 것으로 나타났다. 이러한 결과는 한국인들이 실제 이주민들과의 직접적 교류를 하는 등 실질적 통합 측면에서는 오히려 감소하는 경향성을 보이고 있는 것이다(여성가족부, 2019: 64).

정부 주도의 다문화정책들이 결혼이주민과 정주민을 위한 사회통합을 목표로 하고 있음에도 불구하고 한국인 주류집단들의 사회적 합의와 동의를 담보하지 못한다면 공동체 구성원들의 지지 대신에 오히려 기존 한국인들의 사회적 권리를 침범하거나 나누게 된다는 차별의식을 야기할 수가 있다. 따라서 정부는 다문화가족과 다문화사회를 위하여 소수의 이주민을 변화시킨다는 방향성에서 벗어나 다수인 정주민의 이주민에 대한 인식을 변화시키고자 하는 측면에서 국민 인식 개선을 위하여 노력하는 인식변화가 필요하다고 하겠다. 아울러 정부는 문화의 다양성을 인식하고 동등한 인간으로서 다문화 구성원을 포용할 수 있는 사회적 분위기 조성을 위한 적극적인 홍보정책도 실시하여야 할 것이다(김현미, 2018: 70; 전계선, 2020: 64).

4) 교육대상과 교육내용 및 프로그램의 다양화

다문화가족정책 기본계획의 주요 내용이 주로 다문화가족 당사자들을 대상으로 하여 그들의 욕구를 중심으로 구성되어 있다는 것은 개선되어야 한다는 점이다. 한국사회에서 다문화 담론의 초기 단계에서는 결혼이주여성들의 안정적인 정착을 지원하기 위한 정책의 일환으로 다문화가족 당사자들 위주의 정책이 시의성 있는 것이라고 할 것이다. 그러나 이주민과 정주민을 구분 짓는 다문화가족 위주의 정책은 오히려 이들을 차별하고 배제시키는 결과를 초래할 수 있다는 것이다. 다문화가족들도 한국사회 구성원으로 요구되는 역할에 부응해야 할 것이며, 따라서 다문화가족들의 문제 해결은 전 국민을 대상으로 하는 정부 정책으로 추진되는 것이 필요하다는 것이다. 이를 위해서는 정책입안자들의 인식전환이 무엇보다도 선행되어야 할 것이다.

여성가족부가 2021년 10월 13일부터 전국 건강가정·다문화가족지원센터의 명칭을 '가족센터'로 일원화한다는 발표는 매우 시의적절한 것이라고 하겠다. 그러나 이러한 명칭변경 의도는 가족유형별로 이원화되어 있는 가족서비스를 통합하여 제공하고자 함에 있다고 설명하고 있다(여성가족부 보도자료, 2021.10.12.: 3). 다문화정책의 주무부서로서 이러한 정책의 방향성이 다문화사회 통합을 위한 근본적인 대책으로서 적절한가 하는 관점에서 명료하게 제시되어야 할 것으로 판단된다. 정주민과 이주민 사이의 괴리를 극복하고 사회통합에 필요한 수요자 맞춤형 정책개발을 해야 할 필요가 있다.

정부는 다문화사회 통합을 위한 여러 가지 지원정책과 교육을 추진함에 있어서 다문화사회에 대한 국민인식 전환을 위한 홍보 또한 적극적으로 추진해야 할 것이다. 그뿐만 아니라 정부는 다문화사회 전문가를 양성함으로써 정책추진을 위하여 필요로 하는 서비스의 질을 향상시킬 수 있을 것이다. 다문화사회 전문가는 정부와 지역사회의 지원을 토대로 하여 다문화가족에게 필요한 서비스를 제공할 뿐만 아니라, 정주민 학생과 학부모의 다문화수용성을 개방적으로 향상시키고, 다양한 네트워크를 통해 활발하게 교류 협력하며 다양한 다문화 프로그램을 개발·운영하도록 하는 것이다. 지역사회는 정부와 협력하여 가정과 이들 가정을 도와주는 다문화 관련기관과 유기적으로 협조함으로써 일관성 있는 사회통합정책을 추진해 나갈 수 있게 되는 것이다.

다른 한편으로, 다문화 교육내용과 프로그램을 다양화하기 위한 정부, 관련 기관 및 단체의 노력이 필요하다. 한국어교재 개발 및 교수법 개발, 가족관계, 자녀교육, 가정생활교육 등에 있어서 한국에 일방적으로 동화시키려는 내용이 아니라 다양한 문화의 공존을 담은 교육내용으로 구성되어야 할 것이다. 동시에 한국인들에게도 다문화적 역량을 증진시키기 위한 교육과 정책을 추진할 필요가 있다.
또한 교육 프로그램의 운영에 있어서도 1회성 교육보다는 정기적 교육 실시를 통하여 문화적 이해와 편견을 개선할 수 있는 실질적인 교육의 효과를 달성할 수 있도록 운영해야 할 것이다. 가족관계 영역의 교육에서는 개인단위로 운영되는 프로그램보다는 부부 간, 부모-자녀 간, 시부모 등 가족단위를 대상으로 하는 교육 프로그램을 다양하게 개발 및 운영함으로써 상호 간의 문화를 이해하는 효과를 기대할 수 있을 것이다(김혜영, 2014: 33; 김현미, 2018: 71; 노사정, 2019: 89-90).

5) 수요자 맞춤형 정책 개발 및 활성화

결혼이주여성들이 낯선 사회환경에서 정착하고 적응하는 과정에서 발생되는 사회관계망의 부재, 외국인으로서 언어능력 부족, 출신국가 발전의 차이 등의 이유로 경험한 사회적 편견, 차별대우, 구직과 직장 생활에서 겪는 어려움 등의 문제 해결을 위한 사회적응 교육프로그램 및 지원서비스를 실시하고 있다. 그러나 결혼이주여성 및 다문화가족들이 사회통합 영역 교육프로그램과 지원서비스를 이용할 때 지역별 편차로 인하여 교육프로그램과 지원서비스의 불균형이 발생되며, 또한 결혼이주여성들과 다문화가족 구성원의 사회활동, 자조모임 참여 자발성의 부족 등의 현실적 문제점이 있다. 이러한 문제를 해결하기 위한 개선방안으로는 첫째, 결혼이주여성들이 공평한 사회지원서비스를 제공받을 수 있도록 견고한 사회지원서비스의 네트워크를 구축하여 지역별 편차를 보완해야 할 것이다. 둘째, 결혼이주여성들의 사회관계망 부재문제를 해결하고 사회적 관계를 유지하는 데 필요한 사회활동, 지원서비스 등에 대한 자발적인 참여가 이루어지도록 하는 방안도 마련할 필요가 있다. 그뿐만 아니라 결혼이주여성들이 현재 사회가 제공하는 지원기관의 서비스 이용 정보제공을 위한 효과적인 홍보도 병행되어야 할 필요가 있다 (노사정, 2019: 107-118).

참고문헌

〈단행본〉

강동관, 오정은, 이창원, 최서리, 최영미 (2014). *(2014)한국의 이주동향*. 서울: IOM이민정책연구원.

관계부처합동 (2006.04.26.). *여성결혼이민자 가족의 사회통합 지원대책*. (교육인적자원부, 외교통상부, 법무부, 행정자치부, 문화관광부, 농림부, 정보통신부, 보건복지부, 노동부, 여성가족부, 중앙인사위원회, 기획예산처, 대통령자문 빈부격차·차별시정위원회).

광주여성발전센터 (2002). *광주, 전남 외국인 여성 실태조사*.

교육과학기술부 (2015). *2015년 다문화학생 교육지원 계획 발표*. 세종: 교육부.

교육인적자원부 (2006). *다문화가정 자녀 교육지원 대책-민·관의 교육지원 실태 및 정책 과제를 중심으로*. 서울: 교육인적자원부.

김민재 (2009). *미국의 이민자 사회통합정책 벤치마킹을 통한 국내거주 외국인의 지역사회통합방안 연구*. 서울: 행정안전부 교육훈련정보센터.

김승권, 김유경, 조애저, 김혜련, 이혜경, 설동훈, 정기선, 심인선 (2010). *2009년 전국 다문화가족실태조사 연구*. 정책보고서 2010-06. 보건복지가족부, 법무부, 여성부, 한국보건사회연구원 합동.

김영옥, 김현미, 양민석, 윤혜린, 정진주, 황정미 (2009). *결혼이주여성의 가정폭력경험: 성별 위계와 문화적 편견*, <국경을 넘는 아시아 여성들>. 서울: 이화여대 출판부.

김유경 (2016). *2015년 다문화가족정책 시행계획 이행점검 연구*. 정책보고서 2016-16. 서울: 여성가족부.

김이선, 황정미, 이진영 (2007). *다민족·다문화사회로의 이행을 위한 정책패러다*

임 구축: 한국사회의 수용현실과 정책과제. 서울: 한국여성정책연구원.

김이선, 마경희, 선보영, 최호림, 이소영 (2010). 다문화가족의 해체문제와 정책과
제. 서울: 여성가족부.

김이선, 황정임, 최윤정, 신현옥 (2013). 결혼이민자 정착 초기지원프로그램 개편
방안연구. 서울: 한국여성정책연구원.

김희정 (2007). 한국의 관주도형 다문화주의. 한국에서의 다문화주의: 현실과 쟁
점. 서울: 한울.

민무숙, 안상수, 김이선, 선보영, 이명진 (2012). 청소년의 다문화수용성 조사 연
구. 서울: 한국여성정책연구원 연구보고 2012-51.

배상률 (2016). 중도입국 청소년 실태 및 자립지원 방안 연구. 연구보고서, 서울:
한국청소년정책연구원, 1-319.

배은주, 허효선 (2017). 인천광역시 다문화학생 교육프로그램 이용 현황 및 요구
조사. 인천: 인천발전연구원.

배은주, 허효선 (2018). 인천 시민의 다문화수용성 조사 연구(2018 기획연구과
제). 인천: 인천발전연구원.

백선기 (2004). 미디어 담론. Bell, Allen 외 지음. 서울: 커뮤니케이션북스.

법무부 출입국외국인정책본부 (2010). 2010, 2012, 2018 출입국 외국인통계연
보. http://www.immigration.go.kr/

보건복지가족부 (2010). 2009년 전국 다문화가족실태조사 연구. 정책보고서
2010-06. 서울: 보건복지가족부.

보건복지부 (2005). 국제결혼이주여성 실태조사 및 보건·복지지원정책방안. 서
울: 보건복지부.

보건복지부 (2006). 다문화가족지원법 마련 연구. 서울: 보건복지부.

보건복지부 (2007). 국제결혼가정 자녀 실태조사 및 성장지원 방안 연구. 서울:
보건복지부.

서울이주여성상담센터 (2020. 11.). 2020 주요업무보고.

설동훈, 김윤태, 김현미, 윤홍식, 이혜경, 임경택, 정기선, 주영수,한건수 (2005). 국제결혼 이주여성실태조사 및 보건·복지 지원 정책방안. 서울: 보건복지부.

설동훈, 이혜경, 조성남 (2006). 결혼이민자가족 실태조사 및 중장기 지원정책방안 연구. 서울: 여성가족부.

설동훈, 한건수, 김석호, 박순영, 심재웅, 박종선, 심경섭, 조은옥 (2014). 2014년 국제결혼중개 실태조사. 연구보고 2014-36. 서울: 여성가족부.

설동훈, 한건수, 박순영, 심경섭 (2017). 2017년 국제결혼중개업 실태조사 연구. 연구보고 2017-23. 서울: 여성가족부.

안상수, 민무숙, 김이선, 김금미, 조영기, 류정아 (2010). 한국형 다문화수용성 진단도구 개발 연구. 서울: 한국여성정책연구원.

안상수, 민무숙, 김이선, 이명진, 김금미 (2012). 국민 다문화수용성 조사 연구. 연구보고 2012-02. 서울: 여성가족부.

안상수, 민무숙, 김이선, 김금미, 이명진 (2015). 국민 다문화수용성 조사 연구. 연구보고 2015-55. 서울: 여성가족부.

양계민, 조혜영, 이수정 (2009). 미래한국사회 다문화역량강화를 위한 아동·청소년 중장기 정책방안 연구 I: 다문화가정 청소년의 역량개발을 중심으로. 서울: 한국청소년정책연구원.

양계민, 조혜영 (2013). 중도입국청소년의 실태조사 연구(2011). 서울: 무지개청소년센터, 서울: 한국여성정책연구원.

여성가족부 (2006). 결혼이민자 가족실태조사 및 중장기 지원정책방안 연구. 연구보고 2006-55. 서울: 여성가족부.

여성가족부 (2006). 다문화가족지원법 마련을 위한 연구. 서울: 여성가족부.

여성가족부 (2008). 2007 전국 가정폭력실태조사. 연구보고 2008-02.

여성가족부 (2012). 결혼중개업의 관리에 관한 법령 개정안내.

여성가족부 (2012a). 다문화가족지원정책 기본계획(2010-2012), 2012년도 시행계획. 서울: 여성가족부.

여성가족부 관계부처합동 (2012). *제2차 다문화가족정책 기본계획(2013-2017).* 서울: 여성가족부 다문화가족정책과.

여성가족부 (2013). *제2차 다문화가족정책 기본계획(2013-2017) 2013년도 시 행계획.* 서울: 여성가족부.

여성가족부 (2013a). *전국 다문화가족 실태조사 연구.* 연구보고2012-59. 서울: 여성가족부.

여성가족부 (2016). *2015 전국 다문화가족실태조사.* 서울: 여성가족부.

여성가족부 (2017). *2017 다문화가족지원 사업 안내.* 서울: 여성가족부.

여성가족부, 한국건강진흥원 (2017). *2016년 다문화가족지원사업 결과보고서(I).* www.kihf.or.kr (검색일: 2019.03.04.).

여성가족부 (2018). *2018 건강가정·다문화가족지원센터 통합서비스 사업안내.* 서울: 여성가족부.

여성가족부 (2018a). *다문화 가정 인구 통계.*

여성가족부 (2019). *2018년 국민 다문화수용성 조사.* 서울: 여성가족부.

여성가족부 (2020.06.). *제3차 다문화가족정책 기본계획(2018-2022) 2020년도 시행계획.* 서울: 여성가족부.

여성가족부 (2021). *2021년 가족사업안내(I).* 서울: 여성가족부.

여성가족부 (2021.4.). *2021년도 다문화가족정책 시행계획(중앙행정기관).* 서울: 여성가족부.

오현선 (2007). *한국 사회 여성 이주민의 삶의 자리와 기독교교육적 응답. 한국에 서의 다문화주의: 현실과 쟁점.* 경기도: 한울아카데미.

유영주 (2004). *새로운 가족학.* 서울: 신정출판사.

윤형숙 (2004). *국제결혼 배우자의 갈등과 적응 - 한국의 소수자, 실태와 전망.* 최 협 외 엮음. 경기도: 한울아카데미.

이삼식, 최효진, 박성재 (2009). *다문화가족의 증가가 인구의 양적·질적 수준에 미치는 영향.* 연구보고서 2009-34-1. 서울: 한국보건사회연구원.

이양기 (1995). *李良技全集*. 東京: 講談社.

이종열 (2013). *한국 다문화사회의 이슈와 정책*. 서울: 조명문화사.

이주여성인권센터 (2008). *결혼이주여성 인권백서-적응과 폭력 사이에서-*. 서울: 이주여성인권센터.

이진석, 모경환, 임정수, 이동훈 (2016). *다문화 시대와 한국의 사회통합. 다문화 시대 사회통합을 위한 시민교육*. 아산재단 연구총서 415. 서울: 아산사회복지재단.

이해영 (2015). *노인복지론*. 서울: 창지사.

전혜정 (2007). *국제결혼가정 자녀 실태조사 및 성장지원 방안 연구*. 여성가족부 발간자료. 서울: 여성가족부.

정현미 (2009). *서울시 결혼이민여성 가정폭력피해 현황과 지원체계 개선방안*. 서울시 여성가족재단 연구사업보고서. 19-47.

조영희, 임동번 (2013). *한국 국제결혼의 사회적 쟁점과 법제도 분석: 결혼의 성립과 해체단계를 중심으로. In: 아시아 내 국제결혼 관련법과 제도: 한국, 대만, 일본, 필리핀, 베트남, 캄보디아, 이민정책*. 연구총서 - 04, IOM 이민정책연구원, 대한변호사협회(편). 47-80.

조재현 (1981). *고전소설에 나타나는 다문화가정의 존재양상과 등장인물의 역할 및 특성 연구*. 인천대학민족문화연구자료총서 간행위원회.

조정문, 장상희 (2009). *가족사회학: 현대사회에서의 가족은 무엇인가*. 서울: 아카넷.

조효래 (2017). *우리 속의 타자-한국사회의 다문화 현상*. 창원대학교 출판부.

주성훈 (2010.11.). *다문화가족지원사업 문제점과 개선과제*. 예산현안분석 제38호. 서울: 국회예산정책처.

중원대학교 산학협력단 (2010). *국제결혼중개업 건전화 방안*. 연구보고 2010-49. 서울: 여성가족부.

최종렬 (2008). *다문화주의의 이론적 패러다임과 국가별 유형비교*. 서울: 한국여성정책연구원.

통계청 (2017). *다문화 유형별 이혼(이혼건수).* https://kosis.kr/index/index.do.

통계청 (2021). *2021년 청소년 통계.*

한국가정법률상담소 (2013). *2013년 다문화가정 이혼상담 통계결과.* http://
www.lawhome.or.kr.

한국문학평론가협회 (2006). *문학비평 용어사전.*

한국보건사회연구원 (2012). *다문화가족의 변화와 사회적 대응방안 연구.* 연구
보고서 2012-41. 세종: 한국보건사회연구원.

한국보건사회연구원 (2014). *동아시아 국가의 다문화가족 현황 및 정책 비교연
구.* 연구보고서 2014-22-5. 세종: 한국보건사회연구원.

한국여성개발원 (2003). *외국 노동자 가족관련 정책 비교연구 보고서.* 서울: 한국
여성개발원.

한재희 (2011). *한국적 다문화상담.* 서울: 학지사.

황정미, 김이선, 이명진, 최현, 이동주 (2007). *한국사회의 다민족·다문화 지향성
에 대한 조사연구.* 연구보고서 2007-19-2. 서울: 한국여성개발원.

Abraham, M. (2000). *Speaking the unspeakable: Marital violence among South
Asian immigrants in the United States.* New Brunswick, NJ: Rutgers
University Press.

Anderson, H. (1997). *Conversation, Language, and Possibilities.* New York: Basic
Books.

Baldassar, L., & L. Merla(eds.). (2014). *Transnational Families, Migration and the
Circulation of Care: Understanding Mobility and Absence in Family Life.*
Routledge, New York.

Batson, C. D., & Coke, J. S. (1981). Empathy: A source of altruistic motivation
For helping. In Rushton, J. P., & Sorrentino, R. M. (Eds.), *Altruism and*

helping behavior: sociall, personality, and developmental perspectives, 167-187. Hillsdale, NJ: Erlbaum.

Berry, J. W., Kim, U., & P. Boski. (1987). Psychological Acculturation of Immigrants. In Kim, Y. Y., & Gudykunst, W. B.(Eds.). *Cross-cultural Adaptation: Current Approaches.* Newbury Park. CA: Sage. 62-89.

Cross, W. E. (1991). *Shades of black: Diversity in African-American identity.* Philadelphia: Temple University Press.

De Beauvoir, S. (1992). *Das andere Geschlecht, Sitte und Sexus der Frau.* Hamburg: Rowohlt.

Hall, S. (1997). *The cultural studies Reader.* Routledge.

McCarthy, J., & Edwards, R. (2011). *Key Concepts in Family Studies.* Sage Publications Ltd.

Portes, A., & Rumbaut, R. G. (2006). *Immigrant America: A Portrait.* (3rd ed.). Berkeley and Los Angeles: University of California Press.

Vetrovec, S. (2007). Migrant transnationalism and modes of transformation, In Portes. A., & De Wind J.(Eds.), *Rethinking Migration: New Theoretical and Empirical Perspectives, Berghahn.* New York and Oxford, 149-180.

〈학위 논문 및 저널 논문〉

강기정, 정천석 (2009). 다문화가정 부부의 가정생활 적응 요인에 대한 연구. *가족자원경영학회지*, 13(2), 153-167.

강기정, 이무영, 강복정 (2011). 다문화가족상담모델 개발을 위한 탐색적 연구 - 다문화가족지원센터의 포커스 그룹 인터뷰를 중심으로. *한국가족복지학*, 16(3), 225-245.

강기정, 이무영, 정은미 (2013). 다문화가족 사례관리모델 개발을 위한 탐색적 연구: 다문화가족지원센터의 포커스 그룹 인터뷰를 중심으로. *한국가족복지*

학, 18(2), 149-171.

강복정 (2012). 한국의 다문화가족정책 및 서비스의 현황분석: 다문화가족지원 센터 사업을 중심으로. 다문화사회연구, 5(1), 143-184.

강비아 (2019). 서울시 다문화가족지원센터의 다문화 인식개선사업 현황과 과제. 이화여자대학교 대학원 석사학위 논문.

강성애 (2014). 다문화가족지원센터 종사자의 직무만족도 및 관련 변인에 관한 연구. 중앙대학교 대학원 석사학위 논문.

강승묵 (2016). 국제결혼중개계약과 혼인신고의 문제점과 해결방안. 한양법학, 27(3), 77-100.

강향숙, 진은영, 먀닥마, 배은경 (2013). 국제결혼 남성 배우자의 결혼적응에 관한 생애사 연구: 소금 꽃이 피기까지. 한국가족복지학, 18(3), 225-244.

강혜경, 어성연 (2014). 결혼이민자가정 고부갈등의 맥락적 요인에 대한 탐색적 연구: 시어머니와 며느리의 인터뷰를 중심으로. Family and Environment Research, 52(4), 355-369.

강혜경, 어성연 (2015). 농촌거주 다문화 가정의 자녀출산과 양육경험. 유아교육 학논집, 19(6), 395-422.

강혜정, 이규용 (2012). 여성결혼이민자의 노동공급 결정요인 분석. 여성경제연 구, 9(2), 49-73.

강휘원 (2007). 다문화사회의 통합과 지역 거버넌스. 다문화가족연구, 1(121), 1-29.

강휘원, 강성철 (2010). 독일 이주정책의 변화와 사회통합 거버넌스. 한국정책과 학학회보, 14(4), 291-316.

고기숙 (2010). 국제결혼 이주여성의 가정폭력 피해 경험에 관한 현상학적 연구. 피해자학연구, 18(1), 229-259.

고기숙, 정미경 (2012). 결혼 이주 여성의 가정폭력 대처과정에 관한 근거이론 접근. 한국콘텐츠학회논문지, 12(10), 254-279.

고아라 (2007). 고등학생이 지각한 부모-자녀 의사소통과 자아탄력성이 심리사회적 적응에 미치는 영향. 숙명여자대학교 대학원 석사학위 논문.

고영희 (2011). 공감훈련 프로그램이 초등학생의 친사회적 행동 및 심리적 안녕감에 미치는 영향. 서울교육대학교 교육대학원 석사학위 논문.

고은주 (2009). 결혼이주여성의 문화적응 스트레스, 가정폭력, 사회적지지, 자아존중감, 외상 후 스트레스와 심리건강의 관계. 전북대학교 교육대학원 석사학위 논문.

고은주, 김고은, 박연주 (2014). 메타분석을 활용한 국내의 일반가정과 다문화가정의 가정폭력 비교연구. 국제지역연구, 18(3), 293-316.

고정자, 이경아, 강신표 (1988). 한국사회의 고부갈등연구를 위한 이론적 시론(試論). 인간과 경험 (동서남북), 1, 119-141.

고현웅 (2005). 주요국 비정규이주민정책 비교. 지역사회학, 6(2), 167-194.

공미혜, 오세자 (2010). 국제결혼 부부의 성역할태도와 사회적 지지가 결혼만족도에 미치는 영향-부산지역 베트남, 필리핀 여성과 한국 남성 부부를 중심으로-. 가족과 문화, 22(2), 95-120.

공수연, 양성은 (2014). 중국국적 결혼이주여성들의 취업준비 경험에 대한 과정분석. 한국가정관리학회지, 32(1), 133-150.

공은숙 (2009). 다문화가족의 고부갈등에 대한 사례연구: 한국인 시어머니를 중심으로. 한국노년학연구, 18(-), 123-134.

곽병선 (2011). 전라북도 다문화가족의 가정폭력현황과 방지대책. 법학연구, 41(41), 177-198.

곽서정, 전효정 (2019). 다문화가정의 가족관계향상을 위한 프로그램 효과에 대한 메타분석. 한국아동학회 학술발표논문집, 165-166.

관 위(Gan Yue) (2016). 한국 내 중국 결혼이주여성의 초국가적 실천. 연세대학교 대학원 석사학위 논문.

구차순 (2007). 결혼이주여성의 다문화가족 적응에 관한 연구. 한국가족복지학,

20, 319-359.

구향숙 (2013). 다문화가족 남편의 부부갈등대처에 관한 질적 연구. *한국지역사회복지학*, 46(0), 79-108.

권명희 (2012). *결혼이주여성이 문화적응 스트레스가 심리적 안녕감에 미치는 영향*. 청주대학교 대학원 박사학위 논문.

권복순, 차보현 (2006). 농촌지역 코시안 가정주부의 의사소통능력, 문화적 정체성이 결혼만족도에 미치는 영향. *한국사회복지학*, 58(3), 109-134.

권복순, 임보름 (2011). 기획특집: 다문화 사회의 문제와 대응논리; 결혼이주여성의 인권과 발달권 증진을 위한 담론. *인문과학연구*, 16(0), 1-24.

권순희 (2007). 다문화 가정 자녀의 상담 지도 사례. *국어교육학연구*, 29(0), 127-174.

권용희 (2013). 미디어에 나타난 다문화가족의 특성 연구 - EBS 다문화 휴먼다큐멘터리 〈가족〉을 대상으로. *다문화와 인간*, 2(2), 183-207.

권재환, 이선희 (2015). 청소년의 부모양육태도, 대인관계능력과 다문화수용성의 관계모형 검증. *청소년문화포럼*, 44(0), 7-32.

권행운, 강병노 (2016). 아시아 다문화 여성의 국제결혼 중개과정 문제와 인권보호. *아태연구*, 23(1), 31-60.

금혜령 (2013). *청소년의 자기효능감과 다문화적 경험이 다문화 수용성에 미치는 영향*. 고려대학교 교육대학원 석사학위 논문.

김갑성 (2008). 한국 내 다문화가정의 자녀교육 실태조사 연구. *청소년문화포럼*, 18, 58-95.

김경근, 황여정 (2012). 초중등학생의 다문화 수용성에 영향을 미치는 요인. *한국교육*, 39(1), 87-117.

김경민 (2018). 베트남 결혼이주여성의 젠더화 된 상상력과 실천: 하노이 한국 NGO의 신부교실 프로그램을 중심으로. *비교문화연구*, 24(2), 5-59.

김경신 (2006). 결혼이민자 가족의 수용과 정착을 위한 학문적, 실천적 측면에서의 접근. 한국가정관리학회 2006년 추계 학술대회 자료집.

김경아 (2012). 이주여성의 경제활동의지 결정요인분석: 이주여성의 정책인지 수준과 지역사회다문화태도 인식을 중심으로. 지방정부연구, 16(1), 381-409.

김경학, 윤밀알 (2017). 국내 네팔 결혼이주여성의 본국 가족에 대한 초국적 돌봄 연구. 한국지역지리학회지, 23(3), 514-528.

김계하, 박경숙, 선정주 (2009). 다문화 가정 시어머니가 경험하는 스트레스에 관한 연구. 성인간호학회지, 21(6), 639-651.

김근안 (2018). 가부장제와 다문화가정의 양가적 관계에 대한 연구 - 가정폭력의 사례 분석을 통한 문화접변의 가능성 모색. 부산교육대학교 교육대학원 석사학위 논문.

김금미 (2010). 대학생의 결혼이주여성에 대한 다문화 수용적 행동. 한국심리학회지: 여성, 15(2), 259-283.

김기순 (2012). 다문화가정 어머니의 가족관계와 이중문화 스트레스가 양육행동에 미치는 영향. 글로벌문화연구, 3(1), 65-85.

김도경, 강택구 (2018). 다문화가정 한국인 남편의 부부애착이 결혼만족도에 미치는 영향 - 문화 간 감수성을 매개로 -. 철학·사상·문화, 27, 212-244.

김도희, 박영준, 이경은 (2007). 농촌지역 결혼이민자의 양육행동에 관한 인과모형 탐색. 농촌사회, 17(2), 1-31.

김동희, 이상화, 배영실, 하이경 (2015). 다문화가정 시어머니의 사회인구학적 특성, 문화적응 스트레스 그리고 탄력성이 우울에 미치는 영향. 지역사회간호학회지, 26(3), 221-229.

김두년 (2014). 대만의 국제결혼과 결혼중개업법에 관한 연구. 법학연구, 56(0), 95-117.

김두섭 (2006). 한국인 국제결혼의 설명틀과 혼인 및 이혼신고자료의 분석. 한국인구학, 29(1), 25-56.

김명혜 (2012). 한국남성들의 서사를 통한 국제 결혼과정의 재구성 및 분석. 구술사연구, 3(2), 39-78.

김명희 (2015). 사회재생산적 관점에서 베트남의 국제결혼이주. 사례분석과 정책적 제언. 예술인문사회 융합 멀티미디어 논문지, 5(4), 453-463.

김미강, 김영주 (2018). 중도입국 청소년의 학습 동기, 불안 및 문화적응 간의 상관관계 연구. 이중언어학, 73(0), 1-28.

김미나 (2008). 다문화정책의 변화과정과 정책기제 - 중앙과 지방정부의 정책을 중심으로 -. 충청지역연구, 1(1), 126-149.

김미숙, 김안나 (2012). 결혼이주여성의 보유자원이 가족관계와 삶의 만족에 미치는 영향 연구. 가족과 문화, 24(2), 64-100.

김미자 (2011). 다문화가족 시어머니의 생활만족도에 영향을 미치는 요인. 백석대학교 기독교전문대학원 박사학위 논문.

김미정, 염동문 (2015). 결혼이주여성의 결혼만족도에 미치는 영향에 대한 메타분석. 社會科學硏究: (SOCIAL SCIENCE RESEARCH), 31(3), 1-25.

김미진 (2010). 다문화가족의 가족관계와 적응 - 안동시 일직면의 사례 -. 영남대학교 대학원 석사학위 논문.

김미향 (2015). 다문화가정의 고부관계 만족도가 시어머니의 정신건강에 미치는 영향. 대구한의대학교 대학원 박사학위 논문.

김민경 (2009a). 결혼이민여성의 학대와 관련요인연구. 한국생활과학회지, 18(6), 1181-1198.

김민경 (2009b). 국제결혼 남성의 부부 되기에 대한 문화기술지. 한국가족관계학회지, 14(3), 179-211.

김민경 (2012a). 국제결혼 한 농촌남성의 가족탄력성, 자아탄력성과 결혼행복과의 관계. 인간발달연구, 19(2), 1-23

김민경 (2012b). 국제결혼 한 한국남성의 가족스트레스, 부정적 정서와 사회부적응-레질리언스의 매개효과를 중심으로. 한국가족복지학, 17(3), 101-

123.

김민정, 유명기, 이혜경, 정기선 (2006). 국제결혼 이주여성의 딜레마와 선택: 베트남과 필리핀 아내의 사례를 중심으로. *한국문화인류학*, 39(1), 159-176.

김민정 (2007). 한국 가족의 변화와 지방 사회의 필리핀 아내. *페미니즘 연구*, 7(2), 213-248.

김민정 (2008). 국제결혼 가족과 자녀의 성장: '여러 종류'의 한국인이 가족으로 살아가기. *한국문화인류학*, 41-1, 51-89.

김민정 (2012). 필리핀 여성의 젠더화된 이주: 한국의 사례. *한국여성학*, 28(2), 33-74.

김민정 (2013). 다문화가족의 탈영토화와 초국가적 네트워크 특성. *한국생활과학회지*, 22(3), 421-436.

김병숙, 안윤정, 송혜령 (2010). 결혼이주여성의 직업적응 프로그램 개발 및 효과. *한국심리학회지: 여성*, 15(2), 235-258.

김상찬, 김유정 (2011). 국제결혼 이주여성의 인권보호를 위한 법적 과제. *법학연구*, 43(-), 319-344.

김새봄, 정진화 (2016). 결혼이주여성의 인적자본과 취업: 출신국가에 따른 비교. *여성경제연구*, 13(1), 21-50.

김성애 (2019). *가족해체 다문화학생의 학교생활적응 사례 연구*. 경인교육대학교 교육전문대학원 석사학위 논문.

김성옥 (2013). *다문화 이혼가정 중국인 어머니가 인식한 자녀양육의 어려움과 지원서비스의 문제점*. 중앙대학교 대학원 석사학위 논문.

김성진 (2016). 베트남 국제이주의 현황과 시사점. *현상과인식*, 40(4), 171-200.

김송실 (2010). *다문화가족의 우울감 해소를 위한 예술치료 프로그램 연구 - 가족 유대관계 향상을 중심으로 -*. 한양대학교 교육대학원 석사학위 논문.

김수림 (2013). *다문화가정 한국 남성 배우자의 부부갈등과 사회적지지가 결혼*

만족도에 미치는 영향에 관한 연구. 백석대학교 보건복지대학원 석사학위 논문.

김숙령, 이선희(2013). 다문화사회 정착을 위한 이민복지정책에 관한 연구. *법학연구*, 40, 503-520.

김순남(2014). 이주여성들의 결혼, 이혼의 과정을 통해서 본 삶의 불확실성과 생애지도의 재구성. *한국여성학*, 30(4), 189-231.

김승권 (2002). 가족해체의 실태와 정책방안에 관한 연구. *보건복지포럼*, 68(0), 37-43.

김연수 (2007). 서울지역 여성결혼이민자의 결혼행복감에 관한 연구. *한국가족복지학*, 21(-), 1-36.

김연수 (2008). 다문화가족을 대상으로 한『탄력적 부모되기 프로그램』적용 연구. *한국가족복지학*, 24(0), 189-222.

김연수 (2010). 가족탄력성 접근을 활용한 여성결혼이민자 대상 부부관계향상 프로그램 개발 및 효과. *한국가족관계학회지*, 14(4), 59-90.

김연수 (2012). 여성결혼이민자의 삶의 만족에 관한 연구: 가족관계, 사회적 지지 및 문화적응과의 관계를 중심으로. *한국가족복지학*, 38(0), 229-256.

김연희 (2019). 한·일간 초국적 결혼 가정 이야기: 삶에 드리운 역사의 그림자. *다문화사회연구*, 12(1), 5-44.

김영란 (2013). 다문화사회 한국의 사회통합과 다문화주의 정책. *한국사회*, 14(1), 3-30.

김영순, 박봉수, 팜티휀짱 (2012). 중도입국청소년의 문화적응 중심 재사회화 경험에 관한 질적 연구. *언어와 문화*, 8(3), 37-63.

김영순, 임지혜, 정경희, 박봉수 (2014). 결혼이주여성의 초국적 유대관계에 나타난 정체성 협상의 커뮤니케이션. *커뮤니케이션 이론*, 10(3), 36-96.

김오남 (2006a). 결혼이민자가족의 아내학대와 영향요인 연구. *한국사회복지학*, 58(4), 5-35.

김오남 (2006b). 국제결혼 이주여성의 부부갈등 결정요인 연구. *가족과 문화*, 18(3), 63-106.

김오남 (2006c). 여성 결혼이민자의 부부갈등 및 학대에 관한 연구 - 사회문화적 요인을 중심으로. *한국가족복지학*, 18, 33-76.

김완균 (2008). 다문화주의시대의 문화상호적 문학텍스트 해석. *독일어문학*, 16(1), 27-46.

김용찬 (2013). 한국과 영국 지방정부의 다문화정책에 관한 연구. *민족연구*, 54(0), 123-142.

김운삼 (2019). 우리나라 다문화 가족 교육 및 복지정책의 개선방안. *산업진흥연구*, 4(2), 29-38.

김유경 (2011). 다문화가족의 변화전망과 정책과제. *보건복지포럼*, 175(0), 45-62.

김유순, 오영숙, 안현화 (2012). 국제결혼 한국남성의 결혼생활 어려움과 적응전략. *정신건강과 사회사업*, 40(4), 349-378.

김은정 (2009). *다문화사회에서의 한국어 교육 정책 연구 - 일본, 프랑스, 독일의 자국어 교육정책과의 비교를 중심으로.* 상명대학교 교육대학원 석사학위 논문.

김은정 (2015). 다문화가족지원센터 사례관리자의 실천경험에 관한 연구. *사회복지연구*, 46(3), 5-34.

김이선 (2007). 결혼이주여성의 한국생활에 대한 기대와 현실. *한국정신건강사회복지학회 학술발표논문집*, 9-32.

김인숙, 이수진 (2017). 남·여 대학생의 자기효능감, 공감능력, 다문화 경험이 다문화수용성에 미치는 영향. *청소년학연구*, 24(11), 1-32.

김인영, 박관영, 이인희. (2009). TV 프로그램에 나타난 한국적 다문화주의의 특수성에 관한 미디어 담론. *Oughtopia*, 24(2): 69-95.

김재련 (2011). 특집 I: 보편적 인권과 주권국가: 왜 대한민국 남성과 결혼하려

하는가? -국제결혼중개업의 문제점 및 결혼이주여성 인권강화 대책-. 공
익과 인권, 9(0), 39-64.

김재원 (2014). 다문화가족의 기능 개발을 통합 자립증진 방안. 사회복지경영연
구, 2, 147-171.

김정선 (2006). 초국적 공동체(transnational community)만들기, 한국남성과 결혼
한 필리핀 여성들의 re-homing. 이화여자대학교 아시아여성학센터 학술대
회자료집, 131-158.

김정선 (2010). 아래로부터의 초국적 귀속의 정치학: 필리핀 결혼이주 여성의 경
험을 중심으로. 한국여성학, 26(2), 1-39.

김정옥, 구자경 (2020). 결혼이주여성의 진로관련 연구동향 분석. 현대사회와다
문화, 10(2), 79-106.

김정우 (2012). 광고콘텐츠에서 활용된 소비자의 다문화 인식. 한국학연구, 41:
7-36.

김정은, 김혜미 (2013). 다문화가족 노인의 우울감과 영향요인. 한국노년학,
33(1), 143-162.

김정흔 (2017). 한국 다문화가족정책 통합에 대한 현장전문가의 인식: 다문화
가족지원센터와 건강가정지원센터의 통합을 중심으로. 다문화교육연구,
10(2), 89-124.

김정희, 최은수 (2012). 다문화 출신 이주자의 한국사회 직업획득과정에서 제공
되는 평생교육 탐색. 평생교육·HRD연구, 8(2), 79-103.

김준식, 안광현 (2012). 다문화가족 지원정책 기본계획에 관한 비판적 고찰. 한국
정책연구, 12(4), 127-150.

김지영, 최훈석 (2011). 결혼이주여성의 인권침해실태 및 대책에 관한 연구. 형사
정책연구원 연구총서, 11(1), 1-4.

김지영, 안성훈 (2014). 내국인 남성의 국제결혼 피해실태와 대책. 형사정책연구
원 연구총서, 13(AB-04), 1-137.

김지현 (2002). *부모와의 애착안정성 및 청소년의 공감능력과 친구 간 갈등해결 전략과의 관계*. 숙명여자대학교 대학원 석사학위 논문.

김진숙, 이혁구, 이근무 (2010). 다문화가정 부부의 결혼적응 연구-근거이론 방법론 접근-. *한국가족복지학*, 30, 135-166.

김초희, 김도연 (2018). 한국 다문화 TV 프로그램에서의 이주민 · 외국인 재현. *한국언론학보*, 62(3), 309-341.

김태훈, 배성훈 (2020). 키워드 네트워크 분석으로 본 다문화가족지원센터 연구 동향. *다문화콘텐츠연구*, 33(0), 259-296.

김하라 (2007). 고부갈등에 대한 착잡한 시선 -심대윤의 「제질녀문(祭姪女文)」 분석-. *한국고전여성문학연구*, 15, 181-206.

김학령, 김정화, 정익중 (2011). 청소년의 친사회적 행동에 미치는 또래집단의 영향력 검증 - 또래 영향모델과 개인특성모델의 비교를 중심으로 -. *한국사회복지학회 추계공동학술대회 자료집*, 116-136.

김한식 (2016). 노인 다문화 인식 개선을 위한 상호문화교육콘텐츠 방안연구. *교육문화연구*, 22(5), 335-353.

김해숙, 이효영, 박성미, 임혁. (2012). 다문화가족지원센터 종사자의 직무교육프로그램 개발을 위한 델파이 분석. *직업교육연구*, 31(1), 155-175.

김행열(2013), 한국의 다문화정책 변동에 관한 연구. *한국동북아논총*, 68, 115-136쪽.

김현미 (2006). 국제결혼의 전 지구적 젠더 정치학. 한국 남성과 베트남 여성의 사례를 중심으로. *경제와 사회*, 70, 10-37.

김현미 (2007). 아시아 여성의 이주. *이화여자대학교 아시아여성학센터 학술대회자료집*, 51-59.

김현미, 김민정, 김정선 (2008). 안전한 결혼 이주? 몽골여성들의 한국으로의 이주 과정과 경험. *한국여성학*, 24(1), 121-155.

김현재 (2007). 베트남 여성의 한국으로의 결혼이민 - 그 배경과 원인에 대한 고찰. 동아연구, 52(0), 219-254.

김현정 (2019). 노인 다문화수용성에 관한 연구: 자아존중감과 공감능력을 중심으로. 대구가톨릭대학교 대학원 박사학위 논문.

김현정, 이태상 (2015). 초등학생의 자아존중감이 다문화 수용성에 미치는 영향. 학습자중심교과교육연구, 15(2), 479~498.

김현희 (2007). 다문화복지 아동‧청소년의 실태와 과제. 청소년보호지도연구, 11, 75-92.

김혜련 (2013). 다문화 가정 중등 학습자 대상의 한국어 교재 개발 방향. 교육연구, 56, 성신여대 교육문제연구소, 7-30.

김혜리, 황어진, 어성연 (2020). 동화 「마당을 나온 암탉」에 나타난 다문화가족의 사회적응 요인 탐색: 교류분석 관점에 근거하여. 유아교육학논집, 24(2), 295-323.

김혜순 (2008). 결혼이주여성과 한국의 다문화사회 실험. 한국사회학, 42(2), 36-71.

김혜순 (2017). 국내외 정책 환경을 감안한 다문화가족정책 조정방안: 다문화인식개선사업 재고와 주류화. 입법과 정책, 9(1), 31-55.

김혜영 (2014). 다문화주의와 다문화가족정책: 이념과 정책의 탐구. 여성연구, 87(2), 7-43.

김희숙 (2011). 다문화가정의 가정폭력에 관한 연구: 전라북도를 중심으로 한 실증적 연구. 군산대학교 대학원 박사학위 논문.

김희주 (2009). 결혼이주여성의 한국생활 적응유형에 관한 연구. 한국지역사회연구소 학술저널, 61, 79-83.

남미연, 오현주, 최광선 (2020). 중도입국 학생의 학습 부적응 원인 분석-한‧중 초등 수학 교육과정 비교 중심으로. 다문화교육연구, 13(2), 21-55.

남부현, 오정아 (2013). 베트남 여성결혼이민자의 임신과 출산에 따른 가족관계 경험연구. 한국가족관계학회지, 18(1), 131-154.

남부현, 김지나 (2017). 고려인 중도입국 청소년의 문화적응 과정 경험연구. *지역과 문화*, 4(1), 63-90.

남부현, 김경준 (2018). 중도입국청소년 초기 적응과정에 관한 조선족 부모의 경험과 인식. *한국청소년연구*, 29(2), 5-34.

남상권 (2014). 다문화 자녀 보육가정의 가족관계가 삶의 만족도에 미치는 영향. *유아교육·보육복지연구*, 18(2), 285-307.

남희은, 이미란, 배은석, 김선희, 백정원 (2014). 대학생의 개인주의 - 집단주의 가치성향에 따른 다문화수용성에 관한 연구. *디아스포라연구*, 8(2), 227-255.

노미희 (2012). *중학생의 성별과 공감능력이 다문화개방성과 다문화효능감에 미치는 영향*. 계명대학교 대학원 석사학위 논문.

노정옥 (2012). *한국 다문화사회 통합정책의 추진체계에 관한 연구*. 동아대학교 대학원 박사학위 논문.

도유록 (2012). *서비스 접근성이 결혼이주여성의 다문화가족지원센터 서비스 이용 만족에 미치는 영향*. 서울대학교 대학원 석사학위 논문.

라휘문 (2011). 이민자 사회통합을 위한 다문화가족지원센터의 역할제고방안. *한국정책연구*, 11(1), 43-63.

류방란, 오성배 (2012). 중도입국 청소년의 교육 기회와 적응 실태. *다문화교육연구*, 5(1), 29-50.

류 원 (2018). *다문화가정 자녀의 부모와의 관계만족도가 자아존중감에 미치는 영향에서 다문화배경에 대한 자긍심의 매개효과*. 성균관대학교 대학원 석사학위 논문.

류찬열 (2009). TV 드라마에 재현된 국제결혼과 혼혈 연구. *다문화콘텐츠연구*, 6, 7-26.

마정미 (2010). TV 광고 텍스트에 나타난 다문화 사회에 대한 고찰 - 공익광고를 중심으로. *한국광고홍보학보*, 12(4), 223-258.

문경연 (2011). '국민의 배우자'에서 벗어난 여성들: 한족 결혼이주여성들의 결혼과 이혼사례를 중심으로. *한국문화인류학*, 44(2): 71-112.

문경희 (2006). 국제결혼 이주여성을 계기로 살펴보는 다문화주의(multiculturalism)와 한국의 다문화 현상. *21세기정치학회보*, 16(3), 67-93.

문경희 (2018). 젠더와 국제이주 – 호주 한인 '1세대' 여성의 이민 과정과 삶의 경험을 중심으로. *아시아여성연구*, 57(1), 49-102.

문계완, 배재정 (2011). 다문화시대 전문가 집단의 문화적 역량증진을 위한 모형 개발. *경영교육연구*, 26(1), 413–441.

문정희 (2019). 다문화정책서비스 질의 영향요인: 다문화가족지원센터 종사자의 인식을 중심으로. *정책분석평가학회보*, 29(1), 47-79.

박갑룡, 양명호 (2019). 다문화 사회통합 추진사례와 방안연구: 보성군 건강가정 · 다문화가족지원센터를 중심으로. *인문사회 21*, 10(3), 1657-1666.

박경동 (2007). *다문화가족 형성과 갈등에 관한 연구*. 전남대학교 대학원 석사학위 논문.

박경자, 김송이 (2007). 농촌지역 국제결혼가정 유아의 사회 · 정서 발달. *아동학회지*, 28(5), 91-108.

박능후, 선남이 (2010). 특집: 한국의 다문화의식: 국제결혼 이주여성의 취업이 한국사회 적응에 미치는 영향. *민족연구*, 41(0), 120-144.

박 단(2007). 프랑스 이민자 정책과 공화국 통합 모델. *이화사학연구*, 35, 29-58.

박명숙 (2010). 다문화가족 어머니의 한국어능력과 아동의 자아존중감에 관한 연구: 아동이 지각한 가족관계의 매개효과를 중심으로. *보건사회연구*, 30(2), 193-218.

박미경, 이헌율 (2017). 가족주의 관점에서 본 KBS 〈이웃집 찰스〉의 이주민 가족 재현 연구: 이주 남성 가족을 중심으로. *한국콘텐츠학회논문지*, 17(4), 12-24.

박미숙, 김영순, 홍유나 (2014). 결혼이주여성의 취업지원 요구에 관한 연구. *여*

성학연구, 24(2), 269-302.

박미은, 신희정, 이미림 (2012). 결혼이주여성의 취업경험에 관한 현상학적 연구. *사회과학연구*, 23(4), 213-244.

박미정, 엄명용 (2015). 결혼이주여성 이혼경험 연구. *한국사회복지학*, 67(2), 33-60.

박봉수, 김영순, 최승은 (2013). 중국계 중도입국청소년의 한국사회 적응을 위한 부모 역할수행에 관한 연구. *열린교육연구*, 21(2), 331-355.

박선숙 (2022). 다문화 청소년의 부모양육태도가 비행에 미치는 영향: 심리적 부적응의 매개효과를 중심으로. *교정복지연구*, 79, 1-31.

박선영 (2005). *다문화 교육 활동이 유아의 정서지능에 미치는 영향 -문학과 음악의 통합적인 접근을 中心으로-*. 신라대학교 교육대학원 석사학위 논문.

박소영 (2016). 여성 결혼이민자의 고부관계 경험에 관한 질적 연구 - 낯선 '친밀함'과 '차이'의 역설. *한국사회복지질적연구*, 10(1), 5-30.

박수미, 정기선 (2006). *사회적 소수자에 대한 태도에 관한 연구*. 한국사회학회 사회학대회 논문집, 891-895.

박순희 (2009). 다문화가족 아동의 특성과 사회적응. *한국아동복지학*, 0(29), 125-154.

박순희, 이주희, 김은진 (2014). 다문화가족 시어머니를 위한 고부관계 증진 프로그램이 가족기능, 문화수용태도에 미치는 효과. *한국가족복지학*, 19(4), 883-904.

박순희, 유지형 (2017). 청소년의 다문화경험이 공감능력에 미치는 영향: 다문화 수용성과 문화적 공감의 매개효과를 중심으로. *디지털융복합연구*, 15(4), 499-510.

박승용 (2014). 국제결혼이주여성에 관한 법적 · 제도적 측면 고찰, *한국정책연구*, 4(3), 107-130.

박신규 (2009). *국제결혼이주여성의 이주경로별 사회적 정체성의 형성 - 구미시*

결혼이주여성의 이주과정을 중심으로 -. 경북대학교 대학원 박사학위 논문.

박애란, 정미희, 김정애, 체첵델게르 (2018). 다문화가족의 가정폭력에 관한 연구. *인권복지연구*, 20(1), 77-111.

박에스더 (2016). *중도입국 다문화 청소년의 가족관계에 관한 Q방법론적 분석.* 부산대학교 대학원 석사학위 논문.

박외숙 (1996). 다문화적 상담과정에서 나타나는 개인주의-집단주의 가치에 대한 검토. *한국심리학회 세미나자료*, 135-164.

박을순 (2011). *가정폭력이 결혼이주여성의 정신건강에 미치는 영향.* 강원대학교 대학원 석사학위 논문.

박재규 (2007). 농촌지역 국제결혼 이민자여성의 이혼의사에 영향을 미치는 요인 분석. *농촌사회*, 17(2), 1-20.

박재규 (2009). 국제결혼 여성이민자 및 남편의 가족생활적응연구, *보건과 사회과학*, 26, 137-163.

박재규 (2011). 국제결혼 여성이민자의 가족해체 원인 및 특성 분석: 경기지역 자료를 중심으로. *보건사회연구*, 31(3), 104-139.

박정윤 (2009). 다문화가족지원센터의 다문화가정을 위한 지원서비스: 현황과 발전방향에 관한 연구. *다문화콘텐츠연구*, 2(7), 31-62.

박종삼 (1982). 한미 국제결혼에서 문화적 배경의 차이로 인한 의사전달 갈등의 이론적 고찰. *인문학연구: 숭실대학교*, 12(0), 99-136.

박주희, 정진경 (2008). 타문화에 대한 태도발달검사의 타당화 연구. *한국심리학회지: 사회 및 성격*, 22(1), 1-21.

박지선, 류한수 (2014). 다문화가족 남편의 아내에 대한 스트레스와 심리적 학대의 관련성. *한국콘텐츠학회논문지*, 14(11), 722-731.

박지윤, 박은민 (2015). 중학생이 지각하는 부모 양육태도와 다문화 수용성의 관계에서 자아존중감의 매개효과. *상담학연구*, 16(3), 233-251.

박진옥 (2012). 다문화가족의 고부갈등에 영향을 미치는 요인. *민족문화논총*,

52, 270-308.

박찬현 (2018). *다문화가정 아버지와의 대화시간 및 학부모 역할이 청소년의 학업에 미치는 영향: 자아존중감의 매개효과를 중심으로.* 중앙대학교 사회복지대학원 석사학위 논문.

박채복 (2007). 독일의 이주자정책: 사회적 통합과 배제의 딜레마. *한독사회과학논총*, 17(1), 293-318.

박현옥 (1989). *고부갈등에 영향을 미치는 제 변인에 관한 연구.* 숙명여자대학교 대학원 석사학위 논문.

박혜숙, 원미순 (2010). 대학생들의 다문화수용성과 관련변인 탐색. *교육심리연구*, 24(2), 303-325.

박혜원 (2002). *공감훈련이 여중생의 공감능력과 자아존중감에 미치는 효과.* 연세대학교 대학원 석사학위 논문.

박휴용, 여영기, 반상진 (2014). 고령 다문화 사회: 개념과 성격, 그리고 사회정책의 방향. *노인복지연구*, 65, 131-157.

박휴용 (2019). 다문화 가정 2세들의 현황과 사회적 자원으로서의 재인식. *월간 공공정책*, 168(0), 26-29.

박홍식 (2013). 결혼중개업의 관리에 관한 법률 해석과 국제결혼중개업의 공익화 방안에 대한 연구. *법학연구*, 24(2), 95-139.

반명진 (2010). *텔레비전 다큐멘터리에 재현된 다문화 담론에 대한 분석.* 한국외국어대학교 대학원 석사학위 논문.

백승대, 안태준 (2013). 국민정체성이 청소년의 다문화수용성에 미치는 영향. *대한정치학회보*, 21(2), 1-24.

서광석 (2011). *다문화가족의 사회적응을 위한 지원정책에 관한 연구.* 인하대학교 대학원 박사학위 논문.

서진철 (2010). 다문화가정의 이혼소송(Ⅰ). *고시계*, 7, 146-151.

서현, 이승은 (2007). 농촌지역의 국제결혼 가정 자녀가 경험하는 어려움에 관한 연구. 열린유아교육연구, 12(4), 25-47.

서홍란, 정한나 (2010). 경남지역 거주 국제결혼 한국남성의 결혼만족도에 영향을 미치는 요인. 사회과학연구, 26(3), 27-48.

석희정, 하춘광 (2015). 중도입국청소년들의 가족생활적응경험에 대한 질적 연구. 학교사회복지, 31(-), 1-35.

선은정 (2015). 중도입국자녀의 공교육 진입관련 다문화코디네이터의 현장 경험 연구. 경기대학교 교육대학원 석사학위 논문.

설동훈 (1997). 외국인 노동자와 한국사회의 상호작용. 노동연구, 13(0), 131-158.

설동훈, 김윤태 (2005). 대만의 국제결혼 이민자 복지 정책. 중소연구, 29(3), 143-188.

설동훈 (2006). 한국의 결혼이민자 가족: 현황과 정책. 한국가정관리학회 학술발표대회 자료집, 1-20.

설은정, 정옥분 (2012). 부모의 양육행동이 아동의 다문화 수용성에 미치는 영향. 인간발달연구, 19(2), 91-114.

성은영, 권지은, 황순택 (2012). 다문화가정 시어머니의 고부갈등 경험에 관한 질적 연구: 농촌지역을 중심으로. 한국심리학회지: 여성, 17(3), 363-383.

성은영, 황순택 (2013). 다문화가정 시어머니의 고부갈등, 스트레스 대처, 정신건강에 관한 연구. 한국심리학회지: 여성, 18(1), 243-256.

성지혜 (1996). 중국교포여성과 한국남성간의 결혼연구. 대구가톨릭대학교 대학원 석사학위 논문.

소라미 (2007). 국제결혼 이주여성의 안정적 신분 보장을 위한 법、제도 검토(지정토론요지). 법학논총, 96, 43-53.

소라미 (2009). 결혼 이주여성의 인권 실태와 한국 법제도 현황에 대한 검토. 법학논총, 98(2), 1-32.

손기섭 (1999). 제2부 한민족네트워크공동체의 현실과 가능성: 제4장 타민족 사례연구. *한민족네트워크공동체의식조사*, 146-160.

손병돈 (2014). 다문화가족 외국인 배우자의 다문화가족지원센터 인지 및 이용 결정요인. *보건사회연구*, 34(4), 354-384.

손영기 (2011). 기획특집: 다문화 사회의 문제와 대응논리; 결혼이주여성의 인권 보호를 위한 현행 법제도 고찰. *인문과학연구*, 16, 109-131.

손영화, 박봉수 (2015). 학교 밖 중도입국청소년의 인권에 관한 사례 연구. *교육문화연구*, 21(1), 75-102.

손은혜 (2015). *일본의 다문화 교육 환경 연구*, 서울대학교 대학원 석사학위 논문.

손혜진 (2020). 다문화 청소년 내담자의 '학교 적응 경험'에 대한 현상학적 연구. *다문화교육연구*, 13(3), 27-54.

송민경 (2014). 중도입국청소년을 둔 여성결혼이민자의 재혼경험에 대한 질적 연구. *한국가족복지학*, 45, 35-64.

송민경 (2015). 유자녀 외국여성과 결혼한 한국남성의 가족형성과정에 관한 연구 - 중도입국청소년 가족을 중심으로 -. *한국사회복지학회 학술대회 자료집*, 196-230.

송성자 (1974). *국제결혼에 있어서의 부부갈등*. 이화여자대학교 대학원 석사학위 논문

송시우 (2020). 국제결혼중개에 있어서 제공대상인 신상정보의 내용과 그 개선 방향 연구. *입법학연구*, 17(1), 223-247.

승해경 (2018). 한국다문화가족정책과 지방정부의 역할. *한국지역사회생활과학회 학술대회 자료집*, 1-19.

신유진 (2016). *한국 미디어에 나타난 다문화가족 담론 연구-텔레비전 다큐멘터리를 중심으로*. 이화여자대학교 국제대학원 박사학위 논문.

신재주 (2010). 일본, 독일, 호주의 다문화정책에 관한 비교연구 - 다문화정책의 특성과 한국에의 시사점을 중심으로 -. *사회과학연구*, 17(3), 5-37.

신진욱 (2011). 비판적 담론 분석과 비판적·해방적 학문. *경제와사회*, 89(0),

10-45.

심인선 (2010.07.). 결혼이민자의 취업 및 직업훈련 실태와 정책과제. *보건복지포럼*, 165(0), 36-45.

안병삼 (2009). 초국가적 이동현상에 따른 중국 조선족의 가족해체 연구. *한국동북아논총*, 52(0), 153-177.

안수영, 임우연 (2011). 대전 지역 결혼이민자의 일 경험 영향요인 분석. *사회과학연구*, 37(3), 49-69.

안진 (2013). 결혼이주관련 법제의 문제점과 개선방안에 대한 일고찰 -결혼이주여성의 인권의 관점에서-. *법학논총*, 30(1), 41-74.

양문승 (2012). 다문화정책 추진체계 개선을 위한 중앙부처와 지방자치단체 간 치안협력인프라 구축방안 연구. *한국경찰연구*, 11(4), 207-232.

양미진, 고홍월, 김영화, 이동훈 (2012). 중도입국 다문화가정 청소년의 이주 후 적응에 관한 질적 연구. *청소년상담연구*, 20(2), 87-113.

양선화 (2004). 상담사례에서 본 국제결혼 이주여성의 삶. 광주전남지역 국제결혼 이주여성 실태보고 및 토론회. *(사)광주여성의 전화 부설 가정폭력상담소 자료집.*

양소영 (2012). 국제이주와 이주여성의 인권. *전남대학교 글로벌디아스포라연구소 국내학술회의*, 279-297.

양순미 (2006). 농촌 국제결혼 이주여성 부부의 적응과 결혼만족에 작용하는 요인 분석. *한국가정관리학회 학술발표대회 자료집*, 217-230.

양순미 (2007). 농촌 국제결혼 부부의 행복에 관련변인이 미치는 효과. *농촌사회*, 17(2), 1-24.

양승민 (2008). *한국적 다문화상담의 모색을 위한 농촌지역 결혼이민여성들의 스트레스 요인과 반응에 관한 연구.* 연세대학교 대학원 박사학위논문.

양영자 (2012). 이주여성의 생애사에 재현된 젠더의 구성과정: 재독한인여성의 생애사를 중심으로. *한국사회복지학*, 64(2), 325-354.

양인숙, 김선혜 (2011). 여성결혼이민자의 인적자본 및 사회자본이 취업에 미치는 영향. *경영경제연구*, 34(1), 237-266.

양철호, 김영자, 손순용, 양선화, 신봉관, 조지현 (2003). 외국인 주부의 인권과 복지에 관한 연구 - 광주·전남을 중심으로. *사회복지정책*, 16(6), 127-149.

어경준, 이미정 (2018). 중도입국자녀를 위한 복지서비스의 실제와 방향성에 관한 연구. *인문사회 21*, 9(2), 229-241.

엄명용 (2010). 결혼이민여성의 한국인 남편에 대한 생애사 연구. *한국가족관계학회지*, 14(4), 261-298.

엄명용 (2013). 다문화가정 중도입국청소년의 한국 사회 적응 영향 요인. *한국가족복지학*, 42(0), 39-82.

염미경 (2011). 제주도 여성결혼이민자의 가족관계 양상. *탐라문화*, 39(0), 119-156.

염미경 (2012). 대학 다문화교육과 대학생들의 다문화 인식. *현대사회와 다문화*, 2(1), 211-233.

염지숙 (2017). 영아기 자녀를 둔 농촌지역 결혼이주여성의 취업경험을 통한 정체성 형성. *유아교육학논집*, 21(2), 307-327.

오경석 (2007). 다문화와 민족-국가: 상대화인가, 재동원인가? *공간과 사회*, 28(0), 98-121.

오성배 (2007a). 국제결혼 가정 자녀('Kosian')의 교육 환경과 문제. *교육비평*, 22(0), 186-213.

오성배 (2007b). 국제결혼 가정 자녀의 교육 기회 실태와 대안 모색. *인간연구*, 12(0), 33-56.

오성배, 서덕희 (2012). 중도입국 청소년의 진로의식, 진로준비행동과 사회적 지원 실태 탐색. *중등교육연구*, 60(2), 517-552.

오승환, 좌현숙 (2015). 중도입국 청소년과 일반 다문화가족 청소년의 우울에 영향을 미치는 요인 비교. *학교사회복지*, 32(0), 385-412.

오연미 (2017). *한국 다문화부부의 갈등해결을 위한 다문화상담 방안 연구 - 사티어의 대화이론 모델을 중심으로*. 한남대학교 대학원 석사학위 논문.

오현선 (2007). 한국사회 여성 이주민의 삶의 자리와 기독교교육적 응답. *기독교교육 논총*, 15(0), 247-281.

오혜정 (2015). 다문화가정 어머니가 자녀양육에서 경험하는 의사소통의 어려움에 관한 연구. *특수아동교육연구*, 17(1), 215-237.

우명숙, 이나영 (2013). '조선족' 기혼여성의 초국적 이주와 생애과정 변동: 시간성과 공간성의 교차 지점에서. *한국사회학*, 47(5), 139-169.

원숙연, 문정희 (2016). 다문화 역량의 다차원성과 영향요인: 다문화가족지원센터 종사자를 대상으로. *지방정부연구*, 19(4), 143-165.

월원, 이경애 (2022). 중도입국 청소년을 위한 한국어 교육의 연구동향 분석 (2011-2021). *열린교육연구*, 30(2), 115-139.

유두련 (2019). 대학생이 지각한 어머니의 양육행동에 따른 다문화수용성에 관한 연구: 공감능력의 매개효과를 중심으로. *민족연구*, 73(0), 54-85.

유승무, 이태정 (2006). 한국인의 사회적 인정 척도와 외국인에 대한 이중적 태도. 담론 *201*, 9(2), 275-311.

유승희 (2021). 결혼중개업에 대한 비판적 고찰 및 정책 개선방안에 관한 연구. *인문사회21*, 12(5), 1149-1164.

유진이 (2018). 이주아동 인권 및 지원 방안 연구. *다문화아동청소년연구*, 3(2), 3-30.

유진이, 홍영균 (2007). 다문화가족 지원센터 활성화 방안 연구. *청소년시설환경*, 5(3), 89-100.

윤순정 (2017). *결혼이주여성의 가족건강성 구조 모형*. 공주대학교 대학원 박사학위 논문.

윤인성, 박선영 (2016). 다문화가정자녀에 대한 일반아동의 사회적 거리감에 영향을 미치는 요인 연구. *예술인문사회융합멀티미디어논문지*, 6(3), 193-202.

윤일수 (2016). 다문화를 바라보는 현대인의 시선 -다문화가족 소재 영화 〈나의 결혼원정기〉와 〈완득이〉를 대상으로-. *한국사상과 문화*, 83(0), 303-324.

윤향희 (2014). *다문화가족 아동의 교우관계와 이중문화적응, 부모와의 의사소통, 사회적 지지의 관계.* 한남대학교 사회문화 · 행정복지대학원 석사학위 논문.

윤향희, 전세경 (2015). 다문화가족 지원정책 전달 기관의 정책 수행 실태 및 개선방안에 관한 연구. *다문화콘텐츠연구*, 18, 363-394.

윤현석, 안성훈 (2015). 한국남성의 국제결혼 피해실태 및 대책에 관한 연구. *인문사회21*, 6(4), 173-192.

윤형숙 (2005). 외국인 출신 농촌주부들의 갈등과 적응 - 필리핀 여성중심 -. *지방사와 지방문화*, 8(2), 299-339.

윤홍주, 최효식 (2019). 다문화 가정 어머니의 일상생활스트레스 변화 양상에 따른 방임 및 자녀의 학업성취 차이: 성장혼합모형 적용을 중심으로. *한국산학기술학회논문지*, 20(12), 348-356.

윤희중 (2013). 국제결혼 이주여성의 가족관계 스트레스가 자존감 인식에 미치는 영향. *글로벌문화연구*, 4(2), 45-68.

윤희중 (2014). 가족관계 스트레스와 양육행동의 관련성 분석: 결혼이주여성을 중심으로. *글로벌문화연구*, 5(1), 39-60.

이경선 (2011). *다문화가족지원센터의 역할 정립을 통한 활성화 방안에 관한 연구 -인천시 다문화가족지원센터를 중심으로-.* 인천대학교 행정대학원 석사학위 논문.

이경희 (2013). 국제결혼중개업에 관한 법적 규제. *한남법학연구*, 1(0), 1-24.

이근무, 김진숙 (2009). 국제 결혼한 남성들의 생애사 연구. *한국사회복지학*, 61(1), 135-162.

이도균 (2015). 한국영화 속 다문화 가정의 재현 방식에 관한 연구- 영화 〈완득이〉를 중심으로 -. 예술과 미디어, 14(4), 97-124.

이동수, 송승숙 (2012). 국제결혼한 한국남성의 결혼적응 유형에 관한 연구. 사회과학논총, 31(2), 135-171.

이동진 (2019). 중학생의 다문화감수성 영향요인. 상명대학교 대학원 석사학위논문.

이래혁, 최홍일 (2020). 다문화가정 모의 문화적응 스트레스가 일상생활 스트레스, 부모효능감, 방임적 양육태도를 통해 청소년 자녀의 내재화 문제에 미치는 영향. 한국가족복지학, 25(2), 117-139.

이명곤 (2011.5.27.). 〈한국사회의 다문화〉에 관한 철학적 담론의 현황과 과제. 대구가톨릭대학교 다문화연구소 학술대회발표논문집.

이명옥 (2013). 다문화가족 해체 예방을 위한 지원정책 개성방안 연구 - 여성결혼이민자를 중심으로 -. 인천대학교 행정대학원석사학위 논문.

이명진 (2019). 한국사회의 다문화 수용성 추이와 국제비교에 관한 탐색적 연구. 社會科學硏究, 32(1), 67-95.

이명현 (2009). 텔레비전 오락프로그램에 재현된 결혼이주여성 - 〈사돈 처음 뵙겠습니다〉를 중심으로. 다문화콘텐츠연구, 1, 57-79.

이명희, 김기화, 황진민, 이재창, 허은지 (2017). 다문화예비학교의 역할과 개선과제-한국어강사의 교육경험을 중심으로-. 교육문화연구, 23(4), 409-432.

이무선 (2014). 인권차원에서의 결혼이주여성 보호법제의 재정비 방안. 법학논총, 32(0), 131-159.

이미란, 김선희, 배은석 (2016). 노인의 개인주의-집단주의 가치성향에 따른 다문화수용성에 관한 연구. 디아스포라연구, 10(1), 155-179.

이미림 (2012). 다문화성장소설연구. 현대소설연구 - 〈코끼리〉, 〈완득이〉, 〈이슬람 정육점〉을 중심으로. 현대소설연구, 51(0), 373-401.

이민경 (2016). 여성 결혼 이민자의 다문화 가정에서 아버지의 양육참여 실태와 유아의 어휘력과의 관계. *한국콘텐츠학회논문지*, 16(11), 211-222.

이민영, 김광웅 (2011). 초기청소년이 지각한 부모행동통제특성과 내외통제소재 및 친구 간 갈등해결전략. *청소년학연구*, 18(2), 193-218.

이병철, 송다영 (2011). 다문화가족 중도입국청소년의 학교생활 적응에 관한 질 적 연구. *한국사회복지학*, 63(4), 131-154.

이보경 (2021). *중도입국 청소년의 공교육 진학을 위한 개선방안 연구*. 동아대학 교 국제전문대학원 석사학위 논문.

이삼식 (2011). 외국의 이민정책현황과 시사점. *보건·복지 Issue & Focus*, 110, 1-8.

이상림 (2013). 혼인이주 현상에 대한 인구학적 조망. *한국인구학*, 36(2), 105-127.

이상주, 전미숙 (2016). 국가 간 다문화정책 비교연구. *한국인간복지실천연구*, 16(0), 209-235.

이선주. (2006). 국제노동이주와 젠더: 배제와 제한된 포용. *한국여성학*, 22(4), 125-155.

이성은, 최경철 (2019). 다문화가정의 삶의 질 향상을 위한 다문화지원 서비스 정책 발전 방안 연구. *예수인문사회융합멀티미디어논문지*, 9(5), 699-708.

이성진, 조용래 (2009). 가정폭력 피해여성들의 지각된 통제감과 회피대처가 외 상후 스트레스 증상에 미치는 효과. *한국심리학회지: 임상*, 28(2), 415-436.

이소현 (2014). TV 속의 다문화가정 2세: 이산적 정체성의 포섭과 배제. *미디어, 젠더 & 문화*, 0(29), 5-36.

이수연 (2008). 결혼이민 여성가족의 스트레스가 가족적응에 미치는 영향. 서울 대학교 대학원 석사학위 논문.

이수자 (2006). 지구화와 이주과정에서 발현되는 문화혼성성-재독 한인여성과 재한 외국인여성의 문화적응 비교분석을 중심으로-. 한·독 사회과학논총, 16(2), 191-228.

이수진, 김현주 (2016). 중도입국청소년의 가족경험에 대한 현상학적 연구. 청소년학연구, 23(5), 205-235.

이순배, 김순환 (2020). 이중언어교육에 대한 인식과 어려움: 다문화가족 특성화 사업 직원을 중심으로. 다문화와 평화, 14(1), 159-185.

이순자, 오숙현 (2004). 어머니의 양육태도 및 유아의 대인문제해결사고와 공감 능력과의 관계. 특수아동교육연구, 6(2), 333-353.

이영분, 김나예 (2012). 학대를 경험한 다문화 가정 아동의 학교적응: 탄력성의 조절효과를 중심으로. 한국가족복지학, 38(0), 39-67.

이영애 (2012). 결혼이주 여성들의 결혼생활과 육아경험에서 오는 갈등과 소망. 유아교육학논집, 16(5), 435-457.

이영주 (2008). 다문화가족 아동의 특성에 따른 적응요인: 위험요인과 보호요인 분석. 한국가족복지학, 13(1), 79-101.

이영주 (2019). 중도입국자녀의 현황과 과제 - KBS파노라마 다큐멘터리 사례를 중심으로 -. 건국대학교 교육대학원 석사학위 논문.

이외순, 양영자, 전유정 (2021). 결혼이주여성의 가정 내 인권침해에 대한 인식-경남지역 중심으로-. 사회과학연구, 37(2), 261-294.

이용승 (2014). 국제 이주의 동기에 관한 연구: 필리핀 결혼이주여성의 내러티브를 중심으로. 디아스포라연구, 8(1), 119-144.

이유숙 (1998). 한국의 전통적 가족주의와 부부간의 사랑. 이화여자대학교 대학원 석사학위 논문.

이유진 (2009). 캐나다의 이민자 통합정책 레짐에 대한 연구: 온타리오 주를 중심으로. 다문화사회연구, 2(1), 5-30.

이은영, 황혜원 (2016). 가족환경스트레스가 중도입국자녀의 학습된 무력감에

미치는 영향: 자아정체성의 매개효과를 중심으로. 청소년학연구, 23(4), 397-423.

이은정 (2011). 다문화가족 부부의 가족생활만족도에 관한 연구, 숙명여자대학교 정책·산업대학원 석사학위 논문.

이은정 (2014). 다문화가정 아동의 문화적응 척도 개발 연구. 유아교육·보육복지 연구, 18(4), 271-294.

이은주, 전미경, 손서희 (2018). 다문화가족 한국 남성 배우자의 부부관계 증진에 관한 연구. 한국가정관리학회지, 36(3), 117-128.

이은희, 이정란 (2012). 다문화가정 한국남성 배우자의 문화적응 스트레스가 결혼만족도에 미치는 영향 -가족탄력성의 매개효과-. 디지털융복합연구, 10(11), 441-448.

이재경 (2003). 한국 근대가족과 페미니즘. 한국여성학, 19(2), 247-250.

이재경, 박명숙 (2014). 다문화가정의 아동학대 발생 위험요인으로써의 남편의 음주, 아내폭력, 양육스트레스에 관한 연구. 한국아동복지학, 0(48), 235-259.

이정숙 (2012). 가족 상담이 다문화가정 아동의 학교생활 적응에 미치는 영향. 진주교육대학교 대학원 석사학위 논문.

이정아 (2016). 초등학생의 자아존중감 및 공감능력과 다문화수용성의 관계. 경인교육대학교 교육전문대학원 석사학위 논문.

이정아, 이윤정 (2016). 초등학생의 자아존중감 및 공감능력과 다문화 수용성의 관계. 학습자중심교과교육연구, 16(6), 73-91.

이정용 (2012). 다문화가족의 부부갈등이 결혼만족도에 미치는 영향 연구. 동국대학교 행정대학원 석사학위 논문.

이정희 (2006). 여성결혼이민자의 문화적 갈등과 이혼위기에 대한 사례연구. 계명대학교 여성학대학원 석사학위 논문.

이정희, 이수분 (2013). 여성결혼이민자의 직업적응과정에 관한 질적 연구. 인적

자원관리연구, 20(1), 1-19.

이종열, 정준호 (2012). 한국과 대만의 다문화사회 정책 특성과 유형에 관한 비교분석-추진전략과 기능을 중심으로-. *한국비교정부학보*, 16(3), 157-186.

이종열 (2013). 미디어와 정부예산을 통한 다문화 사회 이슈 분석. *한국자치행정학보*, 27(2), 39-63.

이종찬 (2019). 다문화가정 청소년의 부모와의 관계만족도가 우울, 자아존중감, 학교적응도에 미치는 영향. *교육문화연구*, 25(2), 877-897.

이주연, 김성일 (2006). 국제결혼이주여성가족의 지역사회와의 갈등양상 및 통합 방향. *한국사회학회 사회학대회 논문집*, 241-243.

이준규 (2012). 한국 다문화정책의 개선방안 - 다문화가족을 중심으로. *한국지방정부학회 학술대회자료집*, 257-282.

이지영 (2012). 다문화가정 어머니의 문화적응 스트레스와 부모스트레스가 자녀의 부적응에 미치는 영향: 가족기능의 조절효과를 중심으로. *한국가족복지학*, 17(2), 105-125.

이지영 (2013). *중학생들의 다문화 수용성에 대한 연구*. 서울대학교 대학원 박사학위 논문.

이진숙 (2007). 국제결혼가정의 자녀양육실태와 아버지의 양육참여에 관한 연구. *열린유아교육연구*, 12(6), 21-42.

이진아 (2015). 캐나다 시민적 다문화주의 정책의 특징과 시사점. *디지털융복합연구*, 13(11), 15-23.

이창식 (2010). 연구논문: 여성 결혼이민자의 가족관계가 삶의 만족에 미치는 영향. *농촌지도와 개발*, 17(4), 717-742.

이태정, 이용수, 신현구, 김명수 (2013). 결혼이주여성의 취업상태에 대한 분석 연구. *한국인구학*, 36(3), 21-44.

이한동 (2008). *결혼이주여성의 가정폭력과 정신건강 - 스트레스와 우울을 중심*

_으로 -. 연세대학교 행정대학원 석사학위 논문.

이해경 (2015). 결혼이주여성의 이혼 후 삶의 경험에 관한 연구. *한국가족복지학*, 47(0), 29-54.

이현, 김재엽 (2019). 결혼이주여성의 자녀학대 발생위험성에 관한 경로연구. *한국가족관계학회지*, 24(2), 109-126.

이현아 (2020). 건강가정다문화가족지원센터의 아버지참여 프로그램 효과 분석. *현대사회와다문화*, 10(2), 143-175.

이현정, 안재웅, 이상우 (2013). 다문화 콘텐츠가 다문화 수용성에 미치는 영향에 관한 실증연구. *한국언론학보*, 57(3), 34-57.

이혜경 (2005). 혼인이주와 혼인이주 가정의 문제와 대응. *한국인구학*, 28(1), 73-106.

이혜경, 정기선, 유명기, 김민정 (2006). 이주의 여성화와 초국가적 가족: 조선족 사례를 중심으로. *한국사회학*, 40(5), 258-298.

이혜경 (2010a). 영화 〈나의 결혼 원정기〉를 통해 본 다문화가족의 형성과 현실에 관한 연구. *다문화가족연구*, 4(0), 129-143.

이혜경 (2010b). 이주 여성들의 다중정체성 - 국가가족계급이주민공동체. *로컬리티 인문학*, 3(0), 351-360.

이혜랑 (2019). 국제결혼 과정에서 이주 여성의 권리 - 한국에 수용된 국제인권법과 국내법 -. *연세 공공거버넌스와 법*, 10(1), 45-77.

이화선 (2015a). *결혼이주여성의 에이전시와 다문화담론-재현과 경험의 간극을 중심으로-*. 고려대학교 대학원 박사학위 논문.

이화선 (2015b). 한국 다문화정책의 편향성과 결혼이주여성의 지위. *한국융합인문학*, 3(2), 7-24.

이화숙 (2013). 다문화 가족의 호칭어 조사 연구. *민족연구*, 53, 152-168.

이효인 (2015). 중도입국 자녀 대상 한국어 교육 연구 -전남지역의 현황과 과제를 중심으로-. *호남학(구 호남문화연구)*, 58(0), 307-331.

임소현 (2008). *자아존중감이 타민족 문화의 수용에 미치는 영향: 동남아시아인 및 외국인 이주노동자를 중심으로*. 이화여자대학교 교육대학원 석사학위 논문.

임춘식, 이기화 (1994). 고부간의 갈등에 관한 조사연구 -대전시 고부동거 가족 을 중심으로-. 한남대학교 사회과학연구소. *사회과학연구*, 4, 161-183.

임춘희 (2013). 이혼 후 재결합한 여성이 지각하는 결혼의 의미와 결혼생활의 변화. *인간발달연구*, 20(1), 1, 1-27.

장덕희, 장재원, 염동문 (2015). 농촌지역 결혼이주여성의 결혼만족도와 양육효능감의 관계에서 문화적응과 사회자본의 이중매개효과. *한국가족복지학*, 20(4), 631-649.

장민경 (2021). *초기 성인의 다문화인식과 편견의 관계에서 문화적 민감성의 매개효과*. 한양대학교대학원 석사학위 논문.

장석인, 김광수, 레 꽝 까인, 레 도안 화이 (2013). 서유럽국가의 다문화사회와 사회통합정책에 관한 연구. *경영컨설팅 리뷰*, 4(2), 69-88.

장성숙 (2000). 현실역동 상담: 한국인의 특성에 적합한 상담 접근. *한국심리학회지: 상담 및 심리치료*, 12(2), 17-32.

장성숙 (2002). 우리 문화에서의 상담자상. *한국심리학회지: 상담 및 심리치료*, 14(3), 547-561.

장영신, 전경미. (2014). 다문화가족지원센터 상담종사자의 다문화가족 상담에 관한 경험 연구 - '가족' 상담 중심으로 -. *문화교류와 다문화교육(구 문화교류연구)*, 3(1), 109-131.

장온정 (2007). *국제결혼 한 한국남성의 결혼적응에 관한 연구*. 중앙대학교 대학원 박사학위 논문.

장온정, 박정윤 (2010). 가정폭력 피해 결혼이민자여성의 경험과 지원체계 개선에 관한 연구. *한국가정관리학회지*, 28(6), 221-234.

장우심 (2014). 한국인 시어머니의 의사소통과 태도에 대한 지각이 고부관계에 미치는 영향. *한국지역사회복지학*, 51(0), 71-101.

장은화 (2012). *아동의 자아개념 및 다문화 경험과 다문화 수용성 간의 관계*. 연세대학교 대학원 석사학위 논문.

장임숙 (2011). 대학생의 특성유형에 따른 다문화인식과 이주인권정책에 대한 태도. *한국지방정부학회 학술대회자료집*, 3-20.

전경숙 (2008). 경기도 지역의 다문화가정과 일반가정 청소년의 생활실태 조사 -학교생활과 가정생활을 중심으로-. *청소년상담연구*, 16(1), 167-185.

전경옥 (2007). 젠더 관점에서 본 다문화 사회의 사회통합. *아시아여성연구*, 46(1), 7-42.

전대성, 김동욱 (2020). 가정폭력 피해경험이 청소년의 비행실태에 미치는 영향: 일반가정과 다문화 가정 청소년 비교를 중심으로. *아시아연구*, 23(1), 203-233.

전명길 (2017). 다문화가정의 가정폭력에 관한 연구. *법이론실무연구*, 5(3), 249-269.

전미경, 손서희 (2018.11.). 다문화부부의 결혼만족도 관련 요인에 관한 연구. *한국가정관리학회 학술발표대회 자료집*, 221-221.

전선영 (2015). *한국 이주배경 청소년 정책연구-대만과 일본의 비교-*, 한국외국어대학교 교육대학원 석사학위 논문.

전세환 (2016). *다문화가족의 가정폭력 예방 및 피해자보호 지원에 관한 연구*. 동국대학교 대학원 석사학위 논문.

정도희 (2012). 한국의 결혼이주여성 인권보호를 위한 제언. *법학연구*, 15(2), 31-57.

정미선 (2017). *아동이 지각한 부모의 양육태도가 공감능력에 미치는 영향*. 광주대학교 보건상담정책대학원 석사학위 논문.

정미주 (2010). *초등학교 아동의 공감하기, 친사회적 행동 및 또래관계 간의 관계*. 창원대학교 교육대학원 석사학위 논문.

정민주 (2017). 다문화 고부 갈등 대화에 나타난 불평 화행의 실현 양상과 교육적 시사점. 국어교육연구, 64(0), 21-48.

정삼현 (2015). 초등학생의 자아존중감과 대인관계가 다문화 수용성에 미치는 영향. 광주교육대학교 교육대학원 석사학위 논문.

정삼현, 방기혁 (2019). 초등학생의 대인관계가 다문화 수용성에 미치는 영향. 학습자중심교과교육연구, 19(9), 495-515.

정상기 (2010). 다문화가족지원센터 종사자의 직무만족이 서비스 품질에 미치는 영향. 명지대학교 대학원 박사학위 논문.

정상기, 정윤수 (2010). 다문화가족지원센터의 서비스에 관한 실태분석. 한국거버넌스학회보, 17(2), 229-256.

정석원, 정진철 (2012). 청소년의 다문화 교육경험과 사회적 친밀감이 다문화 수용에 미치는 영향. 다문화교육연구, 5(1), 51-68.

정선희 (2014). 국제결혼 이주여성의 이혼 후 삶의 변화에 관한 연구: 경남지역 사례를 중심으로. 창원대학교 사회복지대학원 석사학위 논문.

정성미 (2011). 여성결혼이민자의 치유의 글쓰기. 다문화콘텐츠연구, 10, 75-116.

정세진, 윤혜미, 정다영, 박설희. (2018). 중도입국 청소년의 학교적응 영향요인 연구 – 개인, 가족, 다문화배경을 중심으로. 학교사회복지, 44(0), 23-50.

정순둘, 박현주, 오보람 (2010). 시부모와 외국인 며느리가 지각하는 관계의 질과 의사소통의 일치정도에 근거한 관계유형. 한국사회복지학, 62(1), 133-153.

정순영 (2004). 다문화 그림책을 활용한 교육활동이 유아의 가족구조 및 이혼에 대한 태도에 미치는 영향. 성균관대학교 교육대학원 석사학위 논문.

정연구, 송현주, 윤태일, 심훈 (2011). 뉴스 미디어의 결혼이주여성 보도가 수용자의 부정적 고정관념과 다문화지향성에 미치는 영향. 한국언론학보, 55(2), 405-427.

정지명, 양세정 (2014). 결혼이민여성 남편을 위한 인문학 프로그램이 남편의 결혼만족도와 가족응집력 및 가족적응력에 미치는 효과에 대한 연구. *한국가족복지학*, 19(2), 215-235.

정지언, 김영환 (2012). 초·중등학교에서의 프로젝트기반 블렌디드 국제교류프로그램 운영을 위한 교사의 직무분석: AEEP를 중심으로. *교사교육연구*, 51(2), 215-230.

정천석 (2008). *국제결혼 이주여성의 적응 유형에 관한 질적 비교연구*. 백석대학교 대학원 박사학위 논문.

정현주 (2008). 이주, 젠더, 스케일: 페미니스트 이주 연구의 새로운 지형과 쟁점. *대한지리학회지*, 43(6), 894-913.

정혜연 (2004). *공감훈련프로그램이 아동의 사회적 능력에 미치는 효과*. 제주대학교 교육대학원 석사학위 논문.

정혜영, 김진우 (2010). 베트남여성결혼이민자 가족의 문화적응과정에서 나타나는 갈등 연구. *한국사회복지학*, 62(2), 29-55.

정혜영 (2013). 다문화가족 아버지의 자녀양육참여 변화에 관한 연구 - 양육참여촉진교육 프로그램 참여과정을 중심으로 -. *한국사회복지학회 학술대회 자료집*, 576-608.

정희정, 김소연 (2014). 다문화가족 중도입국자녀의 사회연결망에 관한 사례연구: 청소년 상담지원체계를 중심으로. *한국사회복지학*, 19(4), 831-853.

조미성 (2014). *고등학생의 자아존중감이 다문화 수용성에 미치는 영향*. 이화여자대학교 교육대학원 석사학위 논문.

조상진 (2015). *베이비부머에 관한 비판적 담론분석: 종합일간지 사설과 칼럼을 중심으로*. 전북대학교 행정대학원 석사학위 논문.

조예신, 최재오 (2019). 다문화가족정책기본계획(2013~2017) 언어정책사업과제의 우선순위분석을 통한 이중 언어정책 활성화 탐색. *다문화콘텐츠연구*, 32(0), 7-34.

조옥이, 김혜정, 서주희, 김정현 (2012). 다문화가정 중도입국 청소년의 학교생활 적응사례 연구. *한국가정과교육학회 학술대회 자료집*, 173-173.

조원휘 (2019). *이주 여성 관련 정책 및 서비스에 관한 연구-한국과 대만 중심으로-*. 대전대학교 대학원 박사학위 논문.

조윤오 (2010). 다문화가정 여성의 가정폭력 피해경험에 대한 연구. *피해자학연구*, 18(1), 159-183.

조은송이 (2014). *결혼이민자를 위한 다문화가족지원센터 서비스디자인 연구*. 이화여자대학교 디자인대학원 석사학위 논문.

조은숙, 김민경, 최연실 (2015). 다문화가족상담 인력 양성과정 개발을 위한 기초연구 - 다문화가족 대상 상담 업무 현황과 종사 인력의 교육 요구도를 중심으로 -. *가족과 가족치료*, 23(1), 89-113.

조인제, 김다영, 홍명기 (2020). 다문화가정 학생의 학습부진과 학교부적응에 영향을 미치는 요인에 관한 연구: 경기도 외국인 밀집지역을 중심으로. *문화교류와 다문화교육*, 9(4), 165-184.

조정문, 장상희 (2002). 문화와 일에 대한 태도: 한국과 일본 노동자의 일에 대한 헌신도 비교연구. *한국연구재단(NRF) 연구성과물*, 1-30.

조진숙, 황재원 (2017). 결혼이주여성의 문화적응경향이 결혼만족도에 미치는 영향: 문화적응스트레스의 매개효과를 중심으로. *인문사회 21*, 8(2), 931-954.

조현미, Hoang Thi Viet Ha (2017). 베트남출신 결혼이주여성의 혼인경로에 따른 혼인동기와 가족과의 관계분석. *사회과학 담론과 정책*, 10(1), 143-166.

조현상 (2013). 국가의 '다문화가족 만들기'에 관한 비판적 고찰: 제2차 다문화가족정책 기본계획(2013-2018) 분석. *한국지역사회복지학*, 44, 127-152.

조혜경 (2015). *초등학교 고학년 아동의 공감능력 및 자기조절능력과 학교생활적응의 관계*. 경인교육대학교 교육전문대학원 석사학위 논문.

조혜영 (2009). 다문화가정 자녀에 대한 교사의 인식 연구: 서울의 한 초등학교를 중심으로. 교육인류학연구, 12(1), 263-295.

조혜영 (2012). 중도입국 청소년의 정체성 형성과정 및 적응지원 방향 모색에 관한 연구. 청소년복지연구, 14(4), 311-335.

조효진, 손난희 (2006). 상담 일반: 공감능력과 이타행동. 상담학연구, 7(1), 1-9.

주효진 (2008). 아시아의 다문화정책에 대한 비교 연구. 한국행정학회 학술대회 발표논문집.

지소라 (2009). 초등학교 아동이 지각한 어머니의 양육태도와 공감능력의 관계. 한남대학교 교육대학원 석사학위 논문.

지앙, 하이란 (2013). 다문화가정 청소년의 우울, 공격성과 개인, 가족, 학교 요인 간의 관계. 이화여자대학교 대학원 석사학위 논문.

지은숙 (2007). 국제결혼 한 가정의 의사소통과 결혼만족도의 관련성에 관한 연구. 한세대학교 사회복지대학원 석사학위 논문.

차유림, 조정아 (2006). 결혼이주여성 자녀 지원에 대한 연구. 아동권리연구, 10(4), 527-551.

채옥희, 홍달아기 (2007). 베트남 결혼이민자의 한국 생활적응 사례연구. 한국생활과학회지, 16(1), 61-73.

최금해 (2007). 조선족 여성들의 한국결혼생활 적응유형에 관한 질적 연구. 여성연구, 72(1), 143-188.

최동근 (2012). 다문화가족 지원 프로그램에 대한 만족도 연구 -중랑구 다문화가족지원센터 중심으로-. 서울시립대학교 대학원 석사학위 논문.

최동주 (2009). 영국의 이민 관련 제도와 다문화 사회통합을 위한 정책. 다문화사회연구, 2(1), 93-136.

최문정 (2010). 미술활동이 노인의 우울증 개선과 자존감 향상에 미치는 효과 연구 - 요양병원 수용노인을 중심으로 -. 한남대학교 교육대학원 석사학위 논문.

최미영 (2020). 결혼이주여성의 결혼만족도와 지역사회애착이 양육효능감에 미치는 영향. 한국콘텐츠학회논문지, 20(4), 629-638.

최병두 (2012). 초국적 이주와 한국의 사회공간적 변화. 대한지리학회지, 47(1), 13-36.

최순례, 이홍직 (2020). 여성결혼이민자의 생활만족도에 영향을 미치는 요인에 관한 연구: 생태체계적 접근을 중심으로. 한국웰니스학회지, 15(3), 379‒392.

최승호 (2019). 여성결혼이민자 교육 프로그램 요구분석. 인문사회 21, 10(2), 701-712.

최연실, 조은숙 (2017). 다문화가족상담 전문 인력 양성을 위한 교육과정 개발 연구. 가족과 가족치료, 25(2), 181-209.

최예숙, 이금주 (2021). 간호 대학생의 문화적 공감, 다문화 감수성, 문화적 역량과의 관계. 한국엔터테인먼트산업학회논문지, 1(6), 105-113.

최운선 (2007). 국제결혼이주여성의 사회문화적응에 관한 연구. 아시아여성연구, 46(1), 141-181.

최운선, 홍기순 (2012). 국제결혼 한국인 남성의 결혼생활 대처전략에 관한 연구. 한국가정관리학회지, 30(6), 53-67.

최운선, 홍기순 (2017). 다문화가정 외국인 어머니의 자녀양육 인식과 경험에 관한 사례연구. 한국가족복지학, 22(4), 585-603.

최웅선, 이용모, 주운현 (2012). 중앙정부의 다문화정책 조정에 관한 연구 - 한국과 독일의 다문화정책 비교를 중심으로 -. 한독사회과학논총, 22(1), 33-70.

최유미 (2016). 일반유아 학부모의 다문화인식 수준에 따른 다문화가족에 관한 인식 차이 연구. 경기대학교 교육대학원, 석사학위 논문.

최지명 (2007). 국제결혼 부부(한국인 남편, 외국인 아내)의 의사소통 방식, 정서적 의사소통, 사회적 지지가 결혼만족도에 미치는 영향. 경상대학교 대학원 석사학위 논문.

최지영 (2009). 국제결혼 한 한국남성의 남편으로서 경험에 관한 질적연구. *한국 가족복지학*, 26(0), 225-253.

최지영, 김재철 (2015). 초등학생의 다문화수용성에 대한 심리 · 사회적 요인 탐색. *청소년학연구*, 22(2), 389-411.

최항순 (2019). 다문화가족 정책의 현황과 발전방향. *월간 공공정책*, 168(0), 10-13.

최현태 (2011). 국제결혼중개계약 관련 법률의 문제점과 해결방안. *법과정책연구*, 11(1), 91-114.

최혜지 (2012). 이주여성의 사회적 배제가 문화변용에 미치는 영향. *사회보장연구*, 28(1), 217-244.

최호림 (2015). 국제결혼에서 귀환까지: 베트남 여성의 한국행 결혼이주 경험에 관한 연구. *동아연구*, 68(0), 143-182.

탄티튀히엔 (2006). *국제결혼 베트남 이주여성의 현실과 적응: 메콩 델타지역 농촌여성 사례를 중심으로.* 한국학중앙연구원 한국학대학원 석사학위 논문.

팜티휀짱, 김영순, 박봉수 (2014). 베트남 결혼이주여성의 가족유형에 따른 영유아기 자녀양육 경험. *교육문화연구*, 20(4), 137-165.

한건수 (2006). 농촌지역 결혼 이민자 여성의 가족생활과 갈등 및 적응. *한국문화인류학*, 39(1), 195-243.

한국염 (2008). 한국거주 이주여성의 인권실태와 과제. *경남발전*, (94), 36-48.

한상철 (2012). 다문화 가정 청소년의 적응유연성에 대한 영향요인 분석. *미래청소년학회지*, 9(4), 239-258.

한수연 (2015). *결혼이주여성의 인권실태 및 대책에 관한 연구.* 중앙신학대학원 대학교 박사학위 논문.

한수진 (2013). *문화간 감수성 증진을 위한 프로그램개발 및 효과성 연구: 초등학생 대상 교육프로그램 중심.* 광운대학교 대학원 박사학위 논문.

한승준 (2008). 프랑스 동화주의 다문화정책의 위기와 재편에 관한 연구. *한국행정학보*, 42(3), 463-486.

한용재, 강현욱 (2015). 스포츠참여 청소년이 지각한 부모의 양육태도와 학교생활적응관계에서 공감능력의 매개효과검증-가족 탁구참여 청소년 중심. *한국사회체육학회지*, 62, 41-51.

함인희 (2014). *초국적 가족과 숨겨진 희생자(hidden injuries)*. 한국사회학회 사회학대회 논문집, 189-190.

함한희 (1995). 한국의 외국인노동자 유입에 따른 인종과 계급문제. *한국문화인류학*, 28, 199-221.

허청아 (2014). *동남아출신 다문화가족의 이중언어사회화가 어머니나라 문화에 대한 자녀의 태도 및 관계만족도에 미치는 영향*. 서울대학교 대학원 석사학위 논문.

홍규호 (2016). *정책형성과정을 통해 본 다문화가족지원법의 특성과 한계에 관한 연구*. 평택대학교 일반대학원 박사학위 논문.

홍기원 (2009). 한국 다문화정책의 문제점과 개선 방향, *한국공공관리학보*, 23(3), 169-189.

홍기혜 (2000). *중국조선족 여성과 한국 남성 간의 결혼을 통해 본 이주의 성별 정치학*. 이화여자대학교 대학원 석사학위 논문.

홍달아기, 채옥희 (2006). 사례로 본 여성결혼이민자의 가정생활실태와 갈등. *한국생활과학회지*, 15(5), 729-741.

홍달아기, 이선우, 황은경 (2014). 결혼이주여성이 지각하는 고부갈등과 대처 경험에 관한 연구. *한국생활과학회지*, 23(5), 789-805.

홍성효, 하헌주, 김종수 (2012). 결혼이주여성의 사회경제적 이혼결정요인. *한국인구학*, 35(3), 169-189.

홍유진 (2014). *대학생의 다문화수용성에 관한 연구 - 문화개방성, 고정관념 및 차별, 상호교류 행동의지의 관계를 중심으로 -*. 호남대학교 대학원 박사학위 논문.

홍정미 (2009). *다문화 가정 자녀의 학교생활 적응에 영향을 미치는 생태체계 변인.* 숙명여자대학교 대학원 박사학위 논문.

홍정화 (2013). 비판적 담론 분석 방법의 적용 가능성 탐색. *정책분석평가학회보,* 23(1), 223-268.

홍지아 (2010). 젠더적 시각에서 바라본 한국 언론의 다문화 담론: 경향, 동아, 조선, 한겨레 기사분석을 중심으로. *언론과학연구,* 10(4), 644-678.

홍지아, 김훈순 (2010). 다인종 가정 재현을 통해 본 한국사회의 다문화 담론: TV 다큐멘터리 〈인간극장〉을 중심으로. *한국방송학보,* 24(5), 544-583.

황경득 (2020). 우리나라 교사의 다문화수용태도에 관한 메타연구-다문화수용성과 다문화감수성 연구를 중심으로-. *다문화사회와 교육연구,* 6(0), 127-158.

황경아, 이인희 (2018). 다문화 담론 지형의 변화와 언론의 재현: 〈조선일보〉와 〈한겨레신문〉의 다문화 관련 기사분석을 중심으로. *다문화사회연구,* 11(1), 85-119.

황다현 (2014). *공감교육을 통한 초등학교 다문화교육 프로그램 개발 및 적용.* 한국교원대학교 교육대학원 석사학위 논문.

황라경 (2009). *텔레비전 휴먼 다큐멘터리의 '다문화'재현 방식에 관한 연구.* 경희대학교 대학원 석사학위 논문.

황명아 (2014). *한국 사회 이주민을 위한 다문화가족지원센터의 역할 및 활성화 방안.* 한국외국어대학교 교육대학원 석사학위 논문.

황민철 (2017). 결혼이주여성을 위한 취업지원서비스 효과성 평가. *다문화와 평화,* 11(2), 139-171.

황성동, 박은혜 (2010). 다문화가정 아동이 지각하는 부모의 양육태도 및 사회적 지지가 학교적응에 미치는 영향. *사회과학연구,* 26(4), 123-145.

황영미 (2010). 한국 다문화가족 TV 드라마의 특성 연구. 한국문예비평연구, 31,

295-318.

황정미 (2008). "아시아 내의 결혼이주와 가족관계: 어떤 시각에서 볼 것인가?". *이화여자대학교 아시아여성학센터 학술대회자료집*, 이화여자대학교 아시아여성학센터.

황정미 (2009). 이주의 여성화 현상과 한국 내 결혼이주에 대한 이론적 고찰. *페미니즘연구*, 9(2), 1-37.

황정미 (2010). 한국인의 다문화수용성 분석: 새로운 성원권의 정치학 관점에서. *아세아연구*, 53(4), 152-184.

황정미 (2015). 결혼이주여성의 가정폭력 피해에 대한 재고찰: '취약성' 프레임에서 인간안보(human security) 관점으로. *한국여성학*, 31(4), 1-39.

황정미 (2016). 결혼이주와 돌봄을 위한 초국적 가족연결망 – 한국의 결혼이주여성 조사를 중심으로 –. *여성학연구*, 26(2) 195-226.

황정미 (2018). 개발국가의 해외이주 정책과 젠더. *페미니즘 연구*, 18(1), 3-46.

황정은, 한송이, 김효진 (2017). 사회적기업에 취업한 결혼이주여성의 삶 변화 체험에 관한 현상학적 연구. *사회적기업연구*, 10(1), 161-185.

황지민 (2012). 다문화 가정 아동에 대한 일반 아동들의 사회적 거리감에 영향을 미치는 요인. *현대사회와다문화*, 2(1), 174-210.

황해영, 김영순 (2019). 재한 중국동포 출신 결혼이주여성의 취업 경험에 대한 질적 연구. *학습자중심교과교육연구*, 19(10), 101-120.

Abraham, M. (2000). Isolation as a form of marital violence: The south Asian immigrant experience. *Journal of Social Distress and the Homeless*, 9(3), 221-236.

Berry, J. W. (1997). Immigration, acculturation, and adaptation, Applied Psychology: *An International Review*, 46(1), 5-34.

Berry, J. W. (2001). A psychology of immigration. *Journal of Social Issue*, 57(3),

625-631.

Berry, J. W. (2005). Acculturation living successfully in two cultures. *International Journal of Intercultural Relations*, 29(3), 697-712.

Bowden, S. R. & Frazier, J. (1977). The Marital Satisfaction Scale: Development of a Measure for Intervention Research, *Journal of Marriage and the Family*, 43, 537-546.

Coleman, M., Ganong, L., & Fine, M. (2002). Reinvestigating remarriage: Another decade of progress, *Journal of Marriage and the Family, 62, 1288-1307.*

Cronsnoe, R. (2005). Double Disadvantage or Signs of Resilience? The Elementary School Contexts of Children From Mexican Immigrant Families. *American Educational Research Journal*, 42(2), 269-303.

Cummins, R. A. (1996). The domains of life satisfaction: An attempt to order chaos. *Social Indicators Research*, 38, 303-332.

Hart, C. H., Dewolf, M., Wozniak, P., & Burts, D. C. (1992). Maternal and Paternal Disciplinary Styles: Relations with Preschoolers' Playground Behavioral Orientations and Peer Status. *Child Development*, 63(4). 879-892.

Huang, S., Teo, P., & Yeoh, B. (2000). Diasporic subjects and identity negotiations: women in and from Asia, *Women's Studies International Forum*, 23(4), 391-398.

IOM Moscow. (2009). *The Impact of the Economic Crisis on Migration Trends and Migration Policy in the Russian Federation and the Eastern Europe and Central Asia Area* (Moscow: IOM Moscow).

Mandel, J. L. (2004). Mobility Matters: women's livelihood strategies in Porto Novo, Benin, Gender, *Place and Culture*, 11(2), 257-285.

Mattingly, D. J. (2001). The home and the world: domestic service and international networks of caring labor, *Annals of the Association of American Geographers*,

91(2), 370-386.

Montgomery, S. R. (2009). *South Asian Immigrants'Perceptions of Abuse in Parital Conflict*, A dissertation for Doctor of Philosophy, Boston College.

Phinney, J. S. (1990). Ethnic identity in adolescents and adults: Review of research. *Psychological Bulletin*, 108(3), 499-514.

Piper, N. (2003). Labor Migration, Trafficking and International Marriages: Female Cross-Border Movement into Japan. *Asian Journal of Women's Studies*, 5(2), 69-99.

Piper, N. & M. Roces (2003). *I*ntroduction: Marriage and Migration in an Age of Globalization. in N. Piper and M. Roces (Eds). *Wife of Worker: Asian Women and Migration*, Oxford: Rowman & Littlefield Publishers, Inc. 1-22.

Portes, A. (2003). Conclusion: Theoretical Concergencies and Empirical Evidence in the Study of Immigrant Transnationalism. *International Migration Review*, 37(3), 874-892.

Roach, A., & Bowden, S. (1975). The marital satisfaction scale: Development of a measure for intervention research, *Journal of Marriage and the Family*, 43, 537-546.

Roach, A. J., Frazier, L. P. & Bowden, S. R. (1981). The marital satisfaction scale: Development of a measure for intervention research. *Journal of Marriage and the Family*, 43, 537-546.

Schiller, N. G., Basch, L., & Blanc, C. S. (1995). From Immigrant to Transmigrant: Theorizing Transnational Migration. *Anthropology Quarterly*, 68(1), 48-63.

Schlabach, S. (2013). The Importance of Family, Race, and Gender for Multiracial Adolescent Well-being. *Family Relations*, 62, 154-174.

Silvey, R. (2000). Diasporic subjects: gender and mobility in South Sulawesi. *Women's Studies International Forum*, 23(4), 501-515.

Straus, M. A., Hamby, S. L., Boney-McCoy, S., & Sugarman, D. B. (1996). The revised conflict tactics scales(CTS2). *Journal of Family Issues*, 17(3), 283-316.

Van Dijk, Teun A. (1993). Principles of Critical Discourse Analysis. *Discourse & Society*, 4(2):249-283.

Wang, Hong-Zen (2007). Hidden Spaces of resistance of the subordinated: Case studies from Vietnamese female migrant partners in Taiwan. *International Migration Review*, 41(3), 706-727.

World Bank (April 2016). Migration and Remittances, Migration and Development, Brief 26.

Yi, Hwa Sook (2013). An Analysis on the Factors and the hanging Pattern on the Acculturation Strategy of Marriage Migrant Women. *Multicultural Studies*, 1(2), 187-230.

〈기타 자료〉

강원도민일보 (2013.5.16.). 국제결혼 피해 노총각 냉가슴.

경향신문 (2005.03.22.). 국제결혼 '사기 주의보.'

광주일보 (2012.11.28.). 노총각 울리는 국제 사기결혼.

광주일보 (2012.11.29.). 고질적 국제결혼 사기, 수술 시급하다.

교육과학기술부 (2012.1.6.). 다문화학생 교육 선진화 방안.

교육부 (교육기회보장과) (2021.2.). 출발선 평등을 위한 2021년 다문화교육 지
    원계획.

국무총리실 보도자료 (2009.6.19.). 건전한 국제결혼 풍토조성을 위해 입국
    전 검증시스템 강화키로.

내일신문 (2013.3.20.). 아이 빼돌린 베트남엄마 유죄인가.

뉴시스 (2013.5.21.). 다문화가정 10쌍 중 4쌍은 별거 중.

대한민국 정책브리핑 (2019.7.14.). 이주여성을 위한 폭력피해 상담소 열렸다.
    https://www.korea.kr/news/reporterView.do?newsId=148862713

데이터 뉴스 (2010.8.25.). 국제결혼 중개업체 불법행위 단속 강화.

동아일보 (1983.3.17.). 미국에 꽃피는 이민문화.

동아일보 (2012.10.23.). 한국국적 얻자 가출-잠적⋯아내의 변심에 우는 다문화
    남편들.

문화일보 (2012.10.3.). 국제결혼 최대민원은 '외국인 배우자의 가출.'

법무부 이민정보과 (2021.07.12.). 결혼이민자 현황.

서울마을공동체 (2013.3.6.). 우리 자신을 돌아보게 만드는 영상 – 마을공동체.

서울신문 (2011.4.26.). 아이와 사라지는 아내들...찾는 비용 2000만원.

서울신문 (2011.9.14.). 한국여성도 사기결혼에 운다.

서울신문 (2011.9.14.). 국제결혼 단꿈, 인신매매 악몽으로.

석간내일신문 (2012.5.8.). 다문화가정 이혼상담 37% 증가.

세계일보 (2010.8.20.). 에이즈 · 성병 걸린 외국여성소개…국내 남성도 국제결혼 피해.

시사저널 (2012.12.12.). 다문화 '가정파괴'브로커 활개 친다. 위장결혼에서 이혼까지 각본에 따라 연출.

여성가족부 보도자료 (2021.10.13.). 건강가정 · 다문화가족지원센터, 이제 가족센터로 불러주세요.

여성가족부 보도자료 (2022.3.29.). 2021년 다문화수용성 조사 결과발표.

여성가족부 정책뉴스 (2020.1.13.). 폭력피해 이주여성 전문 상담서비스 9개 시 · 도로 확대된다. http://www.mogef.go.kr/nw/enw/nw_enw_s001d.do?mid=mda700&bbtSn=708038

여성신문 (2012.10.05.). 2000만원 들였지만 베트남 신부는 사라졌다.

연합뉴스 (2010.8.20.). '에이즈 신부'…국내 남성도 국제결혼 피해.

운명애 (2006.9.5.). 초국적 가족 현상과 한국인의 삶.

https://blog.naver.com/tcasuk/50008328432

이데일리 (2012.9.26.). 국제결혼 했더니 입국하자마자 가출.

이투뉴스 (2011.9.19.). 국제결혼 생활에서 한국남성은 강자가 아닌 약자?.

조선일보 (1996.1.9.). 중국 교포여성 위장 결혼 성행.

조선일보 (1997.6.25.). 경찰, 조선족 위장결혼 브로커 14명 구속, 가짜 신랑 행세도 해.

중도일보 (2014.3.26.). 다문화 인식개선 동반자 역할기대. http://www.joongdo.co.kr/main/

한겨레 (2012.5.10.). 키르키스로 보낸 2천만원…그러나 신부는 오지 않았다.

한겨레 (2018.5.24.). 감사원, 위험 처한 '결혼이주여성' 방치한 복지부, 여가부 지적. https://www.hani.co.kr/arti/PRINT/846063.html

한국가정법률상담소 (2013). 2013년 다문화가정이혼상담통계결과 http://lawhome.or.kr/newhome/

혜럴드경제 (2012.04.23.). '위장 국제결혼'에 우는 한국 남자들.

혜럴드생생뉴스 (2011.08.16.). 내 베트남 신부가 유부녀… 결혼해 우는 한국 남성들.

Alex Park (2015.12.11.). 130626 EBS 다큐 프라임 퍼펙트 베이비 3부 공감, 인간관계의 뿌리. https://www.youtube.com/watch?v=zfcGmOgseug

Anh Kang (2017.9.25.). 북한 이탈주민과 초국적 가족. https://blog.naver.com/

EBS Documentary (EBS 다큐) (2015.9.15.). EBS 다큐프라임 - Docuprime_감각의 제국 6부 이기적 본능, 공감_#001. https://www.youtube.com/

EBS Documentary (EBS 다큐) (2015.9.15.). EBS 다큐프라임 - Docuprime_감각의 제국 6부 이기적 본능, 공감_#002. https://www.youtube.com/

JTBC News (2019.7.9.). 결혼 이주여성 42% 가정폭력 경험 있다…인권 못 지킨 법적 제도. https://www.youtube.com/watch?v=PICPeLD08Iw

KBS News (2019.7.8.). [뉴스해설] 민낯 드러낸 '이주여성' 인권, 재발방지계기 삼아야 / KBS뉴스 (News). https://www.youtube.com/watch?v=Y8fKwe EmDxo

KBS News (2019.7.8.). 욕설·폭력·성적 학대까지…결혼이주여성 인권 사각지대 / KBS뉴스(News). https://www.youtube.com/watch?v=hX9VPWDzbI0

KOBACO (2009). 사회공동체-다문화 포용 {행복을 채워주는 사람} KOBACO 한국방송광고공사. https://www.youtube.com/watch?v=j0L_XdZlBtk

YTN NEWS (2016.6.18.) 다문화가 최고의 경쟁력… 다름슈타트의 국제시민축제 / YTN (Yes! Top News). https://www.youtube.com/watch?v=3Ll8NauEcMw

YTN NEWS (2019.7.8.). [뉴있저] 베트남 아내 폭행사건 …이주여성 인권 사각지대 / YTN. https://namu.wiki

한국의 다문화와
다문화가족 담론

초판인쇄 2024년 5월 31일
초판발행 2024년 5월 31일

지은이 유두련
펴낸이 채종준
펴낸곳 한국학술정보(주)
주 소 경기도 파주시 회동길 230(문발동)
전 화 031-908-3181(대표)
팩 스 031-908-3189
홈페이지 http://ebook.kstudy.com
E-mail 출판사업부 publish@kstudy.com
등 록 제일산-115호(2000. 6. 19)

ISBN   979-11-7217-342-5 93300